Volker Leppin

RUHEN IN GOTT

Volker Leppin

RUHEN IN GOTT

Eine Geschichte der christlichen Mystik

C.H.Beck

Mit 17 farbigen Abbildungen

www.chbeck.de
Umschlaggestaltung: Rothfos & Gabler, Hamburg
Umschlagabbildung: Nicolas Dipre, ‹Jakobs Traum von der Himmelsleiter›, um 1500, Avignon, Musée du Petit Palais,

Satz: Fotosatz Amann, Memmingen
Druck und Bindung: Druckerei C.H.Beck, Nördlingen
Gedruckt auf säurefreiem und alterungsbeständigem Papier
Printed in Germany
ISBN 978 3 406 77375 4

myclimate

klimaneutral produziert
www.chbeck.de/nachhaltig

INHALT

EINLEITUNG: WAS IST CHRISTLICHE MYSTIK?

Christen sind Bürger zweier Reiche: Himmel und Erde, Diesseits und Jenseits. Hier sind sie zu Hause, dort gehören sie hin. Niemand weiß das besser als die Mystiker, die das Jenseits schon im Diesseits gegenwärtig machen wollen. So scheinen sie die Christen par excellence zu sein.

Und doch wurde den Mystikern das Christsein immer wieder abgesprochen: Verfolgungen und Hinrichtungen ziehen sich durch die Geschichte der christlichen Mystik. Nicht jeder, der mystisch dachte und lehrte, nicht jede, die zu ihren mystischen Überzeugungen stand, wurde gleich verbrannt. Schnell aber war man mit dem Verdacht mangelnden Glaubens bei der Hand. Häresieverfahren sollten ihn seit dem Mittelalter erhärten. Und noch im zwanzigsten Jahrhundert kam der Vorwurf aus prominentem evangelischem Munde, eigentlich sei die Mystik die Schwester des Atheismus.[1]

Katholiken und Protestanten sind sich einig, jedenfalls in der westlichen Christenheit: Mystik ist etwas Gefährliches. Gefährlich für das kirchliche Amt, gefährlich für die christliche Lehre, gefährlich für den biblischen Glauben. Gefährlich, weil sie Grenzen überschreitet: soziale Grenzen, metaphysische Grenzen, religiöse Grenzen.

Wer sich der Mystik nähert, erkennt schnell, dass er es hier mit einer religiösen Haltung zu tun hat, die Gott nicht in der Ferne sieht, im Himmel oder im Jenseits, sondern als den Nahen, der direkt und unmittelbar bei den Glaubenden ist. Für die Mystiker sind das himmlische, göttliche und das irdische, weltliche Reich nicht voneinander getrennt, sondern das Reich Gottes und damit Gott selbst ist für sie hier auf Erden präsent. Auch ohne spezielle mystische Vorstellungen gibt es für Christinnen und Christen immer wieder die Möglichkeit der Nähe Gottes, ja, seiner Gegenwart.[2] In Jesus Christus ist er sichtbar geworden: Der im Neuen Testament angelegte und in der Theologie des vierten und fünften Jahrhunderts vollends dogmatisch entfaltete Gedanke, dass Gott auf Erden erschien, drückt eine Fasslichkeit Gottes aus, die schon in der Zeit des frühen Christentums nur schwer nachvollziehbar war und doch den Mittelpunkt christlichen Glaubens ausmacht. Himmelfahrt und Auferstehung allerdings markieren ein Ende dieser Präsenz, jedenfalls in ihrer klar fasslichen körperlichen Form. Der Kulturphilosoph Michel de Certeau hat daher Mystik gerade aus dieser Absenzerfahrung erklärt:

> In der christlichen Tradition ruft ein uranfänglicher Mangel an Körper unaufhörlich Institutionen und Diskurse hervor, die die Wirkungen und Substitute dieser Abwesenheit sind: kirchliche Körper, doktrinelle Körper usw. Wie kann man, im Ausgang vom Wort, vom Sprechen, Körper bilden, Körper sein? Diese Frage ruft die unvergessliche Frage voll unbeschreiblicher Trauer herauf: «Wo bist du?» Diese Fragen sind es, die die Mystiker bewegen.[3]

Certeau liefert damit eine geniale Erklärung für das Bemühen der Christen darum, die Gegenwart Christi greifbar und spürbar werden zu lassen. Mystik stellt dafür nicht die einzige Möglichkeit dar. Die eucharistische Feier auf dem Altar brachte in jedem Abendmahlsgottesdienst neu die Gegenwart Christi zur Geltung, ja, es waren überhaupt die Sakramente, die die fortdauernde Nähe Gottes sichern sollten. Doch die Mystiker gingen darüber hinaus. Ihnen wurde Gott auf eine höchst individuelle Weise nahe, in ihnen selbst wurde er neu Wirklichkeit. Das musste nicht in Widerspruch zum Sakrament treten, denn oft diente es sogar der Vertiefung sakramentaler Frömmigkeit. Und doch wurde die Spannung zwischen Jenseits und Diesseits darin stärker spürbar als in den Sakramenten, und die Welt des irdischen Glaubens wurde umso mehr als einengend empfunden. Die Mystik überschreitet in ihrer Unmittelbarkeit übliche Formen der Frömmigkeit, indem sich im Individuum eine exzeptionelle Nähe Gottes ereignet. Das erklärt, warum es immer wieder zu Konflikten mit Vertretern der Mystik kam, obwohl dieses Denken nicht mehr ausdrücken will als die zweifache Zugehörigkeit christlicher Existenz.

Das macht näherungsweise den Kern von Mystik aus. Eine Definition von christlicher Mystik ist damit noch nicht gegeben – und kann auch im Folgenden nicht geboten werden. Es kann nur darum gehen, das Phänomen etwas präziser zu beschreiben. Bis heute tut sich die Forschung mit einer Definition von Mystik schwer, weil sich unterschiedliche Disziplinen – neben der Theologie vor allem Germanistik, Religionswissenschaft und Philosophie – Phänomenen widmen, die als «Mystik» bezeichnet werden. Schon der alltägliche Gebrauch von «Mystik» ist alles andere als spezifisch. Noch einigermaßen positiv wird «mystisch» für Geheimnisvolles gebraucht, schon eher abwertend dann für Unverständliches, Irrationales. Aus fachlicher Sicht wird man hier leicht einwenden können, dass hinter solchen Verwendungen des Begriffs eher das griechische Wort *mysterion*, «Mysterium», steht als «Mystik». Doch das hilft ebenso wenig weiter wie die kaum aussagekräftige Ableitung des Begriffes «Mystik» vom griechischen Verb *myein*, «schließen».[4] Denn das Substantiv «Mystik» selbst ist erst in den europäischen Sprachen der Moderne, zunächst wohl Anfang des siebzehnten Jahrhunderts in Frankreich, entstanden. Es knüpfte an eine seit der Spätantike, genauer seit Pseudo-Dionysios Areopagita, zu fassende Rede von *theologia mystica*, «mystischer Theologie», an. Und das darin steckende griechische Wort *mystikos* wiederum bezeichnet nach gängigen lexikalischen Definitionen dann eben doch Dinge, die Geheimnisvolles betreffen. Der griechische Historiker Thukydides etwa (gest. zwischen 399 und 396 v. Chr.) verwandte in seiner Darstellung des Peloponnesischen Krieges völlig selbstverständlich *ta mystika* als Parallelbegriff zu *ta mysteria*.[5]

Im Christentum kam es allerdings tatsächlich zu einer spezifischen Verwendung des Begriffes *mystikos*. Der alexandrinische Theologe Origenes (gest. 253 n. Chr.) sprach von einer «mystischen» Auslegung der Heiligen Schrift. Dabei ging es darum, den Wörtern einen tieferen Sinn abzugewinnen. Die jenseitige Wirklichkeit Gottes ist nach diesem «mystischen Verständnis» zwar präsent, bleibt aber verborgen, wenn Menschen ihr nicht genug Aufmerksamkeit entgegenbringen. Auch damit ist allerdings noch keine inhaltliche Bestimmung von «Mystik» gegeben.

Zu Recht ist die religionswissenschaftliche Forschung heute vorsichtig gegenüber den phänomenologischen Versuchen aus der ersten Hälfte des zwanzigsten Jahrhunderts geworden, eine «Wesensbestimmung» der Mystik zu erarbeiten. Sie sind in der Gefahr, historische Kontexte aus dem Auge zu verlieren[6] und so ungewollt Vorannahmen und Vereinnahmungen in das Verständnis der Mystik einzutragen. Dies hat zu Abwehrreaktionen und Versuchen der Neudefinition geführt. Die vielleicht provokanteste Reaktion auf die Schwierigkeit, einen unbelasteten Mystikbegriff zu finden, war die These des Philosophiehistorikers Kurt Flasch, letztlich sei selbst Meister Eckhart (gest. 1328) kein Mystiker gewesen.[7] Das zielte auf einen der bekanntesten Vertreter der Mystik – und damit auf diese selbst. Unterschwellig schob Flasch «Mystik» damit in den Raum diffuser Erfahrung und beanspruchte die wahrhaft denkerische Durchdringung des Phänomens für die Philosophie. Die Grundlage dafür sieht er in der zeitgenössischen Auseinandersetzung mit aristotelischem Denken und dessen neuplatonischer Weiterentwicklung vor allem im arabischen Raum, vor deren Hintergrund sich Eckharts Denken erklären lasse.[8] Das spricht allerdings nicht dagegen, dass Meister Eckhart ein Mystiker war, sondern weitet die Perspektiven auf die Mystik – und macht darauf aufmerksam, dass der Begriff bis heute unscharf ist.

Es gibt eine vortheoretische Vorstellung von Mystik, aus der Kurt Ruh eine Lösung entwickelt hat, die von genialer Einfachheit zu sein scheint:[9] Er macht Rezeptionslinien zum Ausgangspunkt seiner Begriffsbestimmung. Das heißt: Dort, wo Texte rezipiert werden, die man vergleichsweise eindeutig als mystisch einordnen kann, kann man einen Zusammenhang mystischer Literatur identifizieren. Dass diese Lösung unbefriedigend ist,[10] liegt letztlich an der Offenheit von Rezeptionsvorgängen: Wer einen Text rezipiert, tut dies ja nicht unbedingt zur Gänze, ja, vielleicht nur in Nebengedanken oder auch falsch. Vielleicht bezieht sich die Rezeption auf Aspekte des Textes, die man nicht mystisch nennen würde. Letztlich wird man auch mit einem solchen Verfahren nicht umhinkommen, inhaltlich zu sagen, worum es sich bei Mystik handelt.

Eine nähere Bestimmung von Mystik wird zu berücksichtigen haben, dass der Begriff bestimmte Vorstellungen von Gott und vom Menschen enthält und dass Mystiker immer wieder zunehmend seit dem hohen Mittelalter den Anspruch erheben, sich hiermit auf Erfahrungen beziehen zu können. Erfahrung, zumal eine so innerliche Erfahrung, wie sie immer wieder in der Mystik benannt wird, verschließt sich jedoch dem beschreibenden Zugriff von außen. Ja, letztlich kann die Behauptung von Erfahrung für andere stets nur genau das sein: eine Behauptung. In der Welt derer, über die hier zu sprechen ist, ist sie Realität, und als solche mentale Wirklichkeit wird sie auf den folgenden Seiten auch im Wechsel zwischen Analyse und unkommentierter Nacherzählung zum Sprechen gebracht. Wichtig für diese Darstellung ist allein der Anspruch, bestimmte Erfahrungen machen zu können, der offenbar mit Resonanz rechnen konnte. Wer von mystischen Erfahrungen sprach, fiel nicht aus dem Rahmen des sozial Akzeptierten, sondern konnte damit rechnen, dass Zeitgenossen diese Erfahrung für authentisch hielten und vielleicht sogar darauf hofften, sie teilen zu können. Auch heute gilt der Modus der Rede aus Erfahrung vielfach noch als eine eigene Form der Beglaubigung. Diese Beglaubigungskraft der Erfahrung wird man als ein Moment historischer Wirksamkeit vieler mystischer Berichte in Rechnung zu stellen haben. Das in die Deutung einzubeziehen, heißt nicht, sich diese Auffassungen zu eigen zu machen. Gegenstand der Darstellung kann nur sein, in welcher Weise von Erfahrungen gesprochen wird und wie diese von Zeitgenossen aufgenommen wurden. Es kann nicht darum gehen, psychologisierend zu unterstellen, dass bestimmte Personen tatsächlich die Erfahrungen gemacht hätten, von denen literarisch stilisiert berichtet wird. Solche Erzählungen zeigen aber, wie der mentale Resonanzraum beschaffen war, in den sie hineinsprachen.

Mystik ist auch nicht ausschließlich Erfahrung und nicht nur in Äußerungen zu greifen, in denen von Erfahrung die Rede ist. Das hat nicht zuletzt der vehemente Einspruch von Kurt Flasch gegen Meister Eckharts Einordnung als Mystiker offengelegt. Gerade wenn man den Begriff der Mystik nicht aufgeben will, wird man ihn also so weit fassen müssen, dass er auch Reflexionsvorgänge einschließt. «Mystik» umfasst in diesem Sinne sowohl eine Frömmigkeit, die eine bestimmte Erfahrung für sich beansprucht, als auch eine mystische Theologie, die Gottes Nähe ohne expliziten Erfahrungsbezug reflektiert. Bernard McGinn, von dem die bisher umfassendste Geschichte christlicher Mystik stammt, hat entschieden davor gewarnt, «Erfahren und Verstehen» auseinanderzureißen:[11] Manchmal lässt sich beides nicht genau unterscheiden – jedenfalls wäre es kaum sinnvoll, alles, was von Erfahrung spricht, aus der Theologie auszusondern. Die Stärke und Größe mystischer Theologie kann gerade darin liegen, Reflexion und Erfahrung aufeinander zu beziehen.

Auch damit ist allerdings noch nicht präzise bestimmt, welche Erfahrung zur Mystik zu rechnen ist und welche nicht. Man kann sich dem Begriff und dem damit gemeinten Phänomen allerdings weiter nähern, wenn man von einer Gruppe von mystischen Texten ausgeht, wie sie Kurt Ruh vor Augen stand. Der literarische Zusammenhang allein reicht allerdings nicht, das Phänomen zu erschließen. Im Folgenden geht es um Texte, die um die Vorstellung einer exzeptionellen Nähe zu Gott kreisen, die durch ihre Unmittelbarkeit die üblichen Frömmigkeitsformen überschreitet und im Individuum realisiert wird. Diese Annäherung hat zu der Auswahl der Autoren und Texte geführt, um die es in diesem Buch gehen soll. Im Wechselspiel zwischen einer immer näheren Begriffsbestimmung und dem immer neuen Blick in die Quellen kann man dann wenigstens Merkmale christlicher mystischer Texte fassen und so das Phänomen eher umschreiben als hart definieren. Als prägend für das, was im Folgenden als «christliche Mystik» beschrieben wird, erscheinen die folgenden acht Merkmale:

Erstens ist mystischen Texten eine Betonung der *geistlichen Wirklichkeit Gottes* eigen. Sie bestreiten nicht, dass Gott physisch im irdischen Jesus präsent war. Leitend ist für sie aber eine Gotteskonzeption, die Verbindungen zwischen der Geistlichkeit Gottes und den geistigen Möglichkeiten des Menschen für möglich hält. So können Grenzen von Zeit und Raum überschritten werden. In dieser Bestimmung ist in der feinen Unterscheidung von «Geistlichkeit» und «geistigen» Möglichkeiten schon ein Grundproblem mystischer Texte angesprochen, das zu den Schwierigkeiten ihrer genaueren Erfassung beiträgt: «Geistlich» ist eine religiöse Kategorie, in welcher es um die Seinsweise Gottes geht, die sich auf besondere Art im Heiligen Geist ausdrückt. «Geistig» hingegen sind Menschen in einem Teil ihres Daseins schon in einem elementaren Verständnis, insofern sie mehr sind als nur Leib und Materie. Der Geist ermöglicht es Menschen, über sich hinauszugehen, zu denken, zu verstehen und zu imaginieren. Es geht also um eine Seinsweise, die grundsätzlich auch dort gegeben sein kann, wo ein expliziter Bezug auf Gott oder religiöse Phänomene weder beabsichtigt noch auch nur angedeutet ist, und die sich vor allem durch den Unterschied zu bloßer Materialität auszeichnet.

Zum Zweiten ermöglicht eben die geistliche Verfasstheit Gottes die *Erfahrung seiner unmittelbaren Nähe*. Wie ausgeführt, ist von außen lediglich der Anspruch auf eine solche Erfahrung oder eben ihre Möglichkeit zu greifen. Es geht nicht um die Beschreibung oder Erschließung von Erfahrungen, sondern allein um die Rede von Erfahrungen und den darin erhobenen Anspruch, dass sowohl diese Erfahrungen als auch ihr Inhalt real waren und sind, sowie um die Reflexion dieser Erfahrungen. Nähe wird in ihrer höchsten Intensitätsform als Einung, *unio*, verstanden. Eine Fixierung mystischer Konzepte auf eine solche *unio*, noch dazu im Sinne einer wesenhaften Einung, würde aber die Vielfalt der Vorstellungen unangemessen reduzieren.

Indem es die Geistlichkeit Gottes ist, die die Erfahrung der Nähe ermöglicht, unterscheidet sich *drittens* diese Erfahrung von üblichen «äußeren» Begegnungsformen. Sie kann sich auf zwei Weisen ereignen: durch eine *innerliche Erfahrung*, in welcher Gott im mystisch Glaubenden präsent wird, oder, scheinbar im Gegenteil, durch *äußerste Entrückung*, in welcher der oder die Glaubende, meist durch Visionen oder Ähnliches, in die Wirklichkeit Gottes eintritt. Beides sind räumliche Metaphern für ein Geschehen, das Raumgrenzen gerade aufhebt. Ermöglicht wird dies durch den geistig-geistlichen Charakter des Geschehens. Dieser Unterschied ist zunächst wichtig gegenüber äußeren Formen der Heilsvermittlung in materiegebundener Form wie den Sakramenten. Er hat aber auch Bedeutung für die Abgrenzung mystischer Literatur von religiöser Literatur zu Grenzüberschreitungen anderer Art: Nicht alle Visionen sind mystisch, sondern allein jene, die auf die Erfahrung der Nähe Gottes hinzielen. Das ist etwa bei apokalyptischen Visionen offenkundig, die von zeitlich Fernem berichten, könnte aber bei sehr scharfer Handhabung dieses Kriteriums unter Umständen auch dazu führen, dass etwa Hildegard von Bingen nicht zum Kreis der Mystikerinnen und Mystiker zählen würde – warum sie dieser Tradition in diesem Buch dennoch zugeschlagen wird, wird weiter unten *(siehe Seite 159–161)* erläutert.

Die Erfahrung der Nähe Gottes ist *viertens nichtkognitiv, vor- oder überbegrifflich*, oftmals nur im Paradox fassbar. Gottes Nähe wird erfahren und hernach auch in Worte gefasst, vielfach aber mit der Versicherung, dass diese Worte und die ihnen zugrundeliegenden Begriffe unzureichend sind, das Geschehnis zu erfassen. Daher erfolgt oft ein Rückgriff auf Bilder, denen als Metapher schon die Differenz zwischen begrifflich Gesagtem und der erfahrenen Realität eigen ist.

Diese Erfahrung der Nähe Gottes ist *fünftens* nur möglich, wenn der glaubende Mensch sich grundlegend verändert. Oft wird das zugespitzt so formuliert, dass seine hiesige irdische Identität aufgehoben wird. Dabei kann man «aufheben» durchaus in der berühmten Hegel'schen Dialektik in seiner dreifachen Bedeutung verstehen: Die individuelle Identität wird verneint, emporgehoben und eben darin bewahrt. Das bedeutet: Alles Zufällige, Irdische wird abgestreift, weil es von Gott trennt, so wie das Materielle vom Geistigen trennen muss. Das ist das Aufheben im Sinne der Verneinung. Es ermöglicht das Aufgehobenwerden zu Gott – und weil zur Identität nicht allein jene zufälligen Momente gehören, sondern auch und vor allem die Ebenbildlichkeit zu Gott, wird in einem höheren Sinne die Identität gerade da bewahrt, wo ihre zufälligen Momente verneint werden.

Dies ist offenkundig ein prozesshaftes Geschehen. Daher gehört zu den Reflexionen über Mystik *sechstens* oft ein Nachdenken über den Weg, auf dem sich diese dreifache Aufhebung vollzieht. In der Regel setzt er als ersten Schritt eine Reinigung (*purgatio*) voraus, eben jene verneinende Aufhebung des zufälligen Ichs, und schreitet von dieser über die Erleuchtung (*illuminatio*) bis zur Einung (*unio*) voran. Gerade hier ist der Bezug auf traditionelle Formen des sakramental begleiteten Christentums besonders stark – und heikel –, da sich die Reinigung auch als Buße beschreiben lässt und dann sorgfältig austariert werden muss, ob hier dasselbe gemeint ist wie im Sakrament der Buße. Beides, mystische Reinigung und Reue in der Buße, sind jedenfalls Vorgänge, in denen der Mensch sich bei allem Streben nach einer Einung der tiefen Distanz zu Gott bewusst ist und diese, oft unter Selbstbezichtigungen, für sich annimmt. Sie vollziehen sich immer neu.

Ein *siebtes* wichtiges Element, das mit der Aufhebung der Identität zusammenhängt, ist daher, dass diese nur *momenthaft* geschehen kann und somit auch die Nähe nur momenthaft erfahren wird. Mystikerinnen und Mystiker beanspruchen nicht eine dauerhafte Änderung ihrer selbst, sie kehren immer neu in ihre alte Existenz zurück. Sie bleiben sich dessen bewusst, dass der Normalfall der Gottesbeziehung gerade nicht die Nähe ist, sondern eine große Distanz des Menschen von Gott. Mystische Frömmigkeit bedeutet daher eine Pendelbewegung zwischen den Momenten der Distanz von Gott und den Momenten äußerster Nähe, welche oft auch paradox aufeinander bezogen sind.

Schon in den hier verwendeten Begriffen zeigt sich der spezifisch christliche Charakter der so beschriebenen Mystik, der sich schließlich auch darin äußert, dass, *achtens*, diese momenthaften Erfahrungen einer unmittelbaren Nähe Gottes in einen heilsgeschichtlichen Zusammenhang gestellt werden, der sie als Vorwegnahme des Eschatons, der letzten Verwirklichung des Heils, erscheinen lässt. Der Mensch, der die Nähe Gottes erfährt, erlebt darin Gott in einer Weise, die den Glaubenden insgesamt erst am Ende der Zeiten geschenkt werden wird.

Mit diesen acht Gesichtspunkten soll christliche Mystik umschrieben werden. Eine harte Definition ist dies nicht. Schon gar nicht ist sie so zu verstehen, dass nur das als mystisch gelten könne, was alle acht Kriterien erfüllt. Es ist hier mit einem Mehr und Weniger zu rechnen, bei dem, wie am Beispiel Hildegards angedeutet, manche Gestalt je nach Gewichtung aus dem Rahmen der Mystik fallen oder in ihn hineingehören kann. Eine trennschärfere Definition zu versprechen, wäre kaum angemessen.

Wem dies unbefriedigend erscheint, mag dieses Buch getrost beiseite legen – denn dann würde er die folgenden Ausführungen über ein spannungsvolles In- und Gegeneinander in der Geschichte des Christentums, die gerade auch davon leben, dass manches in ihnen unbestimmt bleiben muss, wohl kaum mit Gewinn verfolgen können. Diese Spannung resultiert daraus, dass die Überschreitung der Grenze zwischen glaubendem Individuum und Gott zu sozialen und religiösen Grenzüberschreitungen führt. Diese haben die Mystik immer wieder verdächtig gemacht. Heute sind vielleicht gerade die Überschreitungen von konfessionellen und religiösen Bindungen Ausdruck der dauerhaften Potenziale von Mystik. Sie resultieren unmittelbar aus den beschriebenen Merkmalen christlicher Mystik im engeren Sinne. Ihnen ist gemeinsam, dass sie letztlich die Vorstellung von einem personalen, handelnden Gottes, wie er für die biblische Überlieferung grundlegend ist, nicht zwingend brauchen. Selbst Jesus Christus kommt zwar in vielen Ausprägungen der Mystik, besonders der Passionsmystik des späten Mittelalters, an zentraler Stelle vor – es geht aber immer wieder auch ohne ihn. Wo die Grenzen überschritten werden, drohen die Unterschiede zwischen dem Schöpfer und seinen Geschöpfen gleichgültig zu werden. «Pantheismus» lautet ein häufiger Vorwurf an die Mystik: eine Auffassung zu vertreten, die alles als Gott und Gott als bloßes Sein sieht. Manche Mystiker haben dem Vorwurf Nahrung gegeben, am prominentesten Meister Eckhart, der den weithin akzeptablen Satz «Gott ist Sein» umkehrte in: «Das Sein ist Gott.»[12] Wie soll man von einem Gott, der mit dieser Welt selbst eins wird, noch die Lenkung aller Geschicke in der Welt erwarten? Und: Wie soll man noch zu ihm beten? Das Problem wird nicht kleiner, wenn man den Pantheismus zu einem Panentheismus abschwächt: Gott sei in allem Seienden und gehe doch nicht in ihm auf. Das Gegenüber, mit dem sich Macht und Hilfe, Schutz und Drohung durch den christlichen Gott verbinden, scheint auch dann zu schwinden.

In der Mystik wird immer wieder betont, dass kein Begriff geeignet ist, Gott zu fassen. Je unbegrifflicher Gott verstanden wird, desto weniger plausibel werden die Unterschiede zwischen begrifflich bestimmten religiösen Systemen. Konfessionen und Religionen scheinen sich näher zu kommen. In einer zusammenwachsenden Welt, in der die Religionen mehr voneinander lernen sollten als sich voneinander abzugrenzen, klingt dies hochattraktiv. Allerdings ist zu bedenken, dass in der christlichen Mystik die Unterschiede immer nur momenthaft aufgehoben werden. Wer aus dem Raum mystischer Erfahrungen wieder heraustritt, findet sich in der Welt des Begrifflichen und damit auch der Unterschiede zwischen den Religionen wieder. Letztlich liegt eines der wichtigsten Probleme der christlichen Mystik genau darin: In ihren grundlegenden Texten wird etwas begrifflich beschrieben, was in einer Sphäre jenseits der Begriffe seinen Ort hat. Mystische Texte teilen die Schwierigkeit von Liebesgedichten. Sie wollen etwas mitteilen, was im Letzten gerade nicht mitteilbar ist, weil es hochgradig individuell ist. So haben sie dann doch Anteil an der Sprache der Dogmen, der Konfessionen und der religiösen Systeme. Letztlich sind es immer die kultischen und liturgischen Vollzüge einer konkreten Religion, die mystische Erfahrungen und Reflexionen darüber ermöglichen, auch wenn sie in dieser Erfahrung transzendiert werden. Eine reine Mystik unabhängig von einem begrifflichen und praktischen religiösen Kontext gibt es nicht. Mystik ist immer die konkrete Äußerungsform einer bestimmten Religion. Deswegen wird im Folgenden eine Geschichte der christlichen Mystik geboten, keine allgemeine, mehrere Religionen umfassende Geschichte der Mystik.

Neben der auf das Christentum begrenzten Kompetenz des Verfassers ist in diesem Zusammenhang ein Problem der Forschungsgeschichte zu benennen: Heutiges freudiges Erstaunen darüber, dass es «Mystik» in vielen Religionen gibt, ist zumindest auch ein Resultat der Weise, wie in den Anfängen der modernen Religionswissenschaft, die zu guten Teilen von vormaligen christlichen Theologen betrieben wurde, Begriffe aus dem Christentum auf andere Religionen übertragen wurden.[13] Die Vorstellung von «Mystik» ist auf dem Boden des Christentums entwickelt worden. Das schließt nicht aus, ähnliche Phänomene in anderen Religionen zu finden und ebenfalls «Mystik» zu nennen. Aber die Sicherheit, dass es sich im Grunde um das Gleiche handelt, die es in der ersten Hälfte des zwanzigsten Jahrhundert noch gab, ist einer größeren Vorsicht gewichen. So kam es auch in der Religionswissenschaft zu einer «Fundamentalkritik an der Verwendung des Mystikbegriffes», wie Marvin Döbler formuliert.[14] Von einer nichtchristlichen Mystik zu sprechen, kann auch etwas Vereinnahmendes haben. Jedenfalls wäre im Einzelnen genau zu überprüfen, ob der Begriff den beschriebenen Phänomenen ihrem Selbstverständnis nach gerecht wird oder nicht – solche Überlegungen könnten dann irgendwann zu einem Blick auf die Verschränkung von Religionen untereinander geweitet werden, die neben anderem auch mystische Frömmigkeit betrifft.

Die wissenschaftliche Vorsicht bei der Übertragung des Mystikbegriffs auf andere Religionen schließt nicht aus, dass Mystiker selbst religiöse Grenzüberschreitungen erfahren. Nach diesen religiösen Grenzüberschreitungen wird im Folgenden zu fragen sein, aber auch nach den sozialen: Mystiker haben sich immer wieder von der Welt abgesondert, haben sie nicht selten verachtet. Die «Welt» schloss dabei oft die Kirche ein, zu der viele Mystikerinnen und Mystiker ein schwieriges Verhältnis entwickelten. Und die Kirche hat diese potentiellen oder tatsächlichen Kritiker ihrerseits immer aufs Neue ausgeschlossen, in die Ecke der Häresie gedrängt, verurteilt und verbrannt.

So könnte man eine Geschichte der Mystik als die Geschichte von Sonderlingen verstehen, am Rande der Kirche und der Gesellschaft, mehr auf der Flucht aus der Welt als in ihr wirksam. Doch Mystikerinnen und Mystiker blieben als Bürger zweier Reiche auch Teil dieser Welt und ihrer Kultur. In allen Konflikten waren sie doch von ihrer Kirche geprägt. Wie diese lernten sie von der Philosophie, sie nahmen die Bilder auf, die die Literatur ihrer Zeit ihnen vermittelte, sie meditierten vor den Gemälden der Künstler und prägten wiederum deren Motive.

Wer in Distanz zur «Welt» tritt, gewinnt auch einen anderen

Blick auf sie. Dieser Blick war von der Überzeugung geprägt, Gott und damit der Wahrheit näher zu sein als die anderen. Mystiker erhoben den Anspruch, dass das, was sie vertraten, eigentlich für alle gelte, nur dass die anderen es noch nicht erkannt hätten. So sahen sie sich immer wieder als die eigentlichen Christen oder Christinnen, oft auch als die eigentlichen Philosophen und Welterklärer. Je deutlicher sie sich als solche gaben, desto stärker wurde, oft durch Abwehr und Verteidigung hindurch, ihre Wirkung in der Kirche und manchmal auch darüber hinaus. Weltflucht war nur die eine Seite ihres Handelns, die andere Seite war der Ruf nach Überwindung «dieser Welt» – und wo diese nicht gleich überwunden werden konnte, sollte sie sich doch verändern, sollte sich messen lassen an dem hohen, letzten Ziel christlicher Existenz: dem Ruhen in Gott. Mit dieser Mahnung blieben die mystisch Frommen bei aller Weltflucht für ihre Kirche doch stets ein Stachel im Fleisch.

1.
«CHRISTUS IN MIR»: DAS VORWEGGENOMMENE ENDE

JESUS: ZWISCHEN DIESSEITS UND JENSEITS

Schnell scheint sich die Skepsis neuzeitlicher Theologen, ob es christliche Mystik überhaupt geben könne oder dürfe, zu erledigen, wenn man in die alte Lutherbibel schaut. «Denn sehet, das Reich Gottes ist inwendig in euch», heißt es in der 1912 gedruckten Fassung in Lukas 17,21. Jesus selbst, so scheint es, wird zum Zeugen dafür, dass alles Heil und alle Verheißungen ihren Ort im Innern des Menschen haben, dass hier eine unmittelbare Nähe Gottes Wirklichkeit wird, die ihresgleichen sucht. Doch es hat seine guten Gründe, dass sich genau diese Formulierung in den neueren Übersetzungen, sei es nun die revidierte Lutherbibel oder die katholisch getragene Einheitsübersetzung, nicht findet. In beiden heißt es stattdessen «mitten unter euch». Den Hintergrund hierfür bildet das stärker gewordene Bewusstsein der Forschung dafür, dass man Jesus nur recht verstehen kann, wenn man ihn im Kontext der Religion versteht, in der er aufgewachsen ist. Jesus von Nazareth war Jude, genauer: Er führte eine innerjüdische Erneuerungsbewegung an. Mit dieser Einbettung der Botschaft Jesu in seine frühjüdische Umwelt wurde immer klarer, dass das griechische *entos hymon* an dieser Stelle nicht «inwendig in euch» bedeutet, sondern «mitten unter euch».

Jesus brachte damit zum Ausdruck, was man als präsentische Eschatologie bezeichnet, eine Vorwegnahme der Endzeit im Hier und Jetzt, wie sie später auch für mystische Theologien prägend werden sollte. Bei Jesus aber lag der Akzent stärker auf dem zukünftigen Element. Seine Botschaft trug klar die Züge apokalyptischer Prediger seiner Zeit: Das Ende ist nahe und wird gewaltsam und erschreckend in diese Welt einbrechen. Wer heute das Vaterunser spricht, kann dies in der Zeile «Dein Reich komme» noch erahnen, die der Hoffnung Ausdruck gibt, dass die Welt vergeht und sich die göttliche Herrschaft an ihre Stelle setzt. Wie dies geschehen wird, hat Jesus gleichfalls wort- und bildreich ausgedrückt: Die Sonne wird sich verfinstern, der Mond wird seinen Schein verlieren, so heißt es in Markus 13,24, und gleich darauf wird der Menschensohn in den Wolken kommen. Diese Welt stand vor einer gewaltigen Umkehrung aller Verhältnisse, und das künftige Geschick, auch das drückte Jesus deutlich aus, entschied sich für jede und jeden Einzelnen daran, wie er sich zu Jesus verhalten werde: Wer sich zu ihm bekenne, so verkündete er, zu dem werde sich auch der Menschensohn bekennen (Mt 10,32). Mit ihm war also eine Entscheidungssituation in die Welt gekommen, die der Botschaft Johannes' des Täufers, dass das Gericht nahe sei, neue Dringlichkeit gab: Die Entscheidung, ob man in die künftige Herrlichkeit kommen werde, fiel hier und jetzt.

Schon das machte das Eschaton, das Ende der Zeit, für die Gegenwart der Zeitgenossen Jesu bedeutsam. Die präsentische Eschatologie aber hing noch an anderem: «Ich sah den Satan vom Himmel fallen wie einen Blitz» (Lk 10,18), sagte Jesus, als seine zweiundsiebzig Boten zurückkehrten. Der Sieg über den Satan also war durch die Verkündigung des Gottesreiches eigentlich bereits errungen. Der letzte Kampf war schon siegreich geschlagen. Und es gab sichtbare Zeichen hierfür: «Wenn ich aber durch den Finger Gottes die Dämonen austreibe, so ist ja das Reich Gottes zu euch gekommen» (Lk 11,20). Auch hier klingt der Kampf gegen die bösen Mächte an, vor allem aber die machtvolle Durchsetzungskraft Gottes. Die ersten Anhänger Jesu standen durch solche Worte in der Spannung von «schon» und «noch nicht»: Das Reich Gottes ist schon Wirklichkeit geworden, aber noch hat es sich nicht ganz und für alle sicht- und spürbar durchgesetzt. Noch leben Christinnen und Christen in einer Welt, der die Gegenwart des Reiches Gottes nicht anzumerken ist.

Das ist nicht Mystik. Aber es erzeugt eben jene Spannung, von der die Mystik später leben sollte: das Bewusstsein, dass in dieser Welt gegen allen äußeren Anschein das Reich Gottes schon da ist. Wenn irgendwo, dann lässt sich hier nachvollziehen, dass Mystiker Christen par excellence sind: Der Einbruch der Wirklichkeit Gottes in diese Welt, den Jesus verkündigt hat, bleibt für sie spürbar. Das Wissen darum ist nicht auf die Vermittlung durch heilige Schriften und kirchliche Amtsträger angewiesen, sondern bleibt unmittelbar. Man könnte auch sagen: Christliche Mystik ist eine Frömmigkeitsform, die die von Jesus Christus verkündigte und gelebte präsentische Eschatologie auf Dauer stellt. Das geht aber nur auf eine Weise, die nicht, wie alles Materielle, endlich ist. Sie muss geistig sein. Genauer: geistlich.

PAULUS: ENDZEIT JETZT

«Jesus war Begründer einer innerjüdischen Erneuerungsbewegung, die erst nach seinem Tod zu einer neuen Religion wurde», so fasst der Neutestamentler Gerd Theißen zusammen, was man hierzu sagen kann.[1] Die entstehende Religion machte Jesu Kreuzigung und Auferstehung zu Grunddaten ihres Glaubens und teilte mit Jesus die Überzeugung von der überwältigenden Gnade Gottes. Von ihr erzählte Jesus etwa in dem Gleichnis vom «Schalksknecht», dem sein Herr eine Unmenge von Schulden erließ – und der sich nur deswegen Strafe zuzog, weil er diese Freigebigkeit nicht weiterreichte, sondern einen Mitknecht, der ihm Weniges schuldete, in den Schuldturm werfen ließ (Mt 28,23–35).

Die begriffliche Ausgestaltung dieser Botschaft verdankt das Christentum maßgeblich Paulus, und er gab auch der christlichen Mystik besondere Impulse. Paulus war wie Jesus als Jude aufgewachsen, freilich in einem anderen Milieu. Um sich selbst zu legitimieren, berichtete er von seiner Beschneidung als Säugling und von seiner Ausbildung in der Religionsschule der Pharisäer (Phil 3,5). Zeitweilig verfolgte er sogar die Christen. Doch dann bekannte er sich, wie er wiederum selbst erzählte, durch eine Offenbarung zu Jesus (Gal 1,16). Viel vom Christentum wusste er da wohl noch nicht – eigentlich nur, dass es aus Sicht des Judentums abzulehnen war. Erst im Laufe einer langen Entwicklung ist bei ihm die Überzeugung von Gottes Gnade zu dem geronnen, was in die Dogmatik als «Rechtfertigungslehre» eingegangen ist: die Lehre, dass der Mensch nicht dadurch vor Gott gerecht wird, dass er die vom Gesetz vorgeschriebenen Werke erfüllt, sondern durch den Glauben an Jesus Christus (Röm 3,28).

Diese Lehre begleitete die folgenden Jahrhunderte vor allem der westlichen Christenheit und stand im Mittelpunkt der Auseinandersetzungen in der Reformationszeit. Dabei bildete sie nach den Worten Albert Schweitzers (1875–1965), der weiter unten selbst noch als Vertreter christlicher Mystik erscheinen wird *(siehe Seite 415)*, nur einen «Nebenkrater» in der Theologie des Apostels.[2] Sicher wollte Schweitzer seine evangelischen Kollegen, für die die Rechtfertigungslehre gut lutherisch im Mittelpunkt der Theologie des Paulus stand, mit dieser Formulierung provozieren, aber sie verweist doch auf eine Einsicht, die in jüngerer Zeit immer mehr Raum gewinnt: dass klassische Bilder von Paulus und dem Judentum seiner Zeit revidiert werden müssen. Dazu gehören nicht allein die Hinweise der sogenannten «New Perspective on Paul», dass die Fixierung auf die Vorstellung vom Gesetz, wie sie die traditionelle Paulus-Auslegung bestimmte, das historische Frühjudentum der Zeit des Paulus wie auch diesen selbst kaum trifft.[3] Noch bedeutsamer ist die Einsicht, dass Paulus nicht der rastlose Begründer des Christentums unter den Völkern war, als der er in der Apostelgeschichte und in seinen Briefen erscheint. In ihnen wirkt er wie der, der permanent zu entscheiden und andere zu maßregeln hat. Der sich nicht einmal von Petrus etwas sagen lässt, einem der ersten Jünger, und schon gar nicht von irgendwelchen Vertretern der Gemeinden. Es scheint hier so, als sei es allein sein Werk, dass aus der innerjüdischen Erneuerungsbewegung am fernen Rand des römischen Imperiums eine Bewegung geworden ist, die am Ende die Kraft hatte, das ganze Reich zu verändern. Doch heute wissen wir – gerade auch durch Hinweise im Neuen Testament selbst –, dass Paulus alles andere als konkurrenzlos war. Er selbst erwähnt immer wieder feindlich gesinnte christliche Missionare in seinen Briefen. Aus der Gemeinde von Korinth berichtet er ausdrücklich, dass es dort zu Parteiungen gekommen sei: Manche hätten sich auf ihn, Paulus, berufen, manche aber auf Petrus, wieder andere auf den sonst wenig bekannten Apollos (vgl. Apg 18,24–28), obwohl es doch, so die wahrscheinlichste Deutung des Verses, die einzig richtige Behauptung eines Christen sei, zu Christus zu gehören (1 Kor 1,12). Dass bis heute Paulus als übermächtige Gründerfigur erscheint, hat vor allem damit zu tun, dass die im zweiten christlichen Jahrhundert beginnenden Kanonisierungsprozesse ihm besonders viel Platz eingeräumt haben: Dreizehn Paulus-Briefe, großenteils von ihm selbst, zum Teil auch von Späteren unter seinem Namen verfasst, wurden in das Neue Testament aufgenommen, und die Apostelgeschichte ist selbst Ausdruck dieser überwältigenden Wertschätzung. So war Paulus für die Entstehung des Christentums wohl weit weniger bedeutend, als Freunde wie Feinde meinen. Richtig ist aber, dass die dogmatische Normierung des Christentums in der Antike allein schon aufgrund seiner hohen Präsenz im Neuen Testament nicht an ihm vorbeikam.

Es ist bemerkenswert, dass Albert Schweitzer seinen Hinweis

auf die Rechtfertigungslehre als «Nebenkrater» ausgerechnet in einem Buch gibt, in dem er sich der *Mystik des Apostels Paulus* widmet. Er wollte fort von dogmatischen Festlegungen, die in das frühe Christentum projiziert wurden, hin zu einem Verständnis, das dem Impetus der frühen Christenheit besser gerecht wurde. Und der lag nach seiner Wahrnehmung bei Paulus vor allem in dem Bewusstsein der Erlösung durch Jesus Christus und der daraus resultierenden neuen Haltung zum Sein und zum Leben.

In diesem Bewusstsein teilte Paulus die Überzeugung, die die Verkündigung Jesu geprägt hatte: dass das Ende nahe sei. So eindringlich war diese Botschaft, dass unter den Christen in Thessaloniki Sorge aufkam, als einige aus ihrer Gemeinde starben, noch ehe Christus wiedergekommen war. Paulus konnte sie beruhigen: Die Verstorbenen würden genauso mit Christus die Auferstehung erleben, wie die Lebenden ihm in der Entrückung entgegenkommen würden. Paulus ließ keinen Zweifel daran, dass er sich selbst zu denen rechnete, die noch zu ihren Lebzeiten das Kommen Christi erfahren würden (1 Thess 4,13–17).

Mit demselben griechischen Wort – *harpazein* –, das er hier für die nahe Endzeit verwandte, beschrieb Paulus auch eine eigene Entrückungserfahrung:

> Ich kenne einen Menschen in Christus; vor vierzehn Jahren – ist er im Leib gewesen? Ich weiß es nicht; oder ist er außer dem Leib gewesen? Ich weiß es nicht; Gott weiß es –, da wurde derselbe entrückt bis in den dritten Himmel. Und ich kenne denselben Menschen – ob er im Leib oder außer dem Leib gewesen ist, weiß er nicht; Gott weiß es –, der wurde entrückt in das Paradies und hörte unaussprechliche Worte, die kein Mensch sagen kann. Für denselben will ich mich rühmen; für mich selbst aber will ich mich nicht rühmen, außer meiner Schwachheit. (2 Kor 12,2–5)

Es besteht weitgehend Einigkeit darüber, dass der Mensch, von dem Paulus hier spricht, er selbst ist, aber eben, wie er zugleich betont, doch nicht er selbst, sondern er in einer anderen Existenzweise. Und genau darin zeichnet sich eine Struktur ab, die nicht fern von einigen der Merkmale ist, die oben als charakteristisch für Mystik beschrieben wurden.

Auffällig ist schon die doppelte Rede von Identität. Der Paulus, der sich hier gegen manche verteidigt, die ihm seine Autorität streitig machen, rühmt sich ganz offenkundig für etwas, das ihm widerfahren ist – und unterscheidet den, der etwas erfahren hat, doch zugleich von sich selbst. Die Identität mit dem Entrückten ist also eine gebrochene, wie sie für spätere Mystiker charakteristisch sein wird. Und wie diese muss Paulus zurückkehren in eine Identität fern von jener besonderen Erfahrung, derer er sich rühmt. Vierzehn Jahre liegt das Berichtete zurück. Angesichts der Schwierigkeiten, den Zweiten Korintherbrief genau zu datieren, und angesichts der Möglichkeit, dass er aus Briefen mit unterschiedlichen Entstehungskontexten zusammengesetzt ist,[4] hilft diese Angabe für eine Datierung nicht viel weiter. Man kommt wohl in die frühen vierziger Jahre des ersten Jahrhunderts, rund ein Jahrzehnt, nachdem Paulus sich vom Christenverfolger zum Anhänger Christi gewandelt hatte. Was diese Zeitspanne aber eigentlich aussagt, ist: Dies ist ein Geschehen, das für den schreibenden Paulus nur noch erinnerbar ist und sich offenbar nicht wiederholt hat. Der Besonderheit folgte der Rückfall in die normale Existenz.

Was das Besondere genau ausmachte, lässt sich aus den Andeutungen nur erahnen, da Paulus hier gemeinsames kulturelles Wissen voraussetzt. Möglicherweise hat er das Schema von sieben Himmeln im Hinterkopf, wie es ungefähr zur gleichen Zeit[5] das sogenannte slawische Henochbuch entfaltet hat.[6] Zu den Vorstellungen von Paulus passt, dass hier im dritten Himmel der Ort des Paradieses ist,[7] wie es im Zweiten Korintherbrief ja auch anklingt. Paulus wäre dann vom Thron Gottes, den er im siebten Himmel vorgefunden hätte, noch recht weit entfernt gewesen. Liegt Mystik nur dort vor, wo eine Einheit mit Gott behauptet wird, so handelt dieser Text nicht davon. Fasst man unter Mystik auch Berichte und

Reflexionen über Erfahrungen einer exzeptionellen Nähe Gottes, so spricht schon mehr dafür, dass Paulus sagen wollte, dass ihm ein mystisches Erlebnis widerfahren sei – zumal auch ein weiterer Gesichtspunkt dies nahelegt: Die Entrückung ist offenkundig eine Vorwegnahme des Eschatons. Paulus erlebte schon etwas von dem, was er für seine Lebzeiten zwar noch erhoffte, aber eben doch erst für das Ende, wenn Christus wiederkehren würde, erwartete.

Noch ein weiterer Gesichtspunkt lässt in der Schilderung des Paulus eine mystische Grundorientierung anklingen: Die «unaussprechlichen Worte, die kein Mensch sagen kann», weisen eben jene Paradoxie auf, die oben unter die Eigenheiten mystischer Rede gerechnet wurde. Paulus, der entscheidend daran mitwirkte, die Begriffe des Christentums zu prägen, der gerne als erster Theologe des Christentums bezeichnet wird, bekennt sich hier zu einer Grenze der begrifflichen Möglichkeiten, die er wiederum nur im Rekurs auf Erfahrung zu benennen wagt. Das verbindet ihn mit einer Vielzahl späterer Mystikerinnen und Mystiker.

Es ist müßig, darüber zu streiten, ob Paulus hier tatsächlich ein mystisches Erlebnis hatte oder nicht. Für spätere Generationen von Christinnen und Christen war dieser Text jedenfalls ein zentraler Bezugspunkt, wenn sie über die Möglichkeit der Entrückung sprachen. Wie schwierig es ist, von Erfahrung zu sprechen, wurde in der Einleitung schon thematisiert. Erfahrung ist immer schon gedeutete Erfahrung, und in der Geschichte christlicher Mystik erfolgt die Deutung der eigenen Erfahrung durch die Erfahrung vorheriger Generationen hindurch. Was sich als individuelles Erleben gibt, ist vielfach so sehr von biblischen Texten durchtränkt, dass man es eher als Aktualisierung biblischer Tradition zu verstehen hat, ganz gleich, wie man dies nun wendet: Ob eine bestimmte Erfahrung im Nachhinein vor biblischem Horizont gedeutet wurde oder ob die eigene biblische Prägung bestimmte Erfahrungen überhaupt erst ermöglicht oder zugelassen hat, im einen wie im anderen Fall ist die beanspruchte Erfahrung Teil einer jahrhundertealten Erfahrungsgeschichte. Das Individuum ist aufgehoben in einer großen Generationengemeinschaft.

Diese Generationengemeinschaft weiß sich durch die Realität der Nähe Christi verbunden. Auch dafür findet Paulus in seinem Entrückungsbericht eine eigene Formulierung: Er redet von einem «Menschen in Christus». Schon in der Einleitung wurde angesprochen, dass sich genau dieses Verhältnis auch umkehren kann. Wer in Gott ist, kann genauso die Erfahrung machen, dass Gott in ihm ist, und so heißt es nun bei Paulus:

> Ich lebe, doch nun nicht ich, sondern Christus lebt in mir. Denn was ich jetzt lebe im Fleisch, das lebe ich im Glauben an den Sohn Gottes, der mich geliebt hat und sich selbst für mich dahingegeben. (Gal 2,20)

Der Identitätswechsel, der sich in der Entrückung andeutete, ist hiernach vollkommen: Die Identität des redenden Ich ist durch Christus ersetzt – und das redende Ich ist nicht einfach das Individuum Paulus von Tarsus, sondern es ist das christliche Ich, das in eine neue Existenz eingetreten ist. Frappierend aber ist hier: Was Paulus beschreibt, ist nicht mehr wie bei seiner Himmelsreise ein Moment, der vergeht, den man auf einen bestimmten Zeitpunkt in der Biographie beziehen kann. Was er beschreibt, ist ganz grundsätzlich das Sein der Christen. Er führt die Sätze hier an, um zu begründen, warum Christen nicht mehr dem kultischen Gesetz des Alten Bundes mit seinen Reinheitsvorschriften unterworfen sind. Wir kommen also in das Zentrum der oben angesprochenen Rechtfertigungslehre, und in das Zentrum von Paulus' Zeit- und Existenzverständnis.

Auch wenn Paulus noch auf die Wiederkehr Christi wartet, ist für ihn mit dessen Auferweckung von den Toten eine neue Wirklichkeit angebrochen. Dieser Glaube konnte daran anknüpfen, dass Jesus selbst in sich und mit sich das Eschaton hatte präsent werden lassen. So hat für Paulus jene Zeit, in der nach prophetischer Verheißung der Geist Gottes ausgegossen wird (Joel 3,1), schon begonnen. Die Gegenwart Christi in ihm: Das ist nicht nur das Kennzeichen einiger besonderer Glaubender, eben der Mystiker, sondern das Kennzeichen aller, die an Christus glauben. Darin sind die späteren Mystiker nichts anderes als Christen in der intensivsten Bedeutung dieses Wortes. Für sie ist, was Paulus hier für alle Christen beansprucht, nicht vorbei, sondern es wird, wenn auch nur für einzelne Momente, immer neu.

Indem die Mystiker allerdings nur für wenige Menschen und für kurze Momente beanspruchen, was Paulus hier unumwunden allen Christinnen und Christen zuspricht, ändern sich bei ihnen die Voraussetzungen für die Einwohnung Christi im Innern des Menschen. Wie dies bei den späteren Mystikern im Einzelnen aussieht, muss hier noch nicht Thema sein. Für Paulus ist klar: Während die Entrückung in den dritten Himmel ein besonderer Moment unter besonderen Bedingungen war, gilt für den Eintritt in die Existenz «in Christus» und den Eintritt Christi in ihn die Taufe als entscheidende Voraussetzung. Sie schafft eine Identitätsbeziehung zwischen Getauftem und Christus:

> Oder wisst ihr nicht, dass alle, die wir auf Christus Jesus getauft sind, die sind in seinen Tod getauft? So sind wir ja mit ihm begraben durch die Taufe in den Tod, auf dass, wie Christus auferweckt ist von den Toten durch die Herrlichkeit des Vaters, so auch wir in einem neuen Leben wandeln. (Röm 6,3–4)

Die Kreuzigung Jesu ist für Paulus ein zentrales Geschehen des Neubeginns, das durch die Auferstehung vollendet wird – und das ist es, weil es kein individuelles Ereignis im Leben und Sterben des Jesus von Nazareth bleibt, sondern die, die an ihn glauben, in einer identitätsstiftenden Weise mit hineinnimmt in das «neue Leben», das mit der Taufe beginnt (Röm 6,4). Man kann über die Begeisterung des Völkerapostels staunen, der offenbar meinte, dass die Christen tatsächlich unter ganz anderen Bedingungen lebten als andere Menschen. Dass sich das so nicht realisieren ließ, haben künftige Generationen rasch erkannt und Regelungen dafür finden müssen, wie man mit Menschen umging, die trotz ihrer Taufe Sünden begingen. Im Laufe des zweiten Jahrhunderts etablierte sich die Buße, um solchen Menschen noch einmal die Chance zu geben, aus dem Christentum nicht ganz herauszufallen. Auch Paulus wusste, dass für Christen mit der Taufe nicht gleich alles anders war. Er wusste von Konflikten unter ihnen und riet in diesen Fällen dazu, mit Rechtsstreitigkeiten wenigstens nicht vor römische Richter zu ziehen (1 Kor 6,1–11). Aber noch in diesem Ratschlag hallt nach, dass er die christliche Gemeinde als etwas Besonderes gegenüber der nichtchristlichen Umwelt empfand.

Paulus schrieb eine neue Topographie, die die in der Antike übliche Einteilung in sakrale und profane Sphären aufgriff und personalisierte. So wie die großen Städte ihren Tempelbezirk hatten, sollte nun jeder Christ (1 Kor 6,19), ja, die ganze Gemeinde zum Tempel des Heiligen Geistes werden (1 Kor 3,16–17). Solche Metaphern kehren in der Geschichte christlicher Mystik immer wieder – und müssen sich doch ändern, wenn die umgebende Welt nicht mehr die des heidnischen Unglaubens ist, sondern die eines Christentums, das im Grundsatz wenigstens die Ideale der Mystiker teilt.

Wenn die Umgebung als unrein und sündig empfunden wird, stellt sich die Frage, ob hieraus eher Weltflucht folgt oder der Drang zur Weltveränderung. Es liegt auf der Hand, dass Paulus an einer Veränderung der Welt nicht viel liegen konnte. Wer darauf hoffte, das baldige Ende der Welt zu erleben, mochte an deren aktueller Gestaltung wenig Interesse haben. Und vieles bei Paulus klingt auch verdächtig nach Rückzug: Wer die Frage, ob man Fleisch isst, das von Opfern für Götter stammt, nicht für eine wesentliche Streitfrage hält (Röm 14), wer Sklaven rät, sich widerstandslos in ihr Sklavendasein zu schicken (1 Kor 7,21–24), wer mit großer, jahrhundertelanger Wirkung dazu mahnt, der Obrigkeit untertan zu sein, da es keine Obrigkeit gebe, die nicht von Gott eingesetzt sei (Röm 13,1–7), der neigt nicht zu revolutionärer Weltveränderung und Widerstand. Das ist Paulus oft genug vorgehalten worden. Dabei ist jedoch vergessen worden, dass für ihn die christliche Gemeinde ein Ort ist, der so etwas wie eine Gegenwelt schafft: Dass der Sklave nicht frei werden muss, bringt es auch mit sich, dass zu denen, die sich in der Gemeinde als Brüder und Schwestern sehen, auch Sklaven gehören dürfen und so wenigstens in der Gemeinde die Standesgrenzen überwunden werden. Denn der Christus, dessen Gegenwart Paulus so intensiv beschreibt, hat alle zwischenmenschlichen Statusunterschiede innerhalb der Gemeinde aufgehoben:

> Hier ist nicht Jude noch Grieche, hier ist nicht Sklave noch Freier, hier ist nicht Mann noch Frau; denn ihr seid allesamt einer in Christus Jesus. (Gal 3,28)

Die mystische Botschaft der Einheit ist es, durch die die Gemeinde in dieser Welt zur Gegenwelt wird. Paulus hat dies nicht zum Anlass genommen, auch jenseits der Grenzen der Gemeinde nach Änderungen zu suchen. Dazu war seine Erwartung des nahen Weltendes zu stark. Aber er lässt erkennen, wie mystische Erfahrung neue soziale Bilder wachsen lässt, und mit ihnen auch die Möglichkeit zu neuen sozialen Forderungen.

So ist bei Paulus alles, was für die Mystik entscheidend werden sollte, schon angelegt: der Rückzug ebenso wie das Potenzial zur Weltveränderung. Er hat die eschatologische Existenz, die Jesus für sich beanspruchte, in eine eschatologische Mystik der Gemeinde transformiert. Das Ende, mit dem er so fest rechnete, kam nicht. Seine Schriften aber blieben. Und sie legten das offen, womit folgende Jahrhunderte zurechtkommen mussten: die Spannung zwischen dem Glauben an die Gegenwart Christi und einer Welt, die ihren eigenen Regeln zu folgen scheint. So wie für Jesus galt: Das

Ende ist mit dem Sturz des Satans schon angebrochen, so galt für Paulus: Christliche Existenz kann keine andere sein als mystische Existenz.

DIE GEMEINDE: GOTTES WIRKLICHKEIT AUF ERDEN

Was sich mit Albert Schweitzer als eine «Mystik des Apostels Paulus» beschreiben lässt, drängt nicht unbedingt zur Vereinzelung der Menschen. Während die Charakteristik der christlichen Mystik in ihrer späteren Entwicklung gerade darin liegt, dass es der Einzelne ist, der individuell die Nähe Christi erfährt, gehören für Paulus der Einzelne und die Gemeinde zusammen. Wie die Taufe jeden Christen in ein Mitsterben und Mitauferstehen mit Christus hineinnimmt, wird die ganze Gemeinde zum Leib Christi (1 Kor 12,27). So ist Christus, der Auferstandene, wieder ganz auf Erden. Er ist in denen, die an ihn glauben, und durch sie in seiner Gemeinde. Diese unterscheidet sich hierdurch grundlegend von der «Welt»:

> Was hat das Licht für Gemeinschaft mit der Finsternis? Wie stimmt Christus überein mit Beliar? Oder was für ein Teil hat der Gläubige mit dem Ungläubigen? Was hat der Tempel Gottes gemein mit den Götzen? Wir aber sind der Tempel des lebendigen Gottes. (2 Kor 6,14–16)

Damit wird die Gemeinde als besonderer Ort in der «Welt» gesehen, abgeschirmt von dieser und doch auch kreativ und befruchtend, besonders in ihrer inneren Struktur.

Paulus konnte von den vielen unterschiedlichen Gaben schwärmen, die der Geist den Christinnen und Christen geschenkt hat, Gaben, die daraus resultierten, dass sie alle letztlich eine Einheit bildeten. In der Antike war das Bild vom Gemeinwesen als einem Körper gut vertraut: Schon 494 v. Chr. soll Menenius Agrippa die aufständischen Plebejer in Rom wieder mit dem Patriziat versöhnt haben, indem er ihnen das Gleichnis von den Körperteilen erzählte, die nicht mehr den Magen ernähren wollten und sich dadurch am Ende selbst schadeten. Jedes Teil hat seine Aufgabe, so die Botschaft dieses politischen Gleichnisses, von dem Livius (gest. ca. 17 n. Chr.) erzählt.[8] Weniger hierarchisch brachte Paulus den Korinthern die Vorstellung von der Gemeinschaft als einem Leib nahe. Er betonte die gegenseitige Abhängigkeit aller Glieder voneinander, um die Christinnen und Christen zur Einheit zu bewegen: «Das Auge kann nicht sagen zu der Hand: Ich brauche dich nicht; oder wiederum das Haupt zu den Füßen: Ich brauche euch nicht.» (1 Kor 12,21) Das können sie nicht, weil ihnen eine Einheit zugrunde liegt: «Ihr aber seid der Leib Christi und jeder Einzelne ein Glied» (1 Kor 12,27).

Die vorgezogene Präsenz Christi ist nicht nur etwas, das man genießen kann; sie begründet auch einen sozialen Auftrag und damit das Miteinander in der Gemeinde. Das erhöht die Spannung zwischen der Gegenwart Christi schon jetzt und seiner erhofften Wiederkunft in absehbarer Zeit. Paulus redet nicht nur wie in anderen Zusammenhängen davon, man solle leben, als lebte man gar nicht in den realen sozialen Bezügen, als habe man keine Frau oder keinen Mann, auch wenn man verheiratet ist, als behielte man nicht, was man kauft (1 Kor 7,29–31). Das Leben wendet sich in der Gemeinde zu einer sozial fassbaren Realität, wenn auch als Ausnahme innerhalb der sonst unveränderten Gesellschaft. Christen grenzen sich, so ist hier zu lesen, von ihrer Umwelt ab, und sie tun dies, weil sie individuell und als Gruppe eine neue Identität haben, die nicht nur die je eigene ist, sondern die gemeinsame: der Leib Christi zu sein.

In einer frühchristlichen Gemeinde irgendwo in Kleinasien oder Syrien war zwei Generationen nach Paulus, im ausgehenden ersten oder im beginnenden zweiten Jahrhundert, das Bewusstsein, dass die Einheit der Gruppe allein in Christus begründet ist, weiter gewachsen. Das Bewusstsein, damit etwas Besonderes zu sein, bezog eine Gruppe von Christen, die sich von anderen abgrenzen wollte, exklusiv auf sich. In einer Vielzahl von Bildern umspielte der Autor des in diesem Milieu entstandenen Johannesevangeliums ein Ineinander von Nachfolge und Identität. Christus erscheint als Hirte, die Gemeindeglieder als seine umsorgten Schafe (Joh 10,14; 27–28), aber er ist eben auch der nährende Weinstock, und seine Anhänger sind die Reben: «Wer in mir bleibt und ich in ihm, der bringt viel Frucht» (Joh 15,5). Dieses Bleiben in Christus ist eine Erfahrung, die alle Zukunft schon hier und heute beginnen lässt. Wer an Christus glaubt, hat schon jetzt das ewige Leben (Joh 3,16; 5,24), das doch eigentlich eine Verheißung für die Zukunft darstellt. Wer glaubt, braucht ein Gegenüber, das oder dem er glaubt, doch im Johannesevangelium hebt der Glaube selbst die Schranken zu diesem Gegenüber auf, indem der Glaubende Christus in sich selbst findet.

So wie Paulus die Gemeinde als Leib Christi sah, formen auch hier die Glaubenden gemeinsam eine eigene Existenzweise Christi. Das individuelle Moment tritt im Johannesevangelium noch weiter zurück als bei Paulus. Zugleich steigert sich der Zuspruch: Christus wird hier so sehr als Sohn Gottes gesehen, dass nicht nur die Glaubenden als Weinreben in ihm sind, sondern er selbst im Vater und dieser in ihm (Joh 14,11). Jenseits und Diesseits sind durchbrochen, Christus bildet als Weg und Wahrheit und Leben (Joh 14,6) den direkten Zugang zu Gott selbst – und verändert damit fundamental die Ordnung dieser Welt. Denn, so der berühmte Prolog dieses Evangeliums: Dieses Leben, das Christus ist, ist das Licht, das in die Finsternis der Welt hineinscheint (Joh 1,4).

Spätere Generationen von Mystikern haben nicht genug davon kriegen können, von dem Licht zu sprechen, das sie erleuchtete und durch das sie zu Gott kamen. Das Johannesevangelium bot ihnen reichlich Nahrung. Und es bot seinen ersten Adressaten das süße Gefühl der Besonderheit. Ob nur in Abgrenzung von Juden und Römern oder auch von anderen Christen, ist dabei nicht ganz eindeutig. Bedeutsam blieb das exklusive Bewusstsein, Christus so eng verbunden zu sein, dass bei denen, die von diesem Evangelium hörten und sich an ihm orientierten, Christus gegenwärtig war, ja, dass in ihnen und durch sie Gott selbst hier auf Erden Wirklichkeit wurde. Wer so dachte und fühlte, wer sich selbst so verstand, hatte wenig Gründe, sich weiter auf diese Welt einzulassen, war schon längst in eine andere Wirklichkeit eingetreten. Er oder sie hatte an der einzigen Wirklichkeit Anteil, angesichts derer alles, was hier auf Erden begegnet, zu einem Schattenspiel verblasst. So drängend, so dicht war dieses Bewusstsein der Nähe zu Christus noch in der zweiten oder dritten Generation nach Jesu Tod, dass man sich wundern kann, wie Christen später diese mystischen Grundlagen vergessen konnten. Vielleicht lag es an den sozialen Folgerungen daraus, der Begründung einer Gruppe, die sich in einer Sonderwelt fühlte und darin «in Christus» und «auf Christus hin» lebte. Das schien eine Option für wenige zu sein.

2.
GEGENWELTEN

MIT PAULUS UND PLATON: DAS CHRISTENTUM ALS PHILOSOPHISCHE SCHULE

Die Weiterentwicklung mystischer Konzepte ist ohne die intensive Verbindung des Christentums mit der paganen Umwelt nicht denkbar. Paulus hat seine Mission wohl kaum so regelmäßig in den Synagogen begonnen, wie es die Apostelgeschichte erscheinen lässt. Lukas, von dem dieses biblische Buch stammen soll, wollte durch die immer gleichbleibende Erzählung von Synagogenauftritten deutlich machen, dass es nicht die Schuld des Apostels gewesen sei, dass das Christentum sich vom Judentum löste. Lukas selbst lässt auch ganz andere Szenarien aufblitzen: In Apostelgeschichte 17 erzählt er, wie er sich den Aufritt des Apostels in Athen vorstellt. Zornig sei der geworden über all die Götterbilder in der Stadt – «Götzenbilder» übersetzt Luther hier. Damals muss noch die gewaltige Bronzestatue aus der Werkstatt des Phidias auf der Akropolis gestanden haben, die Athena Promachos. Und die Agora, über die Paulus gelaufen sein könnte, war voll von Tempeln und Skulpturen der Götter. So ziemlich alles, was seit der Renaissance als beeindruckendes Zeugnis der antiken Kultur bewundert wird, war in der Hebräischen Bibel Gegenstand der Polemik gegen fremde Götter. Nur der eine wahre Gott allein sollte verehrt werden. Für die Christen hatte er sich ein für alle Mal in seinem Sohn Jesus Christus offenbart.

Das zu denken und zu praktizieren war in Palästina nicht schwer. Auch unter römischer Besatzung genoss das Judentum, zumal in Jerusalem, bis zum Jahr 70 einen gewissen Schutz. Die römischen Behörden ließen Vorsicht walten, um die Gefühle von Juden nicht zu verletzen. Entfernten sich Missionare wie Paulus weiter von der Ursprungsregion des Christentums, mussten sie die Erfahrung machen, dass der biblische Glaube an den einen Gott nur eine Möglichkeit unter vielen war. Das Christentum wurde zu einem Angebot neben Mysterienkulten und philosophischen Schulen, und es legte nicht nur auf die Unterschiede Wert, sondern nahm auch Gemeinsames auf. Diese Aufnahmen konnten zu allgemein akzeptierten christlichen Dogmen werden – oder zu mystischer Sonderlehre.

So soll Paulus in Athen in Streit mit unterschiedlichen Philosophenschulen geraten sein: mit den Stoikern, die davon sprachen, dass die Vernunft die ganze Welt durchwalte, und mit den Epikureern, denen zufolge der Mensch den höchsten Glückszustand erreichen kann, wenn er sich von seinen Begierden löst. Sie haben Paulus wie einen der ihren wahrgenommen, der selbst, als er das Evangelium von Jesus verkündete, eine neue Lehre vertrat – und sie waren sogar neugierig auf ihn, führten ihn, so die literarisch zugespitzte Schilderung des Lukas, auf den Areopag. Das war der Felsen für Rats- und Gerichtsversammlungen oberhalb der Agora, des antiken Verwaltungszentrums. Hier soll Paulus eine Rede an die «Männer von Athen» gehalten haben (Apg 17,22). Er ging dabei von einem «dem unbekannten Gott» geweihten Altar aus, den er gesehen habe. Diesen unbekannten Gott identifizierte er als den Schöpfergott, der die Welt erhält und allen Menschen nahe ist. «In ihm leben, weben und sind wir», ja, wir sind sogar «göttlichen Geschlechts» (Apg 17,28). All dies ist schon voll von Abwertungen der Götterbilder. Dann geht die Predigt über zur Verkündigung des nahen Gerichts und der Auferstehung der Toten. All das ist gewiss keine wörtliche Rede des Apostels, sondern eine gelungene Komposition des Lukas, der hier vorführt, wie eine Predigt, die sich an die gebildeten Vertreter der paganen Philosophie richtete, ausgesehen haben könnte. So ganz fern von Paulus lag er damit auch nicht, hatte dieser doch neben der jüdischen offenkundig auch eine pagan-philosophische Ausbildung erfahren und machte Gebrauch von deren rhetorischen Möglichkeiten. In Athen selbst hatte er wohl nicht so viel Erfolg damit, aber ein Mitglied des Rates soll bekehrt worden sein: *Dionysios ho Areopagites* wird er im griechischen Text genannt: Dionysios, der Areopagit (Apg 17,34). Der Name verschwindet in der Bibel rasch wieder – einige Jahrhunderte später aber sollte er in der Geschichte der Mystik folgenreich wieder auftreten.

Wer sich die christliche Verkündigung der ersten Jahrhunderte vorstellen will, muss Bilder des einundzwanzigsten Jahrhunderts weit hinter sich lassen. Es gab weder eine feste Gottesdienstordnung noch reguläre Versammlungsräume. Meist traf man sich in Privaträumen von Gemeindegliedern, um gemeinsam das «Herrenmahl» zu feiern. Aber es konnte auch Predigten im Freien geben, und dann unterschieden sich Christen äußerlich nicht sehr von griechischen Philosophenschulen. Sie boten ihre Welterklärungen an – oft mit der gelassenen Haltung, dass doch zu ihnen kommen möge, wer sich interessiere. Als er wegen seiner christlichen Lehren verhört wurde, soll Justin (gest. 165), den seine intellektuell durchreflektierten christlichen Überzeugungen schließlich ins Martyrium führten, angegeben haben:

> Ich halte mich oberhalb des Bades des Myrtinos auf während der ganzen Zeit meines Aufenthaltes in Rom, wo ich zum zweiten Mal bin. Ich kenne keinen anderen Ort der Zusammenkunft als diesen. Jedem, der zu mir kommt, gebe ich Anteil an den Lehren der Wahrheit.[1]

Justin, der sogar im Philosophenmantel auftrat, deutet an: Der christliche Lehrer verhalte sich nicht anders als der Philosoph. Er bot an, was er anbieten konnte: Wissen über die Wahrheit. Nur dass diese eben bei jedem Lehrer etwas anders aussah.

Darin lagen Risiko und Reiz dieser Situation: Schon Philosophen dürften in der Regel davon ausgegangen sein, die eine Wahrheit erfasst zu haben. Für die christliche Lehre galt dies erst recht. Wenn Jesus Christus tatsächlich «der Weg und die Wahrheit und das Leben» war (Joh 14,6), konnte es neben ihm keine anderen Wahrheiten geben. So sagt es ja auch Justin. Andere Wahrheits*ansprüche* gab es gleichwohl, und die Christen mussten damit umgehen.

Die eine Wahrheit von dem Auferstandenen also musste sich auf einen Markt intellektueller Möglichkeiten einlassen, auch wenn sie diese anderen Möglichkeiten kategorisch abwies. In der Areopag-Rede des Paulus ist beides angelegt: Wenn die Götter nur Götzen sind, wird ihnen jegliche Relevanz, ja Existenz abgesprochen. Und doch lässt der Paulus der Apostelgeschichte sich auf Gedanken, Sprach- und Begriffsmuster ein, die seiner paganen Umwelt vertraut waren.

Letzteres taten viele unter den Autoren, die nun als Verteidiger des Christentums auftraten, als Apologeten. Justin, der oberhalb der Myrtinos-Thermen wohnte und lehrte, war der denkerisch Kreativste unter ihnen. Er entwickelte umfassende Konzepte vom Umgang Gottes mit der Welt, in welche er die Hebräische Bibel beziehungsweise ihre griechische Übersetzung, die Septuaginta, genauso integrieren konnte wie die pagane Philosophiegeschichte. Beides war nicht selbstverständlich. Die Hebräische Bibel war das Heilige Buch des Judentums, das sich nach der Zerstörung des Jerusalemer Tempels 70 n. Chr. durch die Truppen des Feldherrn und späteren Kaisers (79–81) Titus selbst erst neu formierte. Die christlichen Schriften bauten unverkennbar hierauf auf, und Christen gebrauchten die jüdische Bibel zunehmend als ihr eigenes Altes Testament, das in einem allmählichen

Prozess durch den Kanon des Neuen Testaments ergänzt wurde. Wie aber beides einander zuzuordnen war, war nicht ganz klar. Justin blieb nicht dabei stehen, Christus als Erfüllung der Weissagungen des Alten Testaments zu verstehen, sondern sah im Alten Testament schon Christus selbst in den Gotteserscheinungen präsent.

Kaum anders ging er mit der paganen Geschichte des Denkens um: Im Einklang mit den Stoikern sah er hier überall die Vernunft, den *logos*, walten, freilich als *logos spermatikos*, als samenartig angelegter *logos*. Seine Entfaltung hatte dieser erst in Jesus Christus erfahren, den das Johannesevangelium bereits als *logos* bezeichnet hatte. Das war eine geniale Umarmungsstrategie: Was gut an der Antike war, führte eigentlich schon auf das Christentum zu. Wer aber umarmt, kommt dem anderen nahe – und so führten diese Überlegungen Justins auch zu einer Verschiebung dessen, was christlich genannt werden konnte. Die Inhalte wurden philosophisch formulierbar und dadurch selbst philosophischer. Das war das Einfallstor, durch das die Betonung des Zusammenhangs von Geistigem und Geistlichem, der die mystischen Theologien prägen sollte, in das Christentum gelangte. Wenn in Christus der *logos* betont wurde, lag es nahe, von der Vernunft auf Christus zu schließen. So konnte das Christentum in der Form, die Justin ihm gab, für die philosophisch belehrte Welt der Antike annehmbar und ein Teil von ihr werden – und damit das, was nach dem Bericht des Lukas manche in Paulus gesehen hatten: eine philosophische Schule.

Das Besondere und Einzigartige zu bewahren und sich doch in die Vielfalt einzureihen – das war die Herausforderung, der sich frühchristliche Vordenker stellen mussten. Dazu musste es in Konkurrenz zu den vielfältigen Angeboten zeigen, dass es deren Anliegen und Wünsche eigentlich noch viel besser vertrat als diese selbst. So war eine der zentralen Missionsstrategien des Christentums die Amalgamierung mit den wichtigsten philosophischen Lehren der Antike. Nicht nur die schon erwähnten Epikureer und die sehr verbreitete Stoa zählten hierzu, sondern auch unterschiedliche Bemühungen um das Erbe Platons (gest. 348/47 v. Chr.).

Platon sollte für die weitere Entwicklung der Mystik zum entscheidenden philosophischen Gewährsmann werden. Bei ihm konnte man den Vorrang der geistigen Erkenntnis vor der bloß sinnlichen lernen, vor allem in dem berühmten Höhlengleichnis: Im siebten Buch seiner *Politeia* (1–3; 513e – 518c) legt Platon der leitenden und lehrenden Figur seiner Dialoge, Sokrates, den Vergleich der menschlichen Erkenntnis mit Gefangenen in den Mund, die sich in einer Höhle befinden. Der Höhlenausgang befindet sich hinter ihnen, sie schauen nur auf eine Wand, auf der schemenhaft Schatten von Gegenständen erscheinen, die vor dem Eingang hin und her getragen werden. Natürlich halten sie dies für die eigentliche Realität, und nur mit Mühe lassen sie sich zu der Einsicht zwingen, dass das Licht der blendenden Sonne selbst viel mehr an Wirklichkeit erkennen lässt als jene Schatten. Dem entsprechen, so erläutert Sokrates seinem Gesprächspartner Glaukon, die Wahrnehmungsweisen der Menschen. Die Welt, in der diese sich bewegen, entspricht jener Höhle und den Schatten in ihr. Wahre Erkenntnis muss sich in die Welt der Ideen hinaufbewegen, die die Urbilder alles Materiellen darstellen, letztlich bis hin zu der Idee des Guten.

In vielen unterschiedlichen Varianten wurde diese Betonung des Geistigen von den sogenannten Mittelplatonikern aufgenommen, die im zweiten Jahrhundert wirkten. Insbesondere musste von Gott aller Gedanke des Materialisierten ferngehalten werden, und das hieß auch: jeder Gedanke der Individuation. Gott sollte so allgemein und so geistig wie nur möglich verstanden werden. Ziel des Menschen war es, in einem Lernprozess zu dieser eigentlichen, geistigen Wirklichkeit hingezogen zu werden. Das Eigentliche am Menschen war, wie das Eigentliche der Welt überhaupt: sein Geist. Solche Überlegungen waren mit einem Mensch gewordenen Gott, der in der Krippe gelegen und an einem Kreuz gestorben war, nicht leicht zu vereinbaren. Aber sie waren hochattraktiv, wenn man deutlich machen wollte, dass dem Christentum eine allgemeine Bedeutung für alle Menschen zukam. Die Aufgabe bestand darin, den Grad zu finden, bis zu welchem sich beides vertrug. Die schroffen Urteile der Zeitgenossen und der folgenden Generationen unterschieden scharf eine legitime Rezeption der platonischen Ideen in der werdenden Großkirche, die ihre Dogmen gar nicht anders formulieren konnte als unter Rückgriff auf platonische Gedanken, von den gleichfalls platonisierenden Gedanken derer, die als Ketzer ausgegrenzt wurden.[2] Eine Formulierung aus dem Paulus zugeschriebenen ersten Brief an Timotheus aufgreifend, brandmarkte Irenäus von Lyon (gest. um 200) diese als «fälschlich so genannte Gnosis» (1 Tim 6,20) und prägte damit den Begriff, der bis heute, ohne das abwertende Attribut «fälschlich», für diese frühe Form einer mystischen Betonung der Nähe Gottes verwendet wird: Gnosis. Ihre Bedeutung für die Mystik liegt vor allem darin, dass sie in vielen Experimenten den Weg dafür ebnete, Gott und Christus auf den Bahnen platonisierenden Denkens zu deuten. Die höchste Wirklichkeit, Gott, ist eigentlich geistig, so lehrten sie, und machten so verstehbar, wie der Schöpfer aller Dinge im einzelnen Menschen gegenwärtig sein kann.

SIMON MAGUS UND VALENTINUS: EINE BESONDERE NÄHE ZU GOTT

Irenäus sah den Ursprung der von ihm im ausgehenden zweiten Jahrhundert heftig bekämpften Gnosis schon bei den Anhängern einer biblischen Gestalt: den Simonianern.[3] Deren Name rührt von Simon Magus her, mit dem sich eine der eigenartigsten Geschichten des Neuen Testaments verbindet: Lukas erzählt in der Apostelgeschichte (8,9–24), dass in Samarien ein Zauberer gelebt habe, Simon Magus, der aufgrund seiner Wundertaten zahlreiche Verehrer um sich sammelte und als «die große Kraft Gottes» bezeichnet wurde. Dieser sei Christ geworden und habe sich taufen lassen – wurde dann aber zum Beispiel eines Christen, der das Wirken Gottes nicht recht verstand. Denn als Petrus und Johannes nach Samarien kamen, um denen, die getauft waren, durch Handauflegung auch noch den Heiligen Geist zu übertragen, bot Simon ihnen Geld an, damit auch er die Fähigkeit erhielte, durch Handauflegung den Geist zu übertragen. Die Apostel wiesen dies ab, und am Ende bat Simon sie um ihre Fürbitte. Historisch ist diese Episode nicht ganz einfach einzuordnen, nicht zuletzt weil sich die Unterscheidung zwischen Taufe und Gabe des Geistes merkwürdig ausnimmt.[4] Vor allem aber lässt sich nicht ganz klären, warum Simon Magus Christ sein konnte und doch gleichzeitig selbst verehrt wurde.

Von Justin ist eine kurze Notiz über Simon überliefert. Er stammte wahrscheinlich wie Simon aus dem samarischen Raum und befand sich später in Rom, wohin auch Simon oder seine Anhänger gegangen sein sollen. Trotz dieser räumlichen Nähe bietet sein Bericht nur ein dürres Faktengerüst über Simon Magus und sagt nichts über dessen Lehre.[5] Hiernach habe er zur Zeit des Kaisers Claudius (41–54) in Rom gelebt und sei als Gott, ja, von vielen sogar als höchster Gott verehrt worden. Er wanderte angeblich – ähnlich wie die Apostel und noch Justin selbst – durch die Lande und wurde dabei von einer Frau namens Helena begleitet, die zuvor in einem Bordell gelebt haben soll, nun aber als sein «erster Gedanke», *he ennoia prote*, verehrt wurde. Auch wenn wir es noch nicht mit Mystik zu tun haben, deutet sich der Vorrang des Geistigen hier bereits an.

Irenäus bot zu demselben Stoff eine ausführlichere Geschichte.[6] Die Vorstellung, sie sei ein geistiges Wesen, löst Simons Begleiterin von den üblichen Bindungen an Zeit und Raum. So erklärt Irenäus, dass diese *ennoia,* die sich in Simons Begleiterin verkörperte, am Anfang der gesamten Schöpfung stand. Durch sie vermittelt habe Simon, offenbar als der höchste Gott, die Schöpfung in die Wege geleitet. Die *ennoia* sei dann aber gefangen genommen worden und unter anderem in jener Helena wiedererschienen, deren Entführung einst den trojanischen Krieg ausgelöst habe. Die Aufnahme der Antike umfasst hier also neben der Philosophie auch den Sagenstoff der Ilias. Ähnlich wie bei dem kirchlich anerkannten Justin vollendet das Christentum auch bei Simon Magus – wie ihn seine Gegner schildern – die besten Anlagen der Antike.

Ob er tatsächlich so weit ging, sich selbst als gottgleich auszugeben, und welche Rolle Konflikte innerhalb der frühen Gemeinden (Apg 8) bei der offenkundig polemischen Schilderung des Simon spielten, lässt sich heute nicht mehr entscheiden. Der Anspruch auf exklusive Erkenntnisse hat jedenfalls immer wieder Autoritätskonflikte heraufbeschworen. Solche Konflikte zeigen sich auch darin, dass Irenäus in seinem Handbuch für den Kampf gegen Häresien das Zitat aus dem ersten Timotheusbrief über die fälschlich so genannte Gnosis verwendete. Dieser Brief stammt wahrscheinlich nicht von Paulus selbst, so sehr er sich auch den Anschein geben will, sondern wurde ebenso wie der zweite Timotheusbrief und der Titusbrief im zweiten Jahrhundert unter die Autorität des Apostels gestellt, um gegen Abweichungen vorzugehen, in denen sich Züge einer frühen gnostischen Lehre, der Protognosis, finden. Gemeinsam zeichnen sich diese sogenannten Pastoralbriefe durch eine gestiegene Anpassungsbereitschaft der Christen an ihr Umfeld aus, durch eine Klärung der kirchlichen Hierarchien und eben eine Abgrenzung von allem, was irgendwie als religiöser Wildwuchs wahrgenommen wurde.

Eine Haltung, wie sie im Johannesevangelium beobachtet werden kann, die auf Besonderheit der eigenen Ansprüche und Absonderung von anderen zielt, konnte rasch störend werden. Das geht nicht nur aus den Pastoralbriefen, sondern auch aus den wohl in ähnlicher Zeit entstandenen sieben erhaltenen Briefen des ehrgeizigen Bischofs Ignatius von Antiochien hervor. In ihnen zeichnet sich das Bemühen ab, die Autorität in den Gemeinden ganz an den Bischof zu binden. Das gilt gerade auch gegenüber Menschen, die sich zwar als Christen verstehen, aber Zurückhaltung gegenüber allen materiellen Aspekten des Glaubens zeigten, sei es die Jungfrauengeburt, Kreuzigung und Auferstehung oder auch die Feier des Abendmahls. Christus, so sollen sie gesagt haben, habe nur zum Schein gelitten. Ob Ignatius' Wort, sie «existierten nur zum Schein»,[7] auf sie selbst zurückgeht oder nur seine scharfe Polemik darstellt, lässt sich nicht sagen. Selbst aus seiner kritischen Sicht wird jedenfalls deutlich: Es handelte sich um Menschen, die eine besondere Nähe Gottes empfinden und die wir vielleicht als Protognostiker, vielleicht sogar als frühe Mystiker bezeichnen können. Sie waren getragen von dem Bewusstsein, dass Gott bei ihnen und in ihnen ist und dass er sich von der materiellen Welt radikal unterscheidet. Ihnen wurde nun die volle Wucht des entstehenden kirchlichen Amtes entgegengehalten: Mit ihnen sollten die Christen, die sich an die Gemeinden des Ignatius hielten, keinerlei Kontakt haben. Das Sonderbewusstsein der engen Verbindung zwischen Sohn und Vater, das für das Johannesevangelium die enge Bindung an Christus ermöglicht hat, ist für Ignatius ganz durch den Bischof vermittelt:

> Wie nun der Herr nichts getan hat ohne den Vater, mit dem er eins ist, weder in eigener Person noch durch die Apostel, so sollt auch ihr ohne den Bischof und die Presbyter nichts tun; und versucht nicht, etwas als verständiger anzusehen, was ihr im privaten Kreis tut.[8]

Der Gedanke, mächtige Bischöfe wie Ignatius und Irenäus hätten diese Protognostiker, die vielleicht frühe Mystiker waren, bloß aus machtpolitischen Gründen aus dem Christentum hinausdefiniert, ist zu einfach, um den komplexen Vorgängen gerecht zu werden. Im Hintergrund standen auch unterschiedliche religiöse Vorstellungswelten: auf der einen Seite das Bewusstsein, dass ein geistiger Gott über den materiellen Bindungen der Welt steht, auf der anderen Seite der Glaube an die materielle Realität des Heilsgeschehens in und durch Jesus Christus. Wenn das Heil an ihm hing, musste auch gewiss sein, dass Jungfrauengeburt, Kreuzigung und Auferstehung wirklich waren.

Was nun Simon angeht, so ist sicher, dass er schon bei Justin als Häretiker galt und seit Irenäus seinen Status als Erzketzer gefestigt hatte. In dessen Erzählung mag sich seine Tendenz, den gnostischen Gegnern eigene Schöpfungsmythen zuzuschreiben, mit tatsächlichen Erzählungen der Simonianer vermischen. Hier zeichnet sich ab, dass es zumindest Denkmöglichkeiten gab, die beiden sehr handfesten biblischen Schöpfungsberichte – im zweiten wird der Mensch aus Erdenstaub geformt und ihm wird der Lebensodem in die Nase gehaucht (Gen 2,7) – platonisierend zu deuten, und das hieß: unter starker Betonung der geistigen Wirklichkeit. Was im Bericht des Irenäus als eine Wanderung der *ennoia* durch die Zeiten erscheint, nimmt platonische Vorstellungen von der Seelenwanderung auf, lässt aber zugleich eine Wirklichkeitsvorstellung anklingen, die Zeit nicht einfach als Distanz zum göttlichen Ursprung gelten lässt und die damit deutlich auf die späteren mystischen Bahnen hinlenkt. Sieht man Gott als den Schöpfer am Beginn der Welt, so stellt sich die Frage, wie er weiter in ihr präsent bleibt – etwa durch Erscheinungen oder Propheten, oder auch, wie es die spätere Dogmatik entwickelte, durch die Lenkung ihrer Geschicke. Die *ennoia* aber ist als Gedanke etwas, was Gott mit den Menschen unmittelbar verbindet, die ihrerseits gedanklich orientierte Wesen sind. Die Nähe Gottes rückt so in das geistige Zentrum des Menschen hinein. Auch wenn also die Informationen, die wir über Simon Magus haben, nicht ausreichen, um ihn konsequent als Mystiker zu deuten, so finden sich in den Berichten über ihn doch gedankliche Strukturen, die mystische Vorstellungen von der innerlichen Nähe Gottes vorwegzunehmen scheinen.

Es ist schwer zu sagen, wie unser Bild von Simon Magus wohl aussähe, wenn wir Originalschriften aus seiner Feder hätten, oder wenigstens Fragmente, wie sie in der Zeit Kaiser Hadrians (117–138) von dem alexandrinischen Lehrer Basilides und wenig später von dem ebenfalls aus Alexandrien stammenden, dann aber vor allem in Rom tätigen Valentinus erhalten sind. Die wenigen Bruchstücke ihrer Lehren lassen erkennen, dass es ihnen darum ging, durch Weiterentwicklung platonischer Gedanken das Christentum für gelehrte Kreise attraktiv zu machen. Bei beiden findet sich der platonische Grundgedanke, dass sich die wahre geistige Welt grundsätzlich von der Materie abhebt. Das kann bei Basilides die Gestalt annehmen, dass er zwischen dem Gott der materiellen Welt und dem wahren höchsten Gott unterscheidet, oder es kann sich in einer Lehre vom Menschen äußern, in der dessen wahrhafte Seele von allem Materiellen, einschließlich der an die äußere Welt kettenden Leidenschaften, unterschieden wird.

Eine solche Distanz gegenüber den Leidenschaften kennt man auch aus anderen philosophischen Ansätzen der Antike, hier aber gewinnt sie ihren besonderen Sinn daraus, dass die menschliche Seele durch die Befreiung von den Leidenschaften enger mit dem geistig gedachten Gott verbunden wird. Nähe zu ihm wird dadurch erreicht, dass der Mensch in seine jenseits des Materiellen liegende eigentliche Wirklichkeit zurückkehrt. Dazu gehört auch die Aufgabe individuellen Bewusstseins, denn Basilides folgt Platon auch darin, dass er von einer Seelenwanderung ausgeht, in der sich das immaterielle Sein immer neue Materialisierungen aneignet, ohne doch je ganz an diese gebunden zu sein. In der Rückschau tut man sich nicht leicht damit, dieses System mit dem Christentum zu verbinden, auch wenn Basilides von einer Verkündigung des Evangeliums spricht. Da der biblische Kanon zu dieser Zeit noch im Werden war, muss mit «Evangelium» hier jedoch nicht das gemeint sein, was wir heute im Neuen Testament finden. Die Botschaft von Christus und platonische Philosophie waren hier gänzlich amalgamiert, um Menschen so das Angebot zu machen, dem Geistigen und damit dem Göttlichen näher zu kommen.

Das war auch das Ziel des Valentinus, soweit wir uns aufgrund von Fragmenten, die mühsam aus den Schriften anderer Autoren zu destillieren sind, ein Bild von ihm machen können. Auch ihm ging es darum, dass der Mensch in der materiellen Welt verunreinigt ist: Sein Herz sei wie ein Wirtshaus, in dem Dämonen hausen und das nur durch die Wirksamkeit des «allein gute[n] Vater[s]» gereinigt werden kann. Ein Mensch, dem das widerfährt, den preist Valentinus selig, «weil er Gott schauen wird».[9] In solchen Äußerungen klingen Aussagen des biblischen, insbesondere des johanneischen Jesus an, vor allem aber ein Grundgedanke, der sich in den folgenden Jahrhunderten wieder und wieder in mystischen Texten finden wird, dass es die Unreinheit durch die Bindung an diese Welt ist, die den Menschen daran hindert, Gott wirklich zu erkennen – und dass der von dieser Unreinheit gelöste Mensch zu seinem Eigentlichsten zurückkehrt und eben darin, so die Begrifflichkeit in Fragment 11, gerettet wird. Deutlich wird dies in Fragment 4:

> Von Anfang an seid ihr unsterblich und seid Kinder des ewigen Lebens, und ihr wolltet den Tod unter euch aufteilen, damit ihr ihn aufreibt und vernichtet und damit der Tod in euch und durch euch stürbe. Denn wenn ihr den Kosmos auflöst, ihr selbst aber nicht aufgelöst werdet, so seid ihr Herren über die Schöpfung und über die ganze Vergänglichkeit.[10]

Versteht man diese Zeilen vor dem Hintergrund der Frömmigkeit des Johannesevangeliums, so scheint Valentinus seinen Anhängern verheißen zu haben, dass der Glaube an Jesus Christus sie von der Bindung an die Vergänglichkeit löst – eben dadurch überwinden sie dann auch den Kosmos, die gesamte Welt, in die sie hineingesetzt sind, ohne ganz zu ihr zu gehören: eine Welt, von der Valentinus in einem anderen Fragment sagen konnte, sie sei nicht mehr als ein Abbild des ewigen Äons, des ewigen Seins. Das geistige Sein des Menschen tritt hier so sehr in Gegensatz zum materiellen Dasein der Welt, dass sich aus der bloßen Beschreibung des Daseins auch eine Verheißung für die Zukunft, konkret: für das ewige Leben, entwickelt. Der Geist steht über dem Fleisch, der

Äon über der Welt, Gott über aller äußeren Wirklichkeit. So formt sich ein Weltbild, in dem Geist und Seele des Menschen zu den Anknüpfungspunkten werden, die sein Wesen ausmachen, ihn in Gottes Nähe rücken und letztlich Rettung verheißen. Valentinus wollte damit offenkundig das Christentum anschlussfähig für philosophische Gelehrsamkeit machen (Fragment 6). Doch innerhalb der Kirche selbst geriet er mehr und mehr ins Abseits, erst recht als unter seinem Namen Lehren entwickelt wurden, die weit über das hinausgingen, was er hatte lehren wollen – und weit über das, was für die meisten Christen mit der Bibel vereinbar war.

ERKENNTNIS IST ERLÖSUNG: DIE VALENTINIANER

Seinen schlechten Ruf in der Geschichte des Christentums verdankt Valentinus dem oben schon erwähnten Irenäus. Für den Bischof von Lyon wurde eine Gruppe von Erben und Nachfolgern des christlichen Philosophen zum Urbild aller Häresien. Diese waren zwar mit dem Namen des Valentinus verbunden und galten als «Valentinianer», in ihren Lehren aber gingen sie weit über das hinaus, was ihr Vorbild gedacht, manchmal auch nur angedeutet hatte. Sie entfalteten eine umfassende Mythologie, die die Welt seit Anbeginn erklärte. Dass in der Bibel mehr und anderes enthalten sei als das, was die Worte vordergründig sagen, hatte schon der jüdische Schriftausleger Philo (gest. nach 40 n. Chr.) erklärt, der stark vom Platonismus und der Stoa beeinflusst war. Die Valentinianer nutzten diese Möglichkeit, um einen Ursprung der Welt aus Gott zu beschreiben, der sich nach ihren Vorstellungen in mehreren Stufen vollzog: Aus Gott entsprang die Weisheit, aus ihr gingen weitere Elemente des Daseins hervor, und Stück für Stück formte sich so die Welt.

Der Mensch findet sich nach dieser Vorstellung in einer Welt vor, die von einem Demiurgen geschaffen wurde, einem Schöpfergott, der sich von dem einen wahren und unbegreiflichen Gott fundamental unterscheidet, ja, von ihm nicht einmal weiß, und eine Welt aus materiellen Zusammenhängen schafft. Mit der Materie ist Vergänglichkeit verbunden, und so ist auch der Mensch, insoweit er an diese Welt des Demiurgen gebunden ist, materiell und vergänglich. Die Verbindung zu der ursprünglichen, wahren Welt aber bildet sich durch die Dimension des Geistigen – des *pneumatikon* (Irenäus, *Adv. Haer* I,6,1 u. ö.). Das Wort entstammt derselben Wurzel wie jenes, das die Bibel für den Heiligen Geist verwendet, der nach der Lehre von der Trinität, die sich in den folgenden Jahrhunderten entwickelte, als dritte Person Gottes gelten sollte. Es bezeichnet aber zugleich eine bestimmte Seinsweise: eine geistige, dem Wesen nach immaterielle. Den Anknüpfungspunkt für die Wirksamkeit dieser geistigen Seinsweise in der materiellen Welt bildet eine Art mittlerer Dimension: die psychische. So beschreiben die Valentinianer den Menschen in seiner entfremdeten Existenz in der Welt als mehrdimensional – und sehen sein geistiges Sein als die Brücke, die ihn über alle materiellen Hindernisse hinweg mit dem einen, wahren Gott verbindet. Diese Verbindung erfolgt durch Erkenntnis, *gnosis*.

Jenes Wort also, durch das die gesamte Bewegung beschrieben wird, hat hier seinen eigentlichen Ort. Erkenntnis, so der kühne Anspruch, ist Erlösung, weil Erkenntnis geistig ist und zum Geistigen zurückführt. Bei den Valentinianern scheint dies mit einem hochelitären Anspruch verbunden zu sein, wenn man dem von grundlegender Antipathie getragenen Bericht des Irenäus Vertrauen schenken darf: Die Menschen hier auf Erden ließen sich einteilen in hoffnungslos der Materie Verfallene, in belehrbare Psychiker und schließlich die Gnostiker, die als Pneumatiker eigentlich schon über der Welt stehen und sich in diesem Bewusstsein frei in der materiellen Welt bewegen. Voller Abscheu malte Irenäus aus, wie Gnostiker ohne Scheu an paganen Kulten und ihren Opfermahlzeiten teilnehmen. Seit der Frühzeit des Christentums war die Frage umstritten, ob man von dem Fleisch essen dürfe, das heidnischen Göttern geopfert worden war. Paulus hatte hier zu einer moderaten Haltung geraten: Zwar seien Christen durch Christus frei, auch gegenüber Speisevorschriften, und könnten so eigentlich unbedenklich von dem essen, was für sie bloßes Götzenopferfleisch war, aber aus Rücksicht auf diejenigen unter ihnen, die hier Bedenken hätten, sollten doch alle darauf verzichten (Röm 14f). Dieser weise, bedächtige Rat war so zur Regel geworden, dass die Valentinianer mit ihrer Teilnahme an paganen Kulten negativ auffielen. So glaubwürdig der Bericht hierüber vor dem Hintergrund der älteren Debatten auch erscheint, so sehr gewinnt man doch den Eindruck, dass Irenäus übertreibt oder freudig böse Gerüchte aufnimmt, wenn er von freier Liebe, Ehebruch und Weiterem erzählt.

Was Irenäus aber am meisten wurmte, war das, was er als arrogantes Sonderbewusstsein der Valentinianer wahrnahm: «Sie ziehen aber über uns, die wir uns aus Furcht vor Gott hüten, auch nur in Gedanken und Worten zu sündigen, als Simpel und Nichtswisser her, schätzen sich selbst maßlos hoch ein und bezeichnen sich als Vollkommene und als erwählten Samen.»[11] Ihnen, den Vertretern der normalen Kirche, würden sie vorhalten, die Gnade nur vorübergehend übertragen bekommen zu haben, während sie ihnen selbst dauerhaft eignete. Pneumatiker zu sein war, so klingt es hier durch, eine wenigen Menschen vorbehaltene Stellung, die die anderen gar nicht erreichen konnten – ein Anspruch, wie er bei vielen Mystikern wiederkehren sollte. Dabei verstanden sich die Valentinianer als Christen, sahen im Sohn Gottes eine entscheidende Vermittlungsinstanz und erkannten in ihrer Erzählung von der Entstehung der Welt und des Heils auch der Kirche eine wichtige Rolle zu. Aber ihre pneumatische Erkenntnis, ihr grundlegendes geistiges Dasein verband sie in einer Weise mit dem göttlichen Ursprung der Welt, der sie weit über die Kirche erhob. Gottes Nähe änderte das eigene Sein und das Verhältnis zu allen anderen.

Die Frage, ob sie mehr von Platon oder von der biblischen Botschaft beeinflusst waren, hätten die Valentinianer als unangemessen empfunden, denn nichts konnte für sie so gut die Bibel erklären wie das platonische Denken. Als Christen wollten sie bessere Philosophen sein, um so «das Christentum und seine Bibel im Konkurrenzkampf der Meinungen, Philosophien und Religionsformen konkurrenzfähiger zu machen».[12]

Dass Gott von der Welt unterschieden ist, konnte für Christen keine Überraschung sein. Und dass man dies durch Gottes Geistigkeit besonders gut erklären konnte, lag nahe. Je geistiger Gott aber wurde, desto mehr verlor er seine konkreten Züge. Auch das war in der griechischen Antike nicht unbekannt und spielte den Christen in mancher Hinsicht sogar in die Hände: Schon die Kritik an dem antiken Götterhimmel hatte darauf abgezielt, dass das wahrhaft Göttliche durch eine Vielzahl von miteinander streitenden und lachenden, lüsternen und eifersüchtigen Göttern nicht recht erfasst wurde – und hatte darin die Geschichten der olympischen Götter infrage gestellt. Solche philosophisch inspirierte Polemik gegen die alte Religion konnte der neuen entgegenkommen und wurde von deren Apologeten gerne aufgegriffen, hatte doch schon die Hebräische Bibel erklärt, dass Gott nur einer ist (Dtn 6,4). Doch was dort mit einem sehr konkret sich offenbarenden Gott verbunden war, der die Sonne stillstehen lassen und Meere teilen konnte, der sich in einem brennenden Dornbusch offenbarte und von Mose sogar, wenn auch nur von hinten, gesehen werden konnte (Ex 33,23), das war in der Philosophie der griechischen Gelehrten apersonal gedacht. Gott konnte man sich hier nur als das Göttliche vorstellen.

Indem die Valentinianer sich hierauf einließen, füllten sie das biblische Gottesbild neu und passten es in den philosophischen Rahmen ein. Andere Theologen taten es ihnen gleich, und ihnen gelang, was die Gnostiker nur in Ansätzen erreichen konnten: Sie zeigten, dass die antike Wahrheitssuche ihre Erfüllung erst im Christentum finden konnte. Christliche Interpreten haben das Geschehen gerne als eine – negative – Veränderung des Christentums gedeutet, wie etwa der große Dogmenhistoriker Adolf von

Harnack, der von einer «Verweltlichung, resp. Hellenisierung des Christenthums» durch die Aufnahme der Philosophie sprach.[13] Das ist nicht nur deswegen schief, weil es wohl nie ein ganz vom Hellenismus freies Christentum gegeben hat, wie Harnack es als das «Wesen des Christentums» in der reinen Botschaft Jesu meinte identifizieren zu können.[14] Unausgewogen ist es auch deswegen, weil es das, was tatsächlich eine Interaktion zwischen Christentum und paganem Umfeld war, gänzlich einseitig nur als Veränderung des Christentums deutete. Tatsächlich änderte sich auch das, was einst griechisch gewesen war, durch das Christentum. Am Ende der Antike stand ein christliches Römisches Reich. Die Strategie, den christlichen Glauben durch pagane Philosophie zu interpretieren, trug wesentlich zum Erfolg des Christentums bei. Die Gnostiker, die zu den Ersten gehörten, die genau dies konsequent und unglaublich kreativ versucht haben, blieben zwar auf der Strecke, aber ihre Ideen lebten, etwas stärker an das gängige Christentum angepasst, in der Mystik fort.

Die Gründe für ihren Misserfolg sind nicht ganz leicht zu benennen. Harnacks Diagnose, dass die Gnosis eine «acute» Hellenisierung gebracht habe, der Katholizismus hingegen eine allmähliche,[15] trifft nur einen Teil des Geschehens. Sie macht die Ähnlichkeit der Anliegen von Gnosis und entstehender Großkirche deutlich. Es war aber nicht nur eine Frage des Tempos, die beide unterschied. Ein wichtiger Faktor war auch Reserviertheit der Gnostiker gegenüber äußeren Organisationsformen, die auch die späteren Mystiker teilten. Irenäus gehört zu denen, die an der Bildung einer weltweit agierenden Kirche arbeiteten. Er stärkte das Bischofsamt und betonte dabei die Verbindung der Bischöfe untereinander. Wer mit dem Bischof der römischen Kirche nicht übereinstimme, so konstatierte er einmal, der zeige dadurch, dass er nicht mehr Teil der apostolischen Gemeinschaft der Kirche sei. Dieses Postulat ist nicht gleichbedeutend mit der Installation eines frühen Papstamts, aber es signalisierte die Vorstellung, dass aus der kleinen Gemeinschaft um Jesus ein weltumspannendes Netz von Kirchen geworden war. Demgegenüber waren die Valentinianer viel weniger strikt organisiert. Sie bewegten sich in dem Modell von Philosophenschulen, deren Lehre überzeugen oder auch bestritten werden konnte.

Philosophenschulen sind kleine, aber in sich sehr kohärente Verbände, in denen die Menschen unmittelbar im Kontakt miteinander stehen. So entwickelten die Valentinianer sich mit ihrem Anspruch, die Wahrheit des Christentums so allgemeingültig wie möglich zu formulieren, paradoxerweise zu einer Minderheitengruppe, die am Ende aus dem Hauptstrom der Kirche ausgegrenzt wurde. Die Nähe zu Gott, die sie propagierten, war gerade dort eine Gefahr, wo sich Amtsträger wie Irenäus darum bemühten, äußere Kriterien für die Wahrheit zu finden. Der Kanon der Bibel sollte die christliche Lehre gegen die Spekulationen der Gnostiker sichern, eine Glaubensregel als kurze Zusammenfassung des Christentums sollte einen Rahmen festlegen, der enger war, als es das freischwebende Denken der Gnostiker zuließ, und schließlich: Die Nachfolge der Apostel sollte nicht durch Überlieferungen gesichert sein, auf die sich die Gnostiker zum Teil beriefen und die für die Kirche nicht kontrollierbar waren, sondern durch die Vertreter des Bischofsamtes, die für sich, historisch kaum korrekt, in Anspruch nahmen, in einer linearen Nachfolge eines Apostels zu stehen.

Wo Kirche sich so verfestigte, war für die Gemeinschaften gnostischer Individualisten kein Platz mehr. Aus der Lehre der Manichäer entwickelte sich sogar eine eigene Religion außerhalb der Kirche, die zeitweilig mit dem Christentum konkurrieren konnte. Wo die Gnostiker aber bei dem Anspruch blieben, Christen zu sein und das Evangelium zu verkünden, verloren sie zusehends Halt und Stütze in der werdenden Kirche. Von der Nähe Gottes zu reden, bedeutet auch nach kirchlicher Lehre, den Geist in den Vordergrund zu stellen. Der aber weht, wo er will. Das wusste schon der Schreiber des Johannesevangeliums (Joh 3,8). So begann die schwierige Beziehung zwischen unmittelbarer Gottesnähe und kirchlicher Struktur.

3.
DEN GEIST EINFANGEN

MONTANUS: DER GEIST WANDERT AUS

Die Gnostiker aus der Kirche hinauszudrängen war, nüchtern betrachtet, vielleicht klug: Mit ihnen wäre es schwer geworden, eine Institution auf Dauer zu lenken, zu leiten und zu bewahren. Aber sie drohten etwas mit sich zu nehmen: die Erinnerung daran, dass Gottes Wirken nicht immer gleich nach festen Formen und Institutionen sucht, dass es frei und oft unkontrollierbar ist. Die ersten Christen sahen die alttestamentliche Verheißung von der Ausgießung des Heiligen Geistes in sich erfüllt. Die Erzählung vom Pfingstgeschehen, nach der dieser Geist über die Apostel kam, so dass alle Grenzen der Sprache aufgehoben wurden, markiert dies. Dass mit dem Tod Jesu nicht alles vorbei war, war nur denkbar, wenn damit die Endzeit begonnen hatte und mit ihr der Geist auf Erden wirkte. Der Geist, der weht, wo er will, und darum so schwer zu kontrollieren ist.

Das war Irenäus natürlich nicht unbekannt, und auch er erzählte von Pfingsten und davon, dass Jesus, wie es im Johannesevangelium heißt, seinen Jüngern den Parakleten verheißen hat, den Tröster (*Adv. Haer* III,17,2), in dem das Johannesevangelium den Heiligen Geist sah. Aber alles, was vom Geist galt, war für Irenäus eingebunden in die Kirche, wie sie durch die bischöfliche Hierarchie geleitet wurde:

> «In der Kirche», heißt es nämlich, «hat Gott Apostel, Propheten und Lehrer eingesetzt» und alle anderen Wirkungen des Geistes. Daran haben alle die keinen Anteil, die nicht zur Kirche kommen (...) Denn wo die Kirche ist, da ist auch der Geist Gottes; und wo der Geist Gottes ist, dort ist die Kirche und alle Gnade. Der Geist ist aber die Wahrheit.[1]

Man darf bei der Lektüre solcher Sätze nicht vergessen: Die Kirche, von der Irenäus hier sprach, war noch eine Kirche der Minderheit, eine Kirche, die immer wieder mit Verfolgungen und Martyrien rechnen musste. Und doch war es eine Institution, in der auch Macht, Unterdrückung und Ausgrenzung schon eine Rolle spielten. Es war gleichzeitig eine Kirche, in der der Zugang zu Gott immer stärker an äußere Formen und Ämterhierarchien gebunden war.

Nicht allein die Gnostiker waren über solche Verhärtungen der Strukturen irritiert. Mitte des zweiten Jahrhunderts – jedenfalls deutlich vor 179 n. Chr. – kam in Kleinasien eine prophetische Bewegung um den Propheten Montanus auf, in der auf eine für die werdende Kirche erschreckende Weise die drängende Nähe des Endes der Welt betont wurde und mit ihr die Ausschüttung des Geistes. Die Glossolalie, die «Zungenrede», gewann neue Kraft, ein Phänomen, von dem der Apostel Paulus geschrieben hatte, das aber in der zur Ruhe gekommenen Christenheit keine bedeutende Rolle mehr gespielt hatte. Viele Anhänger, vor allem aber Montanus selbst, äußerten sich in einer ekstatischen, letztlich unartikulierten Weise. So hatte der Anführer der Gruppe zwei Prophetinnen an seiner Seite, Maximilla und Priscilla, die seine Äußerungen in halbwegs verständliche Laute übersetzten. Es waren wohl erst spätere Generationen, die Montanus mit dem verheißenen Parakleten identifizierten. Schon hier zeigt sich, dass der Geist seine volle Wucht in der freien Prophetie entfaltet. Zunächst in Kleinasien schlossen sich Bischöfe zu Synoden zusammen, um gegen dieses Phänomen vorzugehen, gegen dessen Lehren man dogmatisch wenig sagen konnte, das aber dennoch die Kirche in ihren Grundfesten zu erschüttern drohte. Wie in der Gnosis zeigte sich hier, dass der Geist, den Christus verheißen und geschenkt hatte, schwer zu bändigen war – und es wurde deutlich, dass äußerliche Kontrolle hierfür nicht reichte. Die Vertreter der Kirche mussten einsehen, dass das, was sich hier gegen sie zur Wehr setzte, dem Christentum nicht entgegenstand, sondern an dessen ureigenste Impulse erinnerte. Es konnte nicht dabei bleiben, dieses Erbe zu ignorieren und auszugrenzen, man musste es integrieren.

CLEMENS VON ALEXANDRIEN UND ORIGENES: GNOSIS WANDERT EIN

Die Versuche, Formen und Elemente der Gnosis in die Kirche zu integrieren, zeigten sich als Erstes in Alexandrien. Gut zwei Jahrhunderte lang hatte man von den Christen in dieser wichtigen Stadt am Nildelta in Ägypten nichts gehört. Nun traten sie als hochgelehrte Verteidiger des Christentums auf den Plan. Dabei muss es sie zuvor schon gegeben haben. Längst war Alexandrien eines der Zentren des Judentums geworden. Der jüdische philosophische Exeget Philo wirkte hier und formte eine Weise des Schriftverständnisses, die von größter Bedeutung für die Christen und die Entwicklung mystischen Bewusstseins werden sollte. Die Christen selbst bemühten sich offenkundig darum, dass ihre neuen Mitglieder gut unterrichtet waren, sowohl in der Bibel als auch in der Philosophie.

Anders ist es kaum zu erklären, dass hier wenige Jahrzehnte

nach Irenäus mit Clemens (gest. vor 215) ein Kirchenlehrer auftrat, der in seinen fragmentarisch erhaltenen Werken souverän mit den Philosophien der paganen Antike umgeht. Das Werk selbst war dreigeteilt: Auf einen *Protreptikos*, die Ermahnung, folgte der Lehrer, der *Paidagogos*, und schließlich die fein gewebten *Stromateis*, die Teppiche. Darin spiegelt sich die Dreiteilung der Menschen wider, wie sie die Valentinianer gelehrt hatten, wenn sie die materiellen Menschen, die Hyliker, von den Psychikern und den Geistmenschen, den Pneumatikern, unterschieden. Während diese aber den Menschen durch die Zuordnung zu der einen oder der anderen Gruppe festgelegt sahen, entwickelte Clemens ein dynamisches Modell: Der *Protreptikos* wandte sich apologetisch und werbend an die, die noch nicht volle Christen waren. Der *Paidagogos* führte sie zum Glauben, und in den *Stromateis* gelangten sie zu der höchstmöglichen Form des irdischen Daseins, der Erkenntnis: Gnosis also auch hier. Auch bei Clemens war sie elitär nur wenigen vorbehalten. Aber im Grundsatz war niemand von ihr ausgeschlossen. Der Weg zu ihr war mühsam, aber nicht, wie für die Hyliker der Valentinianer, ungangbar.

Schon in diesem Ansatz zeigt sich, dass Clemens sich bemühte, den Ansatz der Gnostiker, denen eine kleine Gruppe als Sozialform völlig reichte, zu erweitern. Ihm ging es um die immer größer werdende Kirche. In dieser aber entwickelte er mehr Sensibilität für die Bedürfnisse der Intellektuellen, jenseits aller Autoritäten und über alle Schranken hinaus zu denken, als Irenäus. Das Projekt, die antike Philosophie zu integrieren und sachte christlich umzuformen, setzte sich fort. Aus häretischer Gnosis konnte so kirchliche Mystik werden. Ziel war, die Anliegen der Gnostiker zu wahren und zugleich ihre Spitze so zu brechen, dass sie nicht mehr im Gegensatz zur Kirche standen. Charakteristisch sind Clemens' Ausführungen zum Verhältnis von Glaube und Erkenntnis. Letztere sei eine Vervollkommnung des Menschen und eben darin eine Vervollkommnung des Glaubens.[2] Eine solche Aussage war eine Provokation, hatte doch der Apostel Paulus unermüdlich die

Bedeutung des Glaubens hervorgehoben: «So halten wir nun dafür, dass der Mensch gerecht wird ohne des Gesetzes Werke, allein durch den Glauben» (Röm 3,28), so hatte er nach der etwas zugespitzten Übersetzung Martin Luthers erklärt. Für Clemens aber war der Glaube nicht mehr als eine Vorstufe zu der wahren Erkenntnis. Immerhin: Der Weg zur Erkenntnis führt für ihn nicht am Glauben vorbei, eigentlich auch nicht darüber hinaus, sondern er führt ihn veredelnd zu einer höheren Stufe. Unbestritten nimmt der Christ durch den Glauben wahr, was zum Heil notwendig ist, wirkliche Gewissheit aber gewinnt er erst in der Erkenntnis. Genau genommen aber reicht auch diese nicht aus – sie muss noch durch die christliche Liebe bereichert und gestaltet werden, um das Heil zu erlangen.

Clemens von Alexandrien bildet so eine Trias aus Glaube, Erkenntnis und Liebe, die an die Trias erinnert, von der Paulus im Ersten Korintherbrief gesprochen hatte – Glaube und Liebe kommen auch dort vor. Wo aber Clemens die Erkenntnis setzt, hatte Paulus von der Hoffnung gesprochen. Das zeigt, dass bei Clemens der Akzent weniger auf der Zukunft liegt als auf der schon vollzogenen Verbindung mit Gott. Die Spannung zwischen «schon jetzt» und «noch nicht» löst aber auch er nicht gänzlich auf, wenn er beschreibt, was mit dem Menschen geschieht:

> Dies geschieht aber, wenn sich jemand durch Glaube und durch Erkenntnis und durch Liebe unlöslich mit dem Herrn verbindet und mit ihm dorthin aufsteigt, wo der Gott und Hüter unseres Glaubens und unserer Liebe ist.[3]

Das hier mit «verbinden» wiedergegebene griechische Verb *kremazo* wird meistens für Arten von Verbindungen gebraucht, in denen eines am anderen hängt. Es geht also nicht um eine Verschmelzung, aber doch um eine enge Bindung an Jesus Christus, durch die der betreffende Mensch über die Schranken dieses irdischen Daseins hinausgehoben wird. Clemens kann die Erkenntnis preisen, weil sie den Menschen «in den göttlichen und heiligen Zustand, der der Seele verwandt ist», versetzt und ihn

> durch die mystischen Entwicklungsstufen [führt], bis sie ihn zu dem alles überragenden Ort der Ruhe gebracht und den, der «reinen Herzens» ist, Gott «von Angesicht zu Angesicht» mit klarem Wissen und mit vollem Verständnis zu schauen gelehrt hat.[4]

Mochte man bei den Gnostikern noch schwanken, ob sie tatsächlich Teil der Geschichte der Mystik sind oder nur ihre Vorform, so zeigt sich bei Clemens, wie sich aus der Auseinandersetzung mit Gnosis bis in seine Begrifflichkeit hinein mystische Vorstellungen formen. Ziel des Weges der Erkenntnis, der mit den allgemein christlichen Tugenden des Glaubens und der Liebe verbunden ist, ist die Schau Gottes, in welcher letztlich der Mensch sich wahrhaft erkennt und umformt. Der Mensch wird so, wie Clemens in einer schwindelerregenden Deutung der Menschwerdung Christi sagen kann, geradezu vergöttlicht: «Ja fürwahr, sage ich, der göttliche Logos, der Mensch wurde, damit du in der Tat auch durch einen Menschen erfahrest, wie denn ein Mensch Gott werden kann.»[5] Im Ersten Petrusbrief hieß es noch, durch die Menschwerdung bekämen die Glaubenden Anteil an der göttlichen Natur (1 Petr 1,4). Nun entsteht, nur wenig, aber entscheidend weitergedacht, der Gedanke einer Gottwerdung. Das Wunder der Menschwerdung Gottes hat so ein klares Ziel: die Aufhebung der Differenz zwischen Schöpfer und Geschöpf.

Clemens bewegt sich mit solchen Überlegungen noch in einer Zeit, in der die Christen nach Denk- und Sprachformen suchten, um zu begreifen, wie es zu verstehen sein sollte, dass Gott in Jesus von Nazareth Mensch geworden war. Was hier geschehen war, sollte und musste anders sein als die Vorstellung von Halbgöttern, die man kannte, und die Versuche, diese Eigenheit der Inkarnation genauer zu fassen, waren zahlreich. Clemens aber konzentrierte alles auf den Aspekt der Veränderung des Menschen. In mystischem Horizont formuliert: Indem Gott Mensch wurde, hat er die größtmögliche Nähe zu den Menschen gesucht – und Nähe ist wechselseitig. Wo Gott Mensch wird, können Menschen Gott werden.

Damit nimmt Clemens radikale Gedanken der Gnostiker auf und führt ihr Anliegen fort, Antike und Christentum ineinander zu verschränken. Was die Gnostiker ins soziale Abseits geführt hatte, führt ihn ins Zentrum des Geschehens. Clemens formte einen christlichen Platonismus mit, der das Denken über Gott und Mensch, über das Sein und die Erlösung neu erfand. Für Clemens änderte sich die Welt dadurch nicht in ihren sozialen Grundbedingungen. Von ihm stammt sogar der Gedanke, dass der Aufruf Jesu an einen reichen Jüngling, er solle, wenn er das Himmelreich erlangen wolle, alles verkaufen, was er hat, gerade nicht wörtlich zu verstehen sei. Vielmehr solle der Jüngling die Bindungen der Seele an alles, was er hat, auflösen. Solche Gedanken waren eine Eintrittskarte in die pagane Gesellschaft: Christen mussten sich, wenigstens an diesem Punkt, von ihrer Umwelt nicht unterscheiden. Oder, um es im Zusammenhang von Clemens' Hoffnung, Heiden für das Christentum zu gewinnen, zu formulieren: Um Christ zu werden, musste man nicht alle seine Habe aufgeben.

Das war eine geschickte Missionsstrategie, und mehr als das: Es war der konsequenteste Ausdruck der Geringschätzung des Äußeren aufgrund der Überzeugung, dass allein das Geistige Wert und Wirklichkeit besaß. Die Vorwürfe des Irenäus, dass Gnostiker ihre geistige Haltung in ein lockeres Verständnis von Sexualität ummünzten, mögen ungerecht gewesen sein. Dass im Grundsatz die Zuwendung zur geistigen Wirklichkeit nicht zwingend eine Abwendung von allem Materiellen bedeuten musste, wird durch Clemens aber bestätigt. Es war gerade jener «Ort der Ruhe», welchen die Seele erlangen konnte, der die Welt dort veränderte, wo es in den Augen des Clemens entscheidend war: in der Haltung zu ihr. Alles Begehren, alles sich Heften an die Welt sollte in dieser Ruhe sein Ende finden.

Die Integration gnostischer Impulse in ein umfassenderes Verständnis von Christentum fand in Origenes, dem genialsten Schüler des Clemens, ihre Fortsetzung und Vollendung, auch wenn manche seiner Formulierungen und Gedanken in späteren Jahrhunderten dazu geführt haben, diesen Kirchenvater als heterodox zu verurteilen. Sein Anliegen war es, die mittelplatonische Philosophie so aufzugreifen, dass sie mit einem tiefen Verständnis der Bibel konform ging. Hierzu entfaltete er eine Heilsgeschichte, die in manchem an die großen gnostischen Mythologien erinnert, aber um vieles konzentrierter ist: Am Anfang steht, gut platonisch, Gott, der aber für den menschlichen Verstand gänzlich unbegreiflich ist, da er ganz und gar unkörperlich und geistig ist. Aus ihm treten der Sohn und der Geist hervor, die beide gleichfalls Gott sind. Damit artikuliert Origenes das Problem der Trinität, des Zusammenhangs der drei Personen in einem Gott. Er verwendet dafür eine philosophische Denkfigur, wenn er von Vater, Sohn und Heiligem Geist als drei göttlichen Hypostasen spricht (Origenes, *In Ioh.* II,10,75). Aber eine genauere Definition für diesen Begriff findet sich in der neuplatonischen Philosophie erst bei dem etwas jüngeren Plotin (205–270). Origenes verwendet den Begriff, um die Einheit aller drei einerseits, ihre Unterschiedenheit andererseits auszudrücken. Es handelt sich bei den Hypostasen um drei konkrete, abgestufte Verwirklichungsformen Gottes, mit einem gewissen Vorrang des Vaters. Besser nachvollziehbar sind die Bilder, die Origenes verwendet, um diese Verhältnisse einsichtig zu machen, etwa die Vorstellung vom Licht und seinem Strahl, oder, wiederum an den Platonismus anknüpfend, die Denkfigur von dem Ebenbild, das ganz seinem Vorbild entspricht.

Nach Origenes' Vorstellung entstand aus der anfänglichen göttlichen eine geistige Wirklichkeit mit einer Vielzahl von geistigen Wesen. Da zum Geist Freiheit gehört, hatten diese die Möglichkeit sich auch von Gott abzuwenden, und diejenigen Geistwesen, die schließlich zu Menschen wurden, folgten genau dieser falschen Richtung. So entstand das, was für platonisches Denken die größtmögliche Unordnung bedeutet: Vielfalt (Origenes, *De principiis* II,9,2). Die vernünftigen Wesen entfernten sich von Gott. Sie behielten zwar ihre geistige Natur, aber diese war durch diese Abwendung von Gott selbst geschwächt. Und da die Entfernung vom Ursprung auch eine Abkühlung (griechisch *psychos*) mit sich bringt, verband sich jener ursprüngliche Geist mit einer Seele (griechisch *psyche*), die schwankend zwischen Gott und dem Irdischen stand. Jenes Irdische nämlich folgte gewissermaßen dem geistigen Fall, und zwar nicht als Strafe, sondern als eine Art von Lehranstalt: Die Vernunftwesen bekamen durch eine materielle Welt die Chance zu lernen, wie sie wieder zum Ursprung gelangen konnten, waren aber zugleich durch ihren Körper als drittes Element des menschlichen Daseins neben Geist und Seele auch an diese materielle Welt gebunden. Das entscheidende Stichwort aber war die Rückkehr: Abstieg und Aufstieg waren für Origenes eng aufeinander bezogen, und voller Optimismus ging er davon aus, dass es zu einer *apokatastasis panton*, einer Wiederherstellung von allem, kommen werde.

Es liegt nahe, dass diese Wiederherstellung nur geistig vermittelt sein konnte. An dieser Stelle tritt in das philosophisch gefärbte Modell Christus ein. An dem Logos als dem Sohn Gottes hing von Beginn an eine Vernunftseele, die daher auch nicht in Fall und Abkühlung mitgerissen wurde. Daher konnte der Logos sich so mit ihr verbinden, dass er selbst Mensch werden und die Menschen zu sich ziehen konnte. Das tat er durch Belehrung, aber mehr noch durch Liebe. Origenes hat ein biblisches Buch intensiv gedeutet, das in den folgenden Jahrhunderten noch eine große Rolle für die Mystik spielen sollte: das Hohelied, eine Sammlung von Liebesgedichten zwischen Braut und Bräutigam. In erster Linie sieht er in der Braut zwar die Kirche, aber er kann sie auch mit der glaubenden Seele gleichsetzen und davon sprechen, wie diese Seele von Christus als dem Bräutigam umarmt wird:

> Es gibt eine Art geistige Umarmung, und würde doch die innigere Umarmung des Bräutigams auch meine Braut (sc. meine Seele) einmal umfassen, so dass auch ich sagen kann, was in eben diesem Buch geschrieben steht: «Seine Linke liegt unter meinem Haupt, und seine Rechte wird mich umarmen.»[6]

Die Gottesbeziehung gewinnt hier eine erotische Komponente: Mit Begierde und Liebe soll der Mensch sich dem Göttlichen annähern. Wer meint, dass durch die philosophische Durchdringung christlichen Lebens, die die alexandrinischen Theologen so meisterhaft vollzogen, der Glaube seine affektive Dimension verloren hätte, sieht sich rasch eines Besseren belehrt.

Origenes führt in die Geschichte der christlichen Mystik etwas ein, was immer wieder provoziert hat: Wer Bilder für die Nähe Gottes finden will, wird kaum irgendwo besser fündig als in der Sprache der Erotik. Origenes behauptet geradezu, dass durch diese Art von Erotik die irdisch-fleischliche Liebe ausgeschlossen sei: «Niemand kann von beiden Arten von Liebe in Beschlag genommen sein.»[7] Das passt zu Vorstellungen, die den Geist in Gegensatz zur Materie setzen oder sich sogar Kämpfe (*certamina*) zwischen beiden im Menschen ausmalen, wie es Origenes etwa in seiner Auslegung der Überlegungen des Apostels Paulus über Spannungen zwischen Geist und Fleisch in Römer 7 tat.[8]

Nach manchen Berichten hat Origenes seine Verachtung alles Fleischlichen so weit getrieben, dass er sich selbst kastriert hat. Ob dem so gewesen ist, kann man nach einer langen Forschungsdebatte ohne einhelliges Ergebnis dahingestellt sein lassen. Entscheidend ist für Origenes, dass er in Anlehnung an Paulus (Röm 7,22) einen äußeren und einen inneren Menschen unterscheidet. Diese Unterscheidung kann er mit den beiden Schöpfungserzählungen in der Bibel (Gen 1–2,4; 2,5–25) verbinden, die die heutige Exegese auf unterschiedliche theologische Schulen zurückführt. Der Mensch, von dem es in Genesis 1,27 heißt, er sei nach dem Bilde Gottes geschaffen, ist der innere, geistige Mensch.

Der äußere Mensch hingegen ist der, von dem es in Genesis 2,7 heißt, Gott habe ihn «aus Staub von der Erde» geformt (Origenes, *In Cant comm.* Prol. 2,4). Dementsprechend ist der innere Mensch durch seinen Ursprung von Gott her dauerhaft auf diesen bezogen. Origenes kann die alttestamentliche Vorstellung vom Menschen als Ebenbild (*eikon*) Gottes vor platonischem Hintergrund nur so verstehen, dass in dem Abbild immer auch etwas von der Wirklichkeit des Abgebildeten präsent ist. Ursprung und dauerhafte Gegenwart Gottes decken sich so in der Rede vom Bild. So bezieht sich dieser innere Mensch immer schon auf die geistige Wirklichkeit. In platonischer Umdeutung der Spannung zwischen «Schon» und «Noch nicht», die uns bei Paulus bereits begegnete, bedeutet dies, dass der Mensch jetzt schon Anteil an dem hat, was sich als letzte und vollkommene Wiederherstellung noch vollziehen wird. So ereignet sich eine geistige Wiederherstellung nicht erst am Ende der Zeiten, sondern sie kann sich als mystisch liebende Vereinigung mit Christus schon hier und jetzt vollziehen. Ein dauerhafter Zustand ist damit jedoch noch nicht erlangt:

> Danach erblickt sie den Bräutigam, der sich dem Anblick wieder entzieht. Und dies tut er im ganzen Lied häufig, was nicht verstehen kann, wer es nicht selbst erlebt. Oft, Gott ist mein Zeuge, sah ich den Bräutigam sich mir nahen und so nah wie möglich bei mir sein. Wenn er sich plötzlich wieder zurückzog, vermochte ich nicht zu finden, wonach ich suchte. Erneut also sehne ich seine Ankunft herbei, und manchmal kommt er wieder.[9]

Aus eigener Erfahrung zu sprechen hat Origenes – wie die meisten Mystiker der Antike – nicht oft beansprucht, hier aber macht er deutlich: Nähe wie Entzogenheit Gottes sind ihm vertraut, und sein Leben bleibt auf diese Nähe Gottes ausgerichtet. Dabei betont er nicht allein die Niedrigkeit des Menschen auf Erden, sondern preist die Seele, die es bewirkt hat, dass der Bräutigam Christus hierher hinabgestiegen ist. Wenn er dies um ihretwillen getan hat, muss die Seele ja selbst besonders schön sein:[10] Der geistige Teil des Menschen ist allem Elend entzogen und ganz auf Gott ausgerichtet, ist der Ort der Wirklichkeit Gottes hier auf Erden. Die mystische Nähe überbrückt die Zeiten – und bleibt doch eben dadurch, dass sie sich nur momenthaft ereignet, in den zeitlichen Bogen eingebunden: In der mystischen Einigung wird wieder wirklich, was zu Beginn war, und es wird wirklich, was am Ende wieder sein wird. Platonisches Einheitsdenken kommt so zu seiner Erfüllung: Einheit tritt aus sich heraus und kehrt zu sich zurück, so lautet ein mittel- und neuplatonisches Muster, das nach den lateinischen Entsprechungen für Ausgang und Rückkehr «Exitus-Reditus-Schema» genannt wird. Im Mystiker vollzieht sich so immer neu, was die ganze Welt prägt: die Erfahrung von Nähe und ihr Verlust. Das kann als ein Pendelschlag erscheinen, aber auch als eine Entwicklungsgeschichte: Es gibt eine immer größere Nähe zu Christus, dem Bräutigam. Manche Seele hat schon ihre Erfüllung im Brautgemach, während andere noch vor der Tür warten, so deutet Origenes die Anreden der Braut im Hohelied an die Töchter Jerusalems (Origenes, *Hom in Cant* I,5).

Dass mystische Einigung kein Besitz ist, macht Origenes auch hier durch die subtile Deutung einer biblischen Geschichte und ihrer Varianten deutlich: In Lukas 7,26–50 wird von einer Sünderin erzählt, die Jesu Füße im Hause eines Pharisäers mit Namen Simon mit Öl übergoss und küsste und der hierdurch alle Sünden vergeben waren. Nach heutigem exegetischem Stand würde man sagen, dass es wohl nur eine erzählerische Variante hierzu ist, wenn in Markus 14,3–9 und Matthäus 26,6–13 gleichfalls von einer Frau die Rede ist, die Jesus im Hause Simons des Aussätzigen in Bethanien salbte. Origenes aber achtete weniger auf die strukturellen Gemeinsamkeiten als auf die Unterschiede: In der zuletzt genannten Variante ist weder von einer Sünderin und der Vergebung ihrer Sünden die Rede noch von einer Salbung der Füße, sondern von der Salbung des Hauptes. Origenes macht aber aus dem Fehlen der Rede von der Sünde in der zweiten Variante ein Argument:

Beide Geschichten behandeln unterschiedliche Zustände des Menschen: Die eine zeigt den Menschen in seinem sündigen Stand, in dem er auf Buße angewiesen ist, die zweite aber zeigt ihn nicht mehr in seiner Sünde, sondern in seiner Nähe zu Christus selbst (vgl. Origenes, *Hom in Cant* I,4). Dann gilt für die Seele des Menschen: «Sie hat Buße getan für ihre Sünden, die Bekehrung hat ihr Schönheit verliehen, und deshalb wird sie als schön besungen.»[11] Diese Schönheit hat dann damit zu tun, dass die Seelenregungen ganz auf Gott ausgerichtet werden. Origenes erklärt, die Liebe müsse geordnet werden (vgl. a.a.O. II,8). Das bedeutet: Die Liebe soll sich nicht auf Fleischliches richten, sondern auf die geistige Herkunft und Zukunft.

Auf dem Weg dorthin helfen der Gottessohn Jesus Christus – und die Bibel. Heutigen Lesern mögen die Auslegungen des Origenes schwer nachvollziehbar erscheinen. Tatsächlich hat hier das mystische Konzept des Alexandriners eine beeindruckende, über Jahrhunderte wirksame Innovation für die Lektüre heiliger Schriften gebracht. Wie meist bei solchen Innovationen kann man ihn nicht einfach als Erfinder dessen bezeichnen, was sich hier als Allegorese oder mehrfacher Schriftsinn abzeichnet. Schon im sechsten Jahrhundert v. Chr. hat Theagenes von Rhegium begonnen, den wörtlichen Text Homers auf geistliche Wirklichkeiten hin zu deuten, und gerade im ersten Jahrhundert erlebte diese Deutungsweise durch Philodemus von Gadara, pseudoheraklitische Schriften und andere Texte eine Konjunktur. Die philosophische Irritation über die homerische Götterwelt hat sich hier hermeneutisch produktiv umgesetzt. Was einen störte, konnte man sinnvoll deuten. Diese Umgangsweise mit Homer endete auch mit dem Aufkommen des Christentums nicht. Noch Porphyrios (gest. 301/05) hat einen eigenen allegorisierenden Traktat über die Nymphengrotte hinterlassen, die Homer in der Odyssee (Homer, *Odyssee* 13,103–112) beschreibt. Da hatte die allegorische Deutung durch Philo von Alexandrien schon längst auch biblische Texte erreicht. Die Methode ist sogar in die Bibel selbst eingegangen.

Paulus fand nichts dabei, die biblische Geschichte von Abraham, der zunächst, als seine Frau Sara unfruchtbar war, deren Magd Hagar schwängerte, später aber dann doch mit seiner eigenen Frau den ersehnten Sohn Isaak bekam, als Metapher (*allegoroumenon*) zu verstehen und sie auf das Gegenüber von Gesetz und Freiheit zu beziehen (Gal 4,21–28). Erst durch Humanismus, Reformation und Aufklärung haben Exegeten Abschied von der langen Tradition einer allegorischen Auslegung genommen, die für die christliche Tradition im Wesentlichen Origenes geformt hat.

Die theoretische Begründung hierfür bot ihm ein Vers aus den Sprüchen Salomos. In der Septuaginta, der griechischen Fassung des Alten Testamentes, hieß es hier, wieder einmal unter Verwendung des Wortes *gnosis*: «Schreibe es dir dreimal auf, zum Nachdenken und zur Erkenntnis» (Prov 22,20). Das wies für Origenes auf die drei Stufen menschlichen Daseins in Leib, Seele und Geist hin. Leiblich könne der Mensch, so führte er aus, den biblischen Text wörtlich verstehen. Die Seele drang tiefer vor, der Geist aber entdeckte den Hinweis auf die göttliche Weisheit.

Ein wenig erinnert das Verfahren an das, was die moderne Literaturwissenschaft als Rezeptionsästhetik beschrieben hat: Texte sind nicht so eindeutig wie etwa mathematische Formeln, sondern mal mehr, mal weniger vieldeutig und im positiven Sinne unklar. So ist der Leser aufgefordert, sinnstiftend zusammenzuführen, was er liest. Der Text gibt hierfür einen Rahmen vor, innerhalb dessen die Lektüre ein kreativer Aneignungsprozess ist. Origenes allerdings würde sagen: Genau diese Aneignung führt nicht zu neuen Sinnstiftungen, sondern der geistige Mensch zeichnet sich dadurch aus, dass er ausgehend von jenen Spannungen und Ambiguitäten zum eigentlichen, wahren Sinn vordringt, den Gott für das fleischliche Auge verborgen in den Text gelegt hat, um so Gottes Nähe in ihrer mystischen Wirklichkeit zu erfahren. So beschreibt er selbst es in seinem Kommentar zum Römerbrief:

> Ich will zurückkehren zu den weiten Feldern der Heiligen Schrift, ich will nach dem geistigen Verständnis des Wortes Gottes suchen, und in ihm wird mich keine Enge einzwängen. Ich will daherstürmen durch die ausgedehnten Räume der mystischen und geistigen Erkenntnis.[12]

Diese sinnerschließende Deutung ist nicht nur bei Texten möglich, sondern auch bei Bildern. Vermutlich ein älterer Zeitgenosse von Origenes hat, wohl gleichfalls in Alexandrien, einen Text verfasst, der die christliche Ikonographie für Jahrhunderte prägen sollte: den *Physiologus*. Nahezu lexikalisch werden darin Pflanzen, Steine und Tiere beschrieben, und die Naturbeobachtung verbindet sich mit christlicher Deutung. Der Pelikan etwa füttere seine Kinder, so der *Physiologus*, mit seinem eigenen Blut und sei so ein Sinnbild für Christus am Kreuz. Wer Natur und Welt so deutete, öffnete neue Dimensionen der Wirklichkeit, die erst die Moderne mit ihrer durchgängigen Betonung der Rationalität wieder verschlossen hat. Dabei ist weder der *Physiologus* noch Origenes unvernünftig oder irrational.

Die Hermeneutik des Alexandriners wurde im Laufe des Mittelalters in ein lernbares Schema gebracht, das vier Ebenen umfasste und als Lehre vom vierfachen Schriftsinn bezeichnet wird: Die Basis, an der sich alles Weitere zu messen hat, bildet der literale Sinn. Wenn in der Bibel von Jerusalem die Rede ist, geht es zunächst um eine Stadt im Nahen Osten. Diese kann aber auch für die christliche Gemeinde stehen; dann handelt es sich um eine Deutung im allegorischen Sinn, der auf die Glaubensinhalte des Christentums zielt. Jerusalem kann zudem, im moralischen Sinn, die Seele des einzelnen Christen bedeuten. Schließlich soll Bibellektüre stets das Ende der Welt im Blick haben und die Bibel daher eschatologisch oder anagogisch deuten. Dann ginge es im gewählten Beispiel um das himmlische Jerusalem.

Hier zeigt sich eine über ein Jahrtausend reichende kulturprägende Wirkung des Origenes. Der Zugang zur Welt erfolgte nach seiner Hermeneutik durch das Verständnis mehrerer Sinnebenen hindurch. So formte sich eine vieldimensionale Wirklichkeit, die für moderne Menschen kontraintuitiv ist: Nicht was vor unseren Augen liegt, nicht was wörtlich und konkret ist, ist die Wirklichkeit, sondern das, was nur dem mühsam suchenden Auge erkennbar ist: die geistige Welt.

Origenes sagte damit nichts, was anderen Christen oder den Philosophen seiner Zeit neu gewesen wäre. Seine Leistung besteht vielmehr darin, das Christentum durch die mittelplatonische Philosophie so zu transformieren, dass es zu einem Teil der antiken Welt werden konnte. Bald darauf wurde die antike Welt zu einer christlichen. Diese Wirkung konnte Origenes entfalten, weil er sich nicht wie die Gnostiker des zweiten Jahrhunderts in soziale Nischen zurückzog, sondern als Teil der Kirche agierte. Die war für ihn weniger durch Macht und Amt definiert als bei Irenäus. Sie war in erster Linie die Braut Christi. In ihr wurde die Seele jedes Gläubigen ebenfalls zur Braut Christi. Die mystische Einheit mit diesem Bräutigam zu finden, war das Ziel der Botschaft des Origenes – ein Ziel, das den Anfang wiederholt und das Ende vorwegnimmt, und zugleich ganz Gegenwart ist.

DER MENSCH WIRD GOTT

Ohne die Mystiker von Alexandrien hätte das Christentum einen anderen Weg genommen – nicht nur in der Deutung der Bibel, sondern vielleicht auch im Verständnis Jesu Christi. Die Bibel, insbesondere das Johannesevangelium, hatte den Menschen aus Nazareth in eine solche Nähe zu Gott gerückt, dass die Christen neu nach Worten und Konzepten suchen mussten, um seine Besonderheit zu beschreiben. War er vielleicht von Gott adoptiert worden? Oder hatte Gott sich gar nicht wirklich in einem Menschen verkörpert, sondern nur äußerlich menschliche Gestalt angenommen? So lauteten Grundfragen, die schon in der Zeit von Clemens und Origenes heftig diskutiert wurden. Die enge Verzahnung von Philosophie und Theologie, die sie herbeiführten, half, diese Fragen schärfer zu stellen als bislang. Gerne wird dabei der Philosophie die Schuld an einem Versuch gegeben, die Frage nach dem Verhältnis von Gott und Christus zu lösen, der durch eine nach damaligen Maßstäben weltweite Synode als Ketzerei verurteilt wurde.

Im Jahre 325 versammelte sich eine große Anzahl von Bischöfen vorwiegend aus dem Osten des Reiches in Nizäa zu einem Konzil. Angeblich waren es 318, so viele wie Abraham einst als Knechte gehabt hatte (Gen 14,14), tatsächlich dürften es gut 250 gewesen sein. Dass Kaiser Konstantin (306–337), der selbst noch nicht Christ war, die Eröffnungsrede hielt und faktisch den Vorsitz der Versammlung innehatte, zeigt, welche Bedeutung das Christentum mittlerweile erlangt hatte. In der Kirche hatten sich inzwischen mächtige Bischöfe auf den Spuren des Ignatius und Irenäus durchgesetzt. Nun spannte sich ein Netz von Amtsträgern über das ganze Römische Reich, die untereinander in Kontakt standen. In der römischen Welt mit ihren Mysterienkulten und lokalen Kultstätten war eine religiöse Gruppierung mit einer solchen institutionellen Geschlossenheit zugleich unheimlich und attraktiv. Selbst massive Verfolgungen, wie sie zuletzt Kaiser Diokletian (284–305; gest. 312) eingeleitet hatte, hatten sie nicht erschüttert. Die christlichen Bischöfe waren machtbewusst, aber wenn es darauf ankam, stellten viele von ihnen die Wahrheit vor den Machterhalt. Das bedeutete nach einem Edikt, das Diokletian 303 erlassen hatte, für viele von ihnen den Tod. Und doch blieb das Christentum, in der antiken Bildwelt gesprochen, wie eine siebenköpfige Hydra, deren abgeschlagene Köpfe doppelt nachwachsen.

Konstantin sah früh die Vergeblichkeit der Verfolgungen ein und erkannte die strategische Bedeutung, die ein von Verfolgungen verschontes Christentum für die Einheit des Imperiums gewinnen konnte. So vereinbarte er gemeinsam mit seinem Mitkaiser Licinius (308–324; gest. 325) im Jahre 313 in Mailand, die Christen zu verschonen und ihnen freie Religionsausübung zu gewähren. Einen Nutzen aber konnte die Kirche für ihn nur haben, wenn sie wirklich ein Einheitsband für das Reich bildete. Eben das schien nun aber bedroht, und die Unruhe ging von Alexandrien aus: Ein Presbyter (Priester) Namens Arius (gest. nach 327) hatte hier begonnen, gegen seinen Bischof Alexander (reg. 313–328) zu polemisieren, weil dieser den Logos, also Christus, zu nahe an Gott Vater rücke. Dagegen hielt Arius die ganze Wucht von Gottesprädikaten, wie sie in seiner Zeit im Neuplatonismus verbreitet waren: Gott war demnach «ungeworden», konkret gesprochen: ungezeugt, er hatte keinen Anfang, war ewig, unwandelbar und unveränderlich. Hielt man sich dies vor Augen, so musste offenkundig scheinen, dass ein Wesen, das als Sohn Gottes aus einem Gott entstanden ist, das zudem zumindest dem ersten Anschein nach einen Anfang hat und also auch nicht als ewig verstanden werden kann, das sich inkarniert und auf eine Geschichte mit und unter den Menschen einlässt, schwerlich als Gott anzusprechen war. So übernahm Arius zwar den von Origenes für die Trinitätslehre geprägten Begriff der Hypostase, füllte diesen noch wenig streng definierten Begriff aber so, dass alles außer dem Vater nicht mehr sein könne als dessen Geschöpf. Längst wandten sich die Christen dem Sohn Gottes auch im Gebet zu. Arius zufolge war dies die Verehrung eines Geschöpfes, also Götzenanbetung und nicht besser als das, was die frühen Christen den Heiden vorgeworfen hatten.

Es ist hier nicht der Ort, den Verzweigungen der Debatte nachzugehen. Im Ergebnis erklärte die Kirche die Lehre des Arius zur Ketzerei und setzte fest, dass der Sohn Gottes sehr wohl als Gott angesprochen werden könne. Das erwähnte Konzil in Nizäa stellte in diesen Auseinandersetzungen eine Zwischenetappe dar, indem es in einer recht weichen und deutungsoffenen Formulierung erklärte, der Sohn sei eines Wesens mit dem Vater. Darauf konnten sich auch diejenigen verständigen, die zuvor mit Arius sympathisiert hatten. Origenes spielte in diesen Debatten mitsamt seinem mystischen und philosophischen Erbe eine wichtige Rolle. Früh schon wurde der Vorwurf erhoben, dass eigentlich er es sei, der hinter dem Arianismus stecke. So hat es sich Epiphanius von Salamis (gest. 403) zusammengereimt, der gegen Ende des 4. Jahrhunderts von seinem Bischofssitz auf Zypern aus mit kräftigen Bandagen gegen Origenes und dessen Tradierung in der Kirche kämpfte. Diese Einschätzung wirkte fort bis zu Adolf von Harnacks Urteil über die Metaphysik des Arius: «Die Ausführung entspricht deshalb vollkommen den philosophischen Ideen der Zeit und der einen Hälfte der Ausführungen des Origenes.»[13] In der jüngeren Zeit hat die Forschung die Bedeutung des Origenes für den Arianismus vorsichtiger beurteilt.

Es scheint im Gegenteil so, dass sich gerade Arius' Gegner in Alexandrien auf Origenes berufen haben. Schon Bischof Alexander tat dies gelegentlich. Noch deutlicher findet sich der Zusammenhang bei seinem Nachfolger Athanasius (reg. 328–373), einem der entschiedensten Verfechter einer klar antiarianischen Auslegung des Konzilsbeschlusses von Nizäa. In Ausführungen hierüber verwies er auf den «fleißigen (*philóponos*) Origenes», bei dessen Lektüre man sorgsam unterscheiden müsse, was er tatsächlich im Sinne eigener Lehre und was er zum bloßen Nachdenken geschrieben habe. Schaue man auf Ersteres, so werde deutlich, dass er mit seiner Lehre vom Sohn als Bild des Vaters ganz im Sinne des Konzils von Nizäa deren Wesenseinheit betont habe.[14] Noch deutlicher wird die Tradition, in die Athanasius sich stellte, an einem seiner berühmtesten Sätze, der letztlich auf Clemens von Alexandrien zurückgeht: «Denn er wurde Mensch, damit wir vergöttlicht würden.» Wie um zu zeigen, dass er hier den Bahnen der Gnosis folgt, fügte Athanasius noch an, dass wir durch Christi Offenbarung «zur Erkenntnis des unsichtbaren Vaters gelangten».[15] Die Vergöttlichung des Menschen ging für Athanasius aber noch weiter, indem er die Vorstellung von Clemens aufgriff, dass sich durch die Inkarnation Christi die Unterschiede zwischen Gott und Mensch aufheben.

Athanasius dachte dies wohl stärker eschatologisch als mystisch, erwartete also die Vergöttlichung des Menschen nicht hier auf Erden, sondern erst im Jenseits. Aber der Satz war für seine Argumentation und sein Engagement tragend, denn sein Kampf gegen Arius hatte ja vor allem einen Sinn: Die Göttlichkeit Jesu Christi zu sichern. Dazu spekulierte er nicht über die göttliche oder menschliche Natur Christi, sondern fragte nach dem Heil des Menschen. Weil er bei Clemens gelernt hatte, das Heil des Menschen als Gottwerdung zu beschreiben, und weil er die Schemata von Ausgang und Rückkehr kannte, war es für Athanasius plausibel, ja, geradezu zwingend, dass der Vergöttlichung des Menschen eine Menschwerdung Gottes vorangehen musste. Das eine wie das andere musste, dachte man wie Arius, widersprüchlich erscheinen. Athanasius aber verstand die Spannung zwischen Göttlichkeit und Menschlichkeit nicht als ausschließenden Widerspruch, sondern als produktives Paradox.

GREGOR VON NYSSA, PLOTIN UND PROKLOS: DER UNVERMEIDLICHE PLATON

Diese Paradoxie hat im ausgehenden vierten Jahrhundert der Bischof der Stadt Nyssa im kleinasiatischen Kappadozien entfaltet. Seit 372 hatte Gregor (gest. nach 394) diese Position inne. In seinen letzten Lebensjahren verfasste er mehrere Traktate über mystische Erkenntnisse, unter anderem einen Kommentar zum Hohelied, in dessen Prolog er auf die Mühen des Origenes um dieses Werk verwies. In vielem bewegt er sich auf den Bahnen des großen Vorbildes. In seinem zweiten mystischen Traktat, dem *Leben des Mose*, den er auf Bitten eines Freundes Namens Caesarius verfasste, der um eine Anleitung zum vollkommenen Leben gebeten hatte, befasste er sich mit der Gottesbegegnung. Das Leben des Mose zeige, dass Vollkommenheit hier auf Erden gar nicht erreichbar ist, denn wer zur Erkenntnis Gottes aufsteige, erfahre zunehmend dessen Entzogenheit. Die ersten Stufen dieses Weges seien zwar von Lichtphänomenen gekennzeichnet. So begegnete Gott Mose im brennenden Dornbusch (Ex 3,1–5), und dem Volk Israel zog bei der Flucht aus Ägypten eine Wolken- und Feuersäule voraus (Ex 13,17–22). Doch wahre Erkenntnis Gottes sei nur im Unsichtbaren und Unbegreiflichen möglich: in jener Wolke, in der Gott auf dem Sinai erschien (Ex 19,16–25). So führt der Aufstieg zu Gott zu einem Verstehen des Unbegreiflichen und zu der Erkenntnis, dass die Nähe Gottes durch eigene Anstrengungen nicht zu erreichen ist. Möglich ist sie allein durch Liebe. Damit liegt Gregor vollends auf der Linie des Origenes. Wie der große Alexandriner unterscheidet Gregor von Nyssa dabei die geistige Liebe zu Gott von der fleischlichen, so sehr sich beide Formen der Liebe auch ähneln. Die geistige Liebe führt in die geistliche *syzygía*, die enge Verbindung eines Paares, die sich letztlich als vollständige Einigung beschreiben lässt. Denn die Begegnung zwischen Braut und Bräutigam geschieht,

> damit der Mensch (…) Gott angetraut und, fest mit dem Herrn verbunden, zu *einem* Geist mit ihm werde, weil er durch die Vermischung mit dem Lauteren und Leidenschaftslosen ein reiner Gedanke anstelle schwerfälligen Fleisches geworden ist.[16]

So ist es auch bei Gregor von Nyssa der Geist, der innere Mensch, für den überhaupt erst die Möglichkeit der unmittelbaren Nähe Gottes besteht, in welcher Mensch und Gott hier schon miteinander verbunden sein können. Rationalität und Affekte beziehen sich bei Gregor spannungsvoll aufeinander, denn die Affekte heben die Vernunft nicht auf, sondern zeigen ihr ihre Grenzen. Das, was die antike Philosophie entwickelt und der europäischen Tradition geschenkt hat: das Vertrauen auf die universale Kraft der Vernunft, erfährt so eine bemerkenswerte Transformation durch die affektiven Antriebskräfte einer christlichen Gottesbeziehung.

Bevor Gregor seine beiden mystischen Traktate verfasste, hatte er auf platonisches Gedankengut zurückgegriffen, um die Frage zu klären, wie sich der Glaube an den einen Gott zu dem Glauben an die Göttlichkeit auch Jesu Christi und des Heiligen Geistes verhielt. Zusammen mit seinem Bruder Basilius, dem Bischof von Caesarea (gest. 379), und Gregor von Nazianz (gest. 390) bildete Gregor in der römischen Provinz Kappadozien ein Netzwerk, das sich bemühte, die seit Jahrzehnten schwelenden Debatten über die Göttlichkeit Jesu Christi zu einem Abschluss zu bringen, der mit dem Konzil von Nizäa vereinbar war und doch den mittlerweile vorgebrachten Problemen Rechnung trug. Wer von einem Mensch gewordenen Gott sprach, von einem Gott Vater und einem Sohn und noch dazu einem Heiligen Geist und dennoch die Hebräische Bibel als das eigene Alte Testament anerkannte, musste erklären, wie es so denn vorstellbar sein sollte, dass Gott nur einer sei. Zur Hilfe kam den Christen dabei der Platonismus, den die Gnostiker für ihre Argumentation genutzt und den Clemens und Origenes mit ihren mystischen Interessen in den Raum der Großkirche integriert hatten. Nun ist es nicht so, dass Platon allein durch die Mystiker zur Geltung in der Kirche gekommen wäre, aber sie hatten doch gewichtigen Anteil daran. Eine Schlüsselrolle spielte dabei der Begriff der Hypostase. Origenes hatte ihn genutzt, um deutlich zu machen, wie drei Gestalten gleichermaßen Gott sein konnten, ohne dass man darum an drei Götter glauben musste. In diesem Sinne wurde der Begriff nun auch im Zuge der Definition der Trinitätslehre durch die Konzilien gebraucht. Nach Nizäa dauerte es noch mehr als ein halbes Jahrhundert, bis die Definition 381 in Konstantinopel endgültig beschlossen und weiter entfaltet wurde. Doch auch diese Klärung zog weiteren Klärungsbedarf nach sich: Wie verhält sich die göttliche Natur Christi zu seiner menschlichen, wenn Christus wahrhaft Gott ist? Diese Frage wurde erst mit dem Konzil von Chalcedon 451 einem Ergebnis zugeführt, doch auch danach blieb der Begriff der Hypostase, mit dem die Christen ihre dogmatischen Grundlagen klärten, ein

Streitgegenstand. So stand Platons Philosophie – oder vielmehr: die Philosophie seiner vielen Erben im Mittel- und Neuplatonismus – an der Wiege des christlichen Zentraldogmas von einem «dreieinigen» Gott.

Dabei entwickelte sich das platonische Denken selbst weiter, vor allem dadurch, dass die verschiedenen Ansätze, die man ideengeschichtlich dem Mittelplatonismus zuordnet, im Neuplatonismus zu Systemen zusammengeführt wurden. Die führende Gestalt in diesem Prozess war Plotin. Bei ihm wird ganz deutlich, was für Neuplatoniker das eigentliche Problem an dieser Welt war, nämlich die Vielfalt. Wenn die Wahrheit eine ist, so kann sich Wahrheit nicht in Vielfalt zeigen, sondern nur in etwas, was in sich gänzlich einheitlich ist. So kann die letzte, höchste und ursprüngliche Wahrheit nur eines sein, genauer: das Eine, *to hen*. Da Wahrheit und Göttliches zusammengehören, wird so das Göttliche weitgehend apersonal als «das Eine» gedacht. Damit handelte sich Plotin allerdings ein neues Problem ein: Er musste erklären, wie aus dieser Einheit eine Vielfalt wird. Das Modell, das er begründet hat und das seine Nachfolger immer weiter ausdifferenzierten, war das der Emanation: Aus dem Einen strömt die weitere Wirklichkeit aus, die je nach der Nähe zum Einen abgestuft ist. Auf das Eine folgt bei Plotin die Vernunft (*nous)*, darauf wiederum die Seele, die hier als Weltseele gedacht ist, und danach tritt eine materielle Welt in die Wirklichkeit.

Die weitere Geschichte des Neuplatonismus kann man als eine zunehmende Differenzierung, teilweise aber auch Umakzentuierung Plotins schreiben. Dies geschah im fünften Jahrhundert vor allem durch Proklos (412–485). Er profitierte davon, dass in Athen mit Plutarch (gest. 423) ein vermögender Sympathisant des Neuplatonismus lebte, der sein Geld in ein eigenes Haus investierte, das dem neuplatonischen Lehrbetrieb gewidmet war. Die Leitung dieser Schule übernahm Proklos und arbeitete sich hier mit immensem Fleiß durch die Überlieferungen der antiken Philosophie. Während rundum die Christen über die Zuordnung der Naturen in

Christus stritten, entwickelte er, als Heide längst unzeitgemäß und doch intellektuell auf höchstem Niveau, ein Weltbild, das die Errungenschaften der Philosophie mit der Pflege des Kultes in antiker Tradition verband. So verfasste er eine eigene Abhandlung über Theurgie, das heißt über Praktiken, mit deren Hilfe man mit den Göttern in Kontakt treten kann. Für ihn war diese Kunst aller Weisheit und menschlichen Wissenschaft überlegen, und er selbst betete mehrfach täglich zur Sonne. Diese pagane Praxis verband er mit einer Weiterentwicklung der neuplatonischen Philosophie zu einer *theologia Platonica*. Vieles nahm er dabei von Plotin auf, präzisierte es aber und schematisierte es, insbesondere dadurch, dass er die bei Plotin schon angelegte Einteilung der Emanationen in Dreiergruppen, Triaden, nun noch stärker ausbaute. Die geistige Welt wurde so in einer klaren Hierarchie beschreibbar, und zugleich wurde es möglich, eine Fülle antiken Wissens klar in ein System universaler Gelehrsamkeit einzubauen. In Proklos lebte der antike Geist noch einmal auf, und doch verdankte er ironischerweise seine spätere Wirksamkeit dem Umstand, dass er christlich rezipiert und vereinnahmt werden konnte.

PSEUDO-DIONYSIOS AREOPAGITA: EIN APOSTELSCHÜLER IM VIERTEN JAHRHUNDERT

Das Werk des Proklos spielt eine zentrale Rolle für die zeitliche Einordnung einer der wirkungsvollsten Schriftengruppe der christlichen Mystik: des sogenannten *Corpus Dionysiacum*. Hierbei handelt es sich um zehn Briefe und vier Traktate: *De caelesti hierarchia* (Die himmlische Hierarchie), *De ecclesiastica hierarchia* (Die kirchliche Hierarchie), *De divinis nominibus* (Die göttlichen Namen) und *De mystica theologia* (Die mystische Theologie). Die Schriftengruppe verdankt die Bezeichnung *Corpus Dionysiacum* dem Umstand, dass diese Texte den Eindruck erwecken, sie stammten von dem oben erwähnten Dionysios, den Paulus auf dem Areopag bekehrt haben soll. Der Name Dionysios fällt sogar in einem der Briefe (*ep.* 7,3), und die weiteren Schriften erwecken den Eindruck einer Nähe zum Apostel Paulus. So begegnet ein Timotheus in ihnen; diesen Namen trug einer der wichtigsten Mitarbeiter des Paulus, der mit diesem zusammen Briefe versandt hat (1 Thess 1,1 u.ö.) und von dem Paulus erklärt, er habe «wie ein Kind dem Vater (…) mit mir dem Evangelium gedient» (Phil 2,22). Dass die beiden unter dem Namen des Paulus überlieferten Briefe an Timotheus vermutlich nicht vom Apostel stammen, ist erst eine moderne Erkenntnis. Die Existenz dieser Briefe verstärkte in der Antike noch den Eindruck einer besonderen Nähe des Timotheus zum Apostel Paulus. In *De divinis nominibus* spielt der Autor sogar auf das sogenannte Apostelkonzil an, das aus Galater 2 und der Apostelgeschichte 15 bekannt ist. All dies soll dem Leser deutlich machen, dass er es hier mit einem Autor aus der Zeit und dem Umfeld des Paulus zu tun hat.

Tatsächlich aber dürfte es sich hierbei um eine kunstvolle Fiktion handeln, wie sie in der antiken Literatur nicht ungewöhnlich ist. Nicht allein der Umstand macht stutzig, dass sich die erste Erwähnung des Schriftencorpus erst um 520 bei Severus von Antiochien (gest. 538) findet – ein halbes Jahrtausend nach seiner vermeintlichen Entstehung. Das schlagende Argument gegen die suggerierte Abfassung durch einen Apostelschüler fand die moderne Forschung in dem Nachweis, dass die Schriften ausgerechnet den heidnischen Philosophen Proklos voraussetzen, ja sogar wörtlich zitieren. Daher dürften sie kaum lange vor dem Ende des fünften Jahrhunderts entstanden sein, vielleicht sogar etwas später. Über ihren Autor weiß man nichts Genaues. So behilft sich die Forschung damit, die Schriften einem *Corpus Dionysiacum* zuzuordnen oder den unbekannten Autor «Pseudo-Dionysios Areopagita» zu nennen. Wir haben es hier mit einer Schriftensammlung zu tun, die die gesamte skizzierte Entwicklung voraussetzt: Platon ist längst zu einer gängigen Autorität für Christen geworden, und die Schilderung mystischer Einigungsprozesse ist nicht mehr unvertraut, das Bewusstsein von der Unbegreiflichkeit Gottes ist fast Allgemeingut geworden. All das kulminiert im Werk des Pseudo-Dionysios.

Für die Menschen des Mittelalters waren diese Schriften ganz selbstverständlich das, als was sie sich gaben: Werke eines Apostelschülers. Als spätere Erzählungen ihn sogar noch zum Märtyrer machten, wuchs seine Autorität immer weiter. Aus einer gut inszenierten Fiktion wurde eine der wichtigsten Gestalten mittelalterlicher Theologie und Frömmigkeit. Nur Augustinus (354–430) überragt Pseudo-Dionysios – allerdings weit – an Bedeutung.

Der unbekannte, hochgelehrte Autor ging von demselben Problem aus, das schon Gregor von Nyssa beschäftigt hatte: Der menschliche Verstand, so räsonierte er in den einleitenden Ausführungen zu seiner Schrift über die göttlichen Namen, sei nicht in der Lage, Gott zu erfassen. Daher dürfe man über Gott nur sagen, was die Heilige Schrift mitteile (*De div* I,2). Bei diesem frommen Hinweis allerdings wollte Pseudo-Dionysios es nicht belassen. Vielmehr bildeten diese Bemerkungen den Auftakt für ein langes Nachdenken über die Grenzen des Sagbaren: Wenn die vielen Namen, die die Schrift über Gott überliefert, tatsächlich von Gott handeln sollen, müssen sie ja jeweils für sich ganz und gar Gott bezeichnen. Dann aber steht Pseudo-Dionysios vor einem typischen neuplatonischen Problem: Wie kann es möglich sein, dass Gott, der doch einer ist, durch eine Vielzahl ausgedrückt wird? So gelangt er zu einer subtilen Bibelkritik. Die Heilige Schrift selbst kann nicht in der Lage sein, Gott zureichend zu erfassen, solange sie selbst sich in einem Raum bewegt, der von Vielheit geprägt ist.

In dieser Vielfalt sind die Begriffe notwendig zu begrenzt, um Gott zu erfassen. Was wir hier also als «gut» kennen oder als «schön», kann streng genommen nicht genau so von Gott gelten, denn seine Güte muss ja weit über dem stehen, was man einem Menschen zuschreiben kann, von seiner Schönheit ganz zu schweigen. Die klassische Form menschlicher Rede, die als «kataphatische» oder «positive» Redeweise direkt benennt, was sie meint, kann für Gott nicht zutreffen, weil keiner der möglichen Begriffe direkt für ihn gilt.

Dionysios lotete nun mehrere Möglichkeiten aus, diesen Mangel zu beheben, und prägte damit nicht allein künftige mystische Denker in ihren Versuchen, Gott auch sprachlich zu erfassen, sondern legte auch Grundlagen für sprachphilosophische Überlegungen. Auch hier gilt: Erfunden hat er diese Grundlagen nicht, aber er vermittelte Vorstellungen des Neuplatonismus an das Christentum, die gleichzeitig in der Athener Philosophenschule gepflegt wurden, die sich unter Proklos so sehr mit der alten Götterwelt verbunden hatte. Was dort der Erkenntnis der einen Wahrheit zuträglich war, sollte nun auch der Wahrnehmung und Verehrung des christlichen Gottes dienen.

Ein denkbarer Weg, sich der Erkenntnis Gottes zu nähern, ist die «analoge Erkenntnis» (*analogike gnosis; De div. Nom.* V,9), die später systematisierend als *via analogiae* bezeichnet wurde. Wenn man eine Analogie behauptet, benennt man die Differenz zugleich mit der Entsprechung. Die gängigste Weise, dies auszudrücken, ist die proportionale Bestimmung: So wie sich hier auf Erden Schönheit im Verhältnis zu Hässlichkeit manifestiert, besteht auch ein Verhältnis zwischen Gottes Schönheit und der ihr entgegengesetzten Hässlichkeit. Schon die neuplatonischen Denker Plotin und Proklos erklärten, dass Erkenntnis durch Analogien möglich sei, weil alles Sein seinen Ursprung in dem Einen, im Göttlichen habe. Pseudo-Dionysios greift dies auf, betont aber stärker einen Gedanken, der bei den paganen Philosophen eher eine Nebenrolle spielt: dass es das göttliche Licht ist, das die analoge Erkenntnis ermöglicht. Denn, so weiß er aus dem Prolog des Johannesevangeliums, die Menschwerdung Christi bedeutet, dass das Licht in die Finsternis tritt (Joh 1,4 f). So ist letztlich die analoge Erkenntnis Gottes durch Gott selbst ermöglicht, und doch bleibt sie unzureichend, gerade weil in ihr immer eine Differenz mit gesetzt ist, die die menschliche Erkenntnis nicht überwinden kann. Die Wirklichkeit Gottes ist und bleibt unterschieden. Man kann sich näherungsweise auf sie zu bewegen, sie aber nicht ergreifen.

Das gilt auch für den Versuch, die positiven Begriffe, die man in eine analoge Beziehung zu Gott bringt, immer weiter zu steigern. Das geschieht nicht einfach dadurch, dass auf ein «schön» ein «noch schöner» gesetzt wird, sondern durch eine Vergeistigung, die zugleich eine Veredelung und damit eine Erhöhung des in den einfachen Begriffen Ausgedrückten bedeutet. In lehrmäßiger Ordnung wird dies als *via eminentiae* bezeichnet, als «Weg der Steigerung», der freilich die für die Analogie beschriebenen Grenzen teilt und in der Beschreibung des Dionysios gelegentlich mit dieser ineins gesetzt wird.

Der Weg schließlich, für den Dionysios am meisten Sympathien hegte, war der der sogenannten negativen Theologie. Während der Weg der Analogie die Einheit von Differenz und Entsprechung betont und der Weg der Steigerung die Verbindung zwischen menschlicher Erkenntnis und göttlichem Ursprung, macht der «negative Weg», die *via negativa*, die nach dem griechischen Begriff auch als apophatische Theologie bezeichnet wird, die Differenz stark: Weil Gott anders ist als unser Begreifen, wissen wir zunächst, dass Gott nicht das ist, was wir mit unseren Begriffen benennen. Er ist nicht böse oder hässlich, nicht machtlos und so weiter. Konsequenterweise muss man immer auch das Gegenteil dessen, was man von ihm verneint, ebenfalls verneinen: Er ist auch nicht gut – in dem Sinne, wie wir üblicherweise «gut» verwenden, weder schön noch mächtig. Für menschliche Begriffe bleibt eigentlich nichts:

> Noch weiter emporsteigend sagen wir, daß er weder Seele ist, noch Denkkraft, noch Vorstellung, Meinen, Sagen oder Denken hat, noch auch Sagen oder Denken ist, und auch nicht gesagt oder gedacht werden kann. Daß er nicht Zahl ist, nicht Ordnung, nicht Größe, nicht Kleinheit, nicht Gleichheit, nicht Ungleichheit, nicht Ähnlichkeit, nicht Unähnlichkeit. (…) Daß er keines von den nichtseienden und keines von den seienden Dingen ist, und

> daß keines der Dinge ihn erkennt, insoweit er ist noch daß er die Dinge erkennt, insoweit sie sind; daß es kein Wort, keinen Namen, kein Wissen von ihm gibt.[17]

Die *via negativa* führt in völliges Nichtwissen hinein. Gott entschwindet in das «überhelle Dunkel» (*hyperphotos gnophos; De myst theol* 1,1). Mit dieser Paradoxie drückt Pseudo-Dionysios die Ambivalenz der Lichtmetapher aus, die für sein Denken so tragend ist: Licht kann erhellen, aber es kann auch blenden und führt so in die Unsichtbarkeit. Der einzige Weg, der nun bleibt, ist der der Entrückung, *ekstasis* steht dafür im griechischen Text:

> Du aber, lieber Timotheus, wenn Du Dich um die mystische Schau strebend bemühst, verlass die sinnliche Wahrnehmung und die Denktätigkeit, alle Sinnendinge und Denkinhalte, alles Nicht-Seiende und Seiende, und strebe erkenntnislos zum Geeintwerden – soweit dies möglich ist – mit dem über allem Sein und Erkennen Liegenden empor. Denn durch das von allem Gehaltenwerden freie und rein von allem gelöste Heraustreten aus Dir selbst wirst Du, alles von Dir abtuend und von allem gelöst, zum überwesentlichen Strahl des göttlichen Dunkels emporgehoben werden.[18]

So viel gedanklicher Aufwand, um am Ende alles Denken hinter sich zu lassen! Aber eben darin liegt das, was Dionysios seinen Lesern nahebringen will: dass die Wirklichkeit höher und tiefer ist als das, was der menschliche Verstand selbst umreißen könnte, wenn man tatsächlich zu ihren letzten Gründen gelangen will. Der Weg dorthin ist nicht der der Anstrengung des Verstandes, sondern ein existentieller: durch Reinigung, Erleuchtung hin zur Vollendung, die in der Einigung mit Gott besteht. Wie die verschiedenen Wege, die er beschrieben hat, gewann auch diese Trias des Areopagiten schulmäßige Form als *purgatio, illuminatio* und *unio*.

Für Pseudo-Dionysios sind diese Schritte nur innerhalb des neuplatonischen Modells mit seinem Gegensatz zwischen geistiger und materieller Wirklichkeit denkbar: Der Mensch muss auf der ersten Stufe von materiellen Beimischungen gereinigt werden, um in der Erleuchtung zur geistigen Schau vorzudringen, die schließlich in der Teilhabe am Göttlichen und darin in der Einigung mit diesem gipfelt (*De coel hier* 3,3). So wie die Tätigkeit des Verstandes letztlich nicht aus eigener Kraft erfolgt, sind auch diese Schritte vielfach vermittelt. Um die Art und Weise dieser Vermittlung zu erklären, hat Dionysios seine beiden Traktate über Hierarchien, die himmlische und die kirchliche, geschrieben. Sie korrespondieren einander: Die himmlischen Hierarchien vermitteln das göttliche Licht von oben zu den Menschen. Die kirchlichen Hierarchien helfen den Menschen, sich zu Gott zu erheben. Abstieg und Aufstieg, die sich im Leben Jesu in Geburt und Auferstehung ereignen, vollziehen auch die Glaubenden nach.

HIMMLISCHE UND KIRCHLICHE HIERARCHIEN

Angesichts der Vorsicht, die Pseudo-Dionysios im Blick auf die Erkenntnismöglichkeiten des Menschen walten lässt, kann man darüber staunen, wie viel er über das Jenseits zu wissen meint. Aber hier ging es nicht mehr um Gott selbst, sondern um die Stufen, durch die er sich mit der Erde verbindet. Um diese Stufen zu beschreiben, wandte Pseudo-Dionysios das Verfahren an, das er bei den paganen Neuplatonikern kennenlernen konnte, ja, das schon die Gnostiker angewandt hatten: Die Zwischenstufen zwischen Gott und Mensch wurden mit konkret benennbaren Größen identifiziert. Für den christlichen Glauben waren dies die Engel – ein Begriff, der außerordentlich gut zu dem passt, was Dionysios ausdrücken will. Nicht an geflügelte Wesen ist hier gedacht, sondern im Wortsinne von *angelos* an Boten, die die Erkenntnis Gottes weiterleiten und dabei, getreu der neuplatonischen Vorstellung vom Vorrang des Geistigen, geistige Wesen sind. In ihnen hat sich nach Pseudo-Dionysios der eine göttliche Lichtstrahl vervielfacht, um uns zur ursprünglichen Einheit zurückzuführen. Sie überbrücken die sonst unendliche Distanz und bieten dem Menschen die genannten Stufen von Reinigung, Erleuchtung und Einigung an.

Die Engel sind in «Abteilungen» gegliedert – dieses Wort entspricht eher dem griechischen *diakosmesis*, für das sich die Übersetzung «Chöre» eingebürgert hat. Es drückt den Zustand der Ordnung aus. Die Engel des Dionysios sind wohlsortiert. Nachdem Proklos die Vorstellung von der Trias stark gemacht hatte, kann es kaum überraschen, dass auch Dionysios dreimal drei Chöre oder Hierarchien von Engeln kennt: Die oberste Triade befindet sich unmittelbar um Gott, darunter findet sich eine Dreiergruppe von Gewalt, Herrschaft und Macht (*De coel* 6,2). An ihr erkennt man besonders gut den Systemzwang der Dreiergruppen, unter dem Pseudo-Dionysios sich sah: Die Begriffe stammen aus dem Neuen Testament, vor allem aus dem Epheserbrief; dort finden sich aber mal nur zwei von ihnen (Eph 3,10), mal treten noch die Reiche dazu (Eph 1,21). Diese Freiheit aber konnte der Areopagit für seinen wohlgeordneten Himmel nicht gebrauchen, er war der Dreizahl verpflichtet. So ordnete er die Reiche zusammen mit den Engeln im engeren Sinne und den Erzengeln der dritten Gruppe zu.

Die himmlische Hierarchie spiegelt sich in der kirchlichen, die ihr Abbild auf Erden ist (*De coel* 1,3) – so sehr, dass sogar der Bischof als «Engel» bezeichnet werden kann (*De coel* 12,1). Insofern sind auch für diesen Bereich die sich heute beim Hören des Begriffs «Hierarchie» aufdrängenden Assoziationen eher unangemessen. Das griechische Wort *arche*, das in «Hier-archie» enthalten ist, bedeutet gleichermaßen «Anfang» wie «Herrschaft», und auch wenn der letztere Aspekt nicht ganz fehlt, denkt Pseudo-Dionysios vor allem an die Ursprungsrelation. Hierarchie ist nach ihm «eine heilige Stufenordnung, Erkenntnis und Wirksamkeit».[19] Das gilt auch für ihre irdische Gestalt, die für ihn eine «die Gesamtheit der eigentümlichen Heilsmittel umfassende Anstalt» ist.[20] Die Stufen der

Hierarchie drücken einen Unterschied in Rang und Ehre aus, vor allem aber sind sie Ausdruck des göttlichen Weges zu den Menschen. Damit ermöglichen sie dessen Rückkehr zu Gott mit dem Ziel, diesem ähnlich, ja, eins mit ihm zu werden. Die Mittel hierzu sind vornehmlich die Sakramente, durch die das Licht Gottes an die Glaubenden weitergereicht wird (*De eccl.* 3,1). Die kirchliche Hierarchie ist so nicht nur ein Abbild der himmlischen, sondern in gewisser Weise auch ihre Verlängerung in das Diesseits hinein.

Die Vorstellung, dass sich kirchliche und himmlische Hierarchie nicht nur in ihrer Gestalt entsprechen, sondern auch in ihrer Aufgabe und ihrem Ziel, führt Dionysios zu einer frappierenden Erkenntnis: Grundsätzlich gilt das Ziel der Einigung mit Gott für alle Christen, nicht nur für besonders Fromme oder Bemühte. Man verstünde Pseudo-Dionysios falsch, wenn man aus seiner Unterscheidung von Eingeweihten und Nichteingeweihten folgern wollte, dass er ein esoterisches Wissen für kleine Gruppen lehrte.

Das Christentum des fünften Jahrhunderts war weit über das Stadium hinaus, in dem es den antiken Mysterienkulten ähnelte, obwohl deren Betonung eines Initiationsritus an die Bedeutung der Taufe für das Christentum erinnert. Tatsächlich galt wie in den Mysterienkulten auch für diesen christlichen Ritus, dass sein tieferes Verständnis nur denen eröffnet werden sollte, die sich ihm tatsächlich unterziehen wollten. In diesem Sinne hat Kyrill von Jerusalem (amtierte 350–386) fünf «mystagogische Katechesen» verfasst, durch welche Menschen, die an Ostern, dem traditionellen Termin hierfür, die Taufe empfangen wollten, während der vorangehenden Fastenzeiten in die Geheimnisse des christlichen Glaubens eingeführt werden sollten. Auch wenn sich der Begriff der Mystik nicht von dem griechischen Wort für Geheimnis, *mysterion,* ableiten lässt, zeigt sich hier doch die begriffliche Nähe der Mystik zu einem Geheimnis für Eingeweihte. Nachdem die Taufe allgemein üblich geworden war, waren die Geheimnisse allen zugänglich. Wo das Heidentum zur Randgruppe geworden war, dominierte das Christentum. Die Schranke zwischen Zugehörigkeit und Ausgeschlossensein war in Zeiten des Dionysios zwar noch vorhanden und erkennbar, aber Dionysios schrieb für die Mehrheitsreligion in seiner Welt. Ein Mysterienkult war dieses Christentum gewiss nicht mehr.

Wenn Dionysios darlegte, dass die Taufe am Anfang des Wegs zur Vereinigung mit Gott steht (*De eccl.* 2,1) und als Erleuchtung gelten konnte (*De eccl.* 3,1), so bedeutete dies für seine Zeit: Eigentlich sind alle Christen Mystiker. Die Verbindung von Christlichkeit und mystischer Grundhaltung ist in den neutestamentlichen Passagen angelegt, die von mystischer Frömmigkeit geprägt sind, aber damals ging es noch um eine kleine Gruppe. Nun erscheint eine Vision, die nahezu alle Bürger des Römischen Reiches auf dem Weg zur mystischen Einigung mit Gott sieht. Der Areopagit baute keine Gegenwelt zur Kirche und Gesellschaft seiner Zeit auf, sondern er machte sich daran, diese selbst grundlegend zu transformieren. Dazu führte er das Beste zusammen, was die Spätantike an denkerischen Möglichkeiten zu bieten hatte: Neuplatonismus und Christentum.

So wie Proklos das neuplatonische Denken in die allgemeine pagane Religiosität integriert hatte, schrieb Dionysios es in die christliche Religion ein, und zwar in deren vollständiger amtlicher Struktur, wie sie sich den Glaubenden zeigte. Passenderweise hatte sich im Klerus bereits eine wiederum aus drei Ämtern gebildete Gruppe höherer Kleriker herausgebildet: Bischof, Presbyter und Diakon, die abgestuft waren. Der Bischof repräsentierte das liturgische Geschehen einschließlich der Predigt, der Priester diente im Sinne der Erleuchtung der Vorbereitung der Gläubigen, während den Diakonen eine reinigende Funktion zukam. Das konnte sehr konkret werden, wenn Pseudo-Dionysios die Aufgaben der Diakone während der Taufzeremonie aufzählte, die darin bestanden, die Taufwilligen am Eingang der Kirche zu empfangen, ihre Alltagsgewänder entgegenzunehmen und sie über falschen und rechten Lebenswandel aufzuklären (*De eccl. hier* 5,6). So gilt:

> Wir haben nunmehr gezeigt, daß der Stand der Hierarchen (Bischöfe) die vollendende Gewalt und Wirksamkeit, der Stand der Priester die Gewalt zu erleuchten hat und tatsächlich erleuchtet, der Stand der Liturgen (Diakone) die Gewalt zu reinigen und abzusondern besitzt.[21]

Aus solchen Zeilen spricht eine unglaubliche systematisierende Kraft. Über die schlichte Dreierfigur, deren Bedeutung er nicht einmal selbst erfinden oder aus der Trinitätslehre ableiten musste, sondern von Proklos übernehmen konnte, gelingt es Dionysios, die gesamte Wirklichkeit von Gott, Vater, Sohn und Heiligem Geist über die Engelschöre bis in das allsonntägliche liturgische Geschehen hinein zu bündeln. Wer den Gottesdienst besuchte, erlebte zumindest in einer Stadt mit Bischofssitz das Ineinander dieser drei Grade der Kleriker und konnte darin ein Abbild Gottes selbst sehen, auf das hin er sich durch die Liturgie weiterführen lassen konnte. Diese wurde zu dem entscheidenden Scharnier, das Reinigung und Erleuchtung ermöglichte, um zur Einigung zu leiten.

So führte Pseudo-Dionysios nicht allein Christentum und Neuplatonismus zusammen, sondern auch, was im zweiten Jahrhundert so scharf auseinandergetreten war: das kirchliche Amt, das den Zusammenhalt der Kirche garantierte, und die mystische Verinnerlichung, deren diffundierende Kraft die Amtsträger immer wieder gefürchtet hatten. In seinen Schriften entstand das Bild von einer mystischen Kirche. Das hatte mit der Realität, dem alltäglich und routiniert gewordenen Christentum, vielleicht nicht mehr viel zu tun. Ohne diese Realität in Bausch und Bogen zu verurteilen, entwarf Dionysios aber eine Welt des Christentums, wie es eigentlich sein sollte – und markierte so gerade mit seinem Anspruch auf höchste gesellschaftliche Allgemeinheit, dass das Christentum nach mehr verlangte als nach der Beteiligung an der gesellschaftlichen Macht.

Diese Theologie wurde auch in der lateinischen, westlichen Kirche aufgenommen, hat ihre Wirkung aber viel stärker in der griechischen Welt entfalten können, in deren Sprache sie formuliert war. Seit der Antike traten griechische und lateinische Kirche immer stärker auseinander. Das Große Schisma von 1054 ist nur ein symbolisches Datum, das diesen Riss bestätigte und dem schon zur Zeit des Dionysios Areopagita ein erstes, eine gute Generation währendes Schisma vorausgegangen war (484–519). Die mit Konstantinopel verbundene byzantinische Kirche, die wegen ihres Anspruchs, den rechten Glauben der Alten Kirche zu wahren, auch als orthodoxe Kirche bezeichnet wird, ging ihre eigenen Wege. Dazu gehörte auch, dass mystische Frömmigkeitsformen hier mit größerer Selbstverständlichkeit allgemein verankert blieben als im Westen.

4.
NEUE ELITEN

ASKESE UND MYSTIK IM OSTEN

Dass alle Christen Mystiker würden – diese Vision des unbekannten Schriftstellers aus dem fünften Jahrhundert war so faszinierend wie unrealistisch. Die Transformierung der Antike in eine christliche Gesellschaft ging nicht mit einer durchgehenden Vergeistigung und Verinnerlichung einher. Das hatte sich schon früh abgezeichnet – sehr zum Ärger einiger Christen, die in Reaktion auf eine vermeintliche Verweltlichung des Christentums umso mehr Mühe darauf verwandten, ihren Leib durch Askese zu «überwinden». Die Distanz zu allem Leiblichen nahm so sehr konkrete Formen an. Seit dem späten zweiten Jahrhundert – erstmals greifbar in der schwer einzuordnenden Bewegung der «Enkratiten», die auf Fleisch, Alkohol und Geschlechtsverkehr verzichteten – traten immer mehr Menschen auf, die im Namen Christi Enthaltsamkeit pflegten. Ihre Leitgestalt wurde Antonius der Große (251–356).

Mit rund zwanzig Jahren hatte Antonius seine Eltern verloren und war nun für das Erbe verantwortlich. Da hörte er in der Kirche von dem reichen Jüngling, dem Jesus den Auftrag gegeben hatte, alle seine Habe zu verkaufen, wenn er vollkommen sein wolle (Mt 19,21). Diesen Rat befolgte er genau (vgl. Athanasius, *Vita Antonii* 2). Das brachte ihn an den Rand der Gesellschaft. Von Beginn an wähnte er sich in einem Kampf mit Dämonen, in denen sich das widergöttliche Prinzip manifestierte. Diese Erfahrungen steigerten aber nur seinen asketischen Willen. Er zog sich in mehreren Schritten immer weiter von der Zivilisation zurück, aber nun kamen Menschen zu ihm, die ihn bewunderten und ihm nachfolgen wollten.

Denkt man an den berühmten Kyniker Diogenes in der Tonne, so kann man die *Vita Antonii* auch als eine Art übertrumpfende christliche Gegenerzählung zu den Berichten über griechische Philosophen lesen, die asketisch gelebt hatten. Im einen wie im anderen Fall war das wahre Leben nur möglich, wenn die Bedürfnisse des Leibes geistig überwunden wurden. «Wenn er nämlich im Begriff war, zu essen und zu schlafen und den anderen Bedürfnissen des Körpers (nachzugeben), schämte er sich, weil er an die geistige Wesensart der Seele dachte»,[1] so schreibt sein Biograph über ihn.

Dieser Biograph war kein Geringerer als Athanasius, der oben schon erwähnte Patriarch von Alexandrien. Bei allen womöglich gewollten Unterschieden zu den Lebensgeschichten asketischer Philosophen schrieb er in die *Vita Antonii* doch neuplatonische und stoische Grundauffassungen hinein, denen folgend er immer wieder den Gegensatz der wahrhaften geistig-geistlichen Anlagen der Seele gegen alles Fleischliche betonte. Der Geist widerstand den Dämonen ebenso wie aller körperlichen Lust. Mit der *Vita*, die er verfasste, wollte er in seinen kirchenpolitischen Auseinandersetzungen um das Dogma von Nizäa und die Stellung seines alexandrinischen Patriarchats in der Kirche des Römischen Reiches zugleich die Kräfte des ägyptischen Mönchtums hinter sich scharen, deren großes Vorbild er literarisch würdigte. Der Drang nach Askese zeigte, dass gerade in der Zeit, in der das Christentum seine größten Erfolge errang und die Christianisierung des Römischen Reiches gelang, das Bedürfnis stark war, die eigene

Christlichkeit deutlicher im eigenen Lebenswandel erkennbar zu machen, als dies in den Gemeinden möglich war.

Die Verbindung der Askese mit Ansätzen neuplatonischer Wirklichkeitsbeschreibung, die sich bei Antonius und seinem philosophisch letztlich nicht allzu beschlagenen Deuter Athanasius zeigte, gewann bei Evagrius Ponticus (ca. 345–399) eine viel ausgeprägtere Gestalt. Er engagierte sich in den Debatten um Trinitätslehre und Christologie im ausgehenden vierten Jahrhundert und stellte dabei so sehr die geistigen Dimensionen der Existenz Christi in den Vordergrund, dass der Dogmenhistoriker Alois Grillmeier – durchaus abfällig – über ihn sagen konnte: «Das Urbild seiner Christusdeutung ist die mystische Einigung.»[2] Tatsächlich ist es nicht ganz einfach zu entscheiden, ob sein Interesse mehr den spekulativen Debatten galt, in die er hineingezogen wurde, oder der Begleitung der Lebensführung der Mönche, zu denen er selbst zählte.

Keinesfalls aber war Evagrius Ponticus ein reiner Praktiker. Im Gegenteil: Gegenüber dem als «Praktikos» bezeichneten Asketen hob er den «Gnostiker» hervor, dem er eine eigene Schrift widmete. In ihr beschrieb er den Gnostiker als einen Menschen, dessen Erkenntnis letztlich zur Lösung von allen Bindungen führt, zur *apatheia*. Mit diesem Begriff bezeichneten auch Philosophen unterschiedlicher Schulen – nicht zuletzt auch die Neuplatoniker – die Freiheit des Menschen von Leidenschaften und Emotionen. Evagrius Ponticus betonte mit diesem Begriff, dass der Gnostiker sich von der affektiven Bindung an das Irdische löste – und dadurch die Verbindung des inneren Menschen mit Gott erreichte. Dieses Ziel allerdings wurde durch keine besonderen Übungen erlangt, sondern sehr schlicht durch das Gebet, das sich in vollendeter Konzentration auf den Geist und Gott selbst vollziehen sollte, um zu diesem hinzuführen.

Evagrius Ponticus konnte den, der so zur vollen Gotteserkenntnis und zu Gott selbst gelangt war, auch als *theologos* bezeichnen (*Ad Monachos* 120). Unter Theologie verstand er allerdings keine akademische oder begriffliche Erkenntnis, sondern die Schau Gottes. So wie für Pseudo-Dionysios der Einheit und der Erleuchtung die Reinigung vorausging, war auch nach Evagrius die besondere Gotteserkenntnis in ein Leben eingebettet, das Abstand von allen leiblichen Leidenschaften pflegte, um die Gottesschau vorzubereiten. Dies war der Sinn der monastischen Askese. Asket zu sein bereitete auf die wahre Erkenntnis vor, indem der Asket die Laster überwand. Aus dem Bemühen heraus, dies den Mönchen verständlich und im Leben nachvollziehbar zu machen, entwarf Evagrius eine Liste von acht Hauptlastern, die es hinter sich zu lassen galt: Gefräßigkeit, Unzucht, Geldgier, Traurigkeit, Zorn, Nachlässigkeit (oft als Trägheit wiedergegeben), Eitelkeit und Überheblichkeit (*Praktikos* 6).

Auch hier gilt, dass mystisches Christentum eigentlich nur den Grundimpulsen des Christentums Ausdruck gibt. Was den Brüdern auf ihrem mystischen Wege empfohlen wurde, nämlich diese Laster zu bekämpfen, galt letztlich für alle Christen. Das zeigt die erstaunliche Karriere, die diese Aufzählung von acht Lastern machte, aus der der berühmte Kanon der «sieben Todsünden» wurde, der in säkularisierter Form auch Eingang in die moderne Kultur gefunden hat, wie noch David Finchers Thriller *Sieben* von 1995 zeigt.

Evagrius Ponticus fand auf dem Weg der spirituellen Vertiefung des asketischen Lebens zahlreiche Nachfolger. Unter ihnen war im sechsten Jahrhundert auf dem Sinai ein Mönch namens Johannes, dem es in neuer Weise gelang, mystische Praxis und allegorische Auslegung der Bibel miteinander zu verbinden: In Genesis 28,10–22 wird berichtet, wie der Erzvater Jakob in einem Traum eine Leiter erblickte, auf der Engel zwischen Gott und der Erde auf- und niedersteigen. Als er am nächsten Morgen erwachte, salbte er einen Stein und nannte den Ort Bethel, Haus Gottes. Bewegt man sich erst einmal auf den Bahnen derer, die wie einst Origenes in konkreten Erzählungen geistliche Spuren Gottes erkennen, so liegt es nahe, diese Erzählung als einen Hinweis darauf zu lesen, dass sich schon hier auf Erden der Himmel öffnen und die Menschen zum Aufstieg zu Gott einladen kann. Genau dies tat nun Johannes vom Sinai, der von dem griechischen Wort für die Leiter, *klimax*, auch den Beinamen Klimakos erhielt. Sprosse für Sprosse erklomm der Glaubende den Weg, der ihn wie bei Evagrius zur *apathia* und zur *hesychia*, zur Ruhe, führte. Im Gebet erfuhr er die Einheit mit Gott. Letztes Ziel des Aufstiegs war die Wiederherstellung der ursprünglichen Gottebenbildlichkeit, zu der der Mensch nach Genesis 1 geschaffen war und die in ihm verschüttet und verdorben war. Hatte er diese Gottesebenbildlichkeit wiedererlangt, war der Mensch ganz bei Gott. Dieses Ziel war sehr abstrakt, der Weg aber höchst konkret. Durch die biblische Bildlichkeit, die Johannes Klimakos wählte, unterstrich er eine Tendenz, wie sie sich auch schon in Evragius' Liste der Laster zeigt: Mystische Frömmigkeit benötigte begriffliche Schemata, suggestive Bilder und asketische Praktiken zur Vermittlung der unmittelbaren Erfahrung Gottes. Die stufenweise Annäherung an Gott auf einem festgelegten Weg wurde auf diese Weise erlernbar und führte doch gerade dadurch in ein Paradox: Mystiker strebten so ja einen Weg in ihr Inneres an, taten dies aber mit Mitteln, die als Anleitungen erlernbar waren und so für ihr Bewusstsein eigentlich weiter im bloß Äußerlichen hängen blieben *(Tafel I)*.

So wie Johannes Klimakos das Fortwirken der spirituellen Anweisungen des Evagrius Ponticus im Osten belegt, gab es auch eine Aufnahme seines Denkens im lateinischen Westen. Das ist alles andere als selbstverständlich. Zur kirchlichen Trennung von West und Ost trugen auch die sprachlichen Differenzen bei. Zur Zeit des Evagrius Ponticus unterschied sich die Kirche im Westen schon lange theologisch, organisatorisch und sprachlich von der griechischen Kirche des Ostens. Hatte Paulus an die Gemeinde von Rom im ersten Jahrhundert noch selbstverständlich in griechischer Sprache schreiben können, so nahm mehr und mehr das Lateinische in den wichtigen Provinzen des Westens wieder eine Vorrangstellung ein. Es war so Ausdruck, zum Teil auch Motor einer unterschiedlichen Entwicklung der Teile des Reiches. Zu diesen Unterschieden gehörte auch, dass die Askese in den unwirtlichen Regionen Ägyptens und Palästinas rascher als Ausdruck christlicher Gesinnung verbreitet wurde als im Westen.

Doch auch dort gewannen Klöster bald eine wichtige Rolle: Als das Weströmische Reich im Laufe des fünften Jahrhunderts in seinen Provinzen immer mehr implodierte und Ethnien, die sich neu formierten, eigene kleine Reiche bildeten, dienten Klöster vielfach als Zuflucht für das Erbe der römischen Kultur. Das zeigte sich vor allem in Gallien, wo die Franken sich zusammenschlossen und von Norden her die Herrschaft übernahmen, während im Süden die sogenannten «Flüchtlingsklöster» entstanden,[3] die insbesondere Adligen Aufnahme gewährten. In dieses Umfeld hinein brachte Johannes Cassian (gest. 435) die Ideale des östlichen Asketentums. Er hatte viele Jahre seines Lebens im Milieu der Eremiten in Ägypten verbracht und gründete 404 in der Nähe von Marseille ein Männer- und ein Frauenkloster. Er ist in die Theologiegeschichte vor allem als Gegner des Kirchenvaters Augustinus eingegangen, der die Rechtfertigung des Menschen allein aus Gnade betonte. Wer gelernt hatte, dass der Weg zu Gott mit der Mühe um die eigene Reinigung begann, konnte mit solchen Lehren, die die Bedeutung des menschlichen Handelns für sein Heil geringschätzten, wenig anfangen. Der Streit um Augustinus' Gnadenlehre zog sich lange hin. Doch auch wenn im Jahre 529 die Synode von Orange am Ende in der Hauptsache Augustinus Recht gab, bestätigte sich die Befürchtung seiner Gegner nicht, dass es dem asketischen Leben nun an Zuspruch mangeln würde, denn nun entwickelte sich ein Neuansatz westlichen Mönchtums, der mit dem als historische Gestalt schwer greifbaren Gründer des Klosters Montecassino, Benedikt von Nursia (gest. 547), verbunden wurde.

LITURGIE UND BILDERVEREHRUNG IN DER ORTHODOXEN SPIRITUALITÄT

Wer über die mystischen Möglichkeiten des Menschen spricht, spricht als Christ nicht nur über den Menschen allgemein. Jesus Christus selbst hatte ja nach orthodoxem Glauben Menschennatur angenommen. Dass dies die Bedingung für mystische Erfahrungen darstellte, hatte schon Athanasius mit seinem gewagten Diktum benannt, dass Gott Mensch geworden sei, damit der Mensch vergöttlicht werde. So waren die Spekulationen der Mystiker von früh an auch mit den dogmatischen Debatten verbunden, die vor allem das vierte und fünfte Jahrhundert prägten. Auf dem Konzil von Konstantinopel führten diese gelehrten Auseinandersetzungen zur Festlegung der Trinitätslehre, wonach Gott ein Wesen in drei Personen ist: Vater, Sohn und Geist. Die Folgen für das Verständnis Christi als Gott und Mensch löste die Zwei-Naturen-Lehre des Konzils von Chalcedon 451 mit der Festlegung, dass Jesus Christus «in zwei Naturen unvermischt, unveränderlich, ungetrennt und unteilbar erkannt wird».[4]

Wie eng diese unterschiedlichen Fragen zusammenhingen, hatte schon Evagrius Ponticus zu spüren bekommen, dessen Rechtgläubigkeit von dem polemisch hochbegabten Epiphanius von Salamis infrage gestellt worden war. Es wäre aber unangemessen, anzunehmen, dass Mystiker sich immer und selbstverständlich auf der Seite der Häresie fänden. Das haben ihre Gegner immer wieder gerne so gesehen. Das Gegenteil aber konnte der Fall sein: Schon Athanasius gilt weithin als Vertreter des wahren orthodoxen Glaubens. Seine mystische Auffassung von der Gottwerdung des Menschen begegnet bei Maximus Confessor (ca. 580–662) wieder, dessen Beiname «der Bekenner» daher rührt, dass er mehr als ein Jahrhundert nach dem Konzil von Chalcedon für dessen Lehren focht. Doch er verfasste auch Kommentare zum *Corpus Dionysiacum* und wurde so einer der maßgeblichen Vermittler areopagitischen Denkens an die byzantinische Kirche. Wie viele Fäden bei ihm zusammenlaufen, sieht man daran, dass er die Lehre des Pseudo-Dionysios in einen asketischen Lebenszusammenhang stellte.

Man kann auch sagen: Er trug entscheidend zu einer engen Verbindung von Mystik und Mönchtum bei. So schrieb er ein «asketisches Buch», in dem er ganz in der Tradition des Evagrius die Abtötung der Sinne und die Konzentration auf den Geist einschärfte. Dieser Konzentration diente ein Aufstieg, der kaum zufällig an Platons Vorstellung von der vergeistigten Liebe erinnert, vor allem aber ein klares Ziel hatte: «Werden wir durch ihn Götter! Dazu ist er, der Gott und Herr ist nach seinem Wesen, ja Mensch geworden.»[5] All das also, was ihn in den komplizierten Debatten um die Natur Christi beschäftigte, die Menschwerdung Gottes, die Verbindung von Gottes- und Menschennatur, hatte ihr Ziel in der Einswerdung des Menschen mit Gott. Der Asket und Mystiker konnte sich selbst als das Ziel von Gottes Willen empfinden.

Asketen wie er schienen eine klare Antwort auf die Frage nach dem Verhältnis von Geist und Leib zu haben: Beides stand einander feindlich gegenüber. Es galt, den Leib zu «überwinden», auch wenn man sich in ausgeprägter Askese Gewalt antun musste. Schon Dionysios Areopagita aber zeigt, dass auch neuplatonisches Denken bei allem selbstverständlichen Vorrang des Geistigen gegenüber dem Materiellen eine wesentlich komplexere Haltung zum Verhältnis von Leib und Geist ermöglichte. Wenn die Liturgie, wie er es darlegte, ein Abbild der göttlichen Hierarchie bot, so enthielt dies das Angebot, dass die sublime geistliche Wirklichkeit in einer solchen abgestuften Seinsweise sichtbar, riechbar und fühlbar wurde. Der Geist verdammte nicht nur die Sinnlichkeit, wie es Antonius verlangte, sondern öffnete sich den Sinnen auch.

Dachte man so, so stellte sich die Frage, ob es nicht neben der Liturgie auch noch andere Weisen geben konnte, Gott darzustellen, etwa sehr direkt im Bild. Die Darstellung Gottes – und das hieß also auch: des Mensch gewordenen Gottes – war für Christen aus verschiedenen Gründen nicht ganz einfach, der philosophische Gedanke, dass Gott unbegreiflich und unsichtbar ist, war nur einer davon. Viel direkter schien das Gebot des Alten Testamentes dagegen zu sprechen: «Du sollst dir kein Bildnis noch irgendein Gleichnis machen, weder von dem, was oben im Himmel, noch von dem, was unten auf Erden, noch von dem, was im Wasser unter der Erde ist. Bete sie nicht an und diene ihnen nicht!» (Ex 20,4 f.)

Dieses Verbot konnte in Verbindung mit den philosophischen Vorbehalten eine Zurückhaltung von Christen gegenüber allen Bildern geboten erscheinen lassen. Andererseits gab es ein starkes Argument für die Sichtbarkeit Gottes: Wenn dieser in Jesus Christus Fleisch geworden war, dann war in diesem Menschen auch Gott anschaubar. Ironischerweise konnte sich die Überzeugung, dass in Christus Gott sichtbar würde, ebenso auf neuplatonische Traditionen stützen, wie die Betonung seiner Unsichtbarkeit, bedeutete doch nach neuplatonischem Verständnis die Emanation Gottes, dass das Göttliche in Abstufungen bis in die materielle Welt hinein präsent ist. Vom Bild Christi konnte daher vorausgesetzt werden, dass in ihm, vermittelt durch den malenden Nachvollzug, abbildhaft Göttliches präsent war *(Tafel II oben)*. So waren Bilder nicht Kunstwerke, sondern Orte einer konzentrierten Präsenz Gottes in der Welt, nicht nur im liturgischen Raum, sondern auch in Privathäusern. Diese Auffassung war allerdings nicht unumstritten. Im achten Jahrhundert prallten die Positionen von Ikonoklasten – Bilderzerstörern – und Ikonodulen – Bilderverehrern – hart aufeinander. Selbst ein oströmischer Kaiser, Leo III. der Syrer (717–741), predigte 726 gegen die Bilder und ließ demonstrativ ein Christusbild vom Palasttor entfernen.

Der Streit um die Bilder, die besonders unter Mönchen ihre Verteidiger fanden, endete zunächst 787 auf einem neuerlichen Konzil in Nizäa, das auf Betreiben der Kaiserin Irene (gest. 802) zustande kam. Die Lösung bestand darin, andächtige Verehrung der Bilder von wahrer Anbetung Gottes zu unterscheiden. Diese

Lösung war in einem Kontext entstanden, der in manchen Zügen der sich entwickelnden monastischen Mystik nahestand: Johannes von Damaskus (ca. 650 – vor 754), der ab etwa 700 als Mönch im Kloster Mar Saba im Kidrontal nahe des Toten Meeres lebte, hatte die feinsinnige Unterscheidung zwischen Verehrung und Anbetung gefunden und ganz neuplatonisch erklärt: «Die dem Bild entgegengebrachte Ehre geht auf das Urbild über».[6]

Damit zitierte er den oben erwähnten Basilius von Caesarea.[7] Doch angesichts seiner neuplatonischen Orientierung kann es nicht verwundern, dass Johannes in seiner großen Abhandlung *De fide orthodoxa* auch vielfach auf die Autorität des Dionysios Areopagita verwies. Unter ausdrücklicher Berufung auf ihn bettete er seine Überlegungen in neuplatonische Vorstellungen vom *exitus* und *reditus* ein (*De fide orthodoxa* I,12), und mit ihm teilte er die mystische Deutung der Liturgie, wie übrigens auch andere Fürsprecher der Bilderverehrung: Von Germanos I. (gest. 733), der sein Amt als Patriarch von Konstantinopel im Konflikt mit Kaiser Leo aufgab, ist eine *Historia ekklesiastike kai mystike theoria* (Kirchliche Geschichte und mystische Schau) erhalten. Dahinter verbarg sich eine intensive Deutung der Liturgie, der der Gedanke zugrunde lag: «Kirche ist ein irdischer Himmel, in welchem der überhimmlische Gott wohnt und wandelt.»[8] Kirche war für Germanos weniger die Institution als die gottesdienstliche Versammlung, in deren Zentrum der Priester stand. Dieser vermittelte die Nähe Gottes an die Glaubenden in einer Feier, deren Bestandteile auf jeweils eigene Weise auf den jenseitigen Himmel verwiesen. So setzte sich die mystische Interpretation der Liturgie, die Pseudo-Dionysios begründet hatte, fort und mit ihr der Anspruch, dass die Nähe Gottes allen Christen geschenkt werden könne, wenn sie denn am gottesdienstlichen Geschehen teilnahmen.

Johannes von Damaskus schlug allerdings einen weiteren Bogen. Letztlich wollte er zeigen, dass Liturgie und Bilderverehrung im Einklang mit den bisherigen Dogmen standen. Seine subtile Darlegung der Lehre von den Naturen Christi gab ihm immer Gelegenheit, mit mystischen Untertönen über das Glaubensleben der Christen zu schreiben. So nahm er die Deutung des Gebets von Evagrius Ponticus auf und wiederholte, dass es den Aufstieg (*anabasis*) zu Gott darstelle (*De fide orthodoxa* III,24). So wie der von ihm verehrte Pseudo-Dionysios und anders als Evagrius Ponticus band Johannes von Damaskus die Erfahrung der Nähe Gottes nicht an einen besonderen Stand der Asketen, obwohl er selbst Mönch war. Mystik sollte auch bei ihm jegliches christliche Leben prägen. Die Durchformung orthodoxer Spiritualität mit Mystik gewann mit ihm einen neuen Schub. Wie das Gebet für ihn nicht allein im asketischen Kontext dem Aufstieg zu Gott diente, so war für ihn auch das Sakrament des Herrenmahls ein Vorgang, der auf zwei Ebenen zur Vereinigung führte. Die Glaubenden wurden hierdurch miteinander vereinigt – und erfuhren Teilhabe an Gott:

> Abbilder des Künftigen aber heißen sie (= Brot und Wein), nicht als wären sie nicht wirklich Leib und Blut Christi, sondern weil wir jetzt durch sie an der Gottheit Christi teilhaben, dann aber geistig nur durch die Anschauung.[9]

Wieder begegnet hier das Dasein zwischen «Schon» und «Noch nicht», das für alle mystischen Glaubensformen seit Jesus selbst, charakteristisch ist, nun aber gebunden an den Höhepunkt der liturgischen Feier, das Sakrament der Eucharistie. Mitten in einer der heftigsten Auseinandersetzungen um die Bilderverehrung wurde Mystik damit in neuer Weise zur Idealgestalt christlichen Lebens. Allerdings blieben auch in der östlichen Kirche die Klöster besondere Zentren mystischen Lebens und Denkens. Mystik wurde dadurch gerade nicht zur Haltung aller Christen, sondern bildete eine besondere Weisheit und Praxis weniger religiöser Virtuosen. Nicht der Impuls für Kirche und Gesellschaft stand im Vordergrund, sondern der Rückzug in eine eigene Existenzweise, die oft auch mit elitären Ansprüchen der Asketen verbunden war.

HERZENSGEBET UND HESYCHASMUS

Zentren der mystischen Spiritualität konnten die Klöster bleiben, weil sie etwas boten, was wesentlich für mystische Besinnung ist: Ruhe. Tatsächlich gab die Ruhe, griechisch die *hesychia*, einer mystischen Strömung ihren Namen: Der Hesychasmus wurde zu einer Bewegung, die die Klöster der byzantinischen Welt jahrhundertelang prägen sollte. Ruhe wurde zur Basis und Gestalt der Begegnung mit Gott. Das war schon den antiken Mystikern nicht fremd, wurde aber mehr und mehr ausgebaut und theologisch vertieft.

Während für die christologische Debatte um die göttliche und menschliche Natur Christi die Erzählung von der Geburt Christi ein zentraler Bezugspunkt war, rückte für die Begründung des Hesychasmus eine andere biblische Stelle in den Vordergrund, die zumindest assoziativ erkennen ließ, dass sich auch Christus zurückgezogen hat, um Gott nahe zu sein. Matthäus 17,1–13 erzählt davon, wie Jesus mit seinen Jüngern Petrus, Jakobus und Johannes auf einen hohen Berg stieg. Dort wurden seine Kleider durchstrahlt, so dass sie in einem Maße hell und weiß erschienen, das menschliche Augen sonst nicht gesehen hatten. Neben ihm erschienen Mose und Aaron. Christus setzte also fort, was das Alte Testament vorbereitet hatte, zugleich aber überstrahlte er es im wahrsten Sinne des Wortes. Das Licht überstrahlte aber auch seine menschliche Natur. Hatte man in den Bilderstreitigkeiten fragen können, ob das Bild vom menschlichen Jesus geeignet sei, das Göttliche abzubilden, so wurde hier noch in der Menschennatur selbst jenes göttliche Licht sichtbar, das sich mit Gott selbst und seinem Kommen in die Welt verband, wie es im Prolog des Johannesevangeliums heißt und von Pseudo-Dionysios Areopagita weiter ausgeführt wurde. Die Vertreter des Hesychasmus verstanden die Szene aus dem Matthäusevangelium so, dass in der Lichterscheinung nicht nur die göttliche Natur Christi sichtbar wurde, sondern dass sich in Christus in diesem Moment das Menschliche verwandelte. Die griechische Bezeichnung für die Erzählung lautet bis heute, dem Vokabular des biblischen Textes folgend (Mt 17,2), *metamorphosis*. Der im Deutschen eingebürgerte Begriff «Verklärung» kann nicht recht wiedergeben, was damit ausgedrückt wird. Das griechische Wort zeigt, dass sich hier vor den Augen der staunenden Jünger an Christus selbst abbild- und zugleich vorbildhaft vollzog, was sich seit Klemens von Alexandrien und Athanasius alle Christen von der Menschwerdung Gottes erhofften: die Gottwerdung des Menschen *(Tafel II unten)*.

Weil schon Kyrill von Jerusalem den in der Bibel namenlosen Berg der Verklärung mit dem Berg Tabor identifiziert hatte,[10] galt das dort erstrahlende Licht den Mönchen des Mittelalters als Taborlicht. Dies zu erreichen war nun das Ziel aller mystischen Praxis und Reflexion. Etabliert und verbreitet wurde die damit verbundene Frömmigkeit durch Symeon den Neuen Theologen (949–1022), der hymnische Gedichte über die Schau des göttlichen Lichtes verfasste, die ihm selbst zuteil geworden war. Geradezu programmatisch zog er die Konsequenz aus dem Diktum des Evagrius Ponticus, wonach nicht derjenige ein rechter Theologe ist, der sich durch gelehrte Bemühungen auszeichnet, sondern wer durch eigene Erfahrung zu Gott aufsteigt. Ohne Gottesschau, so erklärte Symeon in einem seiner Hymnen, sei wahre Theologie gar nicht möglich. Der Mystiker ist der eigentliche Theologe. Da die Gottesschau wiederum Askese voraussetzte, schwang Symeon sich damit letztlich zu der Behauptung auf, dass die wahre Gotteserkenntnis nicht in der gesamten Christenheit verbreitet war, sondern nur einer besonderen Gruppe vorbehalten war: den Mönchen, die die Askese lebten. Das war nicht einfach jenes elitäre Bewusstsein, das in der Antike die Gnostiker ausgezeichnet hatte, es war nicht wie bei den Valentinianern der Gedanke, dass es Menschen gibt, die grundsätzlich von der Erkenntnismöglichkeit ausgeschlossen sind. Aber der Anspruch war doch deutlich, dass es Menschen gab, die wegen ihres Lebenswandels der Gabe des

Lichts näher waren, und solche, die im wahrsten Sinne des Wortes das Nachsehen hatten. Zur Gotteserkenntnis musste man sich wie einst Jesus zurückziehen, um dann in der asketisch geformten Einsamkeit Gottes Nähe zu empfangen.

Man musste sie empfangen, weil sie von Gott kam, und doch galt es auch, sich selbst auf sie hin zu entwickeln. Auch das betonte schon Symeon. Der später unter seinem Namen kursierende Traktat *Methodos tes hieras proseuches kai prosoches* (Wegweisung des heiligen Betens und Aufmerkens) stammte allerdings von einem anderen, anonymen Autor. Der Traktat war Teil einer im zwölften oder dreizehnten Jahrhundert entstehenden Handbuchliteratur zu der Frage, wie man am besten zum göttlichen Licht gelangen konnte. In solchen Schriften konnte man lernen, wie man mit Leib und Seele den Weg in die *hesychia* beschreiten könne, zu jener Ruhe, in der die Gottesbegegnung möglich werden sollte. Hierzu sollte man das Jesusgebet sprechen: «Herr Jesus Christus, Sohn Gottes, erbarme Dich meiner.» Aber es ging nicht um irgendein Sprechen, schon gar nicht um ein Herunterleiern, sondern das Gebet sollte den Rhythmus des eigenen Atems formen und so den ganzen Menschen auf Jesus ausrichten. Der Athosmönch Nikephorus beschrieb im dreizehnten Jahrhundert plastisch, wie diese Techniken auszusehen hatten:

> Du weißt, dass der Atem, den wir einatmen, diese Luft ist, wir atmen ihn aber wegen nichts anderem aus als um des Herzens willen (...) Du setze dich also nieder, sammle deinen Geist, ziehe ihn, den Geist nämlich, auf den Weg zur Nase ein, da gelangt der Geist zum Herzen. Dränge ihn weiter, bringe ihn dazu, mit der eingeatmeten Luft in dein Herz zu gelangen.[11]

Auch das Sitzen, von dem hier die Rede ist, hatte Bedeutung: Gegenüber der gewohnten stehenden Gebetshaltung sollte es der Konzentration auf die einfache, aber zentrale Erbarmungsbitte dienen, in der sich die Bußhaltung mit der Hoffnung auf Vergebung und Erleuchtung verband. In einer geradezu technisch anmutenden Gestaltung leiteten diese Traktate zur Schau des göttlichen Lichtes an. Gregor Sinaites (gest. nach 1337) hat dies in seiner *Predigt über die Verklärung* umfassend im Horizont des Taborlichts gedeutet. In zeitlicher Verschiebung zur lateinischen Entwicklung, die sich längst weit von der Antike gelöst hatte, schloss er damit die konsequente Entfaltung des antiken Erbes im Hesychasmus ab, ehe im vierzehnten Jahrhundert, bei Gregor Palamas (1296–1359), intensive theologische Impulse gerade auch in Auseinandersetzung mit der westlichen Theologie zu neuen Bildern und Reflexionen führten.

5.
DAS LATEINISCHE MITTELALTER GEWINNT GESTALT

AURELIUS AUGUSTINUS: WELTERKENNTNIS UND KONTEMPLATIVES LEBEN

West und Ost entwickelten sich nicht im gleichen Rhythmus. So verlangt der Blick auf die Mystik im Westen zunächst einen Blick zurück in die Spätantike. In der Zeit des Evagrius Ponticus lebte im nördlichen Afrika die einflussreichste Gestalt der westlichen Theologie: Aurelius Augustinus. Tief hat sich seine Wirkung in die Geschichte der lateinischen Christenheit hineingefurcht. Mit ihm trat eine Frage in den Vordergrund der theologischen Debatte, die, obwohl sie ihre Grundlage in den Briefen des Paulus hatte, in der östlichen Kirche bei Weitem nicht die Bedeutung gewann: die Frage nach der Rechtfertigung des Sünders. Nicht die Hoffnung auf die Vergöttlichung des Menschen ist hier Ausgangspunkt des Denkens, sondern die Auffassung, dass der Mensch seit den ersten Anfängen, seit Adam und Eva, den Anspruch auf das Paradies verwirkt hat, von einer Ursünde (*peccatum originale*) beherrscht ist, die es ihm unmöglich macht, aus eigener Kraft das Heil zu erlangen. Der Mensch ist, so hat es Augustinus ausgemalt, Teil einer großen Masse des Verderbens, und nichts kann ihn daraus retten als Gottes Gnade allein. Das bedeutet für Augustinus auch, dass das Heil jedes einzelnen Menschen schon lange vor seiner Geburt durch Gottes Vorherbestimmung, die Prädestination, festgelegt ist. Wie schon Paulus die biblische Erzählung von den Brüdern Jakob und Esau aufgegriffen hatte, um zu zeigen, dass es allein Gottes Erwählung war, die Wohl und Wehe bewirkte (Röm 9,10–13), so hob auch Augustinus hervor, dass der Vorzug, den Jakob erfuhrt, nicht auf seinen guten Werken oder seinem guten Willen beruhte, sondern allein auf Gottes Wahl.

Es ist gut nachvollziehbar, dass moderne Kritiker Augustins darin eine «Logik des Schreckens» am Werke sahen.[1] Die Prädestinationslehre klingt grausam und lässt vielleicht doch, gefasst in der theologischen Vorstellung von der Sünde, durch welche der Mensch ganz auf sich selbst bezogen ist, viel an realistischer Selbsteinschätzung des Menschen erkennen. Allerdings hatten auch schon Zeitgenossen ihre Schwierigkeiten mit dem Bischof des kleinen Örtchens Hippo Regius. Nicht nur der von den britischen Inseln nach Rom gelangte Asket Pelagius (gest. 418/420), der später deswegen zu einer Art von Erzketzer stilisiert wurde, stellte sich gegen Augustinus, sondern auch Johannes Cassian, der dafür sorgte, dass die Frömmigkeit der Kirchenväter im Westen Fuß fasste. Erst spätere Dogmenhistoriker haben ihn in einen Topf mit Pelagius geworfen. Ihm und vielen anderen Asketen in Südgallien und Nordafrika ging es weniger um grundsätzliche Fragen des göttlichen Handelns und der Freiheit des Menschen. Sie wollten vor allem verhindern, dass Augustin mit seinen Lehren alle Motivation zu gutem Handeln, zu Nächstenliebe und Askese, ruinierte – lag doch der Gedanke nur allzu nahe, dass man sich gar nicht mehr anstrengen müsse, wenn Gott ohnehin allein alles bewirke.

Es ist auch schwer vorstellbar, dass der abgrundtief sündige Mensch, von dem Augustinus sprach, irgendwie Gottes Nähe erfahren, sich gar mystisch mit ihm vereinigen könnte. Alles am Menschen steht dem entgegen, darauf haben sich Gegner der

Mystik auch später immer wieder berufen. Das heißt nicht, dass der Begriff der Sünde in der Mystik keine Rolle spielt. Umgekehrt wusste auch der große Lehrer der Sünde von mystischen Erfahrungen zu berichten:

> Von dannen aufgefordert, zu mir selbst zurückzukehren, betrat ich, von Dir geführt, mein Innerstes, und ich vermochte es, weil «Du mein Helfer geworden». Ich trat ein und schaute mit dem Auge meiner Seele, so schwach es war, hoch über diesem selben Auge meiner Seele, hoch über meinem Geist das unwandelbare Licht (...) Und sobald ich Deiner inne ward, da nahmst Du mich hin, damit ich sähe, daß etwas sei, was ich sehen sollte, aber ich noch nicht der wäre, der es zu sehen vermöchte. Und Du schlugest, blendhell in mich strahlend, zurück meines Auges Unkraft, und ich erschauerte in Liebe und Erschrecken.[2]

Das Licht Gottes, das nicht fassbar ist, die Erfahrung, die in diesem Leben noch nicht voll sein kann: Das sind offenkundige Charakteristika der Mystik, auch bei Augustinus. Der Akzent, den er dabei besonders hervorhebt, passt zu seiner sonstigen Theologie. All das ist nur durch Gott als Helfer möglich. Die Gnadenlehre formt bei Augustinus auch die Beschreibung mystischer Erfahrungen.

Hieraus entstand bei Augustin auch eine gnadentheologisch reflektierte Philosophie der Erkenntnis mit mystischen Zügen. Mit seiner Illuminationstheorie konnte er an neuplatonische Überlegungen anknüpfen, gab ihnen aber schon früh eine eigene Gestalt: «Im inneren Menschen wohnt, so heißt es, Christus», erklärte er.[3] Als Weisheit und Licht ist dessen Präsenz nach Augustinus grundsätzlich für jeden Erkenntnisvorgang nötig. Nicht eigene Mühe also leitet diesen an, sondern letztlich die Befähigung, freilich auch der Wille, der Erleuchtung durch Gott selbst zu folgen. Sein Denken erhält so etwas Schillerndes: Die Verbindung Christi als Weisheit mit der Schöpfung gibt den Christen mit ihrem exklusiven Christusbezug die Möglichkeit, die gesamte Wirklichkeit einschließlich ihrer Erkenntnisfähigkeiten zu deuten, und dies auch noch mit einer Begrifflichkeit, die in ihrer Betonung der Innerlichkeit dem besonderen Gottesverhältnis der Mystik zuzugehören scheint. Übergriffig könnte man diesen Anspruch universaler christlicher Erklärung nennen – oder darin auch das Zugeständnis sehen, dass die Wahrheit Gottes im Grundsatz auch außerhalb des Raumes expliziter Christusbeziehung erkannt werden kann.

Neben der Ausweitung der Erleuchtung zu einer umfassenden Erkenntnis der Wirklichkeit kennt Augustin auch eine speziellere Erleuchtung, die allerdings erst für das Ende der Zeiten verheißen ist, wenn Gott erleuchten wird, was in Finsternis verborgen ist (*De trinitate* I, 8.17). Dann gelangen die Glaubenden, die jetzt noch keine volle Erkenntnis haben, zur Schau, zur *contemplatio.* Diese wird aller Aktivität, die den Menschen jetzt noch prägt, ein Ende setzen, ihn zu einer reinen Haltung des Empfangs der Gnade bringen. So klar es für Augustinus auch war, dass eine solche *contemplatio* an das Ende der Zeiten gehörte, konnte die zarte Andeutung in den *Confessiones* auch die Vorstellung aufkommen lassen, dass vielleicht manche Glaubenden schon jetzt zu ihr gelangen könnten.

Augustinus legte selbst die Spuren zu solchen Möglichkeiten: In seiner umfangreichen apologetischen Schrift *De civitate Dei* – einer groß angelegten Geschichtstheologie, in der er den Vorwurf abzuwehren suchte, die Hinwendung Roms zum Christentum sei schuld daran, dass die Stadt im Jahre 410 von den Goten überfallen wurde – beschreibt Augustinus zwei Lebensweisen, eine *vita activa*, das tätige Leben, und das schauende Leben, die *vita contemplativa*. Letztere war keineswegs der Endzeit vorbehalten, ja, nicht einmal nur den Christen: Auch der griechische Philosoph Pythagoras habe eine *vita contemplativa* geführt (*De civitate Dei* 8,4). Für die Christen gab es einen besonderen Weg zur *vita contemplativa*, den Augustinus als ein *reformare*, ein «Wiedergestalten» durch den Glauben, beschrieb (*Contra Faustum* 22,27). Als «Wiedergestaltung» handelte es sich um eine Art Rückkehr zu dem, was der Mensch in der Schöpfung verloren oder zumindest in die Verborgenheit verschoben hatte: die *imago Dei*, das Abbild Gottes. Der Gedanke ist ähnlich dem, was oben schon als Gegenwart Christi im inneren Menschen begegnete: In Resten und Spuren zumindest lässt sich im Menschen noch das Ebenbild Gottes wiederfinden, zu dem er geschaffen worden ist (Gen 1,27). Dies wiederherzustellen, wird einem Menschen hier auf Erden nicht gelingen, schon gar nicht aus eigener Kraft, denn alles bleibt auf Gottes Hilfe angewiesen. Aber Augustin sieht den Lebensweg der Kontemplation als eine Möglichkeit an, sich auf diesen Weg zu machen und damit dann nicht allein zu erfüllen, was allen Christen gilt, sondern letztlich zu dem zu gelangen, was alle Menschen auszeichnet: Abbild Gottes zu sein.

BENEDIKT VON NURSIA UND GREGOR DER GROSSE: KLÖSTER ALS ORTE DER KONTEMPLATION

So wichtig Augustinus für die folgenden Jahrhunderte wurde – für die Tradierung der antiken Kultur an das Mittelalter bedurfte es neben den Schriften auch der Institutionen, die diese überlieferten. So war es ein Glücksfall für das Christentum, dass nach dem Ende des weströmischen Reiches 476 und in einer Zeit, in der die tradierten Strukturen immer mehr verfielen, das Mönchtum im Westen neue Impulse erlangte. Mit der im sechsten Jahrhundert entstandenen *Regula Benedicti,* die auf Benedikt von Nursia zurückgehen soll, wird oft der Anfang des abendländischen Mönchtums verbunden, doch tatsächlich war sie lange nur eine Regel neben anderen, bevor sie sich allmählich durchsetzte und bestimmend für Klöster in der lateinischen Kirche wurde. An dieser Regel lässt sich ablesen, wie sich das christliche Mönchtum zu einer Zeit, in der kaum noch klare Normen für das soziale Miteinander galten, um Festigung des eigenen Lebensstils bemühte.

Die Regel sollte das Leben im Kloster Monte Cassino ordnen, das Benedikt nach einiger Zeit als Eremit im südlichen Italien, gut hundert Kilometer von Neapel, gegründet hatte. Wie sicher unser Wissen über Benedikt ist, ist heute umstritten. Das angegebene Gründungsjahr 529 ist wohl auf jeden Fall symbolisch zu verstehen: Dies war das Jahr, in dem die neuplatonische Akademie in Athen geschlossen wurde. In der Jahreszahl sollte sich der Übergang vom Heidentum zum Christentum widerspiegeln. Benedikts eigener Anspruch war bescheidener. Ihm ging es vor allem darum, in einer Zeit kultureller Umwälzungen Möglichkeiten zu einem strukturierten asketischen Leben – und zugleich Ersatz für zerfallende Familienstrukturen – zu schaffen. Der Zerfall des Römischen Reiches hatte sich schon länger angekündigt, nun wurden Herrschaftsformen kleinteiliger, vielfach war eine klare staatliche Autorität gar nicht erkennbar. Wer konnte, zog sich auf größere Parzellen auf dem Lande zurück, die weitgehend autark von einem Gutsherrn regiert wurden. Wenn man den abfälligen Bemerkungen der Benediktsregel Glauben schenken darf, machten sich einige asketische Vaganten diese Situation zunutze, zogen umher und vertrauten darauf, sich auf diese Weise durchfüttern lassen zu können: «Gesetz ist ihnen, was ihnen behagt und wonach sie verlangen»,[4] hieß es in der Benediktsregel über eine dieser Gruppen. Dem sollte die Regel Schranken setzen. Berühmte Kurzformeln wie die von der *stabilitas loci*, der Gebundenheit des Mönches an sein Kloster, oder die Vorschrift des *Ora et labora* sollten genau hierzu dienen: Der Mönch, wie er Benedikt vorschwebte, tauchte nicht stets neu an anderen Orten auf und machte sich die Gutgläubigkeit der Einwohner zunutze, sondern kam in einer Gemeinschaft unter einem Abt, der ähnlich wie in einer Familie die Vaterrolle für die Brüder einnahm, zur Ruhe. Indem er selbst arbeiten musste, trug er zum Lebensunterhalt der Gemeinschaft bei, statt bei anderen zu schmarotzen.

Diese Gemeinschaft bot Schutz und war die Basis für ein geistliches Leben, das sich durch die besondere Erfüllung der biblischen Vorschriften und Hinweise auszeichnete. Ein eigenes Kapitel der Regel widmete sich den «Werkzeuge[n] der geistlichen Kunst».[5] Diese waren nicht so wohlsortiert wie mehr als ein Jahrhundert zuvor bei Evagrius Ponticus im Osten. Neben dem Doppelgebot der Liebe zu Gott und zum Nächsten listete das Kapitel Teile der Zehn Gebote auf, die Vorschrift, Tote zu bestatten, oder auch Zorn nicht in Taten umzusetzen. Motiviert war diese Fülle an Vorschriften durch die Verheißung, beim Jüngsten Gericht Lohn zu empfangen. Das hieß aber nicht, dass es um einen rein äußerlichen Vollzug bestimmter Regeln ging, sondern es ging Benedikt um eine Vergeistigung des Lebenswandels. So bedeutete etwa Gehorsam nicht einfach Folge zu leisten, sondern Benedikt verlangte, dass dies «mit frohem Herzen» geschehe.[6]

Man würde wahrscheinlich zu viel in die Benediktsregel hineininterpretieren, wenn man hier wiederum neuplatonische Philosophie erkennen wollte, und Benedikt war trotz der Ausrichtung auf ein geistliches Leben weniger radikal in der Ablehnung des Leiblichen als etwa Evagrius. Die Unterschiede zeigen sich gerade, wo Benedikt der östlichen Tradition nahekommt: Auch er nahm das Bild von der Jakobsleiter auf und deutete den Leib wie die Seele als Holme dieser Leiter, die den Mönch zur wahren Gottesliebe emporführen sollte (vgl. RB 7,9). Die damit verbundenen Ansprüche und Perspektiven sind aber nicht ausdrücklich mystisch. Der hier skizzierte Weg ist vielmehr ein Weg der monastischen Demut. Bis in die Körperhaltung hinein soll der Mönch sie praktizieren, indem er, wo immer er sich befindet, den Kopf gesenkt hält. Ziel der Jakobsleiter ist nicht die Schau Gottes, sondern eine demütige Haltung, die darum weiß, dass Gott beständig auf den Menschen schaut. Dieser Blick Gottes wird zur Introspektion, wenn der Glaubende sich selbst in seiner Nichtigkeit im Angesicht Gottes erkennt und dies im Gebet vor Gott trägt (vgl. RB 19). Der Ton dieser Beschreibungen ist weiter entfernt von mystischen Anleitungen als der Ton in frühen Anleitungen des östlichen Mönchtums. Gleichwohl wurde die *Regula Benedicti* für die Geschichte der christlichen Mystik von unschätzbarer Bedeutung, weil sie den monastischen Raum definierte, in dem mystische Frömmigkeit gelebt werden konnte.

Das wurde möglich, weil das Bild von Benedikt durch einen Mönch geprägt wurde, der es sogar bis auf den Papstthron brachte. Gregor der Große (590–604) gab eine erfolgreiche Karriere im weltlichen Dienst, die ihn bis in das Amt des *praefectus urbis* der Stadt Rom geführt hatte, zugunsten des Lebens als Mönch auf, wurde aber schon bald wieder aus der Beschaulichkeit herausgerissen, weil man sich seine Verwaltungserfahrung für das Papstamt zunutze machen wollte. Als Papst war Gregor unermüdlich literarisch tätig. Neben ausführlichen Bibelkommentaren hatten vor allem seine *Dialogi* eine lang anhaltende Wirkung.[7] Sie waren dem Leben verschiedener Heiliger Italiens gewidmet und sollten eine eigene lateinische Tradition aufbauen, die den vielfältigen Erzählungen des griechischen Ostens an die Seite gestellt werden konnte. Die Erzählungen sprudelten über von den wundersamen Taten, die Gregor den Heiligen zuschrieb: Marcellinus etwa, der Bischof von Ancona, soll durch seine bloße Gegenwart einer Feuersbrunst Einhalt geboten haben (Gregor, *Dialogi* I,6), und die Trauer des Priesters Severus soll einen Verstorbenen noch einmal für ein paar Tage zum Leben erweckt haben, damit dieser noch Buße tun konnte, ehe er endgültig ins Jenseits einging (vgl. Gregor, *Dialogi* I,12). Während die meisten Heiligen nur kurz mit der einen oder anderen Geschichte vorkamen, widmete Gregor Benedikt von Nursia gleich das ganze zweite Buch dieser in vier Bücher eingeteilten Schrift. Benedikt stand für eine Erneuerung der Christenheit, und Gregor sah sich ihm offenbar auch existenziell verbunden. Die Zeit als Mönch war für sein Selbstverständnis mehr als eine Episode, sie prägte sein Denken und seinen Frömmigkeitsstil. Es mag übertrieben sein, wenn der Gregor-Forscher Patrick Catry erklärte, Benedikt habe den Mönchen des Westens ihre Regel geschenkt, Gregor jedoch die Mystik,[8] aber diese Einschätzung weist darauf hin, dass es tatsächlich Gregor war, der die

Potenziale der Benediktsregel, die auf mystische Frömmigkeit hinweisen, aktiviert und verstärkt hat. So kommt diesem gelehrten Papst, der im Mittelalter mit Hieronymus, Ambrosius und Augustinus auf Kanzeln die Skulpturengruppe der Kirchenväter bildete, ähnlich wie Augustin eine wichtige Rolle bei der Vermittlung antiken Wissens an das mittelalterliche Mönchtum zu. Was Augustinus theologisch reflektierte, goss er in eine lebbare Form.

So ermöglichte es Gregor, dass sich die *vita contemplativa*, von der Augustinus geschrieben hatte, zu einem monastischen Lebensstil ausbildete. Um den Unterschied zwischen einem aktiven und einem kontemplativen Leben zu erläutern, griff Gregor die Erzählung von Maria und Martha aus dem Lukasevangelium auf. Darin berichtet der Evangelist, wie Jesus bei den beiden Schwestern einkehrte. Während Martha, ganz gute Hausfrau, sich bemühte, alles für den Gast angenehm zu machen, setzte sich Maria einfach zu dessen Füßen und lauschte ihm. Und als Martha sich hierüber beschwerte, gab ihr Jesus nicht etwa recht, sondern sagte: «Martha, Martha, du hast viel Sorge und Mühe. Eins aber ist not. Maria hat das gute Teil erwählt. Das soll nicht von ihr genommen werden.» (Lk 10,41 f). Liest man die Geschichte aus Marthas Perspektive, so ist sie, gelinde gesagt, enttäuschend – aber Gregor reihte sich in den Tenor ein, den der Text vorgab, und damit in das Lob der schwärmerischen Maria. Diese stand ihm zufolge für die *vita contemplativa*, Martha hingegen für die *vita activa*. Und die *vita contemplativa* sei eindeutig vorzuziehen, «denn auch wenn wir durch das tätige Leben etwas Gutes vollbringen, so fliegen wir doch durch das schauende Leben zum himmlischen Verlangen. Daher auch wird bei Mose das tätige Leben Sklaverei genannt, das schauende hingegen Freiheit.»[9] Offenkundig war ein solches schauendes Leben den Mönchen vorbehalten, während die anderen Menschen sich weiter im tätigen Leben bewähren mussten. Gregor begründete so auf der Grundlage der *Regula Benedicti* auch für den Westen, was die östliche Theologie prägte: Dass das monastische Leben den eigentlichen Ort für Gottesschau und Mystik darstellte.

Wie der Flug zum Himmel erfolgte, von dem er an der zitierten Stelle spricht, konnte Gregor recht genau benennen, indem er Ezechiels Vision vom himmlischen Thronwagen deutete. Man musste keine Flügel schwingen, lesen reichte: Weil die Bibel himmlische Worte enthielt, führte die Vertiefung in die Schriften letztlich zu jener Kontemplation, die den Geist für Gott öffnen sollte (*Homiliae in Ezechielem* I/VII,8). Zu dieser Deutung kam er mithilfe des mehrfachen Schriftsinns, den der mittlerweile durch eine Synode im Vorfeld des Ökumenischen Konzils von Konstantinopel 553 als Ketzer gebrandmarkte Origenes so souverän gehandhabt hatte: Jede Bibelauslegung habe mit dem historischen Sinn zu beginnen und dann zum allegorischen und moralischen voranzuschreiten (Gregor, *Moralia in Job. Epistola c. 3*). Der moralische Schriftsinn ist nicht einfach im Sinne ethischer Lebensanweisungen zu verstehen, sondern zielt auf die Bedeutung des Schriftsinns für die einzelne Seele, und das eben war für Gregor immer wieder eine mystische Botschaft. In diesem Sinne gab er auch Hinweise, wie die Seele zur wahren Schau gelangen könne:

> Die erste Stufe also besteht darin, dass [die Seele] sich in sich sammelt, die zweite darin, dass sie schaue, wie das Gesammelte beschaffen ist, die dritte darin, dass sie sich über sich selbst erhebt und sich ganz auf die Schau des unsichtbaren Urhebers ausrichtet und sich ihr unterwirft. Aber sie kann sich allein so in sich sammeln, dass sie zuvor gelernt hat, alle Erscheinungen irdischer und himmlischer Bilder vom geistigen Auge fernzuhalten.[10]

Alle Sinne, so fährt Gregor fort, müssen ausgeschaltet werden, um sich ganz auf die innere Schau Gottes ausrichten zu können. Gregor der Große ist der erste westliche Theologe, von dem wir wissen, dass er – wenigstens indirekt – Dionysios Areopagita kannte. Ausdrücklich erwähnt er ihn in seinen Evangelienhomilien (*Homiliae in Evangelia* 34,12). So mag er auch unter seinem Einfluss gestanden haben, als er das Geschaute vorwiegend als Lichtphänomen deutete, als eine «Eingießung des körperlosen Lichts» (*infusio incorporeae lucis*) in den Geist (*Homiliae in Ezechielem* II/V,18). So ist der mystische Weg ein Weg der Konzentration und Erleuchtung. Immer weniger ist die Schau Gottes ein eschatologisches Ereignis, immer mehr wird sie zu einem Erlebnis in dieser Welt, das allerdings nur kurze Zeit andauert. Nach der Schau Gottes kehrt der Mensch wieder zu sich selbst zurück. Auch für Gregor bleibt die mystische Erfahrung ein Moment der Beglückung, ein Vorblick auf das Eschaton. Sie ist ein flüchtiges Geschenk, kein bleibender Zustand.

Es war eine glückliche Situation, dass sich durch Gregor diese intensive Mystik mit dem monastischen Erbe verband. Zur dauerhaften Wirkung dieser Verbindung trug bei, dass sein gebildeter Zeitgenosse Cassiodor (gest. ca. 580) die spätantike Lebensform des Landgutes, auf dem man sich dem gebildeten Gespräch widmete, mit der Gründung eines Klosters verband. In seinen Schriften sammelte er das Wissen, über das nach antiken Maßstäben ein freier Mann zu verfügen hatte: die sieben freien Künste Arithmetik, Geometrie, Musik, Astronomie, Grammatik, Rhetorik und Dialektik. Diese weltlichen Lehren verband er mit Einsichten in die christlichen Wahrheiten. So wurde mit dem Kloster dieselbe soziale Institution, die Raum für Kontemplation schuf, auch zum entscheidenden Ort für die Überlieferung des antiken Bildungsgutes. Die Schwelle von der Antike zum Mittelalter konnte freilich nur überschreiten, was dem christlichen Leben zuträglich schien. Das aber wurde durch die Klöster sorgsam gewahrt. In einer Gesellschaft, die sich nach dem Verlust der Klammer, die das Römische Reich gebildet hatte, neu formieren musste, boten die Klöster als klar erkennbare soziale Einheiten die Möglichkeit der Traditionspflege. Und indem sie der Bildung dienten, ermöglichten sie auch die Schau Gottes.

PSEUDO-DIONYSIOS MACHT KARRIERE IM WESTEN

Die Klöster waren auch deswegen zur Bewahrung von wenigstens etwas Antike im Mittelalter wichtig, weil Westeuropa durch einige Jahrhunderte wechselnder und meist nicht sehr starker Machtkonstellationen hindurchging. Dass der Begriff «Völkerwanderung» die Zeit, in der größere Migrationsschübe zur Verlagerung von Siedlungsplätzen größerer Gruppen und zur Bildung neuer Ethnien führten, eher irreführend beschreibt, ist mittlerweile Gemeingut.[11] Die «Völker», die da gewandert sein sollen, gab es noch nicht, und die Scharen, die unterwegs waren, sind ihrer Zahl nach weit von dem entfernt, was wir als «Völker» verstehen. Auch ist die Schilderung dieser Zeit als wirr und chaotisch eher ein Ausdruck davon, dass Geschichtsschreiber des neunzehnten Jahrhunderts ihre Schwierigkeit damit hatten, eine Zeit zu würdigen, die ohne feste zentrale Herrschaften auskam. Für die monastische Welt bedeutete dies, dass letztlich jedes Kloster seine eigene Lebensform entwickelte, meist aus Versatzstücken schon vorhandener Regeln. Die Kontakte untereinander waren begrenzt, oft ausgelöst durch Menschen, die sich für ein Leben in apostolischer Wanderschaft entschieden hatten und so, fast nebenher, zur Ausbreitung des Christentums beitrugen. Tatsächlich sind in einer solchen Zeit allgemein bestimmende Züge der Entwicklung schwer zu greifen.

Klarere Konturen gewinnt die Geschichte der christlichen Mystik für den Historiker erst wieder in der Zeit einer sich neu herausbildenden Machtkonzentration bei den Karolingern. Diese gewannen aus der Position des mit den Regierungsaufgaben betrauten Hausmeiers unter den Merowingern im Laufe des achten Jahrhunderts selbst die Rolle des Herrschergeschlechts im fränkischen Reich. In seiner Hofkapelle scharte Karl der Große (768|800–814) eine Gruppe von Gelehrten um sich, die als Vorbilder für die Reformimpulse dienen sollten, die sich in seinem großen Reich an verschiedenen Orten regten. Eines der Ergebnisse war die Normierung des Mönchtums im Sinne Benedikts von Nursia. Auf Betreiben des Westgoten Witiza (gest. 821), der sich bald selbst Benedikt nannte, entstanden zunächst in Aniane, dann in unmittelbarer Nähe des karolingischen Hofes in Aachen, im späteren Kornelimünster, monastische Gemeinschaften, die dem benediktinischen Ideal folgten. Auf der Reichssynode von 816 in Aachen erreichte Benedikt von Aniane es unter Ludwig dem Frommen (813–840), dass die *Regula Benedicti* zur allgemeinen Norm wurde – fast dreihundert Jahre nach ihrer Entstehung. So war die Grundlage dafür geschaffen, dass die Impulse Benedikts und Gregors nachhaltig weiterwirken konnten.

Unter Karl dem Kahlen (843–877) kam ein bemerkenswerter Transfer der griechischsprachigen Mystik in den lateinischen Westen hinzu. Unter Karls Regierung wurde durch Gottschalk von Orbais (808–867), einen Mönch von messerscharfem Verstand und offenbar auch großer Streitlust, eine Debatte um die Theologie des Augustinus ausgelöst. Die Frage war, ob dessen Prädestinationslehre tatsächlich, wie Gottschalk meinte, so zu verstehen sei, dass Gott eine *gemina praedestinatio* vornehme, eine doppelte Prädestination, durch die er nicht nur einigen Menschen das Heil zuordnete, noch ehe sie geboren waren, sondern auch anderen das Verderben. Das weichere Gegenbild war die einfache Prädestination. Diese hieße, dass Gott die Menschen in einem Zustand vorfand, in dem ihnen eigentlich aufgrund des Sündenfalls die komplette Verurteilung drohte, er aber in seiner freien Wahl einige von ihnen zum Heil ausgewählt habe, während er die anderen, ohne aktiv darauf einzuwirken, ihrem Schicksal überließ. Das machte zwar für die Menschen, die in der Hölle landeten, keinen großen Unterschied, für das Gottesbild hingegen schon. Der Streit ging im Kern darum, ob man Gott tatsächlich einen negativen Willen zumessen könne.

Im Zuge seiner Widerlegung der Auffassung Gottschalks führte Hinkmar von Reims (gest. 882) auch Zitate aus *De caelesti hierarchia* und *De divinis nominibus* an. Diese Schriften des Pseudo-

Dionysios Areopagita konnte er lesen, weil sein Lehrer Hilduin (gest. zwischen 840 und 860), Abt von Saint-Denis bei Paris, sie aus dem Griechischen übersetzt hatte. Karl war von den Argumenten offenbar beeindruckt und beauftragte einen weiteren Beteiligten an dem Streit mit einer Bearbeitung der Übersetzung: Johannes Scotus Eriugena (gest. nach 877), der am Hof Karls des Kahlen als Lehrer tätig war. Der Theologe des Ostens, der aufgrund des vermeintlichen Namens fast mit apostolischer Autorität ausgestattet war, wurde so als eine Art Gegengewicht zur Dominanz augustinischen Denkens etabliert. Das hat auf lange Sicht keinen vollen Erfolg gehabt: Die lateinische Theologie wurde durch augustinisches Denken geformt, aber Dionysios, gefördert vom König und seinen Theologen, verschwand auch nie aus dem Bewusstsein.

Die Auseinandersetzung mit den Schriften des Pseudo-Dionysios im Westen führte schon in den Anfängen zu geistigen Blüten, die mit der gleichzeitigen Augustinusrezeption mithalten konnten, auch wenn sie in heutigen Theologiegeschichten meist nur am Rande erwähnt werden. Vielleicht waren sie teils auch zu kühn und zu kompliziert, um eine leichte Rezeption zu ermöglichen. Das gilt jedenfalls für das umfangreiche Werk *Periphyseon*, das Johannes Scotus Eriugena selbst verfasste und das offensichtlich von Dionysios inspiriert ist. Die Überlegungen des Areopagiten zu den unterschiedlichen Weisen, von Gott zu sprechen, formulierte er als dialektische Denkfigur. Als «Behauptung» führte er ein: «Er ist ein seiendes Wesen», als «Bestreitung»: «Er ist nicht seiendes Wesen» und als dialektische Lösung, die beides zusammenführte: «er ist über-seiend».[12] Diese Dialektik spitzte er bis zu der provokanten Feststellung zu, dass Gottes Güte geradezu als «nichts», *nihil*, bezeichnet werden kann,[13] da sie jenseits von allem Sein liege und es daher keine positive Seinsbestimmung geben könne, die für sie gelte. So durchdacht, gewinnt auch die Vorstellung von einer *creatio ex nihilo*, einer Schöpfung aus dem Nichts, ganz neue Gestalt. Sie ist dann nichts anderes als die neuplatonisch durchdachte Weise, wie Gott die Wirklichkeit der Welt aus sich selbst heraussetzt. Ebenso neuplatonisch bleibt Gott, der selbst das über alles erhabene Licht ist, in der Schöpfung präsent, die von ihm her und durch ihn ganz und gar lichthafter Natur ist: Weil die Schöpfung aus dem Nichts die Wirklichkeit aus Gott gewinnt, setzt sie diesem nichts gegenüber, sondern alles bleibt in seinem Sein auf ihn bezogen. Angesichts dieser Gedanken kann es nicht wundern, dass Johannes in den Verdacht geriet, Schöpfer und Schöpfung nicht ausreichend voneinander zu unterscheiden. Mit einem im siebzehnten Jahrhundert geprägten Begriff wäre dies «Pantheismus». Es scheint, dass genau dieser Verdacht dazu führte, dass Johannes Jahrhunderte nach seinem Tod von Lehrverurteilungen betroffen war, als im dreizehnten Jahrhundert in Paris ein neues Interesse an seinen Schriften erwachte.[14] Allerdings kann weder diese Verurteilung noch der moderne Begriff «Pantheismus» erfassen, was Johannes hier wollte und leistete. Es handelte sich um eine neuplatonische Reformulierung der christlichen Schöpfungslehre, die sich in ihrer Genialität von der Intention des biblischen Textes entfernte, dies jedoch in der Absicht, diesen für die große geistige Neuentdeckung seiner Zeit, eben das dionysische Denken, verständlich zu machen.

Das Ziel war dabei, den Menschen zu einem Heilsweg zu ermuntern, der in der Vereinigung mit Gott gipfelte. Auch zu deren Beschreibung nutzte Johannes das paradoxe Geflecht der Lichtmetaphorik von Dionysios. Nach der Beschreibung von zunächst vier und dann zwei weiteren Stufen des Aufstiegs zu Gott heißt es:

> Die dritte – und das ist die höchste – ist das über alle Natur hinausgehende Eintauchen der reinsten Seelen in Gott selber und sozusagen in das Dunkel des unerfaßlichen, unzugänglichen Lichts, in dem die Gründe aller (Dinge) verborgen sind. Und dann «wird die Nacht sich wie der Tag erleuchten» (Ps 139,12), d. h., die abgelegensten Geheimnisse Gottes werden den seligen,

erleuchteten Geistern auf eine in Worten nicht zu schildernde Weise eröffnet werden.[15]

Die Seelen sinken am Ende in das Dunkel des Lichts und vollziehen damit die Rückkehr zu ihrem Ursprung: Auch das ist neuplatonisches Gemeingut – und bei Johannes Scotus Eriugena zugleich zutiefst christlich durchdacht, denn diese Wiederherstellung hat für ihn niemand anderes ermöglicht als Jesus Christus. Zugleich verweist sie auf das Ende der Zeiten: Der Mensch auf Erden kann sich ihr suchend nähern, voll erfassen wird er sie nicht.

Mit diesen Überlegungen hat Johannes einen Gesamtentwurf des christlichen Wirklichkeitsverständnisses vorgelegt und schon in den Anfängen Mystik zu einer Grundkonstituente der mittelalterlichen Theologie gemacht. Mehr als seine Werke allerdings wirkten die Texte nach, die ihn inspiriert hatten und an deren Weiterverbreitung er mitwirkte: die Schriften des Pseudo-Dionysios Areopagita. Da man annahm, sie stammten aus apostolischer Zeit, besaßen sie ohnehin schon große Autorität. Diese wurde jetzt durch eine abenteuerliche Annahme noch gesteigert: Hilduin hatte nicht allein die Werke des Dionysios übersetzt, sondern diese auch durch eine *Passio Sancti Dionysii* empfohlen.[16] In diesem Bericht über das Leben und das Martyrium des Dionysios erfuhr man nicht nur von der biblisch bezeugten Bekehrung und von den Schriften, die Dionysios verfasst haben sollte. Im weiteren Verlauf wurde Dionysios zum Prediger des Evangeliums, zum Bischof und schließlich, nachdem er nach langer Wanderung nach Paris gelangt war, dort zum Märtyrer. Diese Erzählung würdigte nicht nur eine bedeutende Gestalt des frühen Christentums, sondern fast mehr noch die Abtei, der Hilduin vorstand: Saint-Denis nahe Paris. Die Kirche spielte schon länger eine herausragende Rolle. Die Merowinger hatten bereits hier Angehörige ihrer Familie bestattet. Auch Karl Martell, auf den die karolingische Dynastie zurückgeht, hatte hier seine letzte Ruhestätte gefunden. Nach der Aufmerksamkeit, die Hilduin auf die Kirche gelenkt hatte, ließ sich auch Karl der Kahle dort bestatten.

Der Name der Kirche rührte tatsächlich von einem Märtyrer namens Dionysios her, einem Bischof, der Mitte des dritten Jahrhunderts in Paris enthauptet worden war. Hilduin identifizierte ihn nun mit Dionysios vom Areopag. Dass zwischen dessen angenommener Lebenszeit im Umfeld der Apostel und dem Märtyrerbischof eine Spanne von zwei Jahrhunderten gelegen haben müsste, focht ihn offenbar nicht an. Wie sollte es auch? Die meisten späteren Denker im Mittelalter irritierte das ebenfalls nicht, obwohl schon Petrus Abaelard (gest. 1142) darauf hinwies, dass die Erzählung so nicht stimmen konnte. Für Hilduin war das Ergebnis der Konstruktion jedenfalls grandios: Nun hatte sein Kloster einen als Apostelschüler und Märtyrer doppelt ausgezeichneten Heiligen zum Patron. Der Weg für eine langandauernde Wirkung des Dionysios war damit geebnet – und gewann noch an Bedeutung dadurch, dass mit Hugo Capet (987–996) die Kirche von Saint Denis dauerhaft zur Grablege der westfränkischen beziehungsweise französischen Könige wurde. Das blieb sie bis zur Französischen Revolution.

Dionysios, der Mystiker, der allen Christen eine mystische Verschmelzung in der Liturgie zutraute, wurde so aufs Engste mit dem französischen Königshaus verbunden. Gewiss stand er dabei im Schatten eines anderen: Martin von Tours (gest. 397), der nach der Legende seinen Mantel mit einem alten Mann geteilt haben soll, der sich dann als Christus selbst erwies, wurde zum Hauptheiligen der westfränkischen Herrscher. Das verbliebene Stück des Mantels (*cappa*) bzw. des Mäntelchens *(cappella)* wurde zu einer der Reichsreliquien der Karolinger und in kleineren Kirchenräumen aufbewahrt, die danach als «Kapellen» bezeichnet wurden. In der politischen Symbolik stand Martin stets im Vordergrund, die Äbte von Saint-Denis aber sorgten dafür, dass ihr Heiliger nicht in Vergessenheit geriet. So war der Mystiker aus dem Osten an die Seite der westlichen Macht geraten.

6.
CHRISTUS MACHT DER SEELE DEN HOF

CLUNY UND CÎTEAUX: NEUER ASKETISCHER ERNST

Die Bedeutung des Pseudo-Dionysios Areopagita für das Mittelalter war auch theologisch viel größer, als es die meisten Theologiegeschichten wahr haben wollen. Das liegt auch daran, dass der vermeintliche Apostelschüler und Märtyrerbischof das gesamte Mittelalter hindurch im Schatten des Augustinus stand, und das allein schon aus dem schlichten Grund, dass Augustinus sich in seinem viel umfangreicheren Oeuvre zu viel mehr Themen geäußert hat als der Neuplatoniker aus dem Osten, der stark auf die Fragen der mystischen Gottesbegegnung fokussiert war. Für die detaillierte Analyse der Trinität bot er ebenso wenig Aufschluss wie für die Frage, die Augustin dem Mittelalter prägend hinterließ: die Rechtfertigung des Menschen vor Gott.

Spätestens als sich das wissenschaftliche Bemühen um Philosophie und Theologie an den Kathedralschulen und in einigen benediktinischen Abteien verselbständigte, bot Augustinus für den neuen Typus von Theologie, der sich nun herausbildete, weit mehr Stoff als Dionysios. Diese neue Form von Theologie hat Jean

Leclercq idealtypisch als «scholastische» Theologie von einer traditionelleren monastischen Theologie unterschieden.[1] Zwar kann die Unterscheidung die komplexe Wirklichkeit mittelalterlichen Denkens nur begrenzt erfassen, aber sie zeigt doch, dass es einen Unterschied ausmacht, ob man Theologie betreibt, um die biblische Autorität umfassend als Lehre zu formulieren und philosophisch zu durchdenken, oder zu dem Zweck, das Glaubensleben von Mönchen zu fördern. Für die monastische Theologie blieb Dionysios und mit ihm die Mystik bedeutsam, war diese doch durch Gregor den Großen auch im Westen zur Sache der Klöster geworden.

In der Zeit der Karolinger erlebte die mystische Theologie eine Blütezeit. Exemplarisch steht dafür das Werk jenes Johannes Scotus Eriugena, der als Hoftheologie eine Sonderstellung genoss. Das Mönchtum blieb im neunten Jahrhundert trotz der benediktinischen Reform in geistlicher Hinsicht schwach. Die Klöster waren auch als Wirtschaftsfaktoren bedeutsam und wurden deshalb vielfach durch «Laienäbte» geführt, die selbst nicht dem Klosterverband angehörten, sich aber die ökonomischen Potentiale durch die Landwirtschaft und den spirituellen Gewinn aus dem Gebet der Mönche für ihr Seelenheil zunutze machen wollten. Im Laufe des neunten Jahrhunderts werden die Zeugnisse mystischer Literatur geringer.

Die Reform des Mönchtums, die auf diesen spirituell dürftigen Zustand reagierte, verbindet sich vor allem mit dem Kloster Cluny, das 910 von Wilhelm I. von Aquitanien (gest. 918) gegründet wurde. Indem er es durch seine Stiftungsurkunde dem Zugriff der lokalen Adligen entzog, korrigierte er die problematischen Entwicklungen. Cluny wurde zu einer neuen Kraftquelle für das geistliche Leben, vor allem für eine prachtvolle Liturgie. Das hing auch mit dem glücklichen Umstand zusammen, dass viele seiner Äbte von guter Gesundheit waren und das Kloster für lange Zeit leiten konnten.

Cluny stand nicht allein mit dem Bemühen um eine neue Geistlichkeit. Das zeigt eine Predigt über Maria Magdalena, die lange Zeit Odo (927–942), dem zweiten in der langen Reihe der Äbte von Cluny, zugeschrieben wurde. Tatsächlich hat sie wohl weder mit ihm noch überhaupt mit Cluny zu tun und lässt sich auch nicht sehr genau datieren: Irgendwann zwischen 860 und 1040 ist sie entstanden[2] und damit in einer Zeit, in der die Ideale eines kontemplativen Mönchtums neu aufkamen und gepflegt wurden. Der unbekannte Prediger, der «Pseudo-Odo» genannt wird, knüpft dabei an die Geschichte aus dem Lukasevangelium (7,36–50) an, nach welcher im Hause des Simon eine Sünderin Jesus die Füße salbt. Wegen der Parallelerzählung im Johannesevangelium (12,1–11) hatte sich seit Gregor dem Großen die Auffassung durchgesetzt, dass diese Sünderin niemand anderes sei als die auch aus anderen Erzählungen bekannte Maria Magdalena, die man im Mittelalter wiederum mit Maria von Bethanien, der Schwester der Martha, identifizierte. Genau dies nahm die Predigt auf, um die vorbildliche Buße der Sünderin auszumalen. Diese war die Voraussetzung für ihre besondere Nähe zu Jesus: Hierfür griff die Predigt die gleichfalls auch schon von Gregor ausgelegte Geschichte von Jesu Besuch bei den Schwestern Maria und Martha in Lukas 10,38–42 auf. Ganz auf Gregors Linie deutete der Prediger die beiden Schwestern als unterschiedliche Typen des christlichen Lebens: Martha repräsentiere die Mühe des aktiven Lebens (*vitae activae labor*), Maria hingegen die Süße des schauenden Lebens (*contemplativae vitae dulcedo*).[3] Ganz vorsichtig deutete der Prediger sogar an, dass auch jene erotischen Züge der Gottesbegegnung wieder Eingang in christliche Frömmigkeit nehmen könnten, die von Origenes bekannt sind: Im Fortgang der Schilderung des Lebens der Maria Magdalena griff er auch die Erzählung aus Johannes 20,1–10 auf, wonach Maria Magdalena am Ostermorgen das Grab Jesu leer vorgefunden habe. Sofort sei sie, so berichtet der Evangelist, zu Petrus und den anderen Jüngern gelaufen und habe ihnen davon berichtet. Darauf lieferten diese sich einen Wettlauf, um sich von der Nachricht zu überzeugen. Pseudo-Odo deutete dies mit einem ausführlichen Zitat aus dem Hohelied:

> Des Nachts auf meinem Lager suchte ich, den meine Seele liebt. Ich suchte, aber ich fand ihn nicht. Ich will aufstehen und in der Stadt umhergehen auf den Gassen und Straßen und suchen, den meine Seele liebt. Ich suchte, aber ich fand ihn nicht. Es fanden mich die Wächter, die in der Stadt umhergehen: ‹Habt ihr nicht gesehen, den meine Seele liebt?› Als ich ein wenig an ihnen vorüber war, da fand ich, den meine Seele liebt. Ich hielt ihn und ließ ihn nicht los, bis ich ihn brachte in meiner Mutter Haus, in die Kammer derer, die mich geboren hat. (Hld 3,1–4).

Ein neu-alter Ton war mit diesen Versen angeschlagen. Mystische Literatur wurde nicht mehr nur durch Kopien alter Handschriften für spätere Generationen aufbewahrt, sondern entwickelte auch neue Impulse. Dass sich diese entfalten konnten, verdankt sich nicht allein den Entwicklungen des klösterlichen Lebens, sondern auch der höfischen Kultur, insbesondere den Trobadoren, die die Sprache der Liebe neu erfanden und so auch den christlichen Mystikern neue Möglichkeiten eröffneten. Wilhelm IX. von Aquitanien (gest. 1126/27) ist der erste Trobador, dessen Name bekannt ist. Der Gesang in okzitanischer Sprache, in dem es um die höfische Welt, vor allem um die unerfüllte Liebe zur hohen Dame ging, verbreitete sich um 1100 rasch und drückt etwas von der Freude am Leben aus, aber auch von den strengen Regeln, denen das Miteinander unterworfen war. Vom südlichen Raum des heutigen Frankreich strahlte die Trobadorkunst weiter aus.

Wilhelm IX. war über seine Mutter ein Enkel Roberts I. von Burgund. Und eben hier, in Burgund, östlich von Aquitanien, wuchs als Sohn eines Adligen ein junger Mann auf, der Mystik neu gestalten und durchformen sollte: Bernhard von Clairvaux (gest. 1153). Mit Anfang zwanzig wurde er Mönch, aber seine höfische Herkunft ließ ihn nicht los. Sie prägte seine Weise, von Christus und dessen Liebe zur Seele des Menschen zu reden, ebenso wie seinen ausgeprägten Hang zur Macht.

Selbst der Moment, in dem sich Bernhard für das Klosterleben entschied, war von machtbewussten Zügen nicht frei. Er tat diesen Schritt zusammen mit dreißig Verwandten und Freunden. Die Hausmacht, um wenig später Abt zu werden, brachte er also gleich mit. Mit sicherem Blick für Machtverhältnisse, ebenso aber für spirituelle Bedürfnisse, hatte er auch erkannt, welcher Art des mönchischen Lebens die Zukunft gehörte. Das ebenfalls in Burgund gelegene Cluny stellte nicht den einzigen Ansatz zur Erneuerung dar. Nach dem zeitweiligen Verfall des asketischen Mönchtums wollten viele Erneuerer nun wieder Ernst damit machen. Fast war es noch einmal wie in der Zeit des Antonius: Durch Europa zog sich eine Welle neuen Eremitendaseins. So führte etwa Neilos/Nilus von Rossano (gest. 1004) lange Zeit ein Leben in strengster Einsamkeit. Kurz vor seinem Tod aber gründete er das Kloster Grottaferrata, das strengen Regeln folgen sollte. Diese Verbindung aus Eremiten- und Koinobitendasein, Einzelexistenz und dem Leben in klösterlicher Gemeinschaft, machte Schule, etwa in dem Kloster von Camaldoli, der Keimzelle des Kamaldulenserordens. In Frankreich entstanden im ausgehenden 11. Jahrhundert die Kartäuser, benannt nach dem Gebiet La Chartreuse. Hier entwickelten sie einen klösterlichen Lebensstil, bei dem mehrere Mönche weitgehend für sich lebten – jeder in einer kleinen Eremitage – und gerade einmal zu einzelnen Stundengebeten zusammenkamen.

Eines der Zentren dieser neuen Bewegung war das Kloster von Molesme. Von hier ging die Gründung des Klosters Cîteaux aus. Anders als bei den Kartäusern stand dabei die Gemeinschaft im benediktinischen Sinne im Vordergrund und mit ihr auch eine starke Rolle des Abtes. Einer von ihnen, Stephan Harding (1109–1134), war es, der mit der seit 1113 entstandenen und 1119 päpstlich approbierten *Carta Caritatis* nicht nur das Leben dieses Klosters formte, sondern auch eine neue Struktur, eigentlich erstmals einen Orden im strengen Sinne schuf, der viele Klöster organisatorisch miteinander verband. Die *Carta Caritatis* sollte die Benediktsregel nicht ersetzen, sondern erläutern und ergänzen. Tatsächlich aber entstand mir ihr ein eigener Klosterverband, in dem nicht einfach mehrere voneinander unabhängige Klöster derselben Regel folgten, sondern sie in ihrer Leitungsstruktur miteinander verbunden blieben. Das hierfür gültige Prinzip war das der Filiation, der Bildung von Tochterklöstern. Besondere Bedeutung gewannen die ersten vier Klöster, und es war eines von ihnen, Clairvaux, dessen Gründung 1115 der noch junge Bernhard als Abt übernahm und nach dem er seitdem benannt wird. Sein unglaubliches Charisma, von dem immer wieder berichtet wird, dürfte ihm geholfen haben, und die erwähnte Hausmacht hat wohl nicht geschadet. Er war und blieb beides: Machtmensch und geistlicher Begleiter.

BERNHARD VON CLAIRVAUX: DER VERLIEBTE ABT

Wie sehr Bernhard von Clairvaux geistlicher Begleiter war, erkennt man besonders in seinen Predigten über das Hohelied, einem gigantischen Zyklus von Ansprachen. Es ist umstritten, ob diese Predigten so gehalten wurden, wie sie überliefert wurden. Sicher sind sie nachträglich literarisch gestaltet worden. Trotzdem spricht vieles dafür, dass es sich bei dem Zyklus um den Niederschlag von Predigten handelt, die Bernhard tatsächlich für seine geistlichen Brüder hielt. So ist etwa eine ganze Predigt dem Gedächtnis Bernhards an seinen verstorbenen leiblichen Bruder Gerhard gewidmet. Die Predigten richten sich an eine religiöse und soziale Elite und, blickt man auf das anspruchsvolle Latein, auch eine Bildungselite, die hier Anregung und Widerhall fand. Die Zisterzienser folgten zwar auch dem benediktinischen Gebot, zu beten und zu arbeiten, übernahmen aber von den Kamaldulensern die Trennung in die Chormönche, die vor allem für das Gebet zuständig waren, und die Konversen oder Laienbrüder, die für das ganze Kloster die Arbeit zu leisten hatten. Die Ersteren waren es wohl, für die Bernhard seine Predigten hielt und die er hierdurch zu einer Vertiefung ihrer Spiritualität anzuleiten suchte.

Es war eine Elite, die um die eigenen Ansprüche rang. Sehr deutlich sprach Bernhard seinen seelsorglichen Auftrag an:

> Sehr viele von euch pflegen mir gegenüber, wie ich mich erinnere, in ihren persönlichen Bekenntnissen über eine derartige Mattigkeit ihrer dürstenden Seele und über die Gefühllosigkeit ihres stumpfen Herzens zu klagen; sie können die Höhen und Tiefen Gottes nicht durchdringen, sie fühlen von der Süße des Geistes entweder nichts oder zu wenig.[4]

Die Predigten sprachen in eine klösterliche Erfahrungswelt hinein und sollten darin die *magistra (…) experientia*, die «Lehrmeisterin Erfahrung» (Bernhard, *Sermo* 6,9), selbst zum Klingen bringen. Das war kein Subjektivismus und sollte nicht dazu führen, denn Bernhard war als Prediger vor allem eines: Schrifttheologe, so wie Origenes es gewesen war, mit einer an diesem geschulten Auslegungsweise. Auch für Bernhard war der wahre Sinn der Schrift erst erreicht, wenn man sie geistlich verstand. Das bot allerhand Möglichkeiten zum Verständnis des Hoheliedes. Man konnte in der Seele die Kirche sehen, die ihrem Bräutigam Christus zugeführt wurde. Man konnte in ihr aber auch Maria als Gottes Braut sehen, und dies bis in die Liturgie hinein, wenn Verse des Hoheliedes am Fest Maria Himmelfahrt als Kehrvers (Antiphon) gebraucht wurden. Bernhard aber konzentrierte sich fast vollständig auf die Deutung des Hoheliedes als Beschreibung der Liebe zwischen Christus und der liebenden Seele, wie man sie bei Origenes finden konnte. Die Deutung auf die Kirche war damit nicht ausgeschlossen, Bernhards Interesse lag aber auf der individuellen Zuspitzung. Sie führte er zur Vollendung, nicht zuletzt weil sein Predigtstil selbst dichterische Form annahm. Nicht die Ableitung eines Gedankens aus dem anderen war sein Anliegen, sondern er nahm immer neu Anlauf, das Wesentliche der Begegnung zwischen Gott und der Seele zu beschreiben.

Die Möglichkeiten erotischer Anspielungen, die der Predigttext bot, reizte Bernhard nicht exzessiv aus, sondern führte die oft sehr körperliche Sprache des Hoheliedes immer wieder zu geistlichen Bedeutungen. Und doch war das Thema der körperlichen Liebe – mitten im Konvent des Zisterzienserklosters! – stets präsent, wenn Bernhard etwa das Lob der Brüste der Braut durch den Bräutigam (Hld 1,1) in Predigt 9 auf das Anschwellen der Brüste einer Schwangeren deutete. Klarer konnte man nicht machen, dass das, was geistlich gedeutet wurde, eine Liebe war, die mehr körperliche Erfüllung kannte als die meisten Lieder der Trobadore. Das bedeutete auch, dass es nicht nur um liebende Verehrung ging, wie sie in jeder Form des Gebetes denkbar war, sondern auch um den Vollzug der Einigung, der *unio*, auf die Mystik in ihren höchsten Formen immer wieder aus ist. Bernhard erklärte dies mit Denkfiguren, die seit Paulus bekannt waren: Nicht dem «äußeren» Menschen galt seine mystische Botschaft, sondern dem «inneren», denn allein dieser sei nach dem Bilde Gottes geschaffen (vgl. Bernhard, *Sermo* 25).

Ehe an eine Einigung mit Gott zu denken war, musste der Weg der Reinigung beschritten sein, was liturgisch hieß: der Weg der Buße. Bernhard wurde nicht müde, die Reue über die eigenen Sünden auszumalen, und scheute sich nicht, vor dem Gericht Gottes zu warnen. Wichtig war, dass der Mensch Einsicht in seine Sünden gewann und hierdurch die rechte Haltung im Angesicht Gottes einübte: die Demut. Damit stand der Abt von Clairvaux, ganz dem Grundverständnis der Zisterzienser entsprechend, in der Tradition der Benediktsregel und ihres siebten Kapitels. Bernhard entfaltete dieses Thema in einer eigenen Schrift «Über die Stufen der Demut und des Stolzes» (*De gradibus humilitatis et superbiae*). Wer sich darauf einließ, konnte lernen, wie er als Mönch durch Demut zur Selbsterkenntnis und eben darin zur Gotteserkenntnis gelangte.

Auch Bernhard kannte die Erzählungen von Maria Magdalena gut und kam immer wieder auf sie zurück. Sie mögen nachschwingen, wenn sein Bild für die tiefste Demut das Umfangen der Füße

Christi (vgl. Bernhard, *Sermo* 6) oder das Niederfallen zu seinen Füßen wurde. So wie das Körperliche geistlich gedeutet wurde, gewann das Geistliche hier körperlichen Ausdruck – und führte zugleich wieder in eine nur geistlich mögliche Wirklichkeit, nämlich die Begegnung mit Jesus Christus, der ja auf dieser Welt dem Leiblichen entzogen war:

> Das ist der Weg, das die rechte Abfolge. Zuerst werfen wir uns zu Füßen und bitten vor dem Herrn, der uns geschaffen hat, um Vergebung für das, was wir getan haben. Auf der zweiten Stufe suchen wir die Hand dessen, der uns aufrichtet und die wankenden Knie kräftigt. Wenn wir endlich unter vielen Bitten und Tränen dies erlangt haben, dann erst wagen wir vielleicht unser Haupt zum Mund der Herrlichkeit selbst emporzuheben, nicht nur, um ihn zu schauen, sondern auch, um ihn zu küssen. Ich sage es unter Zittern und Beben, denn «der Hauch vor seinem Antlitz ist der Herr, der Gesalbte.» Wenn wir uns im heiligen Kuss an ihn binden, werden wir ein Geist durch seine Huld.[5]

So wie man in der ersten Stufe die Reinigung wieder erkennen kann, so in der dritten gewiss die *unio*. Dieser Kuss bedeutet «Gemeinschaft mit dem Wort». Dies kann nicht lange dauern: «Süße Gemeinschaft, aber kurzer Augenblick und seltene Erfahrung!»[6] Auch das ist nicht ganz unvertraut. Bernhard will dazu anhalten, diese höchste Verwirklichung zu erreichen, den Kuss des Mundes, der die Asymmetrie des Fuß- und Handkusses überwindet und den liebend Glaubenden kurzzeitig auf dieselbe Ebene mit dem Geliebten erhebt.

Den mittleren Kuss mit der *illuminatio* gleichzusetzen, würde die Entsprechungen mit Pseudo-Dionysios wohl überstrapazieren: Die mittelalterlichen Mystiker setzten sich nicht zum Ziel, ein bestimmtes Schema abzuarbeiten, sondern wollten einen Vorgang beschreiben, der sich auch für Bernhard letztlich den Worten entzog, sofern man sie als plane Begriffe gebrauchen wollte, statt auf die erschließende Kraft der Metapher zu vertrauen. Er war aber nicht nur Dichter. Philosophische Hintergründe waren ihm nicht fremd, vor allem nicht jene, die uns bei den Mystikern immer wieder begegnen. Gut neuplatonisch war ihm die Braut eine *imago aeternitatis*, ein Bild der Ewigkeit (Bernhard, *Sermo* 27,3). Darin schwang der alttestamentliche Gedanke vom Menschen als Ebenbild Gottes mit, aber eben auch die Abbildhaftigkeit dieser Wirklichkeit, die auf Gott hinweist, ohne ihn erfassen zu können. Denn dieser war und blieb, wiederum ganz im Sinne der neuplatonischen Denkvoraussetzungen, unsichtbar.

Doch während Pseudo-Dionysios noch ein Ungenügen an den für Gott offenbarten Namen empfunden hatte, weil auch mit ihnen Gottes Wirklichkeit nicht erreichbar war, sah Bernhard in Jesus Christus die Bahn für ein Verstehen Gottes durch irdische Gestaltungen geebnet, und dies typischerweise mehr durch ein Geschehen als durch Worte:

> Dies war, wie ich glaube, für den unsichtbaren Gott ein besonderer Grund dafür, daß er im Fleisch gesehen werden und als Mensch mit den Menschen verkehren wollte. Damit wollte er zuerst alle Neigungen der im Fleisch Lebenden, die nur fleischlich lieben konnten, auf die heilbringende Liebe zu seinem Fleisch hinführen und sie so stufenweise auf die geistige Liebe hinlenken.[7]

Das Geheimnis der Inkarnation war für Bernhard zentral, vor allem als Eröffnung eines Zugangs zu Gott. Der philosophischen Unbegreiflichkeit des Göttlichen steht für ihn die haptische Begreiflichkeit des Mensch-Gottes entgegen. Man versteht diese Deutung der Menschwerdung Gottes erst dann in ihrer vollen Bedeutung, wenn man sie vor dem Hintergrund einer grandiosen zeitgenössischen Interpretation liest: Zwei Generationen zuvor hatte es Anselm von Canterbury (1033–1109) unternommen, die Offenbarung allein mit Mitteln der Vernunft zu verstehen. Das führte ihn zu dem interessanten Gedankenexperiment, «unter Absehung von Christus» (*remoto Christo*) und mit notwendigen Vernunftgründen[8] die Frage zu beantworten: *Cur Deus homo?* Warum ist Gott Mensch geworden? Unter diesem Titel steht ein Dialog, den Anselm einer schwierigen Lebensphase abgewann: Auseinandersetzungen um die Versuche des englischen Königs, nach normannischer Gewohnheit weitgehende Oberhoheit über die Kirche zu erlangen, hatten ihn und andere Kleriker aus England auf den Kontinent ins Exil getrieben. Dort suchte er nicht nur nach kirchenpolitischen Verbündeten, sondern auch nach Gründen für seinen Glauben. Ganz voraussetzungslos ging das nicht: Der Versuchsaufbau, den Anselm wählte, ging ganz im biblischen Sinne von einer Schöpfung der Welt durch Gott aus und unterstellte dieser auch einen bestimmten Zweck: Gott habe sich, ganz wie ein mittelalterlicher Feudalherr, mit den Engeln und Menschen Wesen geschaffen, die ihm dienen sollten. Durch den Sündenfall aber sind die Menschen aus diesem Dienst ausgeschert und haben Gott die ihm geschuldete Ehre versagt. Nach der vernunftorientierten Argumentation Anselms gab es für Gott nur zwei Möglichkeiten: Er konnte die Menschen bestrafen oder sich durch Wiedergutmachung (*satisfactio*) besänftigen lassen. Beide Lösungen aber haben einen Haken: Die angemessene Bestrafung des Menschen müsste mit dessen vollständiger Vernichtung enden. Dann wäre der Schöpfungszweck vollends verfehlt. Andererseits war der Mensch nicht in der Lage, angemessene Wiedergutmachung zu leisten. Er hätte allenfalls wieder in den Dienst zurückkehren können. Das war aber nur seine Pflicht und Schuldigkeit, keine Zusatzleistung. Eine solche Zusatzleistung zu vollbringen, stand nicht in der Macht des Menschen, sondern allein in der Gottes. Wenn also der Mensch Wiedergutmachung leisten musste, Gott allein aber diese erbringen konnte, so musste Gott Mensch werden, um den Schöpfungswillen zu vollenden. Man ist fast geneigt, wie im mathematischen Beweis ein «Was zu beweisen war» unter diese Argumentationskette zu setzen, so klar ist der Gedankengang, so kalt und rechnerisch aber auch. Anselm ist oft vorgehalten worden, nur einen strafenden Gott im Blick zu haben. Er spricht häufig auch von der Barmherzigkeit Gottes, aber auf die Argumentation in *Cur Deus homo?* und auf Anselms Weise, von Christus zu reden, trifft der Vorwurf zu: Die Menschwerdung Gottes wurde vom Jüngsten Gericht, von der Strafdrohung her gedacht.

Die Strafdrohung fehlt auch bei Bernhard nicht, doch predigte er einen Christus, der den Menschen auf andere Weise erreichen will als Anselms wiedergutmachender Christus. Sein erstes Ziel war es, die Liebe zu wecken. Dieser Christus war nicht glatt und kantenlos. Wer meint, ein Jesus, der als Bräutigam zu Liebe entflammt wird, müsste von vollendeter Schönheit sein, wird von Bernhard enttäuscht, denn im Kreuz schlägt dem Liebenden die Hässlichkeit des Geliebten entgegen (vgl. Bernhard, *Sermo* 28). So wie die Göttlichkeit in der Menschheit nicht unmittelbar sichtbar ist, erstrahlt auch nicht alles von Schönheit. Das Kreuz bildet für Bernhard nicht die erschreckende Ausnahme im Leben Jesu, sondern er sieht alles von ihm bestimmt. Athanasius und ihm folgend eine große Anzahl orthodoxer Theologen hatte die Erlösung durch Jesus im Sinne der Menschwerdung Gottes, die die Gottwerdung des Menschen erst ermöglicht, verstanden und so die Geburt des Gottessohnes in den Mittelpunkt ihres Verständnisses Jesu gestellt. Bernhard dagegen dachte das Leben Jesu ganz von seinem Tod am Kreuz her. Von Beginn an war es Passion. Bernhard fasst dies in das Bild eines Myrrhenbüschels, das er aus dem Leiden Christi sammelte und eng mit sich verband, indem er es sich auf die Brust legte:

> Ich sammelte es aus allen Ängsten und Bitternissen meines Herrn, angefangen von den Nöten der Kinderjahre, dann den Mühen, die er beim Predigen ertrug, der Müdigkeit beim Wandern, den Nachtwachen beim Gebet, den Versuchungen beim Fasten, den Tränen des Mitleids, den Hinterhältigkeiten bei den Gesprächen und schließlich den Gefahren durch falsche Brüder, den Schmä-

> hungen, der Bespeiung, den Schlägen, den Verhöhnungen, den Vorwürfen, den Nägeln und ähnlichem, die der Wald des Evangeliums bekanntlich zum Heil unseres Geschlechtes in großer Zahl hervorgebracht hat. Dabei glaubte ich unter so vielen Zweigen duftender Myrrhe auch jene Myrrhe nicht übersehen zu dürfen, die er am Kreuz zu trinken bekam, noch jene, mit der er beim Begräbnis gesalbt wurde. Bei der ersten von ihnen nahm er die Bitterkeit meiner Sünden auf sich, bei der zweiten wies er auf die künftige Unsterblichkeit meines Leibes hin.[9]

Wenn Gott Mensch wird, ist das für ihn eine schmerzhafte Entfremdung. So beginnt Christi Leiden schon mit seiner Geburt. Dass dies für Bernhard um der Sünden willen geschieht, erinnert an die Satisfaktionslehre Anselms, und doch hört man bei Bernhard einen anderen Ton: Die Myrrhen sind die, die er sich selbst aneignete. So sind es die Sünden des glaubenden und liebenden Menschen, die hier gesühnt werden. Die Rede von der Sünde begründet die Beziehung zwischen Christus und dem Menschen, eine Beziehung, die durch das Mitleiden mit Christus sich wieder zu der vollen Liebe des Brautpaares steigern kann. Das Leiden steht nicht im Gegensatz zu dieser Liebe, begründet und vertieft sie vielmehr.

Diese theologischen Begründungen, die zunächst auf das Individuum zielen, das Jesus am Ende im Kuss begegnen kann, stehen für Bernhard in einen menschheitsgeschichtlichen Zusammenhang. Die individuelle Erlösung ist eingebettet in Christi Handeln «zum Heile unseres Geschlechts», die seit Beginn der Schöpfung vorbereitet ist. Bernhard vergleicht die Heilsgeschichte mit einem Garten. In der Schöpfung habe Gott ihn angelegt und die ersten Pflanzen gesetzt. Zur Blüte sind diese in der Erlösung gekommen. Am Ende der Zeiten kommt die Ernte, die Bernhard asymmetrisch ausmalt: Nicht der Richter, der die einen ins Unheil schickt und die anderen zum Heil führt, wird geschildert, sondern allein die Auslese der Guten aus den Schlechten, so wie auch bei der Ernte im Garten das schlechte Obst liegen bleibt und das gute eingebracht wird (vgl. Bernhard, *Sermo* 23).

Wer solche Predigten hörte, konnte sich als Teil eines großen Ganzen verstehen, als Glied in der langen Geschichte Gottes mit den Menschen, und doch, wie jeder Mensch, der sich geliebt weiß, als etwas ganz Besonderes. Und er war zugleich auf der Höhe der Zeit: Er sprach die Sprache der Ritter, lebte in ihren Bildern, verstand sich als Gegensatz zu ihrer Form der Liebe und doch als Teil der Welt, die sie prägten.

ZISTERZIENSISCHE ETÜDEN: SICH LEEREN UND UMARMEN LASSEN

Mit Bernhard teilten viele Zisterzienser das Interesse an mystischer Theologie. Zu ihnen gehörte auch Bernhards Freund Wilhelm von Saint-Thierry (gest. 1148), den Klaus Berger und Christiane Nord mit Freude an der Provokation sogar zum «bedeutendste[n] Theologe[n] seiner Zeit» erklärten, dessen «theologische und literarische Bedeutung (...) von Kennern höher eingeschätzt» werde «als die Bernhards von Clairvaux».[10] Ob der Superlativ gerechtfertigt ist, sei dahingestellt. Doch zu Recht gaben sie damit einem Theologen die Ehre, der nicht zuletzt auf Anraten Bernhards lange Zeit darauf verzichtete, den Zisterziensern beizutreten, um seiner Verantwortung für ein benediktinisches Kloster nachzukommen.

In verschiedenen Anläufen versuchten Theologen unterschiedlicher Couleur, der geheimnisvollen Wirklichkeit Gottes und ihrer Nähe zu den Menschen auf die Spur zu kommen. Die Liebe, von der Bernhard gesprochen hatte, hatte es auch anderen Asketen angetan. Dabei vermischte sich mit der Faszination an körperlicher Nähe auch Ekel vor allzu enger Berührung, wenn etwa Wilhelm von Saint-Thierry schrieb:

> Wenn zwei sich zärtlich küssen, hauchen sie sich gegenseitig ihren Lebensgeist ein, so daß der eine vom Hauch des anderen ganz erfüllt wird. Nimm meinen Lebenshauch an, Herr, weise ihn nicht zurück. Ich hauche ihn tief in dich hinein, auch wenn er keinen Wohlgeruch hat. Und du hauche deinen Lebensgeist mit seinem Wohlgeruch ganz in mich hinein, damit dein Lebenshauch dem meinen seinen Wohlgeruch mitteilt.[11]

Besonders positiv waren die Assoziationen, die dem Mönch beim Gedanken an körperliche Liebe kamen, offenbar nicht. Aber seine Abscheu vor stinkendem Atem, den Küssende einander weitergeben können, ist bildlich so drastisch, wie sie theologisch tiefgehend ist. In dem Gestank drückt sich aus, dass der Mensch dem barmherzigen Gott in der Umarmung als Sünder begegnet, der alles verdient hätte, nur Gottes Liebe nicht. Da wirkte, wieder einmal, Augustinus fort. Seine Lektüre des Paulus hatte in Auseinandersetzung mit den Idealen der Spätantike zu vernichtenden Aussagen über den Zustand des Menschen im Angesicht Gottes geführt. Diese Sündenlehre konnten und wollten auch die zisterziensischen Mystiker nicht übergehen. Wilhelm von Saint-Thierry nahm augustinische Begrifflichkeit auf, wenn er an anderer Stelle erklärte, dass der Mensch diese Welt genieße (*frui*), statt sie als Mittel zum Genießen Gottes zu gebrauchen (*uti*).[12] Diese falsche Zuordnung von Gebrauchen und Genießen, hatte etwas mit der Liebe zu tun, von der bei ihm und anderen Zisterziensern immer wieder die Rede war. Isaak, Abt des Klosters Stella (gest. 1178), betonte: Die Liebe war es, die Sünde hervorrief, wenn sie die falsche Gestalt ergriff (Isaak, *Sermo* 4,15), das heißt, wenn sie sich dem Irdischen und Leiblichen zuwandte statt Gott selbst.

Liebe aber, recht geleitet, führte zu Gott. So konnte Wilhelm an der oben angeführten Stelle das Spiel zwischen Geistlichem und Leiblichem sogar noch weitertreiben, indem er von dem Bild des Kusses sachte dazu überleitete, wodurch Gott dauerhaft präsent sein könne – dadurch nämlich, dass die Menschen «zu deinem Gedächtnis» tun,[13] was Christus vorgeschrieben hat. Wer die Bibel und die Liturgie der Kirche kannte, musste hören, worauf er anspielte: Mit der Aufforderung, dies zu seinem Gedächtnis zu tun, hatte Jesus Christus das Abendmahl eingesetzt (1 Kor 11,24). Auch das war ein hochkörperliches Geschehen. Ein Jahrhundert zuvor hatte Berengar von Tours (gest. 1088), der aufgrund einer geschärften aristotelischen Begrifflichkeit die üblichen philosophischen Erklärungsmodelle für die leibliche Gegenwart Christi in den eucharistischen Elementen Brot und Wein in Zweifel gezogen hatte, seine kritische Auffassung widerrufen müssen, indem er bekannte, dass im Abendmahl «der wahre Leib und Blut unseres Herrn Jesu Christi (...) in Wirklichkeit von den Händen der Priester berührt und gebrochen und von den Zähnen der Gläubigen zermalmt werden».[14] Der Mystiker Wilhelm war von dieser Deutlichkeit nicht weit entfernt, wenn er den Gläubigen, der die Eucharistie zur Erinnerung Christi einnahm, mit einem unreinen Tier – gemeint war: einem Wiederkäuer – verglich, weil er aus dem Gedärm der Erinnerung Christus wieder in die Gegenwart des Mundes holte und sich so eine stets neue Präsenz ereignete.[15] Eine solche Mystik war nicht gegen den Leib gerichtet und auch nicht gegen die Sakramente der Kirche, brachte beides aber durch ihre geistliche Deutung in ein intensives Verhältnis zur Innerlichkeit des Glaubenden – die bleibend von der Liebesmystik zisterziensischer Provenienz durchwoben blieb. Mystik stellte sich manchmal als Alternative zur sakramentalen Heilsvermittlung dar, manchmal aber auch, wie hier, als deren Vertiefung und positive Verinnerlichung.

Der Verweis auf die ganz haptische Nähe Christi war auch deswegen wichtig, weil in vielen mystischen Traktaten der Zisterzienser die alte dionysische Grunderfahrung wiederkehrte, dass Gott sich dem Menschen in die Finsternis hinein entzogen hatte, in all jener Paradoxie, die Dionysios im Gedanken vom «Überhellen Dunkel» ausgedrückt hatte. Auch Isaak wusste von dieser Paradoxie des Lichtes, das gerade dadurch, dass es zu hell strahlt, Finsternis hervorrufen kann (vgl. Isaak, *Sermo* 22,5). Schärfer als Dionysios aber formten die Zisterzienser diese Erfahrung christologisch. Balduin von Exeter (gest. 1190) wandte die Rede von Licht und Finsternis auf Christus an, der für ihn zu einem «verborgenen Gott», dem *Deus absconditus*, wurde, der «die Finsternis zu seinem Versteck gemacht» habe[16] – ganz so, wie der Evangelist erzählte, dass das Licht in die Finsternis gekommen war, diese es aber nicht ergriffen habe (Joh 1). Das beschrieb die Inkarnation, und so war auch für Balduin Christus «in Knechtsgestalt» *(in forma servi)* verborgen (vgl. Balduin, *Tractatus primus*). Die Rede von einem Knecht nahm Bezug auf die Vorstellung, dass sich in Christus Prophezeiungen im Jesaja-Buch erfüllen, nach denen der «Knecht Gottes» *(servus Dei)* schuldlos leiden musste. So wie für Bernhard das Leiden Christi mit der Inkarnation begann, wurde auch von diesem Ordensbruder, dessen kirchliche Karriere ihn sogar als Erzbischof von Canterbury in die Nachfolge Anselms bringen sollte, das ganze Erdenleben Jesu als eine Entfremdung vom göttlichen Ursprung gedeutet.

Zentral war und blieb für dieses Erdenleben das Kreuz, jenes Geschehen, das im Ineinander von Erniedrigung Christi und Erlösung der Menschheit dem Christentum eine Paradoxie eingeschrieben hat, die kaum jemand so scharf zum Ausdruck gebracht hat wie die zisterziensischen Mystiker. Wilhelm von Saint-Thierry gelang es, die Verschlingung von Liebe Christi und Leiden am Kreuz in eine Bildlichkeit umzusetzen, die große Wirkung entfalten sollte: Die gestreckten Arme des Gekreuzigten deutete er als Bild für die Umarmung aller Glaubenden durch ihren Erlöser (*Meditatio* V,8). Diese Bildlichkeit war nicht ganz neu: Schon Rupert von Deutz (gest. 1129) hatte davon berichtet, wie der Gekreuzigte ihn umarmt habe,[17] nun aber wurde die Umarmung zum zentralen Ausdruck für die zisterziensische Frömmigkeit im Allgemeinen und für Bernhards intensive Christusbeziehung im Besonderen: Herbert von Clairvaux (gest. ca. 1198) beschrieb in seinem Wunderbuch, wie Bernhard vom Gekreuzigten selbst vom

Kreuz aus umfangen worden sei.[18] Im fünfzehnten Jahrhundert hat dies zu einem Bildmotiv geführt, der Bernhardsminne, die zeigt, wie sich Jesus vom Kreuz herab Bernhard zuneigt *(Tafel III)*.

Von Christus zu reden hieß für die Zisterzienser vor allem: vom Menschen zu reden. Wandte man die Vorstellung von der Welt als Finsternis ebenso existentiell auf die Glaubenden an, wie die Zisterzienser dies mit der Vorstellung von bräutlicher Liebe taten, so konnte das wahrhaft düstere Züge annehmen. Isaak von Stella hat die Fremdheit des Menschen gegenüber Gott besonders drastisch ausgemalt. Er erprobte die Wege der Gottesrede, die Dionysios reflektiert hatte. Der Mensch war für ihn alles das, was Gott nicht ist. Wenn Gott das Sein ist, dann hieß das: Der Mensch ist Nichts und kommt aus dem Nichts. «In deinem Licht sehen wir dein Licht und unsere Finsternisse» (in Aufnahme von Ps 35,10 Vg.).[19] So von Sünde zu sprechen, hatte einen noch stärker demütigenden und vernichtenden Ton als die Rede vom stinkenden Atem bei Wilhelm, kam mit dieser aber darin überein, dass bei aller Vorfreude auf die Vereinigung mit Gott die Buße der erste Schritt hierzu war.

Buße war in diesem monastischen Zusammenhang mehr als der Vorgang, den die kirchliche Praxis kannte. Reue des Herzens, Beichte des Mundes und Wiedergutmachung durch das Werk, so war der übliche Ablauf dieses Sakraments. Seit dem frühen Mittelalter ging es dabei nur noch selten um eine dramatische, öffentlich vollzogene Selbstkorrektur, wie sie das antike Bußwesen geprägt hatte. König Heinrich II. von England (1154–1189) hat davon im zisterziensischen Zeitalter noch etwas zu verspüren bekommen, als er für den Mord an Erzbischof Thomas Beckett (1162–1170) 1174 an dessen Grab öffentlich Buße vollziehen musste. Üblich geworden war längst die wiederholbare Buße, die 1215 auf dem Vierten Laterankonzil als einmal jährlicher Akt verlangt wurde. Seit dem zwölften Jahrhundert ging man seltener zur Beichte, und wenn man dies tat, konnte man auf eine faire Abwicklung vertrauen, bei der die auferlegten Strafen zur Wiedergutmachung der begangenen Sünden dienen würden.

Der monastischen Tradition reichte solch stets neuer Ausgleich für begangene Taten nicht. Hier wurde eine grundlegende Korrektur der inneren Ausrichtung verlangt. Das ging bis hin zur Aufgabe des eigenen Ich: «Das Ziel ist dort, wo du dich selbst ganz aufgibst, wo du dir alles nehmen lässt, wo du anfängst, ein anderer zu sein; wo du ganz in Christus bist, und wo einzig und allein Christus in dir ist», so konnte Gilbert von Hoyland (gest. 1172) den Weg von der Reinigung zur Einigung knapp zusammenfassen.[20] Sein Freund Aelred von Rievaulx (gest. 1167) formte biblische Bilder und Begriffe in eigentümlicher Weise um, um auszudrücken, worum es hier ging. Paulus hatte das Bild Jeremias von dem Menschen aufgenommen, den Gott so geschaffen hatte wie ein Töpfer ein Gefäß (Jer 18,1–6; Röm 9,21). Während aber beim alttestamentlichen Propheten ebenso wie beim neutestamentlichen Apostel in diesem Bild vor allem die Macht des Schöpfers mitschwang, der willkürlich gestalten und verwerfen konnte, stand bei Aelred das fertige Gefäß im Vordergrund, das offen war, Gott aufzunehmen, und gerade darin in Gott übergehen sollte.

Solche Vorstellungen folgten einer geradezu bestechenden Logik: Sollte in der Seele Platz für Christus sein, musste alles fortgeräumt werden, was ihm im Wege stand, und das war das Ich, genauer: das sündige Ich, das sich im Menschen seit dem Sündenfall breitgemacht hatte. Hiervon frei zu werden, war nicht ein Akt der Destruktion, sondern eine Rückkehr zum wahren Ich, wie Gott es in der Schöpfung geschaffen und bestimmt hatte: als sein Ebenbild. Diese Rückkehr war auch ein Stück Heimkehr. In aller Finsternis war von dem anfänglichen Licht Gottes «mit einem ganz winzigen Funken seines Lichts in unseren Herzen» wenigstens noch etwas übrig geblieben, wie Balduin es ausdrückte.[21]

In solchen Formulierungen entlud sich die enorme Spannung, die die Zisterzienser zwischen Sündenbewusstsein und Nähe Gottes aufbauten, zwischen Ichverachtung und Liebe Gottes zu eben diesem Ich. Die Paradoxie, die in diesen Gedanken lag, war offenbar leichter auszuhalten, wenn man über die Spannungen im

Leben Christi sprach als über die Spannungen im Menschen selbst. Denkerisch war dies nur aufzulösen durch ein doppeltes Verständnis des «Ich» – als sündiges Ich, das vernichtet und beseitigt werden musste, einerseits, und als dann freigelegtes ursprüngliches Ich andererseits, dem Gott in Genesis 1,27 verheißen hatte, zu seinem Ebenbild geschaffen zu sein.

Zu diesen paradoxalen Annäherungen an eine Wirklichkeit, die sich der Beschreibung entzog, gehörte auch, dass die Zisterzienser neben der Vorstellung von einem immer schon als Funke im Menschen präsenten Gott auch davon sprechen konnten, dass in der mystischen Erfahrung Gott neu geboren werde.[22] Der Mensch ist so nicht nur Teil und Ziel der Heilsgeschichte, sondern wird geradezu zu ihrem Austragungsort. Weihnachten wiederholt sich in ihm – und es geschieht damit das, worauf die Mystiker seit Athanasius immer wieder zielen: «So beginnt der Mensch als Mensch und bewegt sich immer mehr auf Gott zu.»[23]

Das aber konnte der Mensch, der so tief in Sünden verstrickt war, nicht erarbeiten, sondern nur erhoffen. So betonte Balduin mit der Ausmalung des Gottesfunkens im Menschen zugleich, dass der hierüber nicht wie über einen eigenen Besitz verfügen konnte, sondern dass es die Gnade Gottes war, die den Lichtglanz im Menschen präsent machte. Auch hierfür war Augustinus der Kronzeuge. Dessen Frage nach der Rechtfertigung des Sünders beschäftigte die Theologen des zwölften Jahrhunderts offenbar sehr. Jedenfalls wandten sich die Gelehrten an den städtischen Schulen, besonders in Paris, intensiv den Texten des Paulus zu, die die Grundlage für diese augustinische Lehre darstellten. Neben der herausragenden Gestalt des Petrus Abaelard, von dem ein großer Kommentar zum Römerbrief erhalten ist, gibt es eine Fülle von anderen Paulus-Kommentaren. Die theologischen Bemühungen um die Rechtfertigungslehre an den städtischen Schulen gingen auch an den Zisterziensern nicht spurlos vorüber. Sie erwiesen ihre Rechtgläubigkeit, indem sie augustinisches Denken in ihre Lehren integrierten. Isaak von Stella beschrieb die mystische

Verwirklichung der Gottesnähe mit Begriffen aus Römer 3,27 f: «Die Gerechtigkeit aus Werken ist immer nichtig, das Werk der Gerechtigkeit ist immer trügerisch. Die Gerechtigkeit, die aus dem Glauben an Christus Jesus stammt, betrügt niemanden.»[24] Damit nahm Isaak den Kern der paulinisch-augustinischen Tradition auf: dass alles Heil allein aus der Gnade Gottes kommt und nicht aus menschlichem Bemühen. Das Bewusstsein dieser Mystiker von ihrer eigenen Sündhaftigkeit war viel zu tief verankert, als dass sie etwas von sich selbst hätten erwarten können: Gott selbst, ihr Bräutigam, gab alles, ihnen blieb nur, sich glaubend dem Bräutigam zu öffnen und ihn zu empfangen – und darüber, dass dies geschah, wie einst Maria Magdalena vor Freude zu jauchzen (Wilhelm von Saint-Thierry, *Meditatio* 8,5).

Diese Frömmigkeit war tief berührend und zugleich befreiend, und mit ihrer der Liebeslyrik entlehnten Sprache passte sie bestens in ihre Zeit. So ist es kein Zufall, dass sie nicht auf die lateinische Gelehrtensprache begrenzt blieb. Um 1160 entstand das St. Trudperter Hohelied in frühmittelhochdeutscher Prosa. Diese eine umfassende Auslegung des Hoheliedes, die sich an der Deutung Bernhards orientierte, entstand möglicherweise für einen Frauenkonvent. Trotz der Volkssprache war wohl auch dieser Text für einen monastischen Kontext bestimmt, zeigt aber, dass die affektive Mystik eines Bernhard von Clairvaux nicht nur die Gelehrten ansprach: Auf ganz eigene Weise hatte er den Ton der Zeit getroffen. Texte wie dieser belegen das ebenso wie die Berichte vom gewaltigen Predigterfolg Bernhards selbst dort, wo man seine Sprache nicht verstand. Seine Wirkung blieb aber nicht auf die Predigt beschränkt. Machtmensch, der er war, entfaltete er seinen Einfluss auch auf ganz anderen Feldern.

GEWALT UND MYSTIK: BERNHARDS KAMPF GEGEN MUSLIME UND SCHOLASTIKER

Die zarten Predigten über die Liebe Christi mit der glaubenden Seele lassen nicht ahnen, dass derselbe Prediger auch den Krieg gegen die Ungläubigen predigte: Als 1144 ein muslimisches Heer Edessa in Kleinasien einnahm, gehörte Bernhard zu jenen, die dazu aufriefen, nun, fast ein halbes Jahrhundert nach dem Beginn des Ersten Kreuzzugs, wieder zu den Waffen zu greifen, um die heiligen Stätten zu befreien. In Vézelay soll er in der Begeisterung über eine große Menschenmenge, die das Kreuz auf sich nahm, sogar sein eigenes Gewand zerrissen haben, um daraus Kreuze herzustellen. Dass das Symbol für die demütigende Hinrichtung Jesu zum Zeichen von Gewalt werden konnte, ist vielleicht die größte Absurdität im Christentum überhaupt, weit über Bernhard hinaus. Bernhard verfasste dazu eine ganze Schrift *De laude novae militiae*, «Lob des neuen Rittertums». Gemeint waren mit diesem neuen Rittertum die Templer, der erste Ritterorden, der um 1120 durch Hugo von Payens (gest. 1136/37) gegründet worden war. Ihren Namen trugen sie nach dem vermeintlichen Tempel Salomos, der Al-Aqsa-Moschee auf dem Tempelberg in Jerusalem. In dem Glauben, hier und im Felsendom die heiligen Bauten des Alten Israel wiedergefunden zu haben, verpflichteten sich die Templer zu deren kämpferischem Schutz und richteten in der Moschee ihr Hauptquartier ein. Als sie sich 1129 auf dem Konzil von Troyes eine Verfassung gaben, war Bernhard wahrscheinlich dort und unterstütze sie. In dem Ritterorden verdichtete sich das höfische Ideal, Gott in der Welt zu dienen. Dass die Ritter sich – fern der Heimat, wo ohnehin nicht mit einer standesgemäßen Ehe zu rechnen war – auf die üblichen evangelischen Räte Armut, Keuschheit und Gehorsam verpflichteten, änderte ihre ritterliche Lebensweise nicht. Ihnen stand innerhalb des Ordens sogar eine Art von Knappen zur Verfügung. Durch die Ehelosigkeit wurden sie zu einer flexibel einsetzbaren Truppe, eine Art Vorgriff auf spätere abhängige Soldatenheere. Musste üblicherweise ein Heer aus Rittern rekrutiert werden, die hierfür ihr heimisches Gut verlassen und für lange Zeit in die Hände von Erben oder nahen Verwandten legen mussten, standen die Angehörigen der Ritterorden jederzeit zum Einsatz zur Verfügung. 1139 unterstellte Papst Innozenz II. (1130–1143) den Templerorden direkt dem Heiligen Stuhl, stattete ihn mit Sonderrechten aus und machte ihn zu einer Art Staat im Staate.

Es hilft wenig, die mystischen Züge Bernhards von seinem Einsatz für diese Ritter zu trennen. Ihn überzeugte wohl hier wie dort die Selbstaufgabe für Christus, den man lieben und für den man kämpfen konnte. Für ihn konnte er mit derselben Unerbittlichkeit werben wie für die Selbstaufgabe in der Liebe zum Bräutigam:

> Die Ritter Christi aber kämpfen mit gutem Gewissen die Kämpfe des Herrn und fürchten niemals weder eine Sünde, weil sie Feinde erschlagen, noch die eigene Todesgefahr. Denn der Tod, den man für Christus erleidet oder verursacht, trägt keine Schuld an sich und verdient größeren Ruhm. (...) Ein Ritter Christi, sage ich, tötet mit gutem Gewissen, noch ruhiger stirbt er. Wenn er stirbt, nützt er sich selber; wenn er tötet, nützt er Christus.[25]

Auf dem Kreuzzug konnte man die Nähe Christi, die er in seinen Hoheliedpredigten pries, auf andere Weise erfahren. In *De laude novae militiae* schritt Bernhard in mehreren Kapiteln die heiligen Stätten ab. In seinem ausführlichen Lob des Heiligen Grabes begegnet der vertraute Gedanke vom Zusammenhang von Sichtbarkeit und Unsichtbarkeit wieder, nach dem Christus «als Mensch unter den Menschen zu wandeln geruhte, um sie in häufigen und wahren Gesprächen für das Unsichtbare zu begeistern».[26] Mystik bedeutete nicht nur Rückzug: Darum geht es auf diesen Seiten immer wieder. Dass sie dazu beitragen konnte, den militarisierten

Zeitgeist des zwölften Jahrhunderts zu befeuern, in dem die Theorie eines gerechten Krieges wieder auflebte, die einst Augustinus in Ansätzen entwickelt hatte, ist eine Besonderheit in der Geschichte der Mystik, die sich aus ihr nicht ausblenden lässt.

Als 1145 der Zisterzienser Bernardus Paganelli zum Papst gewählt wurde und bis zu seinem Tod 1153 als Eugen III. regierte, war der Orden zur bestimmenden Macht im lateinischen Europa geworden. Bernhard hoffte, dies nutzen zu können, indem er sich in einem langen Schreiben *Ad Eugenium* (auch: *De consideratione*) an den Papst und Ordensbruder wandte. Der Ton des Briefes ist beachtlich: Der Zisterzienserabt redet den Papst in Erinnerung an den Ordenszusammenhang «wie eine Mutter» (*ut mater*) an (*De consideratione praefatio*) und sagt ihm, was er alles zu tun habe, um die römische Kirche zu reformieren. Eine Vielzahl finanzieller und machtpolitischer Verstrickungen galt es hiernach zu meiden und sich der Besinnung, der *consideratio*, zu widmen. Die Kirche sollte, so die Perspektive dieses keineswegs demütigen Schreibens, durch den Geist zisterziensischer Demut reformiert werden und zu ihrer eigentlichen Gestalt zurückfinden. Bernhard schuf damit einen außerordentlich einflussreichen Text, der künftig immer wieder zitiert wurde, wenn es darum ging, die Verweltlichung der Kirche zu kritisieren.

Bernhards eigentliches Kampffeld aber lag in der Auseinandersetzung mit der sich entwickelnden scholastischen Theologie. Als maßgeblichen Gegner nahmen er und sein Freund Wilhelm von Saint-Thierry sich Petrus Abaelard vor und damit eine Gestalt, deren Persönlichkeit mindestens ebenso schillernd ist wie die Bernhards. Immer wieder eckte Abaelard aufgrund seines scharfen intellektuellen Verstandes und Spottes bei anderen an. Zum Verhängnis wurde ihm, dass er eine Beziehung mit seiner Schülerin Heloise begann, die deren Onkel, der Kanoniker Fulbert, ihm zum Unterricht anvertraut hatte. Fulbert ließ ihn zur Strafe überfallen und entmannen. Schutz suchend zog sich Abaelard eine Zeitlang als Mönch in die Abtei von Saint-Denis zurück. Doch auch hier verzichtete er nicht darauf, anzuecken: So bewies er ausgerechnet den Mönchen von Saint-Denis, dass die von Hilduin vorgenommene Konstruktion einer Dionysios-Biographie aus zwei unterschiedlichen Viten abwegig war.

Die übliche Zuordnung Abaelards zur «scholastischen» und Bernhards zur «monastischen» Theologie ist nur vorsichtig als idealtypische Einteilung zu verstehen. Sinnvoll ist sie vor allem, um zu verstehen, was Bernhard dazu bewog, unerbittlich gegen Abaelard vorzugehen. Dieser sei, so schrieb Bernhard an Papst Innozenz II., bereit, *de omnibus reddere rationem*, zu allem Vernunftargumente aufzubringen.[27] Das traf durchaus Abaelards Bemühen, Theologie aus der reinen Fixierung auf Autoritätsargumente zu lösen und mit bestimmten, klar definierten Methoden eine vernünftige Abwägung zwischen Autoritäten zu treffen, wenn diese einander widersprachen. Das taten sie oft, wie Abaelard in seinem großen Werk *Sic et Non* zeigte. Bernhard ging es gar nicht so sehr um diese Frage der Autoritäten. Er sah die affektive Grundlage der Theologie, die ihm zufolge auf die Lehrmeisterin Erfahrung vertrauen konnte, in Gefahr, wenn man sie mit dem scharfen Seziermesser der Vernunft behandelte.

Die Zisterzienser waren nicht die einzigen Gegner Abaelards. 1121 wurde er gezwungen, eine Vorform seiner ersten theologischen Hauptschrift zu verbrennen, weil seine Trinitätslehre als falsch gebrandmarkt wurde. Gut ein Jahrzehnt später richtete Wilhelm von Saint-Thierry neue Angriffe gegen ihn. Nun ging es vor allem um Fragen der Ethik. Abaelards genauer Blick auf die Absicht der Handelnden führte in den Augen seiner Gegner zu der Konsequenz, dass selbst die Juden, die man dem Bericht der Evangelien zufolge für den Tod Jesu verantwortlich machte, entschuldbar seien, da sie aufgrund der Annahme gehandelt hätten, dass ihre Tat Gott gefallen werde. Mit seiner gleichfalls strittigen Lehre, dass Christus nicht zur Erlösung vom Teufel Mensch geworden war, sondern um die Liebe der Menschen zu wecken, war Abaelard gar nicht so weit entfernt von Bernhard – doch stellte er nicht wie dieser das glühende Einheitsverlangen in den Vordergrund dieser Liebesbeziehung, sondern das Bestreben, dem Vorbild Christus nachzueifern. Der darin erkennbare ethische Zug seiner Theologie zeigte sich schließlich auch in seiner Bestreitung einer Vererbung der Ursünde.

All diese Fragen sollten Pfingsten 1141 auf einer Synode in Sens verhandelt werden, und Abaelard hoffte, sich hier ganz im Stile des akademischen Disputanten verteidigen zu können. Doch Bernhard, der sich rasch mit Wilhelm verbündet hatte, sorgte dafür, dass die Bischöfe schon am Vorabend der Synode zusammentraten und die Liste der Irrtümer Abaelards verurteilten. Rasch folgte die offizielle Entscheidung der Synode im selben Sinne, und nur sechs Wochen später, am 16. Juli 1141, eine Verurteilung durch den Papst. Bernhard diskutierte nicht, er exekutierte. Wo die Wahrheit, die er durch, mit oder trotz seiner mystischen Frömmigkeit für richtig erkannt hatte, in Gefahr war, kannte er nur noch Gegner, die aus dem Weg zu räumen waren. Abaelard war der gefährlichste unter ihnen.

Überblickt man den weiten Wirkungskreis Bernhards von Clairvaux bis in den Orient und bis hinauf zum Papst, so wird deutlich, dass es in der Geschichte der christlichen Mystik wohl keine andere Gestalt gibt, die so erfolgreich wie er aus mystischer Frömmigkeit Folgen für die Gestaltung der Kirche und Gesellschaft seiner Zeit gezogen hat. Aggressivität und Verdrängungswillen, die er hier entfaltete, sind enorm. Auf den ersten Blick sind sie mit seiner mystischen Haltung, die nur Gott handeln lassen will, schwer zu vereinbaren. Aber Bernhard sprach hier nicht seelsorglich mit Gottsuchenden, er setzte sich in seinen Augen mit Irrtum, Fehlern und Missständen auseinander. Gegen sie zu kämpfen sollte wohl letztlich auch Raum für die echte Gottesbegegnung schaffen. Die Sprache der Liebe, mit der er diese beschrieb, hatte er ebenso am adligen Hof gelernt wie die Instrumente der Macht, die er so gnadenlos zu handhaben wusste.

HILDEGARD VON BINGEN: GESCHMEIDE UND VISIONEN

Dass Adlige wie Bernhard nach einem asketischen Lebenswandel strebten, war im zwölften Jahrhundert keineswegs ungewöhnlich. In diesen Kreisen war es üblich, Kinder als sogenannte «Oblaten» früh in ein Kloster zu geben. Davon profitierten beide Seiten: Das Kloster wurde, begleitend zur Oblation, mit Besitztümern ausgestattet, und die Adligen konnten auf die Fürbitte der klösterlichen Gemeinschaft hoffen. Idealerweise tat auch das Kind, das in diesem Geschehen nur passives Objekt war, durch den Eintritt in das Kloster etwas für sein Heil, auch wenn oder gerade weil der Weg hierzu von äußerster Härte geprägt sein mochte.

Auf diese Weise kam auch Hildegard von Bingen (1098–1179) als Kind in die Frauenklause des Klosters Disibodenberg nahe Kreuznach und lebte dort viele Jahre als Inklusin: eingeschlossen in eine eigene Zelle, ganz auf sich zurückgeworfen, mit möglichst geringem Kontakt nach außen. Nach und nach aber fand sie einen Weg zur Eigenständigkeit, bis sie schließlich 1147/50 auf dem Rupertsberg bei Bingen ein eigenes Kloster gründen konnte. Dessen Lebensstil ließ nicht immer asketische Zurückhaltung erkennen. Hildegard und ihre Schwestern mussten Kritik ertragen, weil sie Goldschmuck anlegten und ihre Haare offen trugen.[28] Das war eine Folge davon, dass Hildegard dafür sorgte, dass ihr Kloster sich sozial recht homogen gestaltete. Sie umgab sich mit jungen Adligen. Man war unter sich und konnte so Gott auch anders ehren als andere. Allerdings erschöpfen sich die Gründe für diese besondere Lebensweise nicht im sozialen Hintergrund. Eine monokausale Erklärung ginge an Hildegard ebenso vorbei wie die Kritik der Zeitgenossen an ihrer Prachtentfaltung. Das Kloster blieb Raum der Askese. Die Information, dass der Schmuck nicht ständig, sondern nur an Festtagen (*festis diebus*) getragen wurde, ist nicht ganz unwichtig. Auch für die Fastenregeln galt und gilt: Der Sonntag durchbricht das Fasten, weil er an die Auferstehung Jesu

Christi erinnert. So war auch der Schmuck, den die Nonnen trugen, nicht einfach Adelszierde, sondern Ausdruck der besonderen Feier Jesu Christi an festlichen Tagen.

Dass diese Art der Feier nur Adligen gegönnt war, wirft gleichwohl eine Frage auf, die sich wie ein roter Faden durch Hildegards Leben zieht: ob sie die Freiheit gegenüber Autoritäten, die sich bei ihr immer wieder zeigt, mehr dem Selbstbewusstsein ihrer Herkunft verdankt oder den visionären Erfahrungen, auf die sie sich bereits in ihrer Zeit auf dem Disibodenberg berief:

> Es geschah im Jahre 1141 nach der Menschwerdung des Gottessohnes Jesus Christus, als ich 42 Jahre und 7 Monate alt war. Aus dem offenen Himmel fuhr blitzend ein feuriges Licht hernieder. Es durchdrang mein Gehirn und setzte mein Herz und die ganze Brust wie eine Flamme in Brand; es verbrannte nicht, war aber heiß, wie die Sonne den Gegenstand erwärmt, auf den ihre Strahlen fallen. Und plötzlich erhielt ich Einsicht in die Schriftauslegung, in den Psalter, die Evangelien und die übrigen katholischen Bücher des Alten und Neuen Testaments.[29]

Der Anspruch war hoch. Auch wenn Hildegard über beachtliche Bildung verfügte, war sie als Frau von den üblichen Wegen der Gelehrsamkeit ausgeschlossen. Die Himmelsstimme, von der sie berichtete, betonte genau dies, dass nicht die dicken Bücher, die Gelehrte schrieben, Gottes Willen eröffneten, sondern Gott sich in der Seherin ein ungelehrtes Medium berufen habe, um *multa mystica* zu verkünden.[30] Mit diesem Begriff waren sicher eher Geheimnisse als mystische Erfahrungen gemeint. Dass diese aber Hildegard anvertraut wurden, machte den Gegensatz zur scholastischen Theologie noch um einiges deutlicher, als dies im Gegenüber von Bernhard und Abaelard hatte der Fall sein können. Hildegard war nicht nur nicht scholastisch gebildet. Sie war auch keine Klerikerin und konnte es nicht sein, weil sie kein Mann war und daher nach den üblichen Maßstäben gewiss nicht zur Schriftauslegung bestimmt. Sie berief sich ja auch nicht auf das Übliche, sondern auf eine Durchdringung von Gott her, eine Erleuchtung, wie sie anderen nicht zuteilgeworden war.

Nicht erst das kritische Bewusstsein der Moderne fragt, ob ein solcher selbst erhobener Anspruch gelten könne, der durch nichts gesichert ist als eben durch Hildegards eigene Behauptung. Die Zweifel, sicher dadurch verstärkt, dass es sich hier um eine Frau handelte, gingen schon zu ihren Lebzeiten so weit, dass um die Jahreswende 1147/48 in Trier eine Synode darüber zu befinden hatte, ob Hildegard ihre Visionen verbreiten dürfe. Nach dem Bericht des für das Kloster Disibodenberg zuständigen Erzbischofs Heinrich I. von Mainz (1142–1153) ging eine kleine Gesandtschaft der Sache auf den Grund. Für Hildegard allerdings war es eine günstige Fügung, dass ausgerechnet Papst Eugen III., der der Synode selbst vorstand, aus dem Zisterzienserorden kam, weil sich kein Geringerer als Bernhard von Clairvaux für sie verwandte. Dem folgte der Papst, und fortan gab es in der Region rund um die Nahe eine päpstlich beglaubigte Seherin. Legitime Schriftauslegung war jetzt nicht mehr nur durch scholastische Ausbildung möglich wie im großen und fernen Paris und blieb nicht allein gelehrten Männern vorbehalten. Dass dies das Selbstbewusstsein der ohnehin nicht übermäßig demütigen Nonne weiter stärkte, lässt sich an ihren reichlich erhaltenen Briefen ablesen. Sie scheute sich nicht, dem Kaiser, Friedrich Barbarossa (1152–1190), selbst aufgrund einer *mystica visio* zu schreiben und ihn zu ermahnen, er möge sich recht verhalten, andernfalls ereile ihn die Strafe Gottes.[31]

Möglich war das, weil Hildegard die Heilige Schrift in anderer Weise auslegte, als es in den gelehrten Kreisen üblich war: Sie tat es mit Autorität und voller Bezüge zur Gegenwart. Was in der Schriftauslegung der Zeit als *sensus moralis* vorkam, die Anwendung auf das rechte Verhalten der Menschen, stand in ihrer Schriftauslegung im Mittelpunkt, und dies nicht in Gestalt der begrifflichen Umschreibung, sondern in Form unmittelbarer Anweisungen. Auch wenn die Erleuchtung vornehmlich der Erschließung der Schrift dienen sollte, wurde Hildegard so zu einer Seherin mit der Vollmacht, die Gegenwart zu deuten.

Bild und Wort traten dabei in ein eigenes Verhältnis zueinander. Hildegards Visionen kamen ihr in prächtigen Bildern, die sie in ihrem spätestens 1151 abgeschlossenen *Liber Scivias*, dem Buch «Wisse die Wege», ausführlich beschrieb. Schon die ältesten, auf dem Rupertsberg entstandenen Codices setzten dies in Illustrationen um. Allerdings hat die kunsthistorische Forschung mittlerweile an dem Bild gerüttelt, dass diese noch auf Hildegard selbst zurückgingen.[32] So scheiden die erhaltenen Bilder für eine Rekonstruktion ihres Denkens weitgehend aus und sagen eher etwas über ihre Wirkung. Es bleibt im *Liber Scivias* vor allem der Text, um Hildegard nahezukommen. Dieser enthält neben den Visionsschilderungen ausführliche Deutungen. Auch diese kamen, so Hildegard, vom Himmel, doch legt ein Blick auf Formen der Prophetie nahe, dass hier noch stärker als in den Visionen selbst die Stimme Hildegards zu hören ist, die die Wirkung und Bedeutung ihrer Schau erkennbar werden lassen wollte. Dies war der Bereich, in dem sie ihre Anliegen in eine verständliche Sprache umsetzen konnte. Dass die Deutung unmittelbar aus den Visionen zu fließen schien, unterstrich ihr Gewicht für die Zeitgenossen, für die ohnehin die Seherin als erste und authentischste Interpretin des Geschauten infrage kam.

Man könnte dies als eine geschickte Strategie deuten, mit der die Prophetin ihre eigenen Überzeugungen der himmlischen Stimme in den Mund legte – und dies umso mehr, als sie gleichzeitig das eigenmächtige Erforschen der höheren Dinge verbot (*Scivias* I,2 c.30). Für sie galt, was schon Dionysios wusste: Gottes Wirklichkeit ist ein «ganz helles Licht» (*serena lux*), das nur durch Christus erschlossen werden kann (*Scivias* II,2). Auf dieser Grundlage verstand sie ihre Visionen nicht als eine Möglichkeit theologischer Rede neben anderen, sondern als die einzig mögliche, weil von Gott selbst eröffnete. Allein schon deswegen mussten

Vision und Deutung verklammert bleiben – und bildeten für die Zeitgenossen auch eine Einheit. Möglicherweise war Hildegard selbst sich der unterschiedlichen Ebenen gar nicht bewusst, sondern sah gleichfalls Schau und Auslegung als ein geschlossenes Ganzes. Die Visionen selbst waren aus Material zusammengesetzt, das eine intensive Bibelleserin parat hatte und das in den Visionen in neue Zusammenhänge gebracht wurde, so wie es Träume gelegentlich mit Erinnerungen an Begebenheiten aus dem Alltag tun.

Hildegard von Bingen war Theologin und Visionärin, Bibelauslegerin und Prophetin. Aber war sie auch eine Mystikerin? Für die Forschung ist das keineswegs sicher. Erwartet man Aussagen über Einswerdung mit Gott, gar das klassische Schema mit davor erfolgender Reinigung und Erleuchtung, so enttäuschen ihre Texte. Man findet in ihnen weder Brautmystik, wenn man sie nicht in der seltenen Erwähnung einer Umarmung durch Gott wiederfinden will (*Scivias* III,11 c.28), noch andere Beschreibungen eines Weges zur zunehmenden Einheit mit Gott. Die für Mystik konstitutive Nähe Gottes wird von Hildegard anders vermittelt.

In ihrem *Liber divinorum operum*, dem Buch des göttlichen Wirkens, beschrieb Hildegard gut ein Jahrzehnt nach dem *Liber Scivias,* wie sich Gott, Welt und Mensch ineinander spiegeln, da der Mensch Ebenbild Gottes ist, zugleich aber als Mikrokosmos auch ein Abbild des Makrokosmos, der Welt insgesamt. Eine Illustration dazu zeigt den Menschen in die Mitte der Welt gerückt und ist damit Ausdruck der anthropozentrischen Vorstellungen des mittelalterlichen Christentums *(Tafel IV)*. Zugleich war dieses Menschenbild für Hildegard der Schlüssel zu umfassender Heilung. Weil Makrokosmos und Mikrokosmos einander entsprechen, hilft eine angemessen gebrauchte Natur, Krankheiten zu heilen. Hildegard hat nicht einfach Wissen über Kräuter weitergegeben, sondern in ihren medizinischen Schriften Naturphilosophie umgesetzt, genau genommen: Naturtheologie. Denn die Entsprechung zwischen Mensch und Welt hatte ihre Grundlage in der Schöpfung durch

Gott, die ihr Ziel wiederum im Menschen hat. Daher beschrieb Hildegard im *Liber divinorum operum* den Weg der Heilsgeschichte bis hin zu Christus als Voraussetzung für das Heil des Menschen.

Nach dem *Liber Scivias* war es gerade die Schöpfung, in der Gottes Nähe immer schon gegeben war: «So bin ich, der Vater, in der ganzen Schöpfung zugegen und entferne mich von keinem Geschöpf, wie du, o Mensch, dich von ihm trennst.»[33] Der Mensch verfehlt sein Ziel und seine Bestimmung, wenn er von den Geschöpfen getrennt ist – und so muss es sein Ziel sein, wieder zur Einheit mit ihnen zurückzukehren. Wie dies geschieht und wie lange es dauert, darauf verschwendete Hildegard, anders als die Denker, die sonst als Mystiker bezeichnet werden, wenig Gedanken. Sie kann davon sprechen, dass Menschen durch die feurige Gabe des Heiligen Geistes nur noch auf das Himmlische ausgerichtet sind (*Scivias* II,6 c.52). Doch machen diese Schilderungen nicht den Eindruck, dass hier besondere Erfahrungen benannt würden, die über das hinausgingen, was Christen überall möglich ist, wenn sie nur recht glauben. Überhaupt ist es der Glaube, den Hildegard mit mystischen Bildern von der Gegenwart Gottes ausschmückt: Er berührt Gott so, wie sich ein Sitz und der darauf Sitzende berühren. Daher bedeutet Glauben für Hildegard, dass Gott sich im Herzen der Menschen einen «Sitz» (*sedes*) bereitete (*Scivias* III,1 c.2).

Wer Mystik als etwas versteht, das nur wenigen vorbehalten ist, wird Mühe haben, Hildegard hierunter zu fassen. Ihre Mystik ist grundsätzlich allen Glaubenden zugänglich. Glaube ist bei ihr die mystische Erfahrung und Existenzweise par excellence, weil er zurückführt zu dem, was der Mensch von der Schöpfung her schon immer sein soll und ist. Gleichwohl gibt es auch etwas, was über den einfachen Glauben hinausführt, sonst hätte Hildegards Berufung auf ihre Erleuchtung wenig Sinn. Während der Glaube hinreichend ist, um Gott einen Platz im Menschen zu geben, gibt es doch auch eine «spekulative Erkenntnis» (*scientia speculativa*), die immer einmal aufglänzt und offenbar nur Einzelnen zugänglich ist oder doch wenigstens keine dauerhafte Gabe an alle Menschen darstellt (*Scivias* III,2 c.9). Glaubensmystik also ist allen zugänglich, die wahrhaft glauben, besondere Erkenntnis aber ist wenigen vorbehalten. Anders als die altkirchlichen Gnostiker, die Erkenntnis und mystische Erfahrung in eins setzten, unterscheidet Hildegard deutlich zwischen einer eher existentiellen und einer eher kognitiven Dimension.

Hildegards naturtheologische Reflexionen genügen daher nicht, um ihr Weltbild zu erfassen. Insbesondere der *Liber Scivias* erscheint in manchen Zügen – nicht zuletzt, weil er mystische Erfahrung bei allen wahrhaft Glaubenden sieht – wie eine Variation der dionysischen Schriften mit ihrer Zuordnung von himmlischen und kirchlichen Hierarchien. Wie Dionysios es gelehrt hatte, so schaute auch Hildegard die Engel in Chören gruppiert, freilich etwas anders als bei diesem: Ihre Bildlichkeit unterschied in der sechsten Vision des ersten Teils zwei engere Chöre von fünf darum gelagerten weiteren Chören. Gemeinsam bildeten diese jene himmlischen Heerscharen, von denen schon die Weihnachtsgeschichte erzählte und die für Hildegard die Möglichkeit der Vermittlung zwischen Gott und den Menschen eröffneten *(Tafel V)*.

Von ihrer Schau aus konnte Hildegard erstaunlich konkret auf rechtliche Bestimmungen für die Umsetzung im christlichen Leben kommen. Schon in der zweiten Vision des ersten Teils verbot sie die Ehe (und das hieß für sie: jeglichen Geschlechtsverkehr) zwischen Blutsverwandten, übrigens mit einer interessanten Begründung: Die Verwandtschaft bringe ohnehin schon intensive Liebe mit sich, komme hier die Ehe noch hinzu, verlöre die Sexualität jegliche Beherrschtheit (vgl. Hildegard, *Liber Scivias* I,2 c.16). Überhaupt wusste die Nonne über Sexualität viel zu sagen: Selbstbefriedigung des Mannes verbot sie ebenso wie Geschlechtsverkehr mit einer Schwangeren.

Diese Regelungen gingen konform mit den Rechts- und Moralvorstellungen ihrer Zeit. Hildegard konnte auch direkt die kirchlichen Strukturen unterstützen. So schärfte sie ein, dass niemand anders die Firmung spenden dürfe als ein Bischof, «weil die ganze Hierarchie der Kirche im Heiligen Geist eingesetzt ist».[34] Wie Pseudo-Dionysios erschien auch ihr die Kirche mit all ihren Amtsträgern als Verwirklichung von Gottes Willen. Als sie in einer Vision eine wunderschöne Frauengestalt sah, deren Arme wie Strahlen vom Himmel auf die Erde niederreichten, deutete sie – beziehungsweise die himmlische Stimme – diese Strahlen als die Priester und das von diesen vollzogene eucharistische Opfer (*Scivias* II,3 c.3). An anderer Stelle verglich sie die Priester mit süßem und zugleich nützlichem Obst für die Menschen (*Scivias*. II,5 c.37). Die unmittelbare Schau Gottes führte nicht aus der Kirche hinaus, sondern in diese hinein und zu ihren sakramentalen Heilsmitteln. Ganz wie bei Dionysios war die Liturgie auch bei ihr der Ort, an dem sich Himmel und Erde berühren: Die Dialektik aus Verborgenheit und Erscheinen, Finsternis und Helligkeit, die die zeitgenössischen Zisterzienser reflektierten, wurde für Hildegard in der Feier der Eucharistie spürbar, die für sie denn auch geradezu «mystische Geheimnisse» (*mystica secreta*) bilden konnte (*Scivias* II,6 c.60). Der Moment der Wandlung wurde für sie durch die «verborgene Morgenröte des Blitzstrahls» (*absconsa fulgoris aurora*) markiert,[35] der die Berührung zwischen göttlicher und menschlicher Wirklichkeit sinnenfällig machte. In gewisser Weise wurde so, vermittelt durch den Priester, jedem Gläubigen zugänglich, was Hildegard in besonderer Weise durch die Visionen erfuhr: die Begegnung mit Gott selbst.

Eindringlich wird so die sakramentale Heilsvermittlung bekannt und vertieft und das Priesteramt zugleich hervorgehoben und in eine Amtshierarchie unter den Bischöfen eingeordnet. Und doch war gerade Hildegard bereit, sich mit den kirchlichen Amtsträgern anzulegen, weil sie mit dem gemeinsamen Herrn, Jesus Christus, direkt verkehrte. 1178 ließ sie zu, dass auf dem Friedhof ihres Klosters ein junger Adliger bestattet wurde, obwohl er im Stande der Exkommunikation gestorben war. Das war offenkundig ein Vergehen, und das Mainzer Domkapitel war im Recht, als es daraufhin das Kloster mit einem Interdikt belegte, also mit dem Verbot, irgendwelche geistlichen Handlungen durchzuführen, solange der Leichnam nicht wieder aus der geweihten Erde entfernt war. Doch die Kapitelherren hatten sich mit der Falschen angelegt, denn diese konnte gegenüber dem Erzbischof auf mächtige Schützenhilfe verweisen:

> O milder Vater! (…) (Nun) blickte ich – wie gewohnt – zum wahren Licht auf. In ihm hat Gott mir geboten, niemals freiwillig der Entfernung dessen zuzustimmen, den Er selbst aus dem Schoß der Kirche aufgenommen habe, da er für die Herrlichkeit der Erlösten bestimmt sei (…). Hätte die Furcht vor dem allmächtigen Gott nicht gehindert, hätte ich den Mainzer Prälaten demütig gehorcht.[36]

Ungerührt spielte die päpstlich anerkannte Seherin ihre besonderen Gaben aus, und die sonst so gelobten kirchlichen Hierarchen wurden gelinde gesagt brüskiert. Dem Mainzer Erzbischof blieb nichts anderes übrig, als die himmlische Weisung zu akzeptieren.

Mit einem prinzipiellen Aufstand gegen Ämter hat dies wenig zu tun. Trotz ihres eigenen Aufbegehrens gegen die Männer an den Schaltstellen bleibt Hildegard auch mit großer Selbstverständlichkeit den Geschlechtsmustern der mittelalterlichen Kirche verhaftet und reduziert ihr eigenes Geschlecht auf eine Passivität, deren behauptete Naturgegebenheit innerhalb ihres stark naturphilosophisch ausgerichteten Denkens eher noch an Gewicht gewinnt:

> So dürfen auch keine Frauen zu diesem meinem Altardienst hinzutreten, weil sie ein schwaches und gebrechliches Gefäß sind. Sie sind dazu bestellt, Kinder zu gebären und die sie gebären, sorgfältig aufzuziehen. Doch empfängt die Frau nicht aus sich, sondern von einem Mann ein Kind, wie auch die Erde von einem Landmann und nicht durch sich selbst gepflügt wird. Wie daher die Erde nicht sich selbst pflügen kann, so darf auch dem Priester

> beim Dienst der Konsekration des Leibes und Blutes meines Sohnes keine Frau gleichgestellt werden, wenngleich sie das Lob ihres Schöpfers singen kann.[37]

Dass diese Wahrnehmung des weiblichen Geschlechts auch für Hildegard nicht die ganze Wirklichkeit erfasste, machte sie nicht erst durch ihr Aufbegehren gegenüber den Prälaten des Mainzer Bischofs deutlich. Schon die Entscheidung für das Leben als Nonne und Asketin bedeutete ja streng genommen einen Widerspruch zu der Betonung der Rolle als Gebärerin. Die geistliche Wirklichkeit war eine andere als die, welche Hildegard hier beschrieb. Genau das macht ihre Worte subversiv. Sie mussten gerade durch den performativen Widerspruch zur Jungfräulichkeit der Verfasserin jeden Leser daran erinnern, dass die Wirklichkeit in Christus eine Wirklichkeit jenseits der Geschlechtergrenzen war – wie ja schon Paulus verheißen hatte, da sei «nicht Mann noch Frau» (Gal 3,28). Doch bewegte sich die fromme Nonne, wo es um Kirche und Sakramente ging, ganz unhinterfragt in der Welt der Unterschiede und damit auch der unterschiedlichen Rechte.

An Hildegard zeigt sich so die ganze Ambivalenz mystischer Frömmigkeit, die aus der Kirche erwuchs und nicht mehr wollte, als das Christentum, dem alle verpflichtet waren, mit höchster Intensität zu leben. Wer aber die Nähe Christi selbst erfahren und schmecken konnte, war auf die Dauer auf Vermittler dieser Nähe nicht angewiesen, nicht auf die Priester, nicht auf die Sakramente, vielleicht nicht einmal auf die Kirche. Dieser latente Konflikt musste nicht ausbrechen, er konnte schwelen. Er konnte sich punktuell entzünden wie im Falle Hildegards oder auch zu grundsätzlichen Konflikten führen. Aus der Geschichte der christlichen Mystik fortdenken lässt er sich nicht – und doch ist diese nicht nur eine Geschichte des Konflikts mit der Kirche.

DIE GEBILDETEN VON PARIS UND DIE ERSTE GOTISCHE KATHEDRALE

Die monastische Kultur, wie sie sich bei den Zisterziensern und bei Hildegard zeigt, erblühte parallel zur Entfaltung des städtischen Bildungswesens. Das haben schon die Konflikte mit Abaelard erkennen lassen. Nicht immer haben sich die Vertreter eines monastischen Lebensstils diesen Neuerungen verweigert, wie das Beispiel Anselms von Canterbury zeigt, der geradezu als Begründer der Scholastik gilt, seine Prägung aber im Kloster Le Bec in der Normandie erhielt. Dass sich scholastisches Denken stärker in den Städten entwickelte, hatte zum einen mit der bewussten Förderung von Kathedralschulen zu tun, an denen ein gehobener Klerikernachwuchs herangezogen werden sollte, zum anderen aber auch ganz schlicht mit der zivilisatorischen Verdichtung in den Städten, die mehrere Schulen auf engstem Raum zuließen und damit auch eine gewisse anregende Konkurrenz in die Wege leiteten.

Wie scharf diese werden konnte, zeigt wiederum Abaelard. In der *Historia calamitatum*, einem höchst plastischen Rückblick auf sein Leben, dem wir auch die Details seiner Beziehung zu Heloise verdanken, spottete er nicht nur über Anselm von Laon (gest. 1117), das Haupt der bibelexegetischen Schule von Laon, sondern berichtete auch davon, wie er Wilhelm von Champeaux (gest. 1122) als Student in eine Diskussion über den philosophischen Status der Allgemeinbegriffe verwickelt und hierdurch dazu gebracht habe, seine bisherige Lehre zu korrigieren.[38] Wilhelms Sicht dieses Geschehens kennen wir nicht, aber der Eindruck intellektueller Leichtgewichtigkeit, den man von ihm bei der Lektüre von Abaelards Bericht erhalten kann, ist mit seiner erfolgreichen Biographie schwer zu verbinden. Er war Magister an der Kathedralschule in Paris und gründete 1108 am linken Seineufer eine eigene Schule, die zum Klerikerstift Saint-Victor in Paris gehörte. Wie bei Klerikergemeinschaften dieser Art üblich, folgten die Viktoriner der Regel des Augustinus, weswegen sie – in Anspielung auf den Chorraum, in dem sie sich versammelten – als Augustiner-Chorherren bezeichnet werden. Dem Stift war eine Schule angeschlossen, die nicht nur den eigenen Nachwuchs ausbilden sollte, sondern auch für Externe geöffnet war. Auch das war nichts Ungewöhnliches, zumal auch diese Externen sich auf die Laufbahn eines Klerikers vorbereiteten. Gleichwohl brachte diese Struktur eine bemerkenswerte Verzahnung mit der städtischen Lebenswirklichkeit mit sich, die auch bedeutete, dass die Viktoriner sich von vornherein nicht aus den Ansprüchen der Welt zurückziehen konnten, sondern versuchten, diese zu integrieren. Mit dem *Didascalion* Hugos von Saint-Victor (gest. 1141), der aus dem fernen Hamersleben bei Halberstadt nach Paris gekommen war, haben sie eine Art Studienführer hinterlassen, der das gesamte Wissen der Welt und der Theologie abschritt: Der erste Teil widmet sich den *artes*, zu denen mit der Metaphysik auch eine philosophische Theologie gehört. Die eigentliche Theologie aber wird erst im zweiten Teil geschildert, in dem es um die heiligen Schriften geht.

Hugo legt ausführlich die Entstehung der unterschiedlichen Wissenszweige und ihre verschiedenen Funktionen im Zusammenhang von Natur und Gesellschaft dar. Grundiert ist diese Wissenssystematik von einer Anthropologie, die unterschiedliche Erkenntnismöglichkeiten des Menschen beschreibt. Sie findet sich in seiner ausführlichen Abhandlung *De sacramentis*. Deren Thema sind nicht, wie der Titel vermuten lassen könnte, die kirchlichen Sakramente, sondern allgemein die Geheimnisse Gottes, die das Heil des Menschen betreffen. Auch hier verbindet sich Weltliches mit Geistlichem, eingebettet in eine heilsgeschichtliche Gesamtschau: Das erste Buch beschreibt, wie die Welt wurde, was sie nun ist: das *opus conditionis*. Hugo schlägt hier den Bogen von der Schöpfung über den Fall bis hin zum Bund Gottes mit Israel. Im zweiten Buch geht es um das *opus restaurationis*, die Wiederherstellung des verlorenen Heilsstandes. Hier behandelt Hugo die

Inkarnation Christi und vor allem die Vermittlung des Heils durch die Kirche.[39] Dass beide Teile in dieser Weise voneinander unterschieden werden mussten, lag für Hugo – ganz in der augustinischen Tradition, der seine Gemeinschaft verbunden war – an der Sünde:

> Nachdem aber die Finsternis der Sünde in sie [die Seele] eingedrungen war, ist das Auge der Schau erloschen, so dass es nichts sieht; das Vernunftauge aber ist (...) entzündet, so dass es uneindeutig sieht. Allein jenes Auge, das nicht ausgelöscht worden ist, ist in seiner Klarheit verblieben[.][40]

Mit der Rede von drei Augen ist das Problem der Gottesferne und zugleich der Möglichkeit partieller Erkenntnis benannt. Das nach dem Sündenfall übriggebliebene Auge ist das Fleischesauge (*oculus carnis*). Es nimmt sinnlich die Welt außerhalb der Seele wahr. Diese niedrigste Erkenntnisform hat noch ihre volle Funktionstüchtigkeit behalten, während die Erkenntnis der Zusammenhänge und der Begriffe durch den *oculus rationis*, das Vernunftauge, schon eingeschränkt ist. Gott selbst aber, den das Auge der Schau (*oculus contemplationis*) wahrnehmen könnte, ist nach der Sünde nicht mehr zu erkennen, weil dieses Auge seine Fähigkeiten gänzlich verloren hat.

Sünde also führt unmittelbar zu einem Mangel an Erkenntnis, und Erkenntnis ist umgekehrt der Weg, wieder neu in Gottes Nähe zu gelangen. Da die Erkenntnisformen der drei Augen einander zugeordnet sind und aufeinander aufbauen, ist es Ziel der wissenschaftlichen Beschäftigung mit der Welt, schließlich wieder zu einer Schau Gottes zu gelangen. Das hieß: Der Schulbetrieb, der der Vernunft verpflichtet war, hatte letztlich ein Ziel, das über die Vernunftorientierung hinauswies, weil die Schau selbst nicht mehr erlernbar war, sondern nur von Gott erwartet werden konnte.

Doch konnte man sich hierauf vorbereiten – nicht allein kognitiv, sondern auch durch die existenzielle Entscheidung für einen

Lebenswandel in der asketischen Gemeinschaft. Allein als Mönch oder eben Chorherr konnte man zur Schau Gottes gelangen, weil dieses Leben die Ruhe und Abgeschiedenheit für einen Weg eröffnete, der sich nach Hugo in mehreren Stufen vollzieht:

> Die erste Stufe, das Studium (*lectio*), verleiht Erkenntnis; die zweite, die Meditation, gewährt Rat; die dritte, das Gebet, erbittet; die vierte, das Handeln, sucht; die fünfte, die Kontemplation, findet.[41]

Obwohl Hugo hier fünf Schritte benennt, spricht er in der Überschrift zu dem Kapitel seines *Didascalions* nur von vier Stufen, weil der Mensch nur die ersten vier selbst beschreiten kann. Die Kontemplation war bei aller Vorbereitung immer nur ein Geschenk der Gnade. Die Vorbereitung aber bestand in Lektüre und Auslegung der Bibel. Was Hugo hier entwickelte, war die Vorstellung einer *lectio divina*, eines göttlich inspirierten Lesens. Das war ein anderer Umgang mit der Bibel, als ihn die anderen Schulen in Paris zu dieser Zeit mit dem scharfen Zugriff der Vernunft pflegten, aber es war doch zugleich auch methodisch stärker kontrolliert und reguliert als die Auslegungsweise Bernhards.

Wer das *Didascalion* studierte, bekam für seine Bibellektüre auch ausführliche Hinweise zu den Autoren der biblischen Schriften und zur Authentizität der Überlieferung. Hugo bekannte sich in diesem 1127 entstandenen Werk, anders als wenig später Bernhard in einer leicht abweichenden Formulierung, ausdrücklich zu dem Ziel *omni poscenti reddere rationem (...) de fide* – «jedem Fragenden Rechenschaft über [den] Glauben zu geben».[42] Die Vernunft war aus dem mystischen Weg der Viktoriner nicht nur nicht ausgegrenzt – das war sie letztlich bei Bernhard auch nicht –, sie hatte eigenes Gewicht und eigene Bedeutung, auch wenn ihr nicht das letzte Wort überlassen blieb.

Eine *Via media* zwischen Abaelard und Bernhard, wie es zunächst erscheinen mag, war das nicht, eher ein Weg, der das

Abaelard'sche Anliegen in eine Spiritualität integrierte, die in ihrem Ziel näher bei Bernhard stand, ohne doch ganz mit dessen Anliegen identisch zu sein. Das wird in Hugos kleiner Schrift *Soliloquium de arrha animae* deutlich, dem «Selbstgespräch über die Brautgabe der Seele». Das Selbstgespräch ist als Dialog gestaltet: Der Mensch spricht im Geheimen, abgeschieden von allen anderen, mit seiner Seele. Sie reden über die Liebe zum Bräutigam der Seele, Gott selbst. Der Ton, in dem dies geschieht, ist deutlich anders als bei Bernhard. Hugo schwelgt nicht in den erotischen Bildern Bernhards. Am leiblichsten wird er dort, wo er die Hässlichkeit der Braut im Angesicht ihres Bräutigams beschreibt. Was der Dialog umspielt, ist vielmehr die Schwierigkeit, einen zu lieben, der nicht sichtbar ist, und es auszuhalten, dass die Liebe zu Gott nicht nur *einer* Seele gegönnt ist, sondern vielen. Da geht es um Eifersucht, aber auch um Philosophie. Die alten neuplatonischen Schwierigkeiten von Einheit und Vielfalt, von Immanenz und Transzendenz Gottes werden hier anders als bei Bernhard vor allem philosophisch behandelt. Nach dem Anlauf, den Hugo genommen hat, wundert es nicht, wie zurückhaltend er sich selbst dann noch über Affektives äußert, wenn es um die Liebe geht. Die Mystik, die er anempfiehlt, beginnt beim Verstehen, und sie baut dauerhaft darauf auf. Der außerordentliche Erfolg des *Soliloquiums* mit mehr als dreihundert Abschriften lässt erkennen, dass Hugo mit diesem Zugang einem breiten Bedürfnis entgegenkam.

Ginge es nach einem einflussreichen Modell zur Erklärung der gotischen Kathedralen, hätte Hugo von Saint-Victor sogar auf deren Entstehen eingewirkt: Nach Otto von Simson war es sein Kommentar zu *De caelesti hierarchia*, der Abt Suger von Saint-Denis (gest. 1151) inspirierte,[43] als dieser 1137 mit dem Neubau der Abteikirche begann. Tatsächlich klingen die Weiheinschriften, die Suger in seiner Abhandlung *De administratione* wiedergab, vor dem Hintergrund der dionysischen Schriften vertraut, wenn darin von dem strahlenden, überströmenden neuen Licht die Rede ist:

Indem der neue Teil als späterer sich dem früheren verbindet,
erstrahlt die Halle, die in ihrer Mitte erhellt ist.
Denn es erstrahlt, was sich strahlend Strahlendem vermählt,
und weil neues Licht es überströmt, strahlt das edle Werk,
welches dasteht, erweitert zu unserer Zeit,
ich, Suger, war es, unter dessen Leitung es ausgeführt wurde.[44]

Texte über das Licht, die lichtdurchflutete Gotik – und all das in einer Kirche, die dem mit Dionysios Areopagita gleichgesetzten Märtyrer Dionysios geweiht ist: Es liegt nahe, hier einen Zusammenhang anzunehmen und wie von Simson zu erklären, dass «ohne die falschen Angaben eines anonymen syrischen Schriftstellers, der sechshundert Jahre zuvor gelebt hatte, die gotische Architektur gar nicht entstanden wäre».[45] Genau besehen sind die Belege aber leider dünn, und es lässt sich nicht einmal nachweisen, dass Suger die Schriften des Namenspatrons seiner Abtei gelesen hat. Zitiert hat er sie nirgends. Eher knüpfen seine Weiheinschriften an die spätantiken Autoren Prosper von Aquitanien und Paulinus von Nola an.[46] Daher wurde von Simsons bestechende These zu Recht kritisiert.[47] Allein schon die Vorstellung, ein ganzer Baustil sei aus der theoretischen Konstruktion einzelner Denker entstanden, ist nach heutigem methodischem Verständnis gewagt. Die Vorstellung, mystisches Denken habe die Gotik hervorgebracht, wird man daher wohl aufgeben müssen. Die These zeigt immerhin, wie sehr die Mystik in einen Resonanzraum eingebettet war, der vielfach mit der Berührung Gottes und dieser Welt rechnete *(Tafel VI)*.

Zu den Quellen, die Suger beeinflusst haben, gehörte zweifellos auch das viktorinische Denken, dessen Wirkung im zwölften Jahrhundert außerordentlich weitreichend war. Hierzu dürfte auch die didaktische Herangehensweise der Viktoriner beigetragen haben. Schon das *Didascalion* des Hugo von Saint-Victor mit seinen detaillierten Anweisungen gab eine praktische Hilfe an die Hand, um sich dem zu nähern, was doch letztlich nicht selbst erworben werden konnte, sondern ganz Geschenk Gottes war. Diese Linie setzte Richard von Saint-Victor (gest. 1173) fort. Er ging ganz vom Geschehen im Menschen aus und analysierte seine Psyche, um ihn auf die Entdeckungsreise zu Gott zu schicken. Der große Mystikforscher Bernard McGinn findet bei ihm geradezu eine «Neuordnung der christlichen Lehre von der Kontemplation».[48] Sechs Stufen unterscheidet Richard:

> Es gibt also sechs Gattungen der Kontemplation, die von- und untereinander gänzlich unterschieden sind. Die erste findet sich in der Vorstellungskraft und folgt allein der Vorstellungskraft. Die zweite befindet sich in der Vorstellungskraft gemäß der Vernunft. Die dritte findet sich in der Vernunft gemäß der Vorstellungskraft. Die vierte befindet sich in der Vernunft gemäß der Vernunft. Die fünfte ist oberhalb, aber nicht jenseits der Vernunft. Die sechste liegt über und, wie es scheint, auch jenseits der Vernunft. Zwei also liegen in der Vorstellungskraft, zwei in der Vernunft, zwei im Verstehen.[49]

Auch wenn sich diese Sätze nicht unmittelbar erschließen: Sie zeigen doch, wie Richard versucht, anhand der Seelenvermögen Vorstellungskraft, Vernunft und Verstehen die Erhebung der Seele zu Gott nachzuzeichnen. Die Vorstellungskraft ist dabei den Sinnen nahe, und so folgt die von Richard beschriebene erste Stufe ganz und gar der sinnlichen Wahrnehmung ohne jegliches Nachdenken. Deses tritt auf der zweiten Stufe hinzu und formt die Bilder: Zur reinen Freude und Bewunderung am sinnlich Wahrnehmbaren tritt hier die Frage nach der genauen Verfasstheit und den Gründen hinzu. Die dritte Stufe kehrt die Zuordnung von Vernunft und Vorstellungskraft um: Da hier die Einbildungskraft noch eine Rolle spielt, werden die sinnlich wahrnehmbaren Dinge herangezogen, um Unsichtbares zu erfassen. Löst sich die Vernunft auf der vierten Stufe ganz von diesem Sinnenhaften, so kann sie in der *speculatio* bis zu den himmlischen Geistwesen und dem wahrhaft Guten vordringen. Die nächste Stufe ist auf göttliche Hilfe, die Offenbarung, angewiesen, denn über der Vernunft, wenn auch nicht jenseits von ihr, erfasst die Seele die Glaubensinhalte, insbesondere über die göttliche Natur, die durch die Heilige Schrift bewiesen werden. Während hier noch eine Bindung an die Vernunft gegeben ist, der die Erkenntnis nicht zuwiderlaufen darf, geht der nächste Schritt darüber hinaus. In der Erkenntnis der Trinität Gottes gelangt menschliches Verstehen zu Auffassungen, die der Vernunft widersprechen und doch im christlichen Sinne wahr sind, weil sie durch das *divinum lumen*, das göttliche Licht, mitgeteilt werden. Auf den letzten beiden Stufen ist der Glaubende auf die Hilfe Gottes angewiesen, die ihm als Gnade zuteilwird. Sie bewirkt, dass der menschliche Geist über sich hinausschreiten (*excedere*) und, indem er sich so selbst verlässt, zu Gott gelangen kann. So sehr sich der Mensch bis dorthin vorbereiten kann, auf dieser Stufe wird er dahingerissen, in einem *raptus*, wie ihn der Apostel Paulus in 2. Korinther 12,2–5 *(siehe Seite 28)* von sich selbst berichtet.[50]

Was in solchen Schilderungen bei aller Überschreitung der Vernunft vorwiegend als kognitiver Weg erscheint, hat auch eine erhebliche affektive Dimension: Richard hat eine eigene Schrift den «vier Graden der stürmischen Liebe» gewidmet: *De quatuor gradibus violentae caritatis*. Obwohl im Titel das zurückhaltende Wort für christliche Nächstenliebe, *caritas*, begegnet, ist dieser Traktat nicht weniger von der erotischen Liebe geprägt als Bernhards Hoheliedauslegungen: «O Leidenschaft der Zuneigung (*dilectio*)! O Stürmischkeit der Liebe (*caritas*)! O Erhabenheit, o überragende Höhe der Liebe Christi!», ruft Richard darin aus[51] und entfaltet im unmittelbaren Anschluss den Gedanken einer Liebe, die – wie es im Hohelied (4,9 Vg.) heißt – verwundet, die bindet, die matt macht und die zugrunde geht. All dies beschreibt die Zustände der Seele, und so wird das, was scheinbar ins Negative ausläuft, positiv, denn die Seele, die zu Gott aufsteigt, wird zunächst in der Schau Gottes ganz passiv, um am Ende, auf der höchsten

Stufe, zu ihm hingerissen zu werden und sich so tatsächlich selbst zu verlieren, Gott aber zu gewinnen:

> In diesem Zustand, wenn der Geist sich von sich selbst entfremdet, wenn er in jenes Gemach des göttlichen Geheimnisses gerissen wird, wenn er ganz und gar vom Brand der göttlichen Liebe umgeben wird, innerlich in ihn hineingedrungen wird, wird er gänzlich entflammt und zieht sich ganz aus, zieht eine Art göttlicher Neigung an und geht, umgestaltet von der geschauten Schönheit, in eine andere Herrlichkeit über.[52]

Die Liebe, die entzündet und verzehrt, die stürmisch ist und hinreißt, das ist das Ziel, auf das Richard alles ausrichtet. Er kann sich dabei, ganz ähnlich wie Bernhard, in erotische Sprache verlieren:

> Aus dem Garten hört man, auf dem Vorhof sieht man, im Brautgemach küsst man, auf dem Lager umarmt man sich. Man hört aufgrund der Erinnerung, man schaut aufgrund des Verstehens, man küsst aufgrund der Neigung, man umarmt durch Zustimmung (...) Oder, wenn das besser gefällt: Man hört aufgrund der Offenbarung, man schaut aufgrund der Kontemplation, man küsst aufgrund der Verehrung, man wird gefesselt durch die Eingießung seiner Süße.[53]

So stark aber die Emotionen sind, so sehr wird all dies bei Richard doch zu einem erlernbaren Vorgang. Insbesondere seine beiden «Benjamin» betitelten Schriften, der «kleine» und der «große» Benjamin, *Benjamin minor* und *Benjamin maior*, gaben künftigen Generationen die Möglichkeit an die Hand, durch Selbstbespiegelung einen Weg zu Gott zu finden, auch wenn Richard betont, dass am Ende alles auf die Gnade Gottes ankommt.

Richard wurde so zu einem Lehrmeister der Mystik mit langanhaltender Wirkung. Noch im dreizehnten Jahrhundert findet sich bei Thomas Gallus (gest. 1246), dem Abt von Vercelli, ein ferner Nachklang der Viktorinerschule, der es gelang, Liebe und Intellekt unlöslich aufeinander zu beziehen. Dass sie Mystik lernbar machte, war eine Chance, aber auch eine Gefahr. Denn allzu leicht ließ sich in allem Bemühen, die richtigen Schritte zu tun, vergessen, dass der letzte Schritt nicht mehr selbst gegangen werden kann. Mystik schwankte zwischen Gnade und erlernbarer Technik, und je beliebter die Lehrbücher wurden, desto stärker wurde dieses Schwanken. Vor allem aber trug sie das Erbe der höfischen Liebe in die mystische Frömmigkeit hinein. Gott stürmisch zu lieben, das war das Ziel. Die eigene Seele musste dabei in Gott verloren gehen.

7.
GELIEBT AN SEELE UND LEIB

DIE LIEBESMYSTIK DER BEGINEN

Die Seele ist die Braut Christi: Männer schufen weibliche Bilder, um ihrer Erfahrung Ausdruck zu geben. Frauen teilten solche Erfahrungen und konnten sich in den weiblichen Identifikationsangeboten wiederfinden. Sie blieben aber nicht nur passive Hörerinnen der männlichen Theologen. In keinem anderen Feld der mittelalterlichen Kultur traten weibliche Akteurinnen in solcher Zahl auf wie bei der Produktion mystischer Literatur. Ihnen kam dabei entgegen, dass hier ein Typus von Theologie bereitstand, der in aller Tiefe und Gelehrsamkeit anders argumentierte als die an den Kathedralschulen gelehrte scholastische Theologie. Die akademische Bildung, die hier vermittelt wurde, und erst recht die im dreizehnten Jahrhundert aufkommenden universitären Studien blieben Frauen für Jahrhunderte verwehrt. Ungebildet waren sie darum nicht. Das zeigt schon eine Hildegard von Bingen, obwohl sie selbst über ihre mangelnden Lateinkenntnisse klagte. Bei ihr wirkten die Bedingungen, die es einer Frau ermöglichten, Bildung zu erwerben, ineinander: Unter den Adligen waren es eher die Frauen als die Männer, die lesen lernten, und auch die Hinwendung zu einem religiösen Leben im Klosterverband förderte das Interesse an den Buchstaben.

Mit dieser Verbindung von adliger Herkunft und Klosterleben ist Hildegard typisch. Die Lebensweise auf dem Rupertsberg hat gezeigt: Benediktinische Klöster waren vielfach für Adlige besonders attraktiv. Aber es gab nicht genug davon für Frauen. Darum entstand im ausgehenden dreizehnten Jahrhundert eine eigene Sozialform für religiös interessierte Frauen: die Beginenbewegung. Die Frauen, die sich hier versammelten, fanden eine Nische – und das gelang ihnen mithilfe von Männern. So liegt schon in ihren Anfängen eine Ambivalenz im Verhältnis der Geschlechter, die sich, oft literarisch stilisiert, in vielen Texten zeigt:[1] Immer wieder brauchten Beginen hiernach Männer zu ihrem Schutz und wurden zugleich von diesen angeleitet und in ihre Bahnen gelenkt, manchmal wohl auch in Schranken gewiesen.

Das schwierige Verhältnis zwischen frommen Frauen und Männern der Kirche begann nicht erst mit den Beginen. Schon zuvor hatte nicht jede Mystikerin und Visionärin so viel Freiheit besessen wie Hildegard. Die männliche Begleitung wurde ihnen allerdings auch nicht immer aufgezwungen. So berichtet Elisabeth von Schönau (1129–1164), die mit Hildegard in brieflichem Austausch stand, ihrem Bruder Ekbert (gest. 1184) von Vorwürfen gegen sie, weil sie Visionen und Auditionen erfuhr und in diesem Zusammenhang, ohne es zu verstehen, auch lateinische Wörter und Sätze von sich gab. Man habe gemunkelt, «dass dies alles weibische Erfindungen seien, was sie von mir hörten, oder ich vielleicht sogar vom Satan betrogen sei».[2] Daher wandte sie sich schutzsuchend an ihren Bruder, der in den Männerkonvent des Klosters Schönau eintrat und zu ihrem geistlichen Begleiter wurde. Da er ihre Visionen in lateinischer Sprache niederschrieb und sie dabei wohl auch mitgestaltet hat,[3] sind sie nur aus zweiter Hand erhalten. Ihre eigenen Auffassungen und erst recht die Erfahrungen, die sie gemacht haben wollte, sind immer nur durch einen Filter zu erschließen.

Das bemerkenswerte Geschwisterpaar von Schönau prägte das Muster, das sich bei den Beginen vielfach wiederholen sollte. Die Erzählungen davon sind daher weniger als biographische Berichte zu lesen denn als Exempel der Frömmigkeit. Das Zusammenwirken von Männern und Frauen konnte in diesen literarischen Schilderungen viele Formen annehmen. Petrus von Dacien etwa, der die *Vita* der Christina von Stommeln (gest. 1312) verfasste, ließ diese geradezu in ein Liebesgedicht auslaufen, in dem er aber betonte, dass er keine erotische Liebe empfand, sondern die durch Christina vermittelte Liebe zu Gott verspürte.[4] Diese Schwärmerei ist der Gipfel eines Ineinanders von Glaube und Erotik und der religiös-intimen Begegnung zwischen Männern und Frauen, die charakteristisch für die Beginenbewegung war.

Die Bewegung der Beginen breitete sich im frühen dreizehnten Jahrhundert zunächst vor allem in Flandern, Brabant und im Bistum Lüttich aus, in einem Gebiet, das sich vom heutigen nördlichen Frankreich über Belgien bis in die Niederlande erstreckt. Die Gründung eines Laienordens war die Antwort auf das Problem, dass es in den klassischen Orden nicht ausreichend Platz für Frauen bürgerlicher und adliger Herkunft gab und verhindert werden sollte, dass diese sich neuen Bewegungen anschlossen, die die Kirche als Ketzerei verurteilte. Die Waldenser etwa, die sich durch Armut und einfache Predigt des Evangeliums auszeichneten, stellten eine große Herausforderung dar. Die Katharer, die mit Anklängen an die frühchristliche Gnosis scharf zwischen Gut und Böse unterschieden, entwickelten offenbar eine große Attraktivität für Frauen, nicht zuletzt weil ein der Askese verschriebenes Leben es ermöglichte, sich der Leitung durch Vater oder Ehemann zu entziehen. Auch das bedeutete nicht Selbstbestimmung, aber in religiösen Gemeinschaften entstand ein Rahmen, der die klaren patriarchalen Herrschaftsstrukturen weniger unmittelbar spüren ließ.

In dieser Situation fand Jakob von Vitry (gest. 1240) einen Ausweg, der darin bestand, bestehende Regeln auf legale Weise zu umgehen. Jakob war mit dem Kampf gegen die häretischen Bewegungen bestens vertraut. Er predigte nicht nur den Kampf gegen die Muslime im Nahen Osten, sondern auch den Kreuzzug, welchen das Vierte Laterankonzil gegen die Katharer in der Provence und im Süden Frankreichs ausgerufen hatte, die nach der dortigen Stadt Albi auch als Albigenser bezeichnet wurden. Aber er hatte sich nicht nur Kampf und Krieg auf die Fahnen geschrieben. Aufmerksam und sensibel beobachtete er die Veränderungen in der Frömmigkeit, die positive Alternativen zur Häresie bieten konnten. So wurde er zum Freund der aufkommenden Bewegung der Franziskaner und zum Förderer der Frauen, die «Beginen» genannt wurden, ein gemeinsames frommes Leben führten, sich aber keinem Orden anschließen konnten. Er unterstützte diese «Beginen» so weit, dass er 1216 in einem mündlichen Gespräch dem Papst – entweder Innozenz III. (1198–1216) oder seinem Nachfolger Honorius III. (1216–1227) – eine Anerkennung ihres Standes als Laienorden abrang. Gleichwohl blieb ihr Status umstritten und prekär.

Beginen zogen sich aus ihrem bürgerlichen Alltag zurück und lebten meist in kleinen Gemeinschaften nach Regeln, die wie in den Orden ein keusches und armes Leben vorschrieben. Die Beginenhöfe, die man bis heute in Flandern und den Niederlanden besichtigen kann, sind ein eindrucksvolles Zeugnis dieser Lebensweise. Auch der evangelische Rat des Gehorsams galt für sie: Autonom im strengen Sinne waren solche beginischen Gemeinschaften nicht, konnten sie auch gar nicht sein, weil sie ja allein schon für ihre sakramentale Versorgung auf einen Priester angewiesen waren. Aber ihr Zusammenleben gestaltete sich doch in einer gewissen Eigenständigkeit und bot oft den Rahmen für eine intensiv gelebte Spiritualität. Der Begine Marie von Oignies (gest. 1213) hat Jakob von Vitry eine Lebensdarstellung gewidmet, die sie als vorbildlich für andere Frauen darstellt. Sie hatte sich im Einvernehmen mit ihrem Ehemann für ein Leben in Enthaltsamkeit entschieden und schließlich sogar in eine Eremitenzelle zurückgezogen. Jakob machte sich zu ihrem Sprachrohr und schilderte ein

Leben zwischen Exzess und tiefer Verinnerlichung. Regelrecht grausam und selbstzerstörerisch wirkt, was er da schildert: wie Marie sich Fleischstücke aus dem eigenen Körper riss, um Jesus Christus nahe zu sein (vgl. Jakob, *Vita Mariae* I,7,22). Dem modernen Leser kommt dabei unmittelbar der Gedanke einer autoaggressiven Unzufriedenheit einer jungen Frau mit ihrem Körper. Ihr Leben und Leiden war auch Ausdruck einer persönlichen und religiösen Situation, in der die Leiblichkeit gerade von Frauen wenig Achtung erfuhr.

Neben solchen schwer festzumachenden Assoziationen verdient aber der religiöse Aspekt Beachtung: Marie, die durch die Selbstverstümmelung das Leiden Christi nachvollzog, trat damit in eine *compassio*, ein Mitleiden, ein, in dem sie als Frau nicht nur das liebende Gegenüber Christi war wie in Bernhards Brautmystik, sondern sich selbst mit Christus identifizierte, die Frau mit dem Mann. Zentral war dabei wie schon für Bernhard von Clairvaux, den Christus vom Kreuz herab umarmte, der leidende Gottessohn. Dessen Liebe als Alternative zur irdischen Liebe beschreibt drastisch die *Vita* der Lutgart von Tongeren (1182–1246):

> Als ein junger Mann, herausragend an Reichtum und Herkunft, sie begehrte, begann sie schon ihre Seele sanft seinen Worten hinzuneigen. Und weil der Jüngling Zeit und Ort beobachtete, wagte er es, bei Nacht heimlich in das Haus, in dem die Jungfrau lag, einzudringen. Als er aber herangetreten war, machte er sich sogleich, von plötzlicher Furcht ergriffen, wieder auf die Flucht. Deshalb bemühte der Teufel sich auf wundersame Weisen, dass er den Sinn des Mädchens zur Zustimmung neigte, doch vergeblich, weil der Allmächtige es nicht erlaubte. Und als sich das schlichte Mädchen einmal zum Gespräch niederließ, erschien ihr Christus in eben der menschlichen Gestalt, in welcher er einst unter den Menschen umgegangen war, zog das Gewand von der Brust, durch welches die Seitenwunde bedeckt schien, und zeigte ihr diese Seitenwunde, die wie von frischem Blut benetzt schien.[5]

Das Leiden Christi ist in dieser kühnen literarischen Gestaltung Argument und Anreiz zugleich: Argument, sich nicht auf den weltlichen Lebenswandel einzulassen und so das Leiden Christi zu missachten, und Anreiz, das Leiden nicht als grausam und abschreckend zu empfinden, sondern sich liebend in diesen Herrn zu versenken, der sich ganz für die Menschen hingegeben hatte. Lutgard erlebte ihrer Vita zufolge die Kreuzesminne, wie sie auch von Bernhard geschildert wird: In einer visionären Erfahrung lief sie auf das Kreuz zu, Christus löste seinen Arm vom Holm und drückte ihren Mund zum Kuss auf die Seitenwunde (*De Lutgarde virgine* I,13).

Die blutig-erotische Verschmelzung führte nach den Berichten sogar dazu, dass sich das Leiden Christi an ihrem Körper manifestierte: Einmal soll ihr eine Vene nahe dem Herzen geplatzt sein (*De Lutgarde virgine* II,25), ein anderes Mal habe ein Priester beobachtet, wie ihr ganzer Körper aufgrund einer Vision des leidenden Christus wie von rotem Blut leuchtete (*De Lutgarde virgine* II,23). Für ihn wie auch für ihren Biographen Thomas von Cantimpré (gest. 1270/72) war es nicht ganz leicht, eine Frau als Christusrepräsentantin anzuerkennen. So schwang in diesen Berichten zwar mit, dass Christus in ihr gegenwärtig wurde, aber die Weise, in der dies geschah, sollte doch eine vermittelte sein, Christus sollte nicht ganz und gar in ihr erscheinen. Dafür pries Thomas sie angesichts der geplatzten Vene immerhin dafür, dass sie nun Male des Martyriums an sich trug. Als Vergleich für sie wurde aber ganz traditionell die Heilige Agnes angeführt, eine Märtyrerin, deren Jungfräulichkeit gleichfalls durch einen unmittelbaren Eingriff Gottes bewahrt worden war und die so den frommen Mustern verpflichtet blieb, die Frauen zugestanden wurden.

Christus wurde also in diesen Frauen auf eine kaum nachvollziehbare Weise präsent und blieb doch das ständige Gegenüber. Um ihn kreiste auch alles Denken der Marie von Oignies, so dass Jakob beschrieb, der Herr sei ihre «Meditation im Herzen, Wort im Mund und Beispiel im Werk» gewesen.[6] Die Aufzählung von Herz,

Mund und Werk lässt unmittelbar die Buße anklingen, bei der es nach der üblichen Einteilung um die Reue des Herzens, die Beichte des Mundes und die Wiedergutmachung durch das Werk ging: Maries Umgang mit Christus war Buße, und doch auf ganz andere Weise, als dies in der sakramentalen Vermittlung üblich war. Buße wurde zu einem das ganze Leben prägenden Vorgang, bei dem vom ersten Schritt an Christi Nähe spürbar war. Gerade aber weil die fromme Begine Büßerin war und blieb, blieb Christus ungeachtet aller Identität im Leiden ihr Gegenüber, das sie wie die Braut im Hohelied in brennender Liebe suchte und schließlich auf den höchsten Stufen der Entrückung auch fand (vgl. Jakob, *Vita Mariae* II,9,81).

Dieser Zustand konnte bei Marie von Oignies länger andauern als bei vielen anderen Mystikerinnen und Mystikern. Einmal heißt es über sie ganz unverblümt, dass sie drei Tage mit ihrem Bräutigam im Bett lag (*Vita Mariae* II,8,87). Das erinnert an eine berühmte Szene aus dem *Erec* Hartmanns von Aue vom Ende des zwölften Jahrhunderts: Weil er die ganze Zeit mit seiner schönen Frau Eneide im Bett *verlag*, kam der Titelheld seinen Pflichten als Herrscher nicht nach. Dieses wonnevolle *Verligen* scheint auch die Mystikerin erfahren zu haben. Als Gefährtin des Herrn wurde sie geradezu beständiger Teil eines umfassenden himmlischen Hofstaates:

> Kaum ein Tag oder eine Nacht verging, ohne dass sie Besuch von Gott oder seinen Engeln oder den himmlischen Heiligen, mit denen sich beinahe ihr ganzer Umgang vollzog, empfing.[7]

Die Besonderheit wurde so zum Alltag, und umgekehrt wurde das, was alle Glaubenden erleben durften, bei ihr zu einer Besonderheit. So scheint ihre Mystik zwar die Buße ersetzt zu haben, nicht aber die Eucharistie, die für sie zu einem exzessiven erotischen Ereignis wurde:

> Wenn ihre Seele wie von Schmalz und Fett erfüllt wurde und wenn sie (…) mittags vom Tisch des Herrn betrunken wurde, überströmend von Genüssen und auf ihrem Geliebten ruhend, wenn sie von den Lippen ihres Bräutigams Milch und Honig schleckte, wurde ihr Herz von dem Geschenk seiner honigfließenden Weisheit innig berührt, und die Worte wurden versüßt und alle ihre Werke von der Süße geistlicher Salbung geschmiert.[8]

Jakob schrieb dies um 1215.[9] Gerade in diesem Jahr schärfte das Vierte Laterankonzil ein, dass die Elemente Brot und Wein in der Eucharistie in Leib und Blut Christi verwandelt werden. Die Schilderung der liebestrunkenen Marie aber spielte mit dem Alkoholgehalt des Elements, und die Genüsse führten in eine Liebesszene, die mit dem kontrollierten Raum des sakramentalen Geschehens wenig zu tun hat, obwohl oder gerade weil sich eine verstärkte Erfahrung der Präsenz Christi darin ausdrückt. Diese Erfahrung wird aber nicht wie auf dem Lateranum mit dem komplexen Begriff *transsubstantiare,* «die Substanz wandeln», ausgedrückt, dessen präzise Deutung noch zwei Generationen von Theologen in Beschlag nehmen sollte, sondern mit Bildern von Trunkenheit und liebender Entrückung. Marie war keineswegs die Einzige, die durch die Eucharistie in besondere Entrückungen versetzt wurde: Von Ida von Nivelles wird berichtet, dass sie nach der Eucharistie in eine Art Trance gefallen sei und in dieser Zeit in den dreieinigen Gott selbst entrückt wurde.[10]

An dieser Schilderung ist bemerkenswert, dass selbst die Außenstehenden körperlich beobachten konnten, dass mit dem entrückten Menschen wirklich etwas geschah. Nicht nur die Trance war ein solches Ereignis. Gelegentlich wird auch berichtet, dass eine Begine oder Nonne in ihrer Verzückung über dem Boden schwebte.[11] Charakteristisch war auch der Jubilus, ein unkontrollierter Schrei wie in sexueller Ekstase, der die Nähe Christi anzeigte: Im Schwesternbuch aus dem Kloster Kirchberg bei Sulz wird dieser geradezu definitorisch bestimmt:

> Aber gebt Acht, was die Gnade Jubilus sei. Es handelt sich hier um eine Gnade ohne Maß. Sie ist so gewaltig, dass niemand, der sie erfährt, darüber schweigen kann. Und doch kann niemand sie zureichend beschreiben. Die mit ihr verbundene angenehme Empfindung geht so über alle Maße, dass Herz, Seele und Sinn und alle Adern des Menschen mit einer unaussprechlich angenehmen Empfindung durchströmt werden, und zwar in solcher Fülle, dass niemand so sittsam ist, dass er in dieser Gnade an sich halten könnte. Vollkommene Liebe, in der Gnade durchleuchtet mit göttlichem Licht, das ist Jubilus.[12]

Was die Frauen, die so aus sich herausgingen, tatsächlich erlebten, blieb den Außenstehenden natürlich verschlossen. Das Erlebnis wird als ein Geschehen im Innern geschildert, bei dem der Mensch in eine entfernte Außenwelt, die himmlische Wirklichkeit, entrückt wird. Mystik beansprucht damit, alle empirischen Erfahrungsräume zu transzendieren und die üblichen Grenzen von Innen und Außen zu überwinden. Tatsächlich gibt es aus dem Erfahrungsraum der Menschen wohl nichts, was dieser Erfahrungswelt so vergleichbar ist wie sexuelles Erleben.

So erscheinen drastische erotische Bilder wie in jener rauschhaften Liebesszene der Marie von Oignies immer wieder in einer Welt, die doch vom Ideal der Ehelosigkeit und Jungfräulichkeit geprägt war. Auch durch den Filter eines männlichen geistlichen Begleiters hindurch wird in dieser *Vita* ein überschwängliches Ineinander von geistlichen und körperlichen Dimensionen deutlich. Diese Betonung von Körperlichkeit und Sinnlichkeit unterstreicht den Gedanken des französischen Jesuiten und Philosophen Michel de Certeau, dass Mystik eine Form ist, Körper zu konstruieren. Tatsächlich wird hier Christi abwesender Körper mit Vehemenz im wahrsten Sinne des Wortes fasslich gemacht. Es geht in diesen weiblichen Erfahrungsschilderungen um einen Grundvorgang mystischer Frömmigkeit. Die körperlichen Bilder lassen sich dabei wenig festlegen: Die Mystikerin kann sich leidend mit dem Leidenden identifizieren oder zu seiner Geliebten werden. Texte von und über Frauen beschreiben solche körperlichen Begegnungen in auffällig hohem Maße. Darin spiegelt sich wider, dass die hochmittelalterlichen Möglichkeiten, sich zu äußern, Frauen hier einen Handlungsraum gaben, der ihnen in der akademischen Welt nicht zugänglich gemacht wurde. So entstand eine eigene Form von Theologie, die die Leiblichkeit des Menschen nicht nur nicht negiert, sondern auch zum Gegenstand religiöser Vorstellungen macht. In ihr zeichnet sich eine Gottesbegegnung durch die Sakramente und über sie hinaus ab, die beides zugleich war: leiblich und geistlich, innerlich und äußerlich.

HADEWIJCH UND MECHTHILD: DICHTERINNEN DER LIEBE

Die Frauen, die ihre Erfahrung mit Gott machten, blieben nicht dabei stehen, dass Männer über sie schrieben, sondern wurden auch selbst zu Dichterinnen, genauer: zu dichtenden Theologinnen. Dabei verschwinden diese Frauen allerdings wiederum so sehr hinter ihrem Werk, dass wir wenig bis gar nichts über sie wissen. Über Hadewijch etwa, die wahrscheinlich auch in das Umfeld der Beginen gehört und vermutlich in der Nähe von Antwerpen lebte, können biographisch nur Vermutungen geäußert werden. Sie wirkte in der ersten Hälfte des dreizehnten Jahrhunderts und schrieb dort über visionäre Erfahrungen, die sie als Jugendliche gemacht habe. Diese führten sie in drei Stufen hin zu Gott. In der ersten Vision schaut sie sieben Bäume, die sie mithilfe eines begleitenden Engels auf Tugenden zur Erlangung der göttlichen Gnade deuten kann. Es folgen dann elf Visionen, in denen die Seherin immer mehr zur mystischen Gnade vordringt, bis sie schließlich in der dreizehnten und vierzehnten Vision in den Thronsaal Gottes gelangt.

Hier erfährt Hadewijch, was nach biblischem Zeugnis Menschen verschlossen ist: die Schau von Gottes Angesicht selbst (*dat anschijn van gode*).[13] Allerdings bleibt auch hier ein Wechselspiel aus Sehen und Verborgenheit: Hadewijch beschreibt kein Antlitz Gottes, sondern die Seraphim, die nach Jesaja 6,1–7 den Thron Gottes umgeben. Gott selbst ist auch für sie jeglicher Wahrnehmung entzogen – den Affekten aber zugänglich. Denn bildlich ist das Antlitz Gottes die thronende Minne (Hadewijch, *Vision* XIII, 66–81). Liebe öffnet den Zugang zu Gott, ja ermöglicht die Identifikation: «Der dort auf dem neuen Thron saß, der ich war.»[14] Diese Identifikation mit Gott selbst ist ganz wie bei Lutgart und den anderen beschriebenen Mystikerinnen zutiefst mit dem Leiden verbunden. Aus Schau wird so Nähe und aus Nähe Identität. Ist schon die sprachliche Gestaltung der Visionen Hadewijchs spektakulär, so wurde sie in anderen Texten geradezu zur Dichterin der umfassenden Liebe:

> Das Gebot, das ich in der Natur der Minne erkenne,
> bringt meine Sinne in Verwirrung.
> Es hat keine Form, weder Ursache noch Gestalt,
> dennoch hat es den Geschmack eines Geschöpfes.
> Es ist die Materie meiner Freude,
> nach der ich immer dürste.
> Darum verbringe ich meine Tage in großem Leid.[15]

Liebe und *aventuere*: Das war den mittelalterlichen Lesern nicht unvertraut. Beides verband sich im Leben der höfischen Ritter, von denen die großen Romane der Zeit handelten. Hadewijch nahm wie zuvor schon Bernhard von Clairvaux das literarische Spiel auf, gab ihm aber eine andere Wendung und größere Tiefe. Beides, Liebe und *aventuere* bzw. *aventiure*, war gerade nicht in den Fahrten in der Welt zu erfahren, sondern allein in der Gottesbeziehung, die den Grund für ihr Leben darstellte. Bernhard hatte diese höfische Abenteuer- und Liebessprache in das Lateinische religiöser Predigt übertragen. Hadewijch führte sie in die Volkssprache zurück und formte so volkssprachliche Mystik.[16] Dieser Wechsel der sprachlichen Bereiche änderte die Möglichkeiten, Theologie auszudrücken, und weitete ihre Wirksamkeit.

Wieder waren es Frauen, die diesen Weg in die Volkssprache beschritten. Ihnen war nicht nur die Aufnahme an die entstehenden Universitäten verwehrt. Sie waren auch vom Status des Klerikers ausgeschlossen, konnten weder Priester noch Bischof werden. Da lag es nahe, als Laiinnen Literatur zu schreiben, die auch Laien zugänglich war. Auch wenn Lesefähigkeit nicht weit verbreitet war, hatte sich die höfische Welt längst der mündlich und schriftlich verbreiteten Literatur geöffnet. Wer von der Minne des Ritters zur hohen *frouwe* hören und lesen konnte, erhielt nun auch Anteil an den Berichten von der Liebe zwischen Gott und Seele. So wurde die höfische Kultur zu einer Zeit, als sie sich in mancher Hinsicht vom Christentum zu entfernen schien, neu vom Christentum durchdrungen. Dazu trugen ausgerechnet die Mystikerinnen bei, die leicht in den Verdacht geraten konnten, sich nur am Rande der Kirche zu bewegen.

Den Schritt in die deutsche Sprache ging auch Mechthild von Magdeburg (gest. 1282). Sie dürfte dazu die niederdeutsche Sprachform gebraucht haben. Dennoch ist ihr Buch *Das fließende Licht der Gottheit* nur in oberdeutschen und lateinischen Fassungen erhalten. Das zeigt schon etwas von den Schwierigkeiten an, ein historisch einigermaßen klares Bild von ihr zu bekommen. Aufgrund der Angaben, die sie in ihrem Buch macht, wissen wir über sie immerhin etwas mehr als über Hadewijch. Sie wurde um 1207 in einer niederadligen Familie im sächsischen Raum geboren. Seit Kindheitstagen hatte sie Offenbarungen empfangen und begann 1250, mit dreiundvierzig Jahren, als sie als Begine in Magdeburg lebte, diese aufzuzeichnen. In ihrem literarischen Schaffen kehrt die schon bekannte Konstellation wieder, dass eine religiös bewegte Frau von einem Mann ebenso begleitet wie kontrolliert wurde. Den Anstoß zur Niederschrift der Visionen gab nämlich offenbar ihr Beichtvater, der Dominikaner Heinrich von Halle. Dass er die Texte beeinflusste, war Teil seiner Aufgabe: Die realistische Angst Mechthilds, dass ihr Buch als ketzerisch verbrannt werden könnte, dürfte dazu geführt haben, dass Heinrich dessen häresieverdächtige Spitzen kappte. Sein besonderes Interesse ist dort spürbar, wo in den Visionen die Dominikaner auffällig gut wegkommen.

Deren Hilfe war wohl auch eine ganz technische: Mechthild erwähnt gelegentlich einen *schriber* (*Das fließende Licht* II,26), der ihre Texte aufgezeichnet habe. Das könnte ein Ordensbruder gewesen sein. Dass Mechthild am Ende des sechsten Buchs in offenkundigem Widerspruch zu dieser Bemerkung sagt, dass sie den Text «mit iren henden» (*Das fließende Licht* VI,43) geschrieben habe, könnte wiederum ein Indiz dafür sein, dass dieses gesamte Buch und dann auch das folgende siebte gar nicht mehr von ihr selbst stammen, sondern von Redaktoren, die ihr Werk fortschrieben. Einigermaßen sicher verfasst hat sie nämlich nur die ersten fünf Bücher, die Heinrich von Halle in seiner theologischen Zusammenfassung des Inhaltes im lateinischen Prolog zum gesamten Werk ausdrücklich erwähnt.

Aber auch bei den Büchern, die von Mechthild selbst stammen, kann man nicht einfach voraussetzen, dass es sich hier um einen unmittelbaren Niederschlag ihrer Erfahrungen handelt. Das schließt schon die lange Zeit zwischen den Visionen und ihrer Niederschrift aus. Das wirft die Frage auf, ob man hier überhaupt noch eine Realität außerhalb des Textes greifen kann oder sich mit dem «literarischen Faktum» eines einmal vorhandenen Textes begnügen sollte.[17] Doch auch wenn man nicht so weit geht und gelten lässt, dass die Texte auf Erfahrungen beruhen, bleiben diese schwer greifbar.

Mechthild war wie Hadewijch auch Dichterin. Unter den vielen unterschiedlichen Textstücken ihres Buches finden sich zärtliche lyrische Passagen, die hier in mittelhochdeutscher Sprache wiedergegeben werden müssen, damit dies erahnbar wird:

Were alle die welt min
und were si luter guldin,
und solte ich hie nach wúnsche eweklich sin
die alleredelste, die allerschoͤneste, die allerricheste keyserin,
das were mir iemer unmere;
also vil gerne
sehe ich Jhesum Christum, minen lieben herren,
in siner himelschen ere!
Proͤvent, was si liden,
die sin lange beiten![18]

Solche Dichtung folgt ästhetischen Regeln und erhebt zugleich den Anspruch, eine erfahrene Gottesbeziehung zur Sprache zu bringen. Mechthilds Texte sind auch und gerade als literarisch gestaltete Texte in erster Linie Ausdruck eines religiösen Bewusstseins und können als solche auch ernst genommen werden. Sie sind weder reine Fiktion noch reiner Bericht von tatsächlich Erlebtem. Sie sind gekonnte Verarbeitung des frommen Selbstverständnisses der Dichterin.

Zu diesem Selbstverständnis gehört auch, dass Mechthild sich als Frau ohne formale Bildung erlebte, die dennoch mit einem Mal von Gott begnadet wurde, mit Autorität zu sprechen:

Ach, Herr, wäre ich ein gelehrter Geistlicher (*geleret geistlich man*) und hättest du dieses einzigartige, große Wunder an ihm vollbracht, so könnte dir ewige Ehre daraus erwachsen. Wie soll man aber dir das zutrauen, daß du in diesem schmutzigen Pfuhl ein goldenes Haus errichtet hast und wirklich darin wohnst mit deiner Mutter und mit allen Geschöpfen und mit all deinen himmlischen Heerscharen? Herr, da kann dich die Weisheit dieser Welt nicht finden![19]

Das biblische Bild vom menschlichen Leib als dem Tempel Gottes (1 Kor 6,19), das in dem goldenen Haus und Gottes Wohnen darin anklingt, unterstreicht die besondere Nähe, die Christus zu Mechthild hatte und die gerade durch Gelehrsamkeit nicht zu erlangen war. Zugleich verschiebt es gewissermaßen das Aktionszentrum. Die Seherin sieht nicht sich selbst als Urheberin der Visionen, sondern Christus, der aus ihr und für sie spricht. Gerade weil die dichterische Gestaltung zeigt, dass Mechthild weit mehr als ein bloßes Sprachrohr war, offenbaren diese Zeilen ihre zutiefst theologische Selbststilisierung. Das Muster, das Mechthild wählt, ist der Christenheit seit den Anfängen bekannt: Maria, die Mutter Jesu, selbst sang im Magnificat von der «Niedrigkeit seiner Magd», die der Herr angesehen habe (Lk 2,46–55). Eine solche niedrige Magd trat nun auch im dreizehnten Jahrhundert in Magdeburg auf, und durch sie geschah es, «daß der ungelehrte Mund die gelehrte Zunge durch meinen Heiligen Geist unterweist».[20] Der Herr selbst belehrte durch Mechthild die Gelehrten: Höher konnte der Anspruch kaum sein, den diese Gestalt von Theologie nun erhob. Sie war nicht nur eine Alternative zur gängigen scholastischen Theologie. Sie fühlte sich ihr überlegen.

Wo Gelehrsamkeit nur ein Denken über Gegenstände sein konnte, führten Mechthilds Visionen direkt zu den Geheimnissen Gottes, beziehungsweise diese drangen unmittelbar in ihre Wirklichkeit ein. Die titelgebende Metapher vom Fließen des Lichtes, die ihren neuplatonischen Hintergrund erkennen lässt, bringt bereits zum Ausdruck, dass Gott in das Diesseits hineinstrahlt und es durchringt. Das gilt grundsätzlich für die gesamte Existenz, besonders die menschliche, die Mechthild mit der Tradition als Abbild des dreieinigen Gottes versteht. Es gilt aber in besonderer Weise für ihr Buch. Dieses selbst hat für sie göttliche Gestalt, ist selbst «drivaltig», und das Pergament steht, so Mechthild, für die menschliche Natur Christi, die Worte hingegen, der Inhalt, für seine göttliche Natur (*Das fließende Licht* II 26). Die grundlegenden dogmatischen Lehren des Christentums gewannen so ganz haptisch Gestalt, und das stellte einen viel tieferen Schutz für Mechthilds Verkündigung dar als die Unterstützung durch Heinrich von Halle: «Die Wahrheit kann niemand verbrennen!»[21] Gott wurde nicht nur in Mechthilds Leib als seinem Tempel in dieser Welt Wirklichkeit, sondern auch in dem Buch, dem so eine Heiligkeit zukommt, die selbst für die Bibel nicht selbstverständlich wäre. Sogar Heinrich von Halle drückt diesen an eine Heilige Schrift grenzenden Rang von Mechthilds Buch aus, wenn er *Das fließende Licht* im Prolog einen *liber (...) inspiratus*, ein inspiriertes Buch, nennt.[22]

Die Inspiration beruhte darauf, dass Mechthild in die göttliche Welt entrückt wurde und umgekehrt ihre Erfahrungen die Welt durchscheinend für Gott gemacht haben. Dieses Wechselspiel war entscheidend für ihre Kommunikation mit Gott. Diese vollzog sich in einem Hin und Her von Diesseits und Jenseits, durch das Mechthild selbst «nicht sagen kann, ob sich das Himmelreich zu mir herabneigte oder ob ich in das herrliche Haus Gottes emporgezogen wurde».[23] Dieses Hin und Her geschah immer neu als Entrückung und Verzückung einerseits, als Lösung und Trennung andererseits. Der Weg der Seele zu Gott war dabei zunächst der Weg der Buße, die Mechthild nach dem Muster der sakramentalen Ordnung als Dreischritt von Reue, Beichte und Wiedergutmachung beschrieb. Wie aber für Marie von Oignies und Ida von Nivelles (gest. 1231) die allen Christen zugeteilte Eucharistie zu einem besonderen Geschehen wurde, endete auch für Mechthild die Buße auf besondere Weise. Nachdem sie alle Schritte absolviert hatte, rief der von ihr geliebte Jüngling: «Jetzt bin ich voller Unruhe, ich muß ihr entgegen!»[24] Der Selbstdemütigung der Seherin folgte also nicht nur ein Aufstieg in den fernen himmlischen Hofstaat, sondern auch ein Abstieg Christi zu ihr. Dieser begegnete der minnenden Seele als Geliebter, der der Geliebten im morgendlichen Tau und Vogelgezwitscher entgegentrat – und nach weiteren Vorbereitungen endete die Begegnung in einer Szene, deren Beschreibung bei aller Betonung der gegenseitigen Liebe wie eine Vergewaltigung durch den männlichen Part wirkt:

Dann geht die Allerliebste zum Allerschönsten in das verborgene Gemach der unschuldigen Gottheit. Da findet sie das Lager der Liebe und die Stätte der Liebe von Gott nicht nach Menschenart bereitet.

Da sagt unser Herr: «Bleibt stehen, edle Seele!»

«Was gebietest du, Herr?»

«Ihr sollt Euch ausziehen!»

«Herr, was wird dann mit mir geschehen?»

«Edle Seele, Ihr seid meiner Natur so innig verbunden, daß gar nichts zwischen Euch und mir sein darf. Niemals war ein Engel so erhaben, daß ihm auch nur für einen Augenblick zuteilgeworden wäre, was Euch auf ewig zu eigen ist. Darum sollt Ihr Furcht und Scham ablegen und jede äußere Tugend. Vielmehr sollt Ihr allein die Tugend, die Ihr von Natur aus in Eurem Innern habt, auf ewig fühlen. Das ist Euer edles Verlangen und Euer unendliches Begehren. Diese will ich in Ewigkeit mit meiner unendlichen Gnade stillen.»

«Herr, nun bin ich eine nackte Seele und du in dir selbst ein Gott in großer Herrlichkeit. Unser beider Gemeinschaft ist das ewige Leben ohne Tod.»

Darauf tritt da eine selige Stille ein, wie es beide wollen. Er schenkt sich ihr, und sie schenkt sich ihm. Was ihr jetzt geschieht, das weiß sie – und dies ist mein Trost. Nun kann dies nicht lange währen; wo zwei Liebende heimlich zusammenkommen, müssen sie immer wieder auseinandergehen, ohne sich doch zu trennen.[25]

Die «Fleischwerdung» Christi, eine der Grundlagen des Christentums und für Mystiker wie Bernhard von Clairvaux eine der Voraussetzungen dafür, Christus leiblich wahrzunehmen, gipfelt hier kaum verhohlen im Geschlechtsakt mit Christus. In ihm verschlangen sich metaphorische Leiblichkeit und reale Nähe zwischen Gott und geliebter Seele. Darin wird die Weiblichkeit Mechthilds, die sie anfänglich als ihre Schwäche beschrieb, zum Schlüssel für mystische Erfahrungen. Wo für männliche Autoren wie Bernhard eine Differenz zwischen der grammatischen Weiblichkeit der eigenen Seele und der Männlichkeit des eigenen Körpers bestand, die nur metaphorisch zu überbrücken war, verband sich in Mechthilds Existenz beides. Die Seele erfuhr, worauf der Körper wegen ihrer Entscheidung für ein asketisches Leben verzichtete.

Die intensive Begegnung mit Gott blieb nicht ohne Wirkung: In Buch II,17 f. findet ein Wechselgespräch zwischen Gott und der Geliebten statt, das die Anrede der Braut als Taube im Hohelied aufnimmt (Hld 5,2; vgl. 6,9). Gott preist die schöne Gestalt der Taube, ihr glattes Gefieder, ihren wohlgeformten Mund und ihre schönen Augen, und die Geliebte antwortet, indem sie darauf verweist, dass sie all diese Schönheit allein Gott selbst verdanke. Die Begegnung mit Gott also hat zu einer vollständigen Wandlung der ungelehrten, einfachen Seele geführt, und diese steigert sich noch zu einer Gestaltung in Christus, einer unübertroffenen *conformitas*, durch die das Blut der minnenden Seele ebenso eins mit Christus wird wie das Gewand und schließlich auch der ungeküsste Mund («munt [...] ungekust»; *Das fließende Licht* II,25). Der Kuss unterbleibt wohl deswegen, weil die Differenz zwischen Subjekt und Objekt, die darin noch vorausgesetzt wäre, für Mechthild momenthaft gänzlich verschwunden war. So wurde die scheinbar verächtliche Seele der Seherin durch ihre erotische Gottesbeziehung einzigartig und über alle anderen Menschen erhoben. Was sie hier erlebte, blieb «allen Geschöpfen außer mir allein immerdar verborgen».[26]

DER KREIS VON HELFTA: MYSTISCHE FREUNDINNEN

Um 1270 ging Mechthild von Magdeburg in das Kloster Helfta. Ob sie zu dieser Zeit schon die Erblindung nahen spürte, die ihre letzten Lebensjahre prägen sollte, oder ob sie einfach mehr Sicherheit suchte, als der Beginenstand ihr bieten konnte, ist unklar. Das Kloster in Helfta gehörte zwar formal nicht dem Verband der zisterziensischen Klöster an, folgte aber deren Gewohnheiten. Mechthild kam hier nach der prekären Existenz als Begine nicht nur insgesamt an einen etwas behaglicheren Ort, sondern war nun auch sozial wieder unter ihresgleichen. Das Kloster wurde seit 1251 von der zum Zeitpunkt ihrer Wahl zur Äbtissin nicht einmal zwanzigjährigen Adligen Gertrud von Hackeborn (gest. 1292) geleitet. Deren Gaben lagen im Organisatorischen: Unter ihrer Ägide zog die Gemeinschaft vom ursprünglichen Gründungsort bei der Burg Mansfeld zweimal um, bis sie schließlich festen Sitz in Helfta, einem Teil des heutigen Eisleben, fand. Als spirituelle Schriftstellerin ist sie selbst nicht in Erscheinung getreten, aber sie scheint eine Atmosphäre geschaffen zu haben, in der Mechthild ihr Buch vollenden konnte. Das Licht, von dem sie sprach, konnte sie bald nur noch innerlich schauen. Sie erblindete und musste die letzten Kapitel, wenn sie denn von ihr stammen, diktieren.

Ihre Kraft reichte aber möglicherweise noch aus, um andere zu ermuntern und zu bestärken, etwa die Schwester der Äbtissin, Mechthild von Hackeborn (gest. 1299). Sie soll schon vor der Ankunft der ehemaligen Begine mystische Erfahrungen gehabt und unter deren drängender Kraft gelitten haben, und begann nun, darüber zu berichten. Die hochgebildete Nonne leitete die Schule des Klosters und beeinflusste dort eine Schülerin, die wie die Äbtissin Gertrud hieß und als Gertrud die Große oder auch einfach Gertrud von Helfta (gest. 1301/02) bekannt wurde. Dass Mechthild von Magdeburg nicht einfach das spirituelle Geschehen anleitete, zeigt sich schon darin, dass die beiden mystisch bewegten Nonnen anders als Mechthild von Magdeburg ihre Werke in lateinischer Sprache verfassten. Und doch finden sich hier Muster wieder, die von ihr bekannt sind. Dass auch Gertruds *Legatus divinae pietatis*, der «Gesandte der göttlichen Treue», männlicher Kontrolle unterworfen war – sie zählt gleich zu Beginn eine Anzahl von Brüdern auf, die es begutachteten –, kann angesichts des zuvor Beschriebenen nicht erstaunen.

Doch waren es nach ihrer Selbstauslegung nicht diese Männer, die Gertrud zur Niederschrift brachten, sondern Gott selbst zwang sie dazu. So gewinnt das Buch in ähnlicher Weise wie das der ehemaligen Magdeburger Begine besondere Offenbarungsqualitäten: Christus selbst erklärt es zum «Licht für die Völker» nach Jesaja 49,6 (*Legatus Prol.* 3). Die Würde des Werkes übertrug sich auf die Frau, deren Erfahrungen darin aufgezeichnet wurden: Das ganze erste Buch des *Legatus* war der Schilderung der herausragenden Frömmigkeit Gertruds gewidmet, die sich in ihrer Demut ebenso zeigte wie in ihrer treuen Einhaltung der Gebetszeiten und ihrer regelmäßigen Teilnahme an der Eucharistie. Auch hier gilt, dass die Besonderheit der Mystikerin sie nicht so von allen anderen abhob, dass sie nicht auch als Vorbild für andere hätte dienen können. Ihr Leben sprengte die Normen allgemeiner Christlichkeit nicht, sondern bestätigte sie.

Auch Gertrud nahm für sich in Anspruch, intimen Umgang mit Jesus zu haben. Sie unterhielt sich regelmäßig mit ihm, und es war für sie eine Besonderheit, wenn sie einmal nicht von ihm besucht wurde (*Legatus* I,17). Diese Besuche hatten, so beschreibt sie es, in ihrem sechsundzwanzigsten Lebensjahr begonnen. Sie kann den Beginn sogar genau auf den 27. Januar 1281 datieren. Die Erfahrungen, die am Anfang ihrer Visionen standen, weisen das typische Ineinander von geistlicher und erotischer Liebe auf. Sie begannen nicht etwa im Chorraum, sondern im Dormitorium, dem Schlafsaal des Klosters, wo Gertrud einen jungen Mann erblickte, der «ganz den Wünschen, die ich in meiner damaligen Jugend für jemanden gehabt hätte, der meinen äußeren Augen gefallen hätte» entsprach und sie auch noch «verführerisch und sanft» ansprach.[27] Natürlich folgte keine körperliche Verführung, sondern eine Einweisung in die geistlichen Geheimnisse: Gertrud wurde durch das göttliche Licht dazu angeleitet, in ihr Inneres zu schauen und sich dort besser zu erkennen. Das Herz nämlich musste gereinigt und so für die Begegnung mit Christus bereitet werden: Gertrud, die mit fünf Jahren in das Kloster gekommen war, erlebte so in dessen Mauern eine neue Bekehrung von der Sünderin zur Braut Christi. Das ist vielleicht das Bemerkenswerteste an diesen Schilderungen. Die Schlinge der Bekehrung zog sich gewissermaßen immer enger zu: In den ersten Jahrhunderten bedeutete schon der Weg zum Christentum, die Taufe, dass man sich zu einem ganz auf Christus bezogenen Leben bekehrt hatte. Doch je mehr das Christentum zur dominierenden Religion wurde, in die man mit der Säuglingstaufe gewissermaßen hineingeboren wurde, desto mehr wurde auch die innerchristliche Existenz als sündig und unzureichend empfunden. Das Kloster bot einen Ausweg daraus, aber auch keinen vollkommenen. Mechthild von Magdeburg berichtet – wahrscheinlich eher den üblichen Topoi als realen Begebenheiten folgend – von einer Bekehrung zum Leben einer Begine, nachdem sie in ihrer «frühesten Jugend so schwer gesündigt»[28] habe. Gertrud erfuhr sich noch als Nonne als sündig und bekehrte sich innerhalb derselben Klostermauern zu einem neuen Leben der Innerlichkeit: Monastische Existenz wird so noch einmal gesteigert, ist nicht mehr an sich Auszeichnung eines heiligmäßigen Lebens, sondern bedarf der inneren Berührung durch Christus. Diese kann allerdings nicht selbst erworben werden, sondern geschieht als «eine völlig ungeschuldete und gegen jedes Verdienst gewährte Gnade».[29] Das Muster des Paulus klingt hier an, der gegen alle Erwartung und gegen allen Willen zum Christen bekehrt worden war. Wie dieser in seiner Christusoffenbarung «plötzlich ein Licht vom Himmel» gesehen haben soll (Apg 9,3), sah auch Gertrud, bezeichnenderweise im Zusammenhang der Eucharistie, ein «aufstrahlendes

Licht aus der Höhe».[30] Nun war ihr ein Altar im Herzen bereitet, und sie konnte eine «süße Vereinigung und die vereinigende Süße» erfahren.[31] Das Herz aber war eigentlich unwürdig, und so spielt Gertrud den Gedanken der Buße am Herzen selbst durch:

> Dabei spürte mein Herz aus Lehm, dass du angekommen und in ihm gegenwärtig warst. O könnte ich doch, könnte ich tausendfach das ganze Meer in Blut verwandeln und über mein Haupt gießen, um wenigstens auf diese Weise die Grube äußersten Elends zu überfluten, die du, der Höchste mit unvorstellbarer Würde, zur Wohnung erwählt hast! Oder wäre es möglich, dass mein Herz aus dem Leib herausgenommen und mir auch nur für eine Stunde gegeben würde, damit ich es Stück für Stück mit glühenden Kohlen läutern könnte! Wenn es dann nach Auskochen der Schlacke gereinigt wäre, so könnte es eine – wenn auch keine würdige, so dennoch keine so unwürdige – Wohnung für dich darstellen.[32]

Die Metapher vom Innern des Menschen als Tempel Gottes, die auch Mechthild nutzte, wird hier in einem Zusammenspiel aus Nähe und Distanz entfaltet. Reinigen und Ausreißen des Herzens drücken aus, dass die mystische Erfahrung eigentlich nicht in das Diesseits gehört, und doch wird sie immer neu erfahren. Mochte man bei Augustinus eine Spannung zwischen seiner strengen Sünden- und Rechtfertigungslehre einerseits, der Mystik andererseits vermuten, so zeigt Gertrud, dass Mystik im lateinischen Westen dieses Sündendenken integriert hat, und zwar eben dort, wo es seit alters hingehörte: Schon bei Dionysios Areopagita hatte die Reinigung ja eine wichtige Vorstufe mystischer Erfahrung gebildet, bei Gertrud ist sie nicht nur Voraussetzung für die Einwohnung Gottes, sondern geradezu deren Folge, weil die Nähe Christi ihr die eigene Sündhaftigkeit und ihre Unfähigkeit, ihr Heil zu verdienen, bewusst macht. Gegenüber Mechthild kann man so bei Gertrud vielleicht eine Akzentverschiebung wahrnehmen. Beide spielen mit demselben biblischen Material, während aber Mechthild die wonnevolle Seite der Einigung mit Christus in den Vordergrund schiebt, betont Gertrud mindestens ebenso die negative Voraussetzung in ihrer Sündhaftigkeit. Das macht ihr Denken in mancher Hinsicht traditioneller und konformer als das ihrer spät gewonnenen Klosterschwester.

Und doch fehlt es auch bei Gertrud nicht an provozierenden Aspekten der Mystik. Die Betonung der Liebe statt der Vernunft, der Vergebung statt der vermeintlich von ihr verdienten Strafe, steigerte Gertrud bis zu dem Satz: «Mein Gott hat wie betrunken, wenn ich das zu sagen wagen darf, den Verstand verloren.»[33] Zu sagen, dass Gott über alle Vernunft erhaben ist, war das eine – ihm den Verlust seiner Geisteskraft zuzusprechen, ein anderes. Gertrud ging weit, um die Intensität der Liebe auszudrücken. Und sie ging noch weiter in dem Versuch, zu beschreiben, was mit ihr geschah. Rund drei Generationen nachdem von Franziskus von Assisi (gest. 1226) erstmals erzählt wurde, dass ihm wunderhaft die Wundmale Christi, die *Stigmata*, zuteil geworden waren *(siehe Seite 225)*, erfuhr auch Gertrud, dass diese ihr eingeprägt wurden. Allerdings erkannte sie dies «[t]ief in meinem Herzen» als eine Wirkung «gleichsam an bestimmten Stellen des Körpers».[34] Die schon mehrfach, vor allem im Blick auf sexuelle Metaphorik, beobachtete Verschlingung von körperlicher und geistlicher Erfahrung gilt so auch für das internalisierte Leidensgeschehen. Die leibliche Erfahrung ist allein geistlich wahrnehmbar. Gertrud schildert im Folgenden, wie sie sich selbst diesen eingeprägten Wunden zuwendet und als Taube in der Felshöhle (nach Hld 2,14) Zuflucht findet: Die ganze Person verschwindet so in einer einem Körperteil zugefügten Wunde. Diese Schilderung ist physisch nicht mehr darstellbar. Sie drückt eine Innigkeit aus, die anders gestaltet ist als die erotische Verschmelzung, von der Mechthild sprach. Wo Gertrud sich mit der Taube aus dem Hohelied vergleicht, bleibt sie vom Bräutigam unterschieden, wo sie aber die Wundmale an sich trägt, ist sie, als Frau, mit ihm identisch geworden. Ihre sündige Existenz ist so durch das Leiden in eine *conformitas Christi*, eine Gleichgestaltung mit Christus, transformiert, die alle Geschlechtergrenzen sprengt und die deutlicher als alle erotischen Bilder anzeigt, dass Christus in erster Linie nicht Mann geworden ist, sondern Mensch. So transportieren Erfahrungen und Metaphern grundlegende theologische Aussagen und bedürfen nicht der vollends klärenden Eindeutigkeit. Sie erheben die Mystikerin in eine Sphäre, in der sie die Priester weit überragt, unter und hinter sich lässt – und doch genau einen solchen herausragenden Anspruch nicht erheben will: Die Zuwendung Christi wird ihr nicht zuletzt auch durch Fürbitte anderer zuteil. Sie ist als Mystikerin mit all ihren individuellen Gaben und Auszeichnungen doch stets Glied ihrer klösterlichen Gemeinschaft.

Zu den körperlichen Erfahrungen, die Gertrud mit der Nähe zu Christus verbindet, gehört auch das physische Leid, die Krankheit. Aus dem Gedanken, dass Christus durch sein Leiden den Menschen nahe geworden ist, kann rasch die umgekehrte Vorstellung entstehen, dass Leiden in die Nähe Christi bringt. Diese Vorstellung scheint in der Klostergemeinschaft in Helfta, die, wie mittelalterliche Existenz überhaupt, ständig mit Krankheiten zu rechnen hatte, empfunden und gelebt worden zu sein. Von Maria, die sie in einer brisanten Wendung als «Mittlerin des Mittlers zwischen Gott und Menschen» (*mediatrix mediatoris Dei et hominum*) bezeichnet und damit in eine Stellung zwischen Ergänzung und Konkurrenz zu dem einen Heilsmittler Christus bringt, wird ihr nach einer Zeit der Bettlägrigkeit gesagt:

> Wie du dich nicht erinnern kannst, bei einer Krankheit schon je einen ärgeren Schmerz im Leib ertragen zu haben, ebenso darfst du wissen, dass du von meinem Sohn noch nie ein edleres Geschenk empfangen hast. Die vorausgehende Krankheit hat deinen Geist stark genug gemacht, um es würdig zu empfangen.[35]

Diese Zusage Mariens eröffnete Gertrud eine der intensivsten Einigungserfahrungen. Sie fühlte sich durch Marias Worte erleichtert und verspürte – bezeichnenderweise wieder im Zusammenhang mit der Eucharistie –, wie sie weich wie Wachs wurde, sich an die Brust Christi schmiegte, diese umschloss, in sie hineingezogen wurde und das Bild der Trinität eingeprägt bekam.

Eine solche religiöse Hochschätzung des Leidens, bis hin zu der Vorstellung von einer heiligenden Krankheit (vgl. Gertrud, *Legatus* II,9), kann aus heutiger Perspektive leicht als zynisch empfunden werden: Wo es jemandem schlecht ergeht, wird ihm oder ihr die Gnade besonders zuteil. Diese kritische Perspektive auf eine solche Belobigung des Leidens verliert ihr Recht nicht, wenn man darauf blickt, dass es sich hier um Literatur von Nonnen handelt, deren Handlungsspielräume begrenzt waren. Die Visionen und ihre Berichte darüber wurden zu ihrem Instrument, um ihre sozialen Verhältnisse und ihr Leid zwar nicht zu verändern, aber sie trugen doch in einer bemerkenswerten Weise zu einer Umwertung der Werte im Namen der Werte selbst bei. Niemand konnte etwas gegen die Berufung auf Christus sagen. Dieser aber stand nun nicht wie in zahlreichen Darstellungen für die Weltherrschaft, sondern zeigte seine Macht, ganz biblisch, in den Schwachen.

Bei Mechthild führte dies zu einer bemerkenswerten Aufwertung der Frau. In dem Kloster, dem sie sich am Ende ihres Lebens zugewandt hat, gewann diese Umwertung von Schwäche zu einem Offenbarungsweg eine Zuspitzung auf die Krankheit, die in noch höherem Ausmaß Gertruds Lehrerin Mechthild von Hackeborn vorgelebt hat. Sie war zeitlebens kränklich und in ihren letzten Lebensjahren an das Bett gefesselt, ehe sie 1299 mit achtundfünfzig Jahren starb. Von hier aus konnte sie ihre Schwester, die Äbtissin Gertrud, nicht mehr besuchen, als diese im Sterben lag, und sie konnte auch nur noch selten an den Stundengebeten des Konvents teilnehmen. Stattdessen inszenierte sie ihr Krankenlager als Liebes- und Offenbarungsort. Nun war es nicht mehr die Krankheit, die sie davon abhielt, ihren klösterlichen Pflichten nachzukommen, sondern wie bei ihrer Namensschwester aus Magdeburg die liebende Vereinigung mit Christus (Mechthild, *Liber* II,5). Visionen und mystische Erfahrungen wurden von ihren Mitschwestern – wohl nicht zuletzt auch von Gertrud der Großen – im *Liber specialis gratiae* aufgezeichnet. Dieses «Buch der besonderen Gnade» begann geradezu lehrbuchartig mit einem Durchlauf durch das Kirchenjahr (bezeichnenderweise unter Einschluss des Festes des heiligen Bernhard), behandelte dann am Beispiel der Erfahrungen Mechthilds Gottes Handeln an den Menschen, gab Anweisungen für das Gotteslob und verkündete schließlich den Trost für die Menschen, das heißt ihre Erlösungshoffnung. Es war fast eine kleine Dogmatik, eine Alternative zu den gleichzeitig entstehenden großen Entwürfen der Theologie. Die Frauen, die sie aufzeichneten, konnten dafür auf eine weit größere Autorität als jedes philosophisch noch so abgesicherte Buch verweisen: die Begegnung mit Christus selbst. Die Autorität der eigenen Rede war in einer tiefen Bußhaltung und Anerkennung der eigenen Nichtigkeit verankert, wie später bei ihrer Schülerin Gertrud.

Für die Buße wurde insbesondere Maria Magdalena zur zentralen Figur, die ja auch sonst in mystischen Kreisen populär war. Deren Fest verband Mechthild mit dem Kult der Wunden Christi (vgl. Mechthild, *Liber* I,25). Die Büßerin des Neuen Testamentes bot auf andere Weise als die Braut des Hoheliedes eine Projektionsfläche, gerade dort, wo in der Mystik das Kreuz Christi immer größere Bedeutung gewann: Maria Magdalena, unter dem Kreuz trauernd, drückte die Demut aus – und schon seit Origenes gleichzeitig die Erhebung zu Visionen, wie sie Mechthild erfuhr. Vor allem aber ermöglichte das Vorbild Mechthild, Buße im unmittelbaren Gegenüber zu Christus und ohne das priesterlich vermittelte Sakrament zu vollziehen. Notdürftig blieb sie dabei innerhalb des kirchlichen Rahmens, indem sie die sakramentale Buße immerhin begehrte. So jedenfalls schildern es die Schwestern, die ihre Visionen zusammentrugen und in Erzählungen einbetteten. Dieser Rahmen ist allerdings nicht ganz spannungsfrei, denn es heißt, Mechthild habe zur Beichte gehen wollen, um die Eucharistie zu empfangen, sei aber zu krank dazu gewesen. Wenn sie aber die Eucharistie erhalten konnte, dürfte ein Priester, der die Beichte abnehmen konnte, nicht allzu fern gewesen sein.[36] Ein Verzicht auf die sakramentale Buße wäre dann kaum begründet. Die Erzählung soll offenbar vor allem zeigen, dass Buße der priesterlichen Vermittlung gar nicht bedarf: Mechthild wendet sich direkt an Gott, und dieser erklärt ihr, wenn sie das echte Bedürfnis nach Beichte habe, werde er ihrer Sünden nicht mehr gedenken (*Liber* II,14).

Die Ersetzung ritueller Praktiken durch Innerliches war aber nicht einfach zu haben. In der Frömmigkeitswelt Mechthilds äußerte sich die Spannung zwischen sündigem Selbstbewusstsein und Erhebung zu Gott in dem, was sie als *tentationes* bezeichnete, als Anfechtungen: Der Geliebte erschien fremd und abweisend, fordernd und strafend (*Liber* II,12). Am Ende aber erhob er die Geliebte in seiner unendlichen Gnade – das ist das, was gleichzeitig universitäre Theologen als Vorgang der Rechtfertigung der Sünderin oder des Sünders behandelten. Die Radikalität der gnädigen Sündenvergebung wurde für Mechthild nicht begrifflich, sondern metaphorisch ausgerückt: In der ersten Vision sieht sie sich, als Zeichen der Büßerin, in einem Aschengewand vor Christus, aber «vor seinem lieblichen Angesicht wurde die Asche zunichte gemacht, und sie stand da in seiner Gegenwart und glänzte wie Gold».[37] Bei den Visionen blieb es nicht, sondern es kam zu imaginierten Begegnungen, die mal als geistliche Erhebung zu Christus beschrieben werden, mal als Berührung der beiden Herzen. In einer Erzählung heißt es, Christus habe ihr sein Herz als Unterpfand für das ewige Leben gegeben (vgl. Mechthild, *Liber* II,19). Umgekehrt wurde ihr Herz zur Wohnstatt Christi – und gerade dies begründete ihre Qualität als Offenbarerin des göttlichen Willens: In einer Vision erklärte Christus ihr, dass er gerne Aufnahme in ihrem Herzen fände und diese Wohnung dann ein einziges Fenster habe.

> Sie verstand, dass dieses Fenster ihr Mund war, durch welchen sie jenen, die zu ihr kamen, das Wort Gottes durch Lehre und Trost darbieten sollte.[38]

Die Seherin wurde zur Prophetin, ihr Krankenbett zur Kanzel. Der Mund war aber nicht nur das extrovertierte Predigtfenster zu denen, die zu ihrem Bett pilgerten, sondern er konnte sich – wiederum in einer Verschlingung der Bilder – Christus zuwenden, der eben nicht nur in ihr war, sondern auch außerhalb blieb. So formte sich der Mund, wieder merkt man Bernhards Einfluss, zum Kuss Christi. Als hätte er sie in einem Wettstreit erlangt, sagt Christus Mechthild, sie sei die Belohnung, die sein himmlischer Vater ihm gegeben habe (*praemium* [Mechthild, *Liber* II,8]). Aber der Lohn bedeutet eigentlich keinen Gewinn für Christus, sondern umgekehrt ist es Christus, der durch seine Liebe die Geliebte schön und begehrenswert macht. Auch diese Erzählung ist ein Stück Theologie. Sie widerspricht der Erwartung, dass der Mensch etwas tun müsse, um himmlischen Lohn zu erlangen. Nichts ist in der Mystikerin, das sie würdig macht, und jedes Lohndenken verliert seinen Sinn, wenn es der Belohnende selbst ist, der die Belohnte als Lohn erhält. Wieder dringt hier die augustinische Grundfigur der unendlichen Gnade Gottes durch, die alles menschliche Tun überwindet.

MARGUERITE PORETE UND DIE VERURTEILUNG DER BEGINEN

Mechthild von Magdeburg und die Schwestern Mechthild von Hackeborn und Gertrud von Helfta gingen an die Grenzen des Sagbaren und Erlaubten. Sie taten das unter dem Schutz eines männlichen Seelsorgers und im geschlossenen Raum des Klosters. Solchen Schutz fand eine der gelehrtesten Denkerinnen des Mittelalters nicht: Marguerite Porete (gest. 1310). Auch sie lebte als Begine, wohl in Valenciennes, nahe der heutigen Grenze zwischen Nordfrankreich und Belgien. Was von ihr bekannt ist, ist vor allem ein Buch: der *Miroir des simples âmes*, der *Spiegel der einfachen Seelen*. Dieses Werk hat es allerdings in sich: Marguerite inszeniert darin ein Gespräch zwischen verschiedenen Seelenkräften, das um die Frage kreist, wie die Seele zu jenem Gott gelangen könne, der zugleich fern und nahe ist – ein «überaus süßer Fernnaher» («tres doulx Loingprés»; *Miroir* c. 80). Was Pseudo-Dionysios Areopagita mit der Paradoxie von Licht und Finsternis ausgedrückt hat, wird so in eine räumliche Metapher gebracht. Schlaglichtartig zeigt sich darin der Weg, den die Mystik seit der Spätantike zurückgelegt hatte: Gegenüber der Einbettung in das liturgische Geschehen bei Dionysios standen nun individuelle Vorgänge der Einwohnung Gottes in der Seele oder der Erhebung zu ihm im Vordergrund, die eher mit räumlichen Bildern ausgedrückt wurden.

Marguerites Buch ist ein rationaler und gelehrter Appell an die Seele, nicht ihre Vernunftkräfte in den Vordergrund zu stellen, sondern darüber hinauszusteigen. Dieser Aufstieg soll die Lösung von allem bringen, was von Gott trennt und was noch zur Welt der Unterscheidungen gehört. Die Vielstimmigkeit der beteiligten Kräfte in diesem Gespräch macht deutlich, dass die Seele sich mit ihrer irdisch-menschlichen Seite noch in einer Welt der Vielfalt und des Unterscheidens befindet, die nach dem auch für Marguerite leitenden neuplatonischen Grundverständnis immer nur fern von Gott sein kann: Wo es noch Unterschiede gibt, ist der eine Gott nicht erfasst.

Erfasst werden kann dieser nur durch die geistliche Seele und durch die entscheidende Kraft, die zu Gott hinführt: die Liebe. Auf die Liebe zu vertrauen heißt auch: neben der Vernunft den Willen hinter sich zu lassen. Denn, so die grundlegende Einsicht Marguerites: Wo ein Wille noch aktiv ist, ist auch das Ichzentrum des Menschen aktiv. Damit aber bleibt eine Differenz zu Gott erhalten, die nur durch die Seelenkraft aufgehoben werden kann, die mehr das andere will als sich selbst, eben die Liebe. Letztlich wird sogar diese Liebe aufgehoben, weil sie noch einen Unterschied zu Gott voraussetzt, der aber, ist erst einmal mystische Einigung erreicht, in Marguerites Denken aufgehoben ist. So geht sie einen energischen Schritt über brautmystische Vorstellungen hinaus. Sie radikalisiert, was sich bei den Schwestern von Helfta andeutet:

> In die Dreieinigkeit hat diese Seele ihren nackten Willen eingepflanzt, so dass sie nicht sündigen kann, wenn sie sich nicht daraus ausreißt. Sie hat nicht die Möglichkeit zu sündigen: Ohne Willen nämlich kann niemand sündigen. Nun braucht sie sich vor Sünde nicht zu hüten, solange sie ihren Willen da lässt, wo er fest gründet, das ist in demjenigen, der ihn ihr in seiner freien Güte gegeben hatte.[39]

An einer solchen Aussage ist fast alles brisant: Schon allein die Vorstellung, in die Trinität «eingepflanzt» (*plantee*) zu werden, sich also ganz und gar organisch mit dem dreieinigen Gott zu verbinden, sprengt das üblicherweise Zulässige. Ärger aber noch ist der Gedanke, dass diese Seele nicht mehr sündigen könne. Das Provozierende daran ist nicht zuletzt die bestechende Logik des Gedankens: Wenn die Seele all ihr Eigenes aufgegeben, wenn sie nicht mal mehr einen eigenen Willen hat, wenn sie in Gott aufgegangen ist, dann wäre es blasphemisch, Sünde mit ihr zu verbinden. Umgekehrt schien vielen die Vorstellung blasphemisch, dass eine menschliche Seele so weit gelangen könne. So wurde Marguerite aufgrund ihrer eigenen denkerischen Konsequenz und Brillanz zu Fall gebracht. Ihr Leben endete auf dem Scheiterhaufen. Schon um 1300 wurde der *Miroir* in Valenciennes auf Anordnung des Bischofs öffentlich verbrannt. Was in den Flammen landete, war jedoch nicht die einzige Abschrift: Marguerite setzte die Verbreitung ihrer Ideen und des Buches fort, und so wurde sie schließlich selbst am 1. Juni 1310 in Paris den Flammen übergeben.

Damit war aus dem potenziellen Konflikt zwischen Mystikerinnen und einem Beharren auf der sakramentalen Heilsvermittlung durch die Priester ein realer Konflikt geworden. Das Schutzkorsett, das Mechthild eingeengt, ihr aber doch auch erstaunliche Freiräume gelassen hatte, hielt nicht mehr. Der ganze Stand der Beginen geriet in Gefahr. Gerüchte über häretische Umtriebe unter ihnen machten schon länger die Runde in Europa und vermengten sich mit der Furcht vor verschiedenen Glaubensgruppen, die man pauschal «Brüder und Schwestern des freien Geistes» nannte. Kontrolle wie im Falle Mechthilds ließ sich nicht für alle Beginen durchführen. Zudem wurden die Frauengemeinschaften auch moralisch gerne in ein schiefes Licht gesetzt. Oft wurden ihnen sexuelle Vergehen vorgeworfen. Das mag angesichts der erotischen Literatur aus ihren Kreisen nicht überraschen, stellte aber doch in der Regel eine infame Unterstellung dar. Sie war ein Vehikel, um die sozial und theologisch unliebsamen Beginen so rasch wie möglich zu diskreditieren.

Zwei Jahre nach Marguerites Verbrennung entzog das Konzil von Vienne 1312 den Beginen zahlreiche Privilegien und verurteilte eine Reihe von Lehrsätzen, die man ihnen zuschrieb, um ihre mystisch hochfahrenden Überzeugungen zu unterdrücken. Das Konzil stand stark unter dem Druck des französischen Königs Philipp IV. Er hatte sich beim Templerorden hoch verschuldet und arbeitete schon länger an dessen Aufhebung. Auf dem Konzil folgte der französische Papst Clemens V. (1305–1314) seinem Drängen, obwohl den Templern keine Häresie nachzuweisen war. Diese Geschehnisse standen am Anfang einer lang anhaltenden Abhängigkeit des Papsttums von der französischen Krone. Schon Clemens residierte meist in Frankreich. Sein Nachfolger Johannes XXII. (1316–1334) etablierte dann den Papstsitz in Avignon. Erst Gregor XI. (1370–1378) kehrte 1376 nach Rom zurück, doch bis weit ins 15. Jahrhundert regierten noch Gegenpäpste in der Provence.

Den Beginen war vor diesem weltweiten Horizont nur ein Nebenschauplatz beschieden, aber einer, der sie an den Rand der Existenz brachte: Am 6. Mai 1312 beschloss das Konzil die Konstitution «Ad nostrum qui», die mehrere tatsächliche oder vermeintliche Sätze der Beginen – und ihres männlichen Geschwisterzweiges, der Begarden – verurteilte. Sie hätten, so wurde ihnen vorgeworfen, behauptet, dass der Mensch in einen Stand gelangen könne, in dem keine Fortschritte mehr möglich waren, und sie hätten, wohl weit schlimmer, die Möglichkeit einer Freiheit behauptet, die von allen Geboten der Kirche löse, ja, sie hätten in ihrer Kontemplation eine solche Höhe beansprucht, dass sie keine Gedanken mehr auf die Eucharistie verschwendet hätten. Das mag nicht alles gestimmt haben – im Ergebnis aber führte es dazu, dass die Schlinge der Kontrolle um die Beginen enger gezogen wurde. Viele Konvente wurden aufgelöst, viele in die offiziellen Orden, besonders den weiblichen Zweig der Dominikaner, integriert. Aber die Kraft weiblicher Mystik war damit nicht an ihr Ende gekommen.

NEUE GESCHLECHTERROLLEN UND POLITIK: DIE MACHT DER MYSTIKERINNEN

Auch wenn mit der Verurteilung der Beginen die soziale Grundlage für weibliche Literatur beschnitten und die Kontrolle verschärft wurde, bleibt die Anzahl und Originalität der Autorinnen bemerkenswert, die durch eigene Zeugnisse oder die Berichte anderer bekannt sind. Dass die Beginen Aufnahme in den Bettelorden, bei Franziskanern und Dominikanern, fanden, war kein Zufall. Die Mendikanten waren selbst Teil der großen Erneuerungsbewegung Anfang des dreizehnten Jahrhunderts gewesen. Franziskus von Assisi hatte als Kaufmannssohn einen Gegenentwurf gegen das verweltlichte Christentum im frühkapitalistischen Norditalien gelebt. Dominikus (gest. 1221) hatte das arme Leben vor allem als Antwort auf die Herausforderungen durch Häresien propagiert. Von beiden Gründergestalten waren große Bewegungen ausgegangen, die sich ernsthaft um die Nachfolge Christi in Armut bemühten und vor allem in bürgerlichen Kreisen hochattraktiv waren. Daher war in ihrem Umfeld bereits ein Bereich des Übergangs zwischen beginischem Status und Ordensmitgliedschaft entstanden: die sogenannten Dritten Orden, die in dieser Form allerdings erst zu Ende des dreizehnten Jahrhunderts formalisiert wurden.

In den Dritten Orden fanden sich Menschen zusammen, die sich an den Idealen der Orden orientieren wollten, ohne in die Klöster einzuziehen. In der Regel blieben sie in ihrem häuslichen Umfeld, befolgten aber bestimmte religiöse Vorschriften. Das ermöglichte gleitende Übergänge aus einem bürgerlichen Leben in eine Religiosenexistenz, wie im Falle der Angela von Foligno (gest. 1309). Sie stammte aus einer reichen Familie, war verheiratet und mehrfache Mutter, bekehrte sich aber 1285 zu einem Leben in franziskanischem Geist. Wenig später starben ihre Mutter, ihr Mann und ihre Kinder. Angela litt unter diesem Schicksalsschlag, beschrieb ihn aber auch als Trost und verarbeitete ihn dadurch, dass sie sich umso mehr einem geistlichen Leben zuwandte. Sie verband dabei einen mystischen Stufenweg zu Gott mit der Zuwendung zu den Armen und Aussätzigen. In beidem wurde ihr Franziskus von Assisi zur Leitgestalt, dessen Bußweg mit der Fürsorge für die Leprösen begonnen hatte und von dem es hieß, er habe 1224 die Stigmata Christi erhalten.

Der innere Weg, den der Franziskanerbruder Fra Arnaldo (der in den alten Handschriften nur *frater A.* heißt) für sie – in ständigem Gespräch mit ihr – aufzeichnete, vollzog sich hiernach auf dreißig Stufen hin zur Einheit mit Gott. In den Aufzeichnungen ist dieser geistliche Weg mit ihrer äußeren Biographie verschränkt, so dass sie für künftige Generationen zum Vorbild einer allmählichen geistlichen Entwicklung werden konnte. Zahlreiche Grundmotive sind darin miteinander verbunden: die tiefe Einsicht in Gott als den Abgrund, der nach Psalm 42,8 (41,8 Vg.) den Abgrund in sich ruft, die Nachfolge der Passion Christi und die Liebe der Braut. Diese beiden Motive konnten sich so sehr verschlingen, dass Angela das Kreuz als ihr «Bett» (*lectus / letto*) bezeichnete.[40] So wurde die bei Angela noch vorhandene erotische Aufladung immer mehr in den franziskanischen Geist der Passion hineingezogen.

Das Kreuz war für sie die sichtbare Seite Gottes, den sie letztlich, ganz in der Tradition des Pseudo-Dionysios, als unbegreiflich erfuhr. Angela und Arnaldo arbeiteten daran, das eigentlich Unsagbare in Worte und Bilder zu fassen. Eine besondere Rolle spielte dabei Franziskus als Seelenführer. Das führte zu einem eigenartigen Spiel aus Vermittlung und Unmittelbarkeit: Angela lebte nicht nur Christus nach, sondern auch und vor allem Franziskus von Assisi. Selbst noch die Umarmung durch Christus geschieht nicht so unmittelbar wie bei Mechthild, sondern ist vermittelt durch die Betrachtung eines Glasfensters in Assisi. Angela sah hier, wie Franziskus sich an die Brust Christi schmiegte, der sie ermunterte ihn gleichfalls zu umschlingen.[41] Durch solche Vermittlung strebte Angela der letzten Unmittelbarkeit zu, in welcher «die Seele in vollkommenster Einheit in Gott hinein und Gott in die Seele hinein gewandelt» ist.[42]

In der hierzu notwendigen vorangehenden Seelenleitung durch Franziskus aber zeichnet sich ein neues Modell der Kontrolle frommer Frauen ab: Nicht mehr der individuell zugeordnete Priester und Beichtvater, in diesem Falle der Bruder Arnaldo, allein sorgt für ihre Rechtgläubigkeit, sondern vor allem auch die Eingliederung in den anerkannten Orden und die Unterordnung unter einen Heiligen, den Ordensgründer. So wurde ein Muster vorgeprägt, das die Beginen nach ihrer Verurteilung in Vienne zu beschreiten hatten: die Integration in offizielle Orden. Gerade diese Einordnung gab Angela aber eine erstaunliche Autorität: Sie sammelte einen eigenen Kreis von männlichen Schülern um sich, die sie, die Frau, als Visionärin und Prophetin schätzten. Für sie selbst war dies auch ein Ersatz für die verloren gegangene Familie. Gott selbst wies ihr die Schüler als ihre und seine Söhne zu. So bestätigt, konnte die mystische Botschaft sich nun also noch einmal ganz neu nach außen wenden und die Dringlichkeit des göttlichen Willens hier und jetzt deutlich machen. Es ist bemerkenswert, dass zu jenen «Söhnen» auch Ubertin von Casale gehörte (gest. 1328), der bald zu den radikalsten Vertretern des Armutsideals im Franziskanerorden gehören sollte, die nicht allein die Laxheit des eigenen Ordens kritisierten, sondern auch den Reichtum und die Machtgier der Päpste. Mit diesen gesellschaftlich weitreichenden Forderungen ging er nach allem, was wir wissen, über Angela hinaus, aber er teilte mit ihr den franziskanischen Grundimpuls intensiver Passionsmystik.

Andere Mystikerinnen wählten gerade den Rückzug aus der «Welt» als ihren Weg. Eine von ihnen hat es sogar bis in den Roman eines Literaturnobelpreisträgers gebracht: Günter Grass schildert in *Der Butt* ausführlich die schwierige Ehe der Dorothea von Montau (gest. 1394), die sich gegen Ende ihres Lebens in eine Klause zurückzog. Dies war der Abschluss eines langen geistlichen Weges, auf dem sich erneut die Leitung durch einen Beichtvater, Johannes Marienwerder (gest. 1417), bewährte. Tatsächlich brauchte sie einen starken Schutz, denn ihr drohte unter Verweis auf ihre ekstatisch-erotischen Visionen ein Hexenprozess. Johannes schützte sie hiervor und schrieb selbst die Visionen nieder – dies in einer Fassung, die geeignet sein sollte, statt der Verurteilung wegen Hexerei einen Heiligsprechungsprozess in die Wege zu leiten. Der versandete allerdings zunächst und wurde erst im zwanzigsten Jahrhundert – erfolgreich – wieder aufgenommen.

Ein eigenes, beeindruckendes Zeugnis hat eine andere Reklusin hinterlassen: Juliana von Norwich (gest. nach 1413). Im Alter von etwa dreißig Jahren machte sie 1373 eine schwere Krankheit durch. Zum Trost zeigte ihr ein Priester ein Kruzifix und forderte sie auf, sich durch den trösten zu lassen, der für sie gestorben war. Den Kampf zwischen Tod und Leben beschrieb Juliana nun drastisch: Noch vor der Begegnung mit dem Priester war die untere

Hälfte ihres Körpers abgestorben, nun begann auch die obere Hälfte zu sterben, aber als sie frisches Blut am Kruzifix sah, kam wieder neue Kraft in sie. Unmittelbar danach durchlebte sie sechzehn Visionen, die sie einige Jahre später in ihren *Revelations of Divine Love* in einer Kurzfassung und einer deutlich späteren Langfassung niederschrieb. Das tat sie offenbar allein, weder in Gemeinschaft mit Schwestern noch unter Anleitung eines Priesters. Es ist Juliana selbst, die hier spricht, und sie weiß um die Spannung, die daraus entstehen musste, dass sie auf diese Weise anderen Glaubenden Gottes Willen verkündete. Als Frau könne sie zwar keine Lehrerin (*techere*) sein. «Aber sollte ich, weil ich eine Frau bin, deswegen unterlassen, euch etwas über die Güte Gottes zu erzählen, wenn ich doch zu jener Zeit erkannte, dass es sein Wille ist, dass sie bekannt wird?»[43] So erzählt sie in dem Bewusstsein, dass sie letztlich nur weitergibt, was sie von Gott empfangen hat.

In der kurzen Episode, die den Auftakt zu ihren Visionen bildet, verdichtet sich mehreres: Schon bei Angela hatte ja ein Bild, das Glasfenster mit Franziskus, eine entscheidende Bedeutung für die mystischen Erfahrungen gehabt. Diese Rolle spielt für Juliana das Kruzifix. Die didaktische Untermalung der Erlösungslehre durch den Priester gewann für sie eine existentielle Bedeutung:

> Ich verstand, dass wir eben jetzt, in Gottes Sinn, mit ihm an seinem Kreuz, in unseren Schmerzen und unserem Leiden, sterben. Und wenn wir aus freien Stücken durch seine Hilfe und Gnade an eben diesem Kreuz bis zum letzten Ende bleiben, wendet er plötzlich sein Antlitz zu uns, und wir werden mit ihm im Himmel sein. Zwischen dem einen und dem anderen wird keine Zeit liegen, und dann soll alles aufsteigen zur Freude.[44]

Momenthaft also steigt die Seele zum Himmel auf. Das ist eine Folge des Mitleidens (*compassion*) mit Christus, wenn im Bild sichtbar wird, wie sehr er sich zu den Menschen herabgelassen hat. Umgekehrt kann der Mensch durch sein Mitleiden zu Gott hinaufsteigen. Allerdings muss dies für Juliana physisch sein. So ist die Krankheit, unter der sie litt, ihr nicht einfach widerfahren, sondern sie hat inständig darum gebeten, um so in die Leiden Christi eintauchen zu können. Sie scheint damit noch eine Stufe weiter zu gehen als die Nonnen in Helfta, denn Krankheit ist für sie nicht nur eine Gelegenheit, sie ist ein zu erstrebender Zustand der Gottesnähe. Ob hier selbstdestruktive Neigungen eine Rolle spielen, wird man aus der großen zeitlichen und kulturellen Distanz nicht mehr diagnostizieren können. Klar ist aber die religiöse Botschaft, dass sich der Glaube leiblich vollzieht. Im Rahmen der in diesem Kapitel dargestellten Metaphorik ist Julianas Sehnsucht nach Krankheit die letzte Verwirklichung dessen, was zunächst nur metaphorisch angedeutet werden konnte: dass Seele und Leib eine Einheit bilden und daher in die Einheit mit Christus auch der Leib einbezogen werden muss. Diese Betonung des Leibes führt Juliana theologisch zur Zentralstellung Jesu Christi als des inkarnierten Gottes: Ihre Visionen betonen immer wieder das Wunder der Menschwerdung. Die Trinität erschließt sich für sie «in midds of my herte», als sie in ihrer einzigen nächtlichen Vision Christus zugleich als Gott und Mensch erblickte – und damit gleich die gesamte Trinität (*Revelations. Long text* 67).

Juliana schrieb aber nicht allein die traditionellen Dogmen fort und begnügte sich auch nicht damit, sie zu individualisieren und mystisch auf sich selbst zu beziehen, sondern formte sie auch in besonderer Weise um: Aufgrund der Einsicht, dass nichts so nah, so wohlbereitet und so gewiss sei wie der Dienst der Mutter, kam sie zu der gewagten Rede von «our very moder Jesus», unserer wahren Mutter Jesus (Juliana, *Revelations. Long text* 60). Sie sah Jesus gegenüber üblichen Müttern darin ausgezeichnet, dass diese bloß ihre Milch gäben, er aber sich selbst. Sogar das Stillen der Mütter wurde bei ihm übertroffen, weil bei ihm das Kind nicht an die Brust gelegt, sondern durch die Seitenwunde in die Brust hineingeleitet wurde (ebd.).

Wieder werden hier übliche Geschlechterrollen durcheinandergewirbelt. Auch wenn schon der Prophet Jesaja wusste, dass Gott tröstet «wie einen seine Mutter tröstet» (Jes 66,13), hatte und hat die Einsicht, dass die Festlegung Gottes auf das männliche Geschlecht seiner Wirklichkeit nicht gerecht wird, im Allgemeinen wenig Raum im Christentum. Juliana aber war hier konsequent: Menschwerdung bedeutete nicht bloß Mannwerdung, sondern der Jesus, den sie sah und deutete, hatte weibliche Züge. Das ist auch vor dem Hintergrund der bislang geschilderten Entwicklung weiblicher Mystik interessant. Diese hatte eine gewaltige Inspiration aus Jesu Männlichkeit erfahren, die Erotik und sexuelle Metaphern auf ihn projizieren ließ. Juliana aber überstieg genau diese androzentrische Metaphorik und wurde so der alten neuplatonischen Lehre gerecht, dass Gott jenseits aller Gegensätze steht.

Die große Seherin Juliana erhielt 1413 Besuch von einer jüngeren Frau, die sich durch sie ihre eigenen Offenbarungen bestätigen lassen wollte: Margery Kempe (gest. nach 1439). Margery war da vierzig Jahre alt und hatte ein wechselvolles Leben hinter sich, von dem sie lange Zeit später berichtete: Nachdem sie eines Nachts aufgrund einer visionären Erfahrung beschlossen hatte, ihr Leben ganz auf die himmlischen Freuden auszurichten, erklärte sie ihrem Mann, sie werde ihm zwar sexuell gehorsam sein, aber ohne Liebe – und hätte sich wenig später beinahe auf Ehebruch mit einem anderen Mann eingelassen. Dies ist nur ein besonders markantes Indiz für die große Spannbreite der Gefühle und Aktivitäten Margerys, der nicht nur vorgeworfen wurde, Ketzerin zu sein, sondern auch eine Dirne (*strumpet;* The Book of Margery Kempe I,46). Ihr Leben war viel bewegter als das der meisten anderen bislang behandelten Mystikerinnen: Nicht allein Visionen bestimmten ihr geistliches Leben, sondern auch zahlreiche Wallfahrten, bis hin ins Heilige Land. Das Grundmotiv war dabei die Nachfolge Christi. Vorwürfe sexueller Natur, zu denen sie selbst in ihrem Bericht immer wieder zurückkehrt, drücken wohl vor allem die enorme Spannung aus, die sie zwischen dem frommen Anspruch und der eigenen weiblichen Körperlichkeit empfand.

Der Weg der Mystikerinnen von einer Gegenüberstellung weiblicher und männlicher Körperlichkeit im geistlichen Liebesakt zur Identifikation des eigenen weiblichen Körpers mit Christus und zur Imagination Christi als Frau gehört zu den kreativsten Etappen der Theologiegeschichte überhaupt, war aber für die Protagonistinnen nicht immer leicht zu gehen. Auch wenn im Mittelalter die Dualität der Geschlechter weniger festgelegt war als in der Moderne mit ihrer bürgerlichen Moral und selbst «über Menschen mit geschlechtlich uneindeutigen Körpern erstaunlich unaufgeregt geredet wurde»,[45] strapazierten diese Frauen doch gängige Vorstellungen davon, was möglich war und was nicht. Margery Kempe kann man auch als Opfer der Grenzen sehen, die ihr von Kirche und Gesellschafte gesetzt wurden.

Der spirituelle Weg betraf für Margery Kempe auch ihren Körper und seine Ausdrucksformen. Als sie im Heiligen Land auf dem Berg Golgatha die Eucharistie empfing, verdichteten sich für sie drei Wege, die Präsenz Christi zu erfahren: am heiligen Ort, durch die eucharistische Feier und durch eine kontemplative Erfahrung:

> Danach empfing sie die Eucharistie auf dem Kalvarienberg und dann weinte sie, schluchzte, sie heulte so laut, dass es sich ganz außergewöhnlich anhörte. Sie war so voller heiliger Gedanken und Meditationen und heiliger Kontemplationen über das Leiden unseres Herrn Jesus Christus und von heiligen Gesprächen, die unser Herr Jesus Christus mit ihrer Seele führte, dass sie sie nachher nicht ausdrücken konnte.[46]

Auch Margery erlebte wie Juliana die *compassion* mit Christus, aber während Juliana als einsame Reklusin gelebt und dann ihre Erfahrungen niedergeschrieben hat, war Margery in jeder Hinsicht extrovertiert. So setzte sie etwa ihr Weinen unaufhörlich vor Zeugen fort. Der katholische Theologe Christoph Benke hat ihre Tränen sogar als eine «Art von Predigt» verstanden,[47] die sich nicht durch Worte, sondern lebendige Darstellung vollzog.

All diese Äußerungsformen, zu denen Frauen sich durchrangen, scheinen begrenzt und hatten keine nachhaltige Wirkung. Birgitta von Schweden (1303–1373) und Katharina von Siena (1347–1380) dagegen hatten eine Generation vor Juliana von Norwich und Margery Kempe Anteil daran, die Geschichte zu verändern. Beide drängten unter Berufung auf Offenbarungen Gottes die Päpste, die «Babylonische Gefangenschaft der Kirche» zu beenden, die Anfang des Jahrhunderts mit der Auslagerung des Papstsitzes nach Avignon begonnen hatte, und nach Rom zurückzukehren. Tatsächlich folgte zunächst für kurze Zeit Urban V. (1362–1370) und dann Gregor XI. im Jahr 1376 dauerhaft diesem Drängen – freilich mit fatalen Folgen für das Papstamt. Italienische und französische Kardinäle überwarfen sich bei der Bestimmung eines Nachfolgers, und so wurden es deren zwei: Urban VI. (1378–1389) regierte als Papst in Rom, Clemens VII. (1378–1394) in Avignon.

Das hatten Birgitta und Katharina nicht im Sinn gehabt. Und gewiss hatten sie die Heimkehr Gregors nach Rom nicht allein bewirkt, aber die geistliche Autorität, mit der sie auftreten konnten, hatte daran einen entscheidenden Anteil, gab sie doch zunächst Urban, dann Gregor das Bewusstsein, den Willen Christi zu erfüllen, wie er sich machtvoll in ihrer Gegenwart äußerte. Birgitta agierte dabei ganz überwiegend als Visionärin, bei Katharina aber sind die im eigentlichen Sinne mystischen Grundlagen deutlich erkennbar. Sie hatte sich früh und in einer komplizierten Absetzbewegung vom Elternhaus dem Dritten Orden der Dominikaner angeschlossen. Die Intensität ihrer mystischen Erfahrungen und die Weise, wie sie metaphernreich darüber sprach, entfalteten eine Wirkung in ihrer Heimatstadt Siena und bald weit darüber hinaus in der gesamten Toskana. So scharte sie einen Kreis von religiös engagierten Menschen um sich, die bereit waren, ihrer Botschaft zu folgern, in der sich viele Motive wiederfinden, die auch von anderen Mystikern und Mystikerinnen bekannt sind. Insbesondere betonte sie die Wunden Christi: Die Seitenwunde pries sie als die Öffnung, durch die man zu ihm selbst gelangen konnte. Als zentrales Bild aber, als «Meistersymbol»,[48] erscheint bei ihr die Brücke (*ponte*; Katharina, *Dialogo della Divina Providenzia* 26).

Diese Brücke hing wiederum mit dem Leiden Christi zusammen, denn sie wurde errichtet, als dieser am Kreuz hing – und war nach den Offenbarungen, die Katharina empfing, geradezu Christus selbst. Die Brücke gab dessen Wort «Ich bin der Weg und die Wahrheit und das Leben» (Joh 14,6) Gestalt. Der Weg über die Brücke sollte in die Gemeinschaft der Nächstenliebe führen, vor allem aber auch in die Gemeinschaft der Kirche. Die Überzeugung, dass die Nähe Christi in die Christenheit einbindet, führte Katharina zu ihrem kirchenpolitischen Engagement *(Tafel VII)*.

Ihr Werben für die Heimkehr des Papsttums nach Rom begann sie erst in den letzten Jahren ihres kurzen Lebens. Dass sie aber die Stimme hierfür erhob, zeigt wie wenige andere Ereignisse, dass mystisch inspirierte Menschen weltverändernd wirken konnten. Die Nähe Christi war nicht nur etwas, das man genießen konnte, wie es in den Schilderungen von Liebesnächten erscheinen mag. Sie war für diese Mystikerinnen eine Anfrage an die äußere Wirklichkeit und gab ihnen die Kraft, eine andere Wirklichkeit zu schaffen. Entgegen den sozialen Konventionen begannen Frauen zu predigen und wagten es gar, sich in die hohe Politik einzuschalten. Selbst noch das irdische Haupt der Christenheit, der Papst, hatte einer solchen Stimme zu folgen. Einer weiblichen Stimme. Einer inneren Stimme. Gottes Stimme.

8.
MYSTIK UND WISSENSCHAFT: ZWEI WELTEN IN EINER

THOMAS VON AQUIN UND DIETRICH VON FREIBERG: SCHOLASTIK UND MYSTIK

Schon im Konflikt zwischen Bernhard von Clairvaux und Petrus Abaelard hat sich gezeigt, dass sich die entstehende scholastische Wissenschaft mit mystischer Theologie schwer tat – und umgekehrt. Die Obertöne solcher Auseinandersetzungen ergeben sich meist daraus, dass sich zwei gegnerische Auffassungen nicht einfach als unterschiedlich wahrnahmen, sondern mit Ansprüchen auftraten, die die jeweilige Alternative auszuschließen drohten. Die Mystikerin Marguerite Porete etwa bestritt die Möglichkeiten der Vernunft. Aber auch Mystikerinnen wie Mechthild von Magdeburg, die beanspruchten, dass gerade Schlichtheit und Einfachheit dazu befähigten, ein Medium der Offenbarung zu werden, boten, zumindest implizit, Angriffe auf das sich etablierende System scholastischer Wissenschaft.

Einen wichtigen Anstoß für deren Entwicklung bildete die von Abaelard pointiert vorgetragene Beobachtung, dass die Kirchenväter keineswegs immer nur harmonisch miteinander gelehrt hatten, sondern manchmal auch in einen Widerspruch zueinander geraten waren, der nur durch aktiven Gebrauch der Vernunft aufzulösen war. Zu diesem Zweck hielten die Mittel der Dialektik und Logik Einzug in die Theologie, zunächst an den Kathedralschulen und in den Klosterschulen, die im zwölften Jahrhundert an Bedeutung gewannen, erst recht dann an den Universitäten, als diese im dreizehnten Jahrhundert aufkamen. Wichtig war hierfür das Wissenschaftsverständnis, das von Aristoteles (384–322 v.Chr.) geformt war. Wissenschaft, auch Theologie, *more mathematicorum*, nach Art der Mathematiker, zu betreiben, wurde zu einem Ideal.[1] Das philosophisch geschärfte Wissenschaftsverständnis, das auf Beweise vertraute, wurde zum Maßstab für eine gültige Argumentation, orientiert am logischen Schlussverfahren des Syllogismus aus Obersatz, Untersatz und Schlussfolgerung:

Alle Menschen sind sterblich.
Sokrates ist ein Mensch.
Also ist Sokrates sterblich.

Wahrheit, so die Voraussetzung, ist allgemein, und Philosophie und Logik erreichten das höchstmögliche Maß an Allgemeinheit. Eine solche Sicht hat manches für sich. Für Menschen, die auf eine unmittelbare Begegnung mit Gott, auf die Umarmung durch Christus und die Erfahrung der Wundmale Jesu am eigenen Leib verweisen konnten, dürfte sie jedoch in ihrer ganzen Abstraktheit wenig Überzeugungskraft entwickelt haben.

Die Unterschiede zwischen den Zugängen wurde in der Zeit der Gründung der Universitäten noch verschärft, die mit der Entdeckung des «ganzen» Aristoteles einherging: Hatte man bis dahin nur einen Teil der logischen Schriften des Stagiriten gekannt, so kamen nun nicht nur weitere logische Schriften hinzu, sondern auch solche, die sich mit materialen Aspekten der Philosophie befassten, insbesondere die Nikomachische Ethik und die Metaphysik mit ihren Ausführungen über Gott und das Sein: Theologie und Ontologie. Die abendländische Philosophiegeschichte wird gerne als ein fortdauerndes Gegenüber von Platon und Aristoteles dargestellt. Das ist natürlich eine grobe Vereinfachung, bringt aber zum Ausdruck, dass es zwei Traditionsstränge gab, die sich im Verständnis des Seins voneinander unterscheiden: Denkt Platon alles, was ist, von der vorgegebenen geistigen Welt der Ideen aus, die sich in den Einzeldingen verwirklichen, so hat Aristoteles ein dynamisches Bild von allem Existierenden entworfen, nach welchem sich alles, was ist, auf eine immer größere Vervollkommnung hin bewegt (Entelechie). Gerade das Erbe Platons war für die Entwicklung mystischer Theologie von zentraler Bedeutung, spielte jedoch an den Universitäten nur eine untergeordnete Rolle, weil die philosophische Grundausbildung in den Sieben Freien Künsten ganz um Aristoteles kreiste.

Das bedeutete jedoch nicht, dass die akademischen Theologen des dreizehnten Jahrhunderts mystischen Bestrebungen grundsätzlich skeptisch oder gar ablehnend gegenübergestanden hätten, wurde doch Aristoteles vielfach durch eine neuplatonische Brille gelesen. Die Bekanntschaft mit ihm war durch arabische Gelehrte wie Averroes (Ibn Rushd, gest. 1198) und Avicenna (Ibn Sina, gest. 1037) vermittelt. Insbesondere Letzterer stand stark unter neuplatonischem Einfluss. Hinzu kam, dass der *Liber de causis* (Buch über die Ursachen), der von einem arabischen Autor aus neuplatonischen Texten der Spätantike zusammengestellt worden war, lange als Werk des Aristoteles galt und in der lateinischen Übersetzung zur Grundlagenlektüre an den Universitäten wurde.

Aufgedeckt hat diesen Irrtum erst Thomas von Aquin (gest. 1274). Der Dominikaner gilt vielen als *der* Vertreter der Scholastik und ihrer Verbindung von Glaubenswahrheiten mit Aristoteles schlechthin. Tatsächlich finden sich bei ihm viele Argumente, die sowohl von aristotelischer Begrifflichkeit geprägt sind als auch von der mit dieser verbundenen Hinwendung zu einer eher empirischen Wirklichkeitserfahrung. Berühmt sind etwa seine fünf Wege des Gottesbeweises. In einem der Beweise geht Thomas von der sicheren Feststellung aus, dass sich in dieser Welt etwas bewege. Schritt für Schritt verfolgt er dann die Ursachenkette zurück, um schließlich zu der Einsicht zu gelangen, dass eine solche Rückwärtsbewegung nicht bis ins Unendliche gehen könne. Es müsse also einen ersten Beginn geben, etwas, was bewegt, ohne selbst von anderem bewegt zu werden. Damit war Thomas bei dem «unbewegten Beweger» als göttlichem Anfangsprinzip angelangt, von welchem Aristoteles in seiner Metaphysik spricht. Auch in seinem Verständnis von Wissenschaft war Thomas bemüht, den aristotelischen Denkstandards gerecht zu werden.

Und doch stand selbst Thomas nicht allem mystischen Denken fern. Er hörte schon in seiner Studienzeit bei Albertus Magnus (gest. 1280) Vorlesungen über Dionysios Areopagita und verfasste später einen Kommentar zu dessen Traktat *De divinis nominibus*. Ein Gelehrter wie Thomas, der einen Großteil seiner akademischen Laufbahn in Paris verbrachte, konnte an dem Heiligen, der so fest mit der Stadt verbunden war, schwerlich vorbeigehen. Selbst in der Grundanlage seines unvollendeten Hauptwerkes, der *Summa theologiae*, an der er ab 1257 arbeitete, folgte er Vorstellungen des christlichen Neuplatonismus. So jedenfalls hat es der dominikanische Gelehrte Marie-Dominique Chenu (1895–1990) gesehen. Er ging von der Beschreibung des Inhalts aus, die Thomas zu Beginn der zweiten Frage seines ersten Buches bietet:

> Wir werden, indem wir an die Erklärung dieser Lehre herangehen, zuerst Gott behandeln, dann die Bewegung des Vernunftgeschöpfes zu Gott und drittens Christus, der, insofern er Mensch ist, für uns der Weg ist, durch den wir auf Gott ausgerichtet werden.[2]

Dieser Aufbau folge, so Chenu, jedenfalls in den ersten beiden Aspekten, die nachher Teil 1 und Teil 2 der *Summa* entsprachen, genau dem neuplatonischen *exitus-reditus*-Schema:[3] Die Welt ging aus Gott als Ursprung und Ziel der Dinge (*principium rerum et finis earum*) hervor und kehrte, wenigstens in Gestalt des Menschen, wieder zu ihm zurück. Für sich genommen würde die Leseanweisung, die Thomas hier gibt, wohl nicht ausreichen, dies zu begründen, aber zusammen mit der hohen Zahl an Dionysios-Zitaten, die sich in seinem Werk identifizieren lassen, entsteht der Eindruck, dass ihm die Grundlagen neuplatonischen wie mystischen Denkens nicht ganz unvertraut waren.

So weiß Thomas auch um die Möglichkeiten, in diesem Leben eine größere Nähe zu Gott zu erlangen, als es gewöhnlich erscheint. Er blieb Aristoteliker genug, um dies nicht in den Vordergrund zu stellen. Auch für ihn hatte die Stelle aus dem Zweiten Korintherbrief, an der Paulus von seiner Entrückung spricht, dem *raptus*, wie es in lateinischer Fachsprache hieß, eine besondere Bedeutung. Wer einen solchen *raptus* erfahre, so erklärte Thomas, gelange zur Gottesschau und befinde sich «auf einer Zwischenstufe zwischen dem Stand des gegenwärtigen und des künftigen Lebens».[4] Entsprechend konnte auch er in das Lob derer einstimmen, die Maria und dem kontemplativen Leben den Vorzug vor dem aktiven gaben. Man würde solche Andeutungen überfrachten, wollte man Thomas zu einem Mystiker machen. Die Integration dieser mystischen Topoi in den scholastischen Lehrzusammenhang unterstreicht aber, dass mystische Frömmigkeit nicht eine Existenz am Rande des Christentums führte. Selbst dort noch, wo der Konflikt unausweichlich schien, wurde ihren Anliegen Respekt gezollt. Thomas war viel zu redlich, um zu übersehen, dass das Christentum ohne sie etwas von dem verlöre, was seit dem Neuen Testament zu seinen Grundlagen zählte. Das war er nicht zuletzt seiner Existenz als Mönch im Bettelorden der Dominikaner schuldig.

Aus der Gemeinschaft der Dominikaner sollten zwei Generationen später mit Meister Eckhart und dem Kreis seiner Schüler einige der bedeutendsten christlichen Mystiker überhaupt hervorgehen. Sie standen ganz in der Tradition ihres Ordens, wie sie ihnen durch einen wenig bekannten und doch überaus wichtigen Vertreter vermittelt wurde: Dietrich von Freiberg (gest. nach 1310).

Sein Leben bewegte sich zwischen den Polen leitender Ordenstätigkeit und akademischer Lehre. Ab 1293 wirkte er für viele Jahre als Leiter der dominikanischen Ordensprovinz der Teutonia. Diese Aufgabe beendete er 1296, um für kurze Zeit als Magister nach Paris zurückzukehren, wo er schon zuvor gelehrt hatte. Geprägt durch Albertus Magnus, intellektuell aber zudem beeinflusst durch Averroes und Proklos, entwickelte Dietrich ein Denken von so ausgeprägt neuplatonischer Gestalt, wie es sich im Raum der Scholastik selten findet: Gott war als das Eine vorausgesetzt, aus dem alles andere auf intellektive, erkennende Weise hervorgeht: Die Erschaffung der Welt gestaltet sich für ihn als ein Emanationsprozess, in dem der Mensch als ein vom *intellectus* geprägtes Wesen eine besondere Stellung einnimmt. Deswegen war der Mensch in der Lage, Gott nicht nur vermittelt zu erkennen, wie es den aristotelischen Konzeptionen entsprach, sondern auch unmittelbar, indem er den eigenen Verstand ganz durch den wirkenden Verstand, den *intellectus agens,* bestimmen lässt, durch den er im Sinne der neuplatonischen Emanationstheorie Anteil an Gott hat. Burkhard Mojsisch hat gezeigt, wie Dietrich hier souverän verschiedene philosophische Konzepte miteinander verbindet.[5] Im Blick auf die Geschichte der christlichen Mystik ist bemerkenswert, dass Dietrich die Bestimmung durch den göttlichen Intellekt als *visio beatifica*, als beseligende Schau, beschrieb, also als jene Form Gott zu erblicken, die eigentlich erst im Jenseits zugänglich war. Diesem Phänomen widmete er sogar einen eigenen Traktat, in dem er erklärte, diese Schau werde «durch unsere Vereinigung mit Gott, unmittelbar gemäß dem aktiven Intellekt» vollendet, also die mystische Vorstellung einer *unio* aufnahm[6] und sich hierfür auf Augustin berief: Dieser hatte von einem *abditum mentis* gesprochen, einem geheimen Ort des Verstandes, in welchem sich, anknüpfend an die platonische Ideenlehre, eine vorbegriffliche Kenntnis aller Dinge befand (*De trinitate XIV 7.9)*. Dies setzte Dietrich nun mit dem aktiven Intellekt gleich (*De visione beatifica* 4.1). Darin vollzog sich für Dietrich etwas, was eingangs als typisches Merkmal christlicher Mystik beschrieben wurde: die Vorwegnahme dessen, was Christinnen und Christen künftig verheißen ist. So kann es kaum erstaunen, dass Dietrich seinen Traktat *De visione beatifica* mit ausführlichen Verweisen auf Dionysios Areopagita begann – und mit dem Ausruf «Amen» beendete. Reine Philosophen schreiben anders.

Doch sind diese mystischen Anklänge bei ihm wiederum so eng mit neuplatonischem Denken verbunden, dass er die *visio* als eine Art intellektueller Leistung des Menschen beschreibt. Wie so oft bei mystischen Autoren sind bei Dietrich philosophisches Erklärungsmodell und religiöse Erfahrungsdimension ineinander verflochten. Die Vereinigung im Intellekt jedenfalls versprach eine Auflösung des Ich in Gott, wie sie intensiver kaum ein anderer Mystiker formuliert hat.

Allerdings trat mit der philosophischen Erklärung, die Dietrich hierfür bot, nicht allein der Gedanke in den Hintergrund, dass mystische Erfahrungen immer nur gnadenhaft zuteilwerden konnten, sondern es schien überhaupt keine Bindung an die christliche Existenz mehr nötig zu sein, ja, es war nicht einmal erkennbar, dass es sich hier um eine besondere religiöse Erfahrung handelte. Mystik wurde so zu einer allgemein menschlichen Möglichkeit. Man kann sich fragen, ob Dietrich, der fromme Dominikaner, der auch um die Deutung der Eucharistie rang, diese Konsequenz tatsächlich wollte. Auf jeden Fall hat er damit künftigen Generationen von Mystikern eine Chance und ein Problem beschert.

FRANZISKUS VON ASSISI UND BONAVENTURA: AUGUSTINISCHE ERLEUCHTUNG

Dass die dominikanischen Gelehrten besonders um Aristoteles ringen mussten, hatte seinen Grund: Der Ordensgründer Dominikus hatte seine Gemeinschaft von Anfang an auf den Kampf gegen Ketzereien ausgerichtet und daher Wert auf eine gute theologische Ausbildung gelegt. Das verpflichtete seine Erben geradezu, sich auf die neuen Gegebenheiten der Universität einzulassen und ihr Denken den Standards zu unterwerfen, die die *artes*-Fakultät mit ihrer Orientierung an Aristoteles vorgab. Auch die Franziskaner haben sich diesem Trend langfristig nicht völlig entzogen. Ihre Gründergestalt jedoch, Franziskus von Assisi, der sich selbst in einer Mischung aus Stolz und Bescheidenheit als *idiota* bezeichnet hatte, als gänzlich ungebildet (*Epistola toti ordini missa* 39), verwies sie nicht so sehr auf die ideale kognitive Durchdringung von Welt und Theologie.

Dem Denken von Franziskus ist nicht leicht auf die Spur zu kommen. Nur wenig hat sich aus seiner eigenen Feder erhalten, und nur sachte deutet sich darin an, dass er sehr wohl von dem mystischen Dreischritt aus Reinigung, Erleuchtung und Vereinigung wusste, wenn er schrieb:

> Allmächtiger, ewiger, gerechter und barmherziger Gott, gib uns Armen um deinetwillen zu tun, was du nach unserem Wissen willst, und immer zu wollen, was dir gefällt, auf dass wir innerlich gereinigt, innerlich erleuchtet und vom Feuer des Heiligen Geistes entzündet, den Spuren deines geliebten Sohnes, unseres Herrn Jesus Christus, folgen können, und zu dir, Höchster, allein durch deine Gnade gelangen, der du in vollkommener Trinität und einfacher Einheit lebst und regierst und verherrlicht wirst als allmächtiger Gott von Ewigkeit zu Ewigkeit. Amen.[7]

Viel wirksamer als diese Andeutung war für die Entwicklung der Mystik, was sich die Brüder schon unmittelbar nach seinem Tod über ihn erzählten: dass er die Stigmata, die Wundmale Christi, empfangen habe. Das Phänomen begegnete schon im Rahmen der Darstellung erotischer Mystik bei Gertrud von Helfta. Zeitlich aber war Franziskus der Erste, dem dies widerfuhr. Er war jedenfalls der Erste, von dem geglaubt wurde, dass Gott selbst ihm die «Leidenszeichen Jesu» zugefügt habe, von denen schon Paulus – wohl metaphorisch gemeint – schrieb, er habe sie an seinem Leib getragen (Gal 6,17). Franziskus, so wurde rasch erzählt, hatte zwei Jahre vor seinem Tod, als er sich zum Gebet auf den Berg La Verna zurückgezogen hatte, die Vision eines Menschen mit Seraphenflügeln geschaut, und in deren Folge hatten sich an seinem Körper die Wundmale sichtbar und fühlbar herausgebildet *(Tafel VIII)*. Für die mittelalterliche Glaubenswelt war damit eine erschütternde und faszinierende Realität geschaffen. Franziskus war zum *alter Christus*, zum zweiten Christus, geworden. Die mystisch ersehnte Einigung hatte sich ganz leiblich vollzogen – und wurde zum Anlass neuer mystischer Sehnsüchte.

Dreiunddreißig Jahre nach dem Tod des Ordensgründers – das war kaum zufällig die Lebensspanne Jesu – begab sich Bonaventura von Bagnoregio (gest. 1274) gleichfalls auf den Berg La Verna. Er war nicht irgendwer: Nach einer glanzvollen Karriere an der Pariser Universität hatte er 1257 die Wahl zum Generalminister der Franziskaner angenommen und alle akademischen Würden aufgegeben. Das war gerade zu seinen Zeiten ein hochpolitisches Amt, da sich verschiedene franziskanische Gruppierungen mit großer Heftigkeit darüber zerstritten, ob eine einigermaßen ordentliche Befolgung der Ordensregel ausreichend für ihren Lebenswandel sein sollte oder das strengere Testament verbindlich war, das Franziskus kurz vor seinem Tod verfasst hatte. Frieden zwischen den Fronten suchte Bonaventura in der Orientierung an der Person des Ordensstifters, dem er zwei Lebensbeschreibungen widmete.

Noch ehe sich Bonaventura aber von seinem eigenen Orden

den Auftrag zu deren Niederschrift erteilen ließ, suchte er die spirituelle Nähe zu Franziskus, indem er sich an den Ort der Stigmatisierung und der Seraphenvision zurückzog:

> Im Bedenken dieses Geschehens ist mir sofort erschienen, dass jene Vision uns die Erhebung unseres Vaters in der Beschauung und den Weg, auf welchem er dorthin gelangte, darbiete.[8]

Das Gedächtnis an das wunderhafte Geschehen bildete den Auftakt für eine mystische Anleitung, das *Itinerarium mentis in Deum*, das «Pilgerbuch der Seele zu Gott», das den Glaubenden, zumal den Franziskanern, einen Weg ihres Geistes in Gott selbst ans Herz legte. Es war kein Widerspruch zu seiner Tätigkeit als Ordensgeneral, dass Bonaventura sich hiermit der Mystik zuwandte, im Gegenteil: Die mystische Besinnung sollte die Franziskaner gemeinsam wieder auf den rechten Weg führen, an die Stelle des Streites die Vertiefung in Gott setzen. Der Pilgerweg, den Bonaventura empfahl, nahm vertraute Bilder aus der langen Tradition der Mystik wieder auf: Als Jakobsleiter sollte er sich gestalten, deren erste Sprossen der Glaubende durch das Gebet betrat. In ähnlicher Weise wie die Viktoriner bemühte Bonaventura sich, den mystischen Weg auch psychologisch zu reflektieren: Den Aufstieg zu Gott nämlich vollzogen sechs Seelenkräfte: «das Sinnesvermögen, die Einbildungskraft, der Verstand, die Einsicht, die Seelenspitze oder der Funke der Synderesis».[9] Dieser Weg bedeutete für den Menschen auch eine Anstrengung, eine geistige Übung (*mentalis exercitio*), wie Bonaventura es in einer anderen Schrift, dem *Soliloquium*, einem Dialog zwischen dem Menschen und seiner Seele, nannte. Die Übung führte von einer Schau des Inneren über die äußeren Dinge bis hin zum Himmel (*Soliloquium* Prol. 2).

Die verschiedenen Stufen, die Bonaventura hier erklärte, unterstrichen, dass sich der Mensch Schritt für Schritt Gott annäherte. Das ist typischerweise das, was Berndt Hamm als «Gradualismus» der mittelalterlichen Frömmigkeit beschrieben hat:[10] die Überzeugung, dass die Nähe Gottes Stufe für Stufe erlangt wird. Diese Überzeugung erschien umso plausibler, je tiefer ein Denker in das neuplatonische Denken eingedrungen war, das das Verhältnis Gottes zur Welt in Abstufungen dachte. Vornehmlich waren dies Abstufungen des Lichtes, weswegen Bonaventura beim Blick ins Innere auch vom «Strahl der Kontemplation» (*contemplationis radium*) sprechen konnte. Bei aller stufenhaften Annäherung allerdings ist irgendwann der Punkt erreicht, an dem der Mensch gnadenhaft in Gott hineingezogen wird. Dieser Punkt ist der Funke Gottes im Menschen, die «Seelenspitze», der *apex mentis.* Die Bezeichnung dieser höchsten Seelenkraft erinnert an das *abditum mentis* bei Dietrich von Freiberg, eine über allen rationalen Fähigkeiten – und zugleich viel tiefer als sie – verortete Form der Gotteserfahrung.

Der Begriff der «Synderesis», den Bonaventura für diese «Seelenspitze» gebraucht, macht deutlich, woran Bonaventura hier dachte. Er geht auf das griechische Wort *syneidesis* zurück, das üblicherweise mit «Gewissen» (*conscientia)* übersetzt wird. Der Bibelübersetzer Hieronymus (gest. 420) hatte es in seinem Kommentar zum Buch Ezechiel als *scintilla conscientiae* übersetzt. Da die handschriftliche Überlieferung hier aber das griechische Wort zu *synderesis / syntheresis* verzerrte, entstand die Vorstellung von einem eigenen zusätzlichen Seelenvermögen, das mit dem Gewissen zusammenhing und doch als nichtbegriffliche Form hiervon unterschieden wurde. Die Lichtmetaphorik des «Fünkleins» trug in Verbindung mit den dionysischen Vorstellungen dazu bei, genau darin eine besondere Nähe zu Gott anzunehmen, den Bonaventura auch als «ewiges Licht» oder «Licht der Wahrheit» (*lux aeterna, lux veritatis*) umschreiben konnte, der seinen «Glanz» (*splendor*) in der Welt erstrahlen lässt (*Itinerarium* II,7 f).

Freilich drückte Bonaventura diese Nähe nur sehr zurückhaltend aus, wenn er vorwiegend von der *contemplatio*, der Gottesschau, sprach. Seine mystischen Schriften weisen einen gelehrteren, abstrakteren und im Blick auf das Wagnis der Gottesbegegnung auch viel distanzierteren Klang auf als die der Mystikerinnen seiner Zeit. Der Unterschied fällt besonders auf, wenn man bedenkt, dass nur acht Jahre zwischen seinem Tod und dem von Mechthild von Magdeburg liegen. Sie waren Zeitgenossen, und doch liegen in der Auffassung der Mystik Welten zwischen ihnen. Wo die Begine und Zisterzienserin geradezu rauschhaft von der erotischen Nähe zu Christus sprechen konnte, konzentrierte sich Bonaventura auf die vorsichtigen Beschreibungen der inneren Seelenzustände. Nur selten griff er auf so kühne Metaphern wie die mystisch bewegten Frauen zurück. Sein Gedanke etwa, dass die Seele mit ihrem Bräutigam am Kreuz hänge (*Soliloquium* Prol. 2), erinnert zwar an die Vorstellung Angelas von Foligno vom Kreuz als ihrem Bett, aber das Bild steht bei Bonaventura am Rand. Bestimmend blieb die bloße Schau Gottes, die den Unterschied zwischen Mensch und Gott noch in der höchsten Nähe aufrechterhält. Diese Zurückhaltung lag wohl auch am Bemühen des Ordensgenerals, die ganz und gar leibliche und auch für die meisten Franziskaner unerreichbare Stigmatisierungserfahrung auf andere, spiritualisierte Weise nachempfindbar zu machen. Ihm ging es vor allem um ein Pilgerbuch der Seele, oder besser: des Geistes (*mens)* zu Gott.

Der scholastische Gelehrte wusste um die Aufgabe, religiöse Einigungserfahrungen nicht nur für die plausibel zu erläutern, die ohnehin eine kontemplative Existenz führten, sondern auch für diejenigen, die sich im Sprachgerüst der universitären Theologie bewegten und den Widerhall der dort gebrauchten Autoritäten brauchten. Bonaventura hat sich allerdings nicht mit der gleichen Begeisterung auf Aristoteles eingelassen wie Thomas von Aquin, denn ihm wurde mit zunehmender Bestürzung klar, dass der pagane Philosoph manches lehrte, was dem christlichen Glauben widersprach: Wer die antiken Texte ernst nahm, konnte ihnen eine Auffassung entnehmen, nach der die Welt ebenso ewig bestand wie Gott selbst, der sie als unbewegter Beweger lenkte. Und er musste sich der Einsicht stellen, dass die aristotelische Vernunft auch deswegen so allgemeingültig war, weil die Vernunftseelen der Menschen nicht je für sich existierende Wesen waren, sondern letztlich Ausprägungen der einen allwaltenden Vernunftseele. Betrachtete er die so geordneten Weltläufe, konnte er zu der Einsicht gelangen, dass Aristoteles für menschliche, ja vielleicht sogar für göttliche Freiheit keinen Raum mehr ließ. All das führte fort vom biblischen Gottesbild und irritierte auch die, die diese Ergebnisse durch ihre unermüdliche Arbeit am aristotelischen Text zutage förderten.

Besonders aktiv war eine Gruppe von Lehrern an der *artes*-Fakultät in Paris, unter denen Boetius von Dacien (gest. vor 1281) und Siger von Brabant (ca. 1240 – ca. 1284) herausragten. Man kann sie wegen ihrer Versuche, Aristoteles selbst gegen die eigene christliche Überzeugung gerecht zu werden, auch als «konsequente Aristoteliker» bezeichnen. Ihr Bemühen wurde ihnen allerdings zum Verhängnis. Gerade dass sie ihre eigene Glaubensüberzeugung schroff gegen das setzten, was sie meinten, als ehrliche Konsequenz aus dem Werk des Aristoteles folgern zu müssen, trug ihnen den Vorwurf ein, eine «doppelte Wahrheit» zu lehren. So schrieb es der Pariser Bischof Etienne Tempier (ca. 1217–1293) im Vorwort zu einer Liste von 219 Sätzen, die den konsequenten Aristotelikern zugeschrieben wurden und die er am 7. März 1277 verurteilte.[11] Zusammengestellt hatte diese Liste eine Kommission unter dem Theologen Heinrich von Gent (gest. 1293). Zu den geistigen Vätern der Verurteilung aber gehörten auch Thomas von Aquin und Bonaventura, die beide 1274, drei Jahre vor der Verurteilung, starben. Bonaventura äußerte sich 1267 und 1268 in der Fastenzeit in Predigten in der Pariser Franziskanerkirche deutlich gegen die von den Aristotelikern gelehrten Thesen des Aristoteles. Auch Thomas von Aquin ging auf Distanz, dachte jedoch selbst so sehr in aristotelischen Kategorien, dass er versuchen musste, zu retten, was zu retten war, indem er den *artes*-Lehrern vorwarf, den Stagiriten zu verzerren. Letztlich war er damit wohl im Unrecht.

Ein Teil der verurteilten Sätze betraf schließlich auch sein Werk und machte seinen Anhängern das Leben an der Pariser Universität schwer. Der Franziskanergeneral Bonaventura hat zwar auch nicht ganz von Aristoteles gelassen – das wäre im ausgehenden 13. Jahrhundert keine reale Option gewesen –, aber er führte eine andere Autorität gegen ihn ins Feld: Augustinus.

Den Kirchenvater Augustinus hatte ohnehin niemand vergessen. Für die Gnadenlehre war er stets eine wichtige Autorität geblieben. Auch Bonaventura nahm diesen Gedankengang auf, wenn er die Gnadenhaftigkeit allen Heilsgeschehens betonte, das auch als mystische Erleuchtung ausdrücklich nicht Folge der Bemühungen des Menschen war, sondern reine Gnadengabe:

> Willst du aber wissen, wie das geschieht, dann frage die Gnade, nicht die Lehre; die Sehnsucht, nicht den Verstand; das Seufzen des Gebets, nicht das forschende Lesen; den Bräutigam, nicht den Lehrer; Gott, nicht den Menschen.[12]

Nun aber entdeckte er auch die neuplatonisch gefärbte Erkenntnislehre des Kirchenvaters aus Nordafrika wieder. Es kam geradezu zu einer theologischen wie philosophischen Augustinus-Renaissance, in deren Zuge Bonaventura der sogenannten Illuminationstheorie des Augustinus zu neuer Geltung verhalf. Aristoteles wurde damit genau an der Stelle etwas entgegengesetzt, an der er am stärksten schien: in der Analyse menschlichen Erkennens und Verstehens. Erleuchtung, *illuminatio*, war im Verständnis Bonaventuras ein umfassendes Konzept der Wirklichkeitserfassung. Tatsächlich jede Erkenntnis, auch die Erfassung der geschöpflichen Welt durch die Wissenschaft, war hiernach nur möglich, weil Gott den Menschen erleuchtete. Bonaventura musste auch hier nicht auf aristotelische Begriffe und Vorstellungen verzichten, aber er gab diesem Modell eine theologische, man kann auch sagen: neuplatonische Tiefe. Nicht aufgrund seiner natürlichen Seelenkräfte kam der Mensch durch begriffliche Ableitung, empirische Beobachtungen und logische Schlussfolgerungen zur rechten Erkenntnis, wie es die konsequenten Aristoteliker nahelegten, sondern auf jeder Stufe stand Gott ihm bei: Schon der natürliche Erkenntnisapparat wäre ohne ihn hilflos gewesen. Erst recht bedurfte die Schau Gottes einer besonderen Erleuchtung. Damit wurden theologische Grundannahmen der philosophischen Analyse vorgeordnet. In das universitäre System passte dieser Vorrang der Theologie jedoch schlecht, weil es vorsah, dass vor jeder tieferen Beschäftigung mit Theologie, Jura oder Medizin die Grundlagen der Philosophie gelernt werden sollten. Die Theologisierung hätte sich wohl nur durchsetzen können, wenn sich die philosophische Grundausbildung von Aristoteles verabschiedet und neuplatonische Autoritäten an seine Stelle gesetzt hätte.

Die Universitäten verabschiedeten sich nicht von Aristoteles, doch war die Alternative zumindest formuliert. Und die betraf, wie Bonaventura erklärte, die Erfassung der Wirklichkeit insgesamt:

> Die Ordnung im Buch der Schöpfung weist aber klar auf die Erstheit, Erhabenheit und Würde des Urgrundes hin, und zwar durch die Dauer, die Lagerung und Einwirkung, nämlich in ihrem Vorher und Nachher, in ihrem Höher- und Niedergelagertsein, in ihrer edleren und unedleren Beschaffenheit, und damit auf die Unendlichkeit seiner Macht. Die Ordnung der göttlichen Gesetze, Gebote und Urteile im Buch der Schrift offenbart aber die Unermeßlichkeit seiner Weisheit. Die Ordnung der göttlichen Sakramente, Wohltaten und Belohnungen am Leibe der Kirche zeigt endlich die Grenzenlosigkeit seiner Güte an. So führt uns also diese Ordnung ganz offensichtlich zum Ersten, Höchsten, Mächtigsten, Weisesten und Besten empor.[13]

Dieser Bezug der verschiedenen Wirklichkeitsbereiche aufeinander funktionierte innerhalb eines neuplatonischen ontologischen Modells viel besser als im aristotelischen. Man muss die schroffe Betonung von Kausalketten bei den konsequenten Aristotelikern mithören, um zu verstehen, was Bonaventuras Beschreibung unterschiedlicher Bezüge in der Ordnung der Natur bedeutete, die nicht allein durch logische Kausalketten bestimmt war. Nicht diese sind für ihn leitend, sondern der hierarchische Aufbau der Wirklichkeit, wie ihn Dionysios gelehrt hat: Die unterschiedlichen «Bücher» der Natur, der Heiligen Schrift und des kirchlich-sakramentalen Handelns unterscheiden sich in ihrer Nähe zu Gott und damit in ihrer Würde. Sie sind aber alle auf die höchste Wirklichkeit bezogen, haben an ihr Anteil und stellen deren Abglanz dar. Man kann, so hebt Bonaventura hervor, Gott nicht nur «durch» die Geschöpfe «wie aus Spuren» (*per ipsa tanquam per vestigia*) betrachten, sondern auch «in ihnen» (*in ipsis; Itinerarium* II,1).

Zu solchen scheinbar beiläufigen Bemerkungen gehörte reichlich Selbstbewusstsein. Bonaventura ging mit ihnen sogar über Augustinus hinaus, der in seiner Schrift *De trinitate* von den Spuren (*vestigia*) der Trinität im Menschen und in der Welt gesprochen hatte, um die Plausibilität des scheinbar widersinnigen Gedankens aufzuweisen, dass ein Gott zugleich drei Personen sein könne. Er zielte sogar auf eine Korrektur des Paulus, der den Heiden vorgeworfen hatte, Gott zu leugnen, obwohl sie ihn doch «an seinen Werken» (*per ea quae facta sunt*) hätten erkennen können (Röm 1,20). Gott war in viel höherem Maße in dieser Welt präsent, als solche Lehren es zuzulassen schienen – auch wenn Bonaventura nicht so weit ging, Gott selbst in den Dingen vorzufinden. Das hätte die Gefahr des Pantheismus mit sich gebracht, den man tunlichst zu vermeiden hatte, wollte man sich im rechtgläubigen Rahmen bewegen.

Die Gegenwart Gottes erklärte Bonaventura auf eine Weise, in der sich die neuplatonische Philosophie und eine betont auf Christus ausgerichtete Theologie miteinander verbanden: Im philosophischen Sinne war die geschöpfliche Wirklichkeit «Abbild» Gottes. Hierfür gebrauchte Bonaventura das Wort *similitudo*, das etwas schwächer war als das auch mögliche Wort *imago*, wie dieses aber fest in der biblischen Grundlage von der Gottebenbildlichkeit des Menschen verankert war: Beide Begriffe stehen nebeneinander in dem Vers Genesis 1,26, den die christliche Theologie als Grundlage dieser Lehre nahm. Die Ebenbildlichkeit aber hatte sich in Jesus Christus neu und vollkommen verwirklicht. So war es nach Bonaventura dessen Allgegenwart in der Schöpfung als «Abglanz» (*splendor*) Gottes, die diesen in allen Geschöpfen wahrnehmbar machte und so die menschliche Erkenntnis und damit den Menschen selbst zum himmlischen Vater führte (*Itinerarium* II,7). In ihm war, als eine Art Urqualität des Seins, alle Schönheit vorab präsent, an der die sinnlich erfassbare Wirklichkeit der Welt Anteil erhielt. So wird Gott als «Ursprung, Vorbild und Ziel jeglicher Kreatur» (*omnis creaturae origo, exemplar et finis, Itinerarium* II,12) denkbar. Er ist in seiner Vollkommenheit von allem Geschöpflichen unterschieden, in seiner Urbildhaftigkeit aber mit allem verbunden. Wer ein Geschöpf sieht, sieht in vielfacher Abstufung etwas von Gott selbst und kann so das Buch der Natur auf ihn hin lesen.

In der Schöpfung sind Licht und Erleuchtung am Werke, und doch sind sie dem in Sünde gefallenen Menschen nur in gebrochener Weise zugänglich. Die Erhellung der Natur machte die Erlösung in Christus für Bonaventura nicht überflüssig, sondern diese bestand darin, den Menschen auf den mystischen Weg von Reinigung, Erleuchtung und Vervollkommnung zu führen. Im Zentrum stand dabei für ihn wie für Bernhard von Clairvaux, den er vor allem im *Soliloquium* immer wieder zitiert, die Passion Christi, die in paradoxaler Weise Gottes Gegenwart ins Gegenteil verkehrte, um den Menschen zu ihm zu führen:

> Schau, sage ich dir, in jenes Antlitz, einst von strahlendem Licht überflutet, jetzt um deinetwillen vor jedem Glanz verhüllt, einst durch Schönheit geadelt, jetzt ohne jegliche Schönheit, einst voller Anmut und Lieblichkeit, jetzt ohne Anmut und bespien, einst in Liebe begehrenswert, jetzt wider jedes Verlangen geschändet.

> (...) Gott wird verhöhnt, damit du geehrt werdest. Er wird gegeißelt, damit du Trost empfangest. Er wird gekreuzigt, damit du befreit werdest.[14]

Die Übung, das *exercitium*, das sich hier abzeichnet, besteht in einer Meditation, die sich auf ein geistiges, womöglich aber auch ein reales Bild von Christus bezieht. Der sichtbar gewordene Gottessohn bleibt gerade in der Sichtbarkeit als Mensch unsichtbarer Gott. Der Weg zu ihm führt nur durch diese gegenteilige Sicht hindurch. Dieser Weg war für Bonaventura nicht nur besonderen Menschen möglich, sondern erfolgte durch die Eingießung der drei theologischen Tugenden Glaube, Liebe und Hoffnung (*Itinerarium* IV,3), die jede Christin und jeder Christ in der Taufe erfuhr. Christus wird so in anderer Weise wahrgenommen: Nicht mehr der Schöpfungsmittler steht hier im Mittelpunkt, sondern der Erlöser, der durch die Inkarnation in die Welt gekommen ist.

Auch christologisch wird damit deutlich, dass ein neuplatonischer Denker weniger als ein Aristoteliker in scharfen Unterschieden dachte, sondern eher in sich überlagernden Stufen der Wirklichkeit. Christus, der in der Schöpfung überall präsent ist, ist konzentriert und auf besondere Weise zugänglich in dem Mensch Gewordenen und Gekreuzigten, also in eben dem, dessen Kreuz Franziskus von Assisi im Seraphen erschien und dessen Wunden sich nach dem Glauben der Franziskaner in den Leib des Poverello eingeprägt hatten.

Für Bonaventura entstammten diese Überlegungen nicht nur der langen Tradition mystischer Literatur. Sie waren auch Folge seiner intensiven Auseinandersetzung mit seinem Ordensgründer, der «mehr durch sein Beispiel als durch sein Wort» den Weg zu Gott gelehrt habe (*Itinerarium* VII,3). So kehrte Bonaventura beim Höhepunkt des Aufstiegs zu Gott zur visionären Erfahrung des Franziskus zurück, die er als ein Übersichhinaussteigen der Kontemplation (*excessus contemplationis*) bezeichnete. Er berief sich hier, ganz künftiger Biograph, darauf, dass ihm dieses Geschehen ein Gefährte des Franziskus berichtet habe (*Itinerarium* VII,3). Gemeint ist offenkundig Bruder Leo, der engste Begleiter des Heiligen.

Für Bonaventura bezeugte Franziskus durch sein Leben, dass letztes Ziel des Aufstiegs zu Gott ein Übersteigen des eigenen Selbst war. Das schloss den Aufstieg über die Vernunft hinaus ein – und unterstrich so die Überlegenheit mystischer Gottesschau gegenüber allen akademischen Versuchen, von Gott zu reden. Denn sie führte zu einer Identifikation mit Christus, durch die der schauende Mensch «mit Christus im Grabe ruht».[15] Letztlich wurde das Seelenfünklein im Menschen so ganz und gar in Gott «transformiert».[16] Sachte deutete Bonaventura auch an, dass damit eine leibliche Erfahrung verbunden war, die dann doch an das erinnert, was aus den Berichten der weiblichen Mystikerinnen bekannt ist: Die Ruhe im Grab schlug sich auch äußerlich in einer todesähnlichen Ruhe nieder, der innerlich das Gefühl entsprach, für einen Moment die Erfüllung von Jesu Verheißung am Kreuz zu erfahren: «Heute wirst du mit mir im Paradies sein.» (Lk 23,43; vgl. Bonaventura, *Itinerarium* VII,2)

Existenziell stand dies weit über dem, was ein scholastischer Denker hätte verheißen können, und doch fußte der Weg dahin auf eigenen theologisch-philosophischen Überlegungen. Der mystische Zugang zur Wirklichkeit wurde durch den Rückgriff auf die neuplatonische Weltwahrnehmung eine Alternative zu Aristoteles, die diesen unerreichbar weit überragte. Weil Bonaventura die Kritik am aristotelischen Denken mit großer Gelehrsamkeit verbinden konnte, hatten seine Gedanken eine Rückwirkung auf das akademische System der mittelalterlichen Universität. Auch wenn Aristoteles weiter die Lehrpläne in den *artes* dominierte, sicherte der Franziskanergeneral durch seine Augustinrezeption eine Aufnahme neuplatonischer Ideen. Mit dieser neuen Lektüre des Kirchenvaters als Erkenntnistheoretiker bildete Bonaventura im Kampf gegen die konsequenten Aristoteliker eine Allianz mit Heinrich von Gent, der die Bedeutung des Glaubens als einer eigenen Seelenqualität herausarbeitete, welche die Wahrheit nicht minder erkennt, als aristotelisch verstandene Wissenschaft das kann.

Bonaventura und Heinrich von Gent hatten mit dieser Augustin-Renaissance einigen Erfolg, und doch war die Wirkung ihres Bemühens begrenzt. Augustinus wurde nicht einmal für die Franziskaner zur unumstrittenen Leitgestalt. So munter auch franziskanische Denker wie Duns Scotus (gest. 1308) und Wilhelm von Ockham (gest. 1347) in der Folgezeit Aristoteles kritisierten, blieb er doch ihr entscheidender philosophischer Bezugspunkt. Zugleich trat Pseudo-Dionysios, den man nun für das neuplatonische Erbe nicht mehr brauchte, in den scholastischen Debatten immer mehr in den Hintergrund. Bonaventura zitierte ihn am Ende seines *Itinerariums* ausführlich, trug aber selbst dazu bei, dass er künftig eher als Alternative zur Scholastik verstanden wurde denn als deren Teil.

GREGOR PALAMAS: MYSTIK DES OSTENS, LOGIK DES WESTENS

Die Entfaltung der aristotelischen Scholastik war ein weitgehend westliches Phänomen, obwohl Aristoteles auch in Byzanz reichlich gelesen und kommentiert wurde. Basis der Theologie aber blieben die byzantinischen Klöster, und so spielte dort bei der Begründung der Theologie die Mystik eine stärkere Rolle als im Westen. Im frühen vierzehnten Jahrhundert wurden die Klöster, die den Hesychasmus pflegten, in eine Auseinandersetzung mit der westlichen Theologie hineingezogen, in der es grundsätzlich darum ging, wie die Wahrheit richtig erfasst werden konnte. Wahrheit war, selbstverständlich, theologisch zu verstehen, denn darin waren sich die Kontrahenten einig: Umfassender konnte Wahrheit gar nicht bestimmt werden als durch Theologie. Für orthodoxe Theologie ist es dabei kennzeichnend, dass sie sich an den ersten acht Jahrhunderten der Theologiegeschichte orientiert, an der Zeit, als die Väter die trinitarischen und christologischen Dogmen formten, die bis heute das Gesicht des Christentums prägen.

In manchen orthodoxen Kreisen hat allerdings ein Theologe bis heute höchste Achtung erlangt, der erst im späten Mittelalter lebte: Gregor Palamas. Für orthodoxes Verständnis ist er damit recht jung.

Gregor Palamas war in einem Kloster auf dem Berg Athos im Norden Griechenlands ein Schüler des Gregor Sinaites *(siehe Seite 109)*. Bei ihm lernte er nicht nur die Bedeutung des Taborlichtes, sondern teilte mit ihm wie mit den meisten byzantinischen Theologen auch eine Weise, Theologie zu treiben, die sich vorwiegend als Auslegung der Väter verstand. Diese wurden fortgeschrieben und erklärt. Ihre Autorität war zwar der der Heiligen Schrift nachrangig, verband sich aber mit dieser durch einen Strom der Auslegungsgeschichte, in der sich die Späteren vertrauensvoll auf die Früheren stützten. Dieses Modell stand quer zu der Beobachtung von Spannungen und Widersprüchen zwischen den Kirchenvätern, die so wichtig für die lateinische Scholastik war.

Die Trennung der lateinischen Kirche von der orthodoxen, für die das Große Schisma von 1054 eher ein symbolisches Datum darstellt, bedeutete nicht, dass es nicht auch Übergangszonen zwischen beiden Christentümern gegeben hätte. Hierzu gehörte vor allem die Insel Sizilien, aber auch das südliche Italien. Hier lebte Barlaam von Kalabrien (gest. 1348), der dem Ritus der östlichen Kirche folgte und zu seinen wichtigsten Autoritäten Dionysios Areopagita zählte. Gleichwohl war er bereit, von den Methoden der westlichen Theologen zu lernen. Ihm sollte Aristoteles dazu verhelfen, Dionysios besser zu verstehen. Für Theologen, die wie Palamas geprägt waren, war dieses Vorgehen schlicht unangemessen, und so entspann sich zwischen ihm und Barlaam ein heftiger Streit. Dieser begann mit einem gemeinsamen Anliegen: Zu den Themen, die zwischen West und Ost umstritten waren, gehörte auch die Frage, ob die üblich gewordene lateinische Fassung des Bekenntnisses von Konstantinopel (381) legitim sei. Sie besagte, über den ursprünglichen Text hinausgehend, dass der Heilige Geist vom Vater «und dem Sohne» (*filioque*) ausgehe. Beide, Palamas und Barlaam, beharrten auf der ursprünglichen Fassung des Bekenntnisses ohne diesen Zusatz. Während aber Barlaam hierfür mit dialektisch geschulten Ableitungen aus Schrift und Vätern argumentierte und stets zugestand, dass dem menschlichen Verstand die Geheimnisse der Trinität letztlich verschlossen seien, beanspruchte Palamas ungebrochen die Erkenntnis der reinen Wahrheit.

Das ist für jemanden, der im Taborlicht die momenthafte Gottwerdung des Menschen begründet sah, durchaus nachvollziehbar. Palamas folgte damit jenem besonderen Begriff des «Theologen», den Symeon so stark gemacht hatte. Hatte man sich aber wie Barlaam erst einmal auf die lateinische Scholastik eingelassen, musste dies befremdlich wirken. Nicht die rechte Gebetspraxis war für ihn die Voraussetzung der Theologie, sondern der rechte Gebrauch der Vernunft. Palamas bestand darauf, dass die Gottesschau, bei der der Mensch, wenn auch nur momenthaft, zur Vergöttlichung gelange, die Voraussetzung der Theologie war. Darin sah Barlaam ein Wiederaufleben der altkirchlichen Häresie der Messalianer, die einst eine besondere Verbindung mit dem Heiligen Geist behauptet hatten.

Eine schärfere Waffe als den Häresievorwurf gibt es in der christlichen Theologie kaum. Palamas aber fand eine: Für ihn war Barlaam schlicht ein Atheist (*150 capitula* 134). Dabei zogen beide lediglich unterschiedliche Folgerungen aus der dionysischen Tradition negativer Theologie. Während Palamas meinte, dass begriffliche Versuche, Gott zu erfassen, unzureichend seien und der Mensch hierfür ganz auf die Erfahrung angewiesen sei, sah Barlaam durch das hesychastische Bemühen um Gottes Nähe dessen absolute Transzendenz und Unbegreiflichkeit infrage gestellt. Durch die Schärfe der Kontroverse sah sich Palamas gezwungen, die Lehre der Hesychasten weiterzudenken. Allein auf Erfahrung und die durch sie eröffneten Möglichkeiten zu verweisen, hätte schwerlich gereicht. So erarbeitete Palamas, der Feind der begrifflichen Erfassung Gottes, eine feine Begriffsdifferenzierung. Was unerreichbar und unbegreiflich war, war hiernach Gottes Wesen, die *ousia* (*150 capitula* 145). Im Blick auf das Wesen Gottes also wahrte er die von Barlaam eingeforderte Transzendenz Gottes und konnte ihm darin zustimmen, dass die absolute Einheit Gottes in der Vielfalt der irdischen Wirklichkeit nicht erkennbar war. Er verfügte aber über genug an neuplatonischem Erbe, um zu wissen, dass man auch mit einer gewissen Gestuftheit göttlichen Daseins argumentieren konnte. Von Gottes Wesen unterschieden waren nämlich seine Energien *(energeiai)*. Nicht Gottes Wesen selbst, aber diese Energien zeigten sich im Taborlicht und waren doch vom göttlichen Wesen nicht zu trennen.

Der Gedanke knüpft an die antiken Bilder von den Lichtstrahlen der Sonne an, die von dieser nicht unterschieden sind und dennoch aus der Sonne heraustreten und die Menschen beleuchten und erwärmen können. So ermöglichen es auch die Energien Gottes den Geschöpfen, insbesondere den Menschen, am Göttlichen teilzuhaben, ohne doch zu seinem Wesen selbst vorzudringen.

> Wie also gelangen wir nahe zu Gott? Indem wir uns seiner Natur nähern? Aber keines unter allen Geschöpfen hat irgendeine Gemeinschaft oder Nähe mit der allerhöchsten Natur oder wird sie haben. Wenn also irgend jemand nahe zu Gott gelangt ist, hat er sich ausschließlich seiner Energie genähert.[17]

Das denkerische Kunststück, das Palamas hier vollbrachte, war beachtlich: Um die Rede von der Erfahrung der Nähe Gottes beibehalten zu können, erklärte er, dass diese immer nur eine gebrochene und unvollkommene sein könne. Der hohe Anspruch, im Taborlicht zu Gott selbst vorzudringen, wurde dadurch der Sache nach relativiert, weil die Relativierung die einzige Möglichkeit schien, ihn nicht ganz aufgeben zu müssen. Für die Wirkung des

Palamas überwog denn auch das bewahrende Moment seiner Argumentation gegenüber dem relativierenden. Er schützte den Erfahrungsraum der byzantinischen Mönche, der über Jahrhunderte gewachsen und geformt war, vor den Angriffen Barlaams – und behauptete so zugleich auch die Stärke des byzantinischen Stils von Theologie.

Diese Theologie bewährte sich auch dadurch, dass die Rede von den *energeiai* keineswegs eine neue Erfindung war – allein das schon hätte sie in den Augen orthodoxer Theologie zweifelhaft gemacht. Sie fand sich bereits in der Bibel (Eph 1,19 u.ö.), und Basilius der Große hatte den Gedanken, dass Gott in ihnen den Menschen nahe kam, bereits formuliert: «Seine Energien steigen hinab zu uns, sein Wesen aber bleibt unerreichbar.»[18] Palamas befand sich also ganz im Argumentationsraum der Orthodoxie und konnte sogar noch darauf verweisen, dass auch die große Autorität der westlichen Scholastik, Aristoteles, von Energien geredet hatte. So konnte Palamas seine Innovation letztlich als Tradition darstellen und nebenbei der westlichen Theologie zeigen, dass sie der östlichen in keiner Hinsicht voraus war. Er konnte bestätigen, dass Grundlage aller Theologie die Erfahrung war, denn der Weg zu Gottes Energien führte, wie es schon seine Vorläufer gelehrt hatten, durch Buße und Askese. Was man dann erlangte, war eine «geistige Sinneswahrnehmung».[19] Mit dieser Wendung griff Palamas die Tradition paradoxaler Formulierungen auf, schien doch zwischen dem Geist und den Sinnen ein Widerspruch zu bestehen. Die Energien Gottes aber überwanden auch diesen Widerspruch, weil sie vom Menschen sinnlich wahrgenommen werden konnten, ihn aber zum geistigen Gott hinführten – und damit weit über das hinaus, was die westliche Logik zu bieten hatte. Zumindest für die griechische Theologie war klar: Mit diesen Darlegungen hatte Palamas die Überlegenheit der östlichen Weisheit gegenüber der westlichen Wissenschaft erwiesen. Im Juni und Juli 1341 bestätigten zwei Konzilien in Konstantinopel eben dies und wiesen die Auffassungen Barlaams zurück.

TAFEL I

IKONENMALEREI ZU EINEM LEHRBUCH DES JOHANNES KLIMAKOS

Für den asketischen Schriftsteller aus dem siebten Jahrhundert war die Himmelsleiter aus Josefs Traum Sinnbild des Aufstiegs zu Christus. Der Weg zur mystischen Einigung wird durch Tugenden unterstützt und vom Teufel gefährdet. Zwölftes Jahrhundert, Sinai, Katharinenkloster.

TAFEL II

BYZANTINISCHE CHRISTUS-IKONE
Nach neuplatonischer Vorstellung war im Bild der Abgebildete präsent. Der Segen Christi konnte sich so über das Bild auf die Menschen übertragen, die es verehrten. Mosaik, um 1000, Florenz, Museo Nazionale del Bargello.

THEOPHANES DER GRIECHE, «VERKLÄRUNG CHRISTI»
Auf dem Berg Tabor soll Jesus Christus seinen Jüngern von Licht durchdrungen erschienen sein. Diese Metamorphose bildet in der orthodoxen Frömmigkeit den Ausgangspunkt für zahlreiche Spekulationen über die Berührung zwischen irdischer und himmlischer Wirklichkeit. Ende des vierzehnten Jahrhunderts, Moskau, Staatliche Tretjakow-Galerie.

TAFEL III

«DIE VISION DES HEILIGEN BERNHARD VON CLAIRVAUX»

Die Umarmung Bernhards durch Christus vom Kreuz herab wurde im Spätmittelalter zentraler Ausdruck zisterziensischer Frömmigkeit. Unbekannter Meister (Meister des Augustineraltars), 1487, Nürnberg, Germanisches Nationalmuseum.

TAFEL IV

«DER MENSCH»

Illustration aus dem *Liber divinorum operum* der Hildegard von Bingen. Das Ineinander von Makrokosmos und Mikrokosmos stand im Mittelpunkt von Hildegards visionärem Denken. Um 1220–1230, Lucca, Biblioteca Statale.

TAFEL V

«DIE ENGELSCHÖRE»

Illustration im *Liber Scivias* der Hildegard von Bingen. Die Vorstellung von himmlischen Chören durchzieht seit Pseudo-Dionysios die Geschichte der Mystik. Um 1175, Eibingen Abbey.

CHORRAUM DER KATHEDRALE VON SAINT-DENIS
Die nach dem Mystiker Dionysios vom Areopag benannte Abteikirche nördlich von Paris lässt, ähnlich wie die Darstellungen der Verklärung Christi, in ihrer lichtdurchfluteten Gestaltung etwas von der Präsenz des Jenseits im Diesseits erahnen.

TAFEL VII

GIOVANNI DI PAOLO, «DIE HEILIGE KATHARINA VON SIENA VOR PAPST GREGOR XI.»
Die Mystikerin, die dem Papst Weisungen gab, gewann aus ihren Visionen das Selbstbewusstsein, in die kirchenpolitischen Geschicke ihrer Zeit einzugreifen. Um 1447/49, Lugano, Sammlung Thyssen-Bornemisza.

GIOTTO DI BONDONE, «DIE STIGMATISATION DES HEILIGEN FRANZISKUS»
Der Poverello wurde durch die Wundmale zum «zweiten Christus». Die Predella zeigt berühmte Szenen der Franziskus-Vita: den Traum Papst Innozenz' III. von der einstürzenden Lateranbasilika, die von Franziskus gestützt wird, die päpstliche Billigung der Ordensregel sowie die Vogelpredigt des Franziskus. Um 1295/1300. Paris, Musée du Louvre.

TAFEL IX

MEISTER FRANCKE, CHRISTUS ALS SCHMERZENSMANN

Die Betrachter sollen die Schmerzen Jesu schauen und nachempfinden. Für Heinrich Seuse und viele andere führte diese Passionsmystik zur unmittelbaren Identifikation mit Christus selbst. Nach 1423, Leipzig, Museum der Bildenden Künste.

GIAN LORENZO BERNINI, «DIE EKSTASE DER HEILIGEN TERESA»

In einer Vision durchbohrte ein amorhafter Engel Teresas Herz und versetzte sie so in religiös-erotische Verzückung. 1652, Rom, Cornaro-Kapelle in der Kirche Santa Maria della Vittoria.

FRANCISCO DE ZURBARÁN, «DER HEILIGE LUKAS
ALS MALER VOR DEM GEKREUZIGTEN»

Durch die intensive Beziehung zwischen Christus und dem Maler, in dem man die Züge Zurbaráns erkannt hat, ist das Bild gemalte Mystik. Um 1650, Madrid, Museo del Prado.

LUCAS CRANACH DER ÄLTERE, «DIE VERLOBUNG DER HEILIGEN KATHARINA»
Ein Dauerthema mystischer Bilder war die mystische Verlobung der Katharina von Alexandrien mit Christus. Um 1516–1518, Budapest, Szepmüveszeti Muzeum.

TAFEL XIII

SEIVERT LAMMERS, «AEMILIE JULIANE ALS JESUSBRAUT»

Auch im Protestantismus, zumal mit dem Aufkommen intensivierter Frömmigkeit im siebzehnten Jahrhundert, lebte die Vorstellung von der bräutlichen Liebe zu Jesus fort. Die Gräfin Aemilie Juliane von Schwarzburg-Rudolstadt ließ sich umrahmt von Rosen und Passionsblumen mit ihrem geliebten Jesus porträtieren. Auf den Schriftbändern sind von oben nach unten die Worte zu lesen: «Jesus ist Dir – Dir ist Jesus», «Ich bin Dein und Du bist mein …», «Victoria nostra» und «Jesus ist Mir – Mir ist Jesus». Um 1676–1680, Thüringer Landesmuseum Heidecksburg.

ALTARBILD DER MÜNCHNER DREIFALTIGKEITSKIRCHE

Die Seitenwunde Christi galt als Zugang zu seinem Herzen. Die Karmelitin Maria Anna Lindmayr soll durch ihre Prophezeiungen die Stadt München vor Verheerungen geschützt haben. Zum Dank errichteten die Münchener Stände zu Beginn des achtzehnten Jahrhunderts die Dreifaltigkeitskirche und ließen das Altarbild von Andreas Wolff und Johann Degler malen.

TAFEL XV

ANTONIO CISERI, «DIE VISION DES HERZENS JESU DER SELIGEN MARGUERITE MARIE ALACOQUE»

Von der Mystikerin Marguerite Marie Alacoque ging im siebzehnten Jahrhundert eine Herz-Jesu-Frömmigkeit aus, deren Wirkung bis weit in das neunzehnte Jahrhundert reichte. 1888, Florenz, Chiesa del Sacro Cuore.

GABRIEL VON MAX, «DIE EKSTATISCHE JUNGFRAU KATHARINA EMMERICK»

Im frühen neunzehnten Jahrhundert stritten sich anlässlich der mystischen Erfahrungsberichte der Anna Katharina Emmerick traditionelle katholische Religiosität und moderne Analysen um die Deutung der ekstatischen Phänomene. 1885, München, Neue Pinakothek.

NIKOLAUS VON KUES: DAS ZUSAMMENFALLEN DER GEGENSÄTZE

Auf dem großen Konzil, das 1431 in Basel eröffnet wurde, dann aber aufgrund von Streitigkeiten vom Papst zunächst nach Ferrara und später nach Florenz verlagert wurde, kam es zu einer bemerkenswerten Begegnung von westlicher und östlicher Kirche und am Rande dieser Begegnung zu einem Transfer von Schriften Platons in den Westen. So wurde endlich ein Denker bekannt, der in der westlichen Theologie bislang meist nur als chiffrenhafte Negativfolie gedient hatte, nun aber helfen konnte, die Fixierung auf Aristoteles zu überwinden.

Das passte gut dazu, dass im Humanismus seit dem vierzehnten Jahrhundert eine Alternative zur Scholastik aufkam, die sich ebenso durch neue Wissensformen auszeichnete wie durch neue oder neu betonte Inhalte. Humanistische Gelehrte entwickelten ihre Ideen weniger im universitären Betrieb von Vorlesung und Disputation als durch das Gespräch und den brieflichen Austausch. Die Formen waren dadurch weniger fest, das Gespräch in mancher Hinsicht freier und zugleich eleganter, da die Humanisten sich am Ideal antiker Rhetorik orientierten. Aristoteles schien den meisten von ihnen überholt zu sein, Platon aber faszinierte sie. Was bislang vermittelt durch die Neuplatoniker gedacht werden konnte, erhielt so neue Impulse, und die Entdeckerfreude war gewaltig. In einzelnen Fällen verband sich damit auch eine neue Aufmerksamkeit für die Möglichkeiten der Mystik.

So war es bei einem Gelehrten, der zwar in Deutschland, in Kues an der Mosel, geboren war, seine Laufbahn aber so eng mit der römischen Kurie verband, dass er intellektuell eher den italienischen Humanisten zuzurechnen ist: Nikolaus von Kues (1401–1464). Er war ein in jeder Hinsicht wendiger Kopf: Bei Konzilsbeginn in Basel hatte er noch zu denen gehört, die die Autorität dieser Bischofsversammlung gegen den Papst verteidigt hatten.

Als er aber sah, dass sich die Machtverhältnisse zu dessen Gunsten verschoben, blieb er nicht mit den weiter aufmüpfigen Vertretern der Konzilsidee in Basel, sondern schlug sich auf die Seite des Papstes und folgte diesem nach Ferrara. Auf lange Sicht sollte ihm das den Kardinalshut eintragen, zwischenzeitlich wurde er sogar als Kandidat für den Stuhl Petri gehandelt.

Damit wäre allerdings der Geistesgeschichte einer ihrer herausragendsten Vertreter abhanden gekommen: In mehreren Traktaten entwarf Cusanus ein Modell der Wirklichkeit, das das neuplatonische Problem des Verhältnisses zwischen der Einheit Gottes und der Vielfalt der Welt auf eigentümliche Weise erklärte: Die Welt, in der sich der Mensch bewegt, ist in ihrer Vielfalt durch Gegensätze geprägt. Diese drücken aber die letzte Wirklichkeit nicht aus, wie ein leichtes Gedankenexperiment zeigt: Übersteigert man die eine Seite des Gegensatzes ins Unendliche, so kann die im Gegensatz mitgedachte Gegenüberstellung zu anderem keinen Bestand mehr haben, denn die Gegenüberstellung setzt eine Grenze des Gegenstandes, damit ein Ende seiner Bestimmung voraus. Nun ist das höchste Maß an Unendlichkeit in Gott gegeben. Folglich fallen in ihm die Gegensätze zusammen: Er ist die *coincidentia oppositorum.* Aus dieser Einsicht folgt für Nikolaus, dass die ganze Schöpfung nicht anders zu denken ist denn als Entfaltung (*explicatio)* Gottes. Das bekannte Modell mehrfacher Abstufungen wurde so in eine andere metaphorische Gestalt übertragen, die aber ein Problem mit sich bringt, das seit den Debatten des dreizehnten Jahrhunderts derartige metaphysische Überlegungen begleitete: So genial der Kusaner die Entstehung der Vielfalt aus der Einheit zu erklären vermochte, so schwierig war es, deutlich zu machen, dass zwischen Gott und Welt der klare Unterschied bestand, der üblicherweise mit der christlichen Lehre von Schöpfer und Geschöpf vorausgesetzt wurde. Allein schon, dass alle Gegensätze in Gott zusammenfielen, machte es schwierig, einen fundamentalen ontologischen Unterschied zwischen Gott und Schöpfung zu benennen.

Manche Zeitgenossen erkannten das genau: Johannes Wenck von Herrenberg (gest. 1460), Theologieprofessor in Heidelberg, kritisierte den Kusaner heftig in seiner Schrift *De ignota litteratura*, «Von der kenntnislosen Schriftstellerei». Der Titel nahm polemisch ein Schlagwort auf, mit dem Nikolaus von Kues seine platonisierende Haltung beschrieb: *docta ignorantia*, gelehrte Unwissenheit. Der Kusaner spielte mit der alten sokratischen Weisheit des wissenden Nichtwissens und machte deutlich, dass er nicht beanspruchte, letzte Kenntnisse vom unbegreiflichen Gott bieten zu können, aber eben die Lehre darüber, dass und warum eine solche Kenntnis gar nicht möglich sein könne.

Wenck bewegte sich mit seiner ironischen Titelanspielung durchaus auf dem literarischen Niveau seines großen Gegners. Aber er zeigte in seiner gesamten Argumentation, dass er die Weiterentwicklung des Denkens durch die Kenntnis Platons, wie sie sich bei Cusanus zeigte, im Kern nicht akzeptierte. Er warf ihm vor, die logisch geschulte Argumentation des spätscholastischen Aristotelikers zu missachten. Vor allem aber spitzte er die Lehre von der *coincidentia oppositorum* zu: «Alles fällt mit Gott zusammen.»[20] So formuliert, war gerade das komplexe Geschehen der *explicatio* nicht erfasst, das den Zusammenhang von Einheit und Vielfalt erklären sollte. Vielmehr stand damit der Vorwurf im Raum, dass Nikolaus von Kues Geschöpfe und Schöpfer gleichsetze, also Pantheismus lehre. Alles wolle er vergöttlichen und kenne den Unterschied zwischen Gott und den Kreaturen nicht mehr.

Den damit erhobenen Vorwurf der Häresie unterstrich Wenck noch dadurch, dass er verurteilte Häretiker aufführte, deren Denken Nikolaus von Kues aufgreife und fortführe. Solche Vorwürfe waren nicht ungefährlich. Umso größer dürfte der Triumph des Kusaners gewesen sein, als er Wenck einige Jahre später 1449 aus der Position des Kardinals widersprechen konnte. Das Amt machte ihn nicht immun gegen Vorwürfe, stellte aber doch ein äußeres Zeichen seiner Anerkennung dar und war zugleich ein erneuter Beleg für die Anpassungsfähigkeit des Kusaners.

Wenck witterte zu Recht eine Nähe des Nikolaus zu Meister Eckhart, dessen mystische Predigten und Traktate gleich noch Thema sein werden. Tatsächlich gipfelte auch die Erkenntnislehre von Nikolaus von Kues in Vorstellungen von mystischer Gottesbegegnung. Das liegt allein schon aufgrund des Begriffs der gelehrten Unwissenheit nahe, der der dionysischen Tradition negativer Theologie folgt. Die mystische Formung seines Denkens reicht aber noch weiter: Nikolaus von Kues meinte, dass der mit seinen Begriffen ans Ende gekommene Mensch andere Wege der Gottesbegegnung suchen müsse. Wie man sich diese Gottesannäherung vorstellen kann, führte er in seiner Schrift *De apice theoriae*, «Die Spitze der Schau», aus. Der Text ist, literarisch stilisiert, als ein Dialog zwischen Nikolaus und seinem Sekretär Peter Wimars von Erkelenz (gest. 1494) verfasst. Gleich zu Beginn bemerkt der Sekretär, Nikolaus von Kues habe tagelang in so tiefer Betrachtung (*profunda meditatio*) verharrt, dass er sich nicht getraut habe, ihn anzusprechen (*De apice theoriae* 1). Offenbar wollte der große Gelehrte gleich zu Anfang zeigen, dass die meditative Praxis Teil seines Lebens war, eine Praxis, die er mit der Entrückung des Paulus in den Himmel verglich (2 Kor 12).

So kann es nicht verwundern, dass zumindest eine Dimension des Werkes des Kusaners auf die mystische Erfassung der Wirklichkeit ausgerichtet war: Wo kein Begriff die Einheit der Wirklichkeit erfassen kann, kann der Mensch zu dieser nur auf einer jenseits des Begrifflichen liegenden Ebene gelangen: In der *visio mentis* erblickt der Geist dieses letztlich Unbegreifliche (ebd. 11). Doch auch die Rede von einer Schau ist letztlich nur ein notdürftiger Behelf, denn das Licht, als das Nikolaus Gott im Sinne der dionysischen Tradition bezeichnet, ist nicht sinnlich oder verstandesmäßig wahrnehmbar (ebd. 8). Die begriffliche Beschreibung kann weder Gott erfassen noch die Weise, auf die Gott dann doch erfasst wird. Angesichts der vorsichtigen Annäherungen von Nikolaus von Kues an die mystische Gottesschau liegt es nahe, in ihnen nicht einen Nebenaspekt seiner philosophischen

Betrachtungen zu sehen, wie es in geistesgeschichtlichen Deutungen gerne geschieht, sondern die tiefste Erfüllung der «gelehrten Unwissenheit», um die sein Denken kreiste. In einem Dialog ließ Nikolaus den beteiligten Kardinal geradezu spöttisch die Annahme, Gott erfasst zu haben, als Ausweis von Denkschwäche bezeichnen:

> Daher möge jeder, der meint ihn erfaßt zu haben, wissen, daß diese Ansicht aus dem Mangel und der Schwäche seines Einsichtsvermögens kommt.[21]

Der tiefe meditative Zustand Nikolaus' von Kues, der seinen Sekretär davon abhielt, ihn anzusprechen, erinnert an den Zustand der Beginen, die wie tot dalagen. Dass sich ein sonst hochaktiver Kardinal in einen solchen Zustand versetzte, zeigt, dass mystische Meditation keinen Rückzug aus dem aktiven Leben erforderte, sondern auch mit politischem Wirken vereinbar war. Die Vorstellung von der «gelehrten Unwissenheit» schlug sich auch in der Schrift *De pace fidei* nieder, in der Nikolaus von Kues die Vision einer Debatte von Vertretern der unterschiedlichsten Religionen schilderte. Das war seine ganz eigene Verarbeitung der Eroberung Konstantinopels durch die Osmanen 1453. In anderen Zusammenhängen versuchte er durchaus scharf die Unzulänglichkeit des Korans zu beweisen. Nun aber bettete er die Auseinandersetzung mit ihm in ein Gesamtkonzept ein, das alle praktizierten Religionen unter den Vorbehalt stellte, die tiefste Wirklichkeit nicht erfassen zu können. In Wahrheit gebe es nur «eine Religion», die sich «in der Vielfalt der Riten» äußere (*una religio in rituum varietate*). Dieses theoretische Modell verliert nicht an Faszinationskraft, wenn man darauf verweist, dass die eine Religion, die Nikolaus als Grundlage aller Religionen entwirft, doch erstaunlich viele Gemeinsamkeiten mit dem Christentum aufweist, bis hin zu der Vorstellung von einem trinitarischen Gott. Aus mystischer Einsicht in das überbegriffliche Sein Gottes hat der Kusaner jedenfalls jegliche äußere Form von Religion unter einen Vorbehalt mangelnder Wahrheitserkenntnis gestellt, selbst die, deren Papst er beinahe geworden wäre.

JOHANNES REUCHLIN: MIT JÜDISCHER WEISHEIT ZUM CHRISTLICHEN GOTT

Toleranz im modernen Sinne wird man von Menschen in der Vormoderne nicht erwarten dürfen. Für Nikolaus von Kues war bei aller Relativierung das Christentum die eine wahre Religion. Das war es auch für einen anderen Gelehrten am Übergang zwischen Mittelalter und früher Neuzeit, der die mystische Spurensuche mit einer offenen Haltung gegenüber anderen Religionen verband: Johannes Reuchlin (1455–1522), einer der gelehrtesten Juristen des Reiches, der auf hoher politischer Ebene gefragt war, war einer der besten nichtjüdischen Kenner des Judentums. Er war durch den jüdischen Hofarzt Kaiser Friedrichs III. (1440–1493), Jacob ben Jechiel Loans (gest. 1506), in die hebräische Sprache eingeführt worden und bedankte sich bei ihm noch Jahre später hierfür. Rasch stieg Reuchlin selbst zu einem der führenden christlichen Hebraisten seiner Zeit auf. Seine Grammatik *De rudimentis Hebraicis* ebnete vielen humanistischen Gelehrten und auch den Reformatoren den Zugang zum hebräischen Original des Alten Testamentes.

Reuchlins Befassung mit dem jüdischen Erbe blieb auf der philologischen Ebene nicht stehen. Wie vor ihm schon Giovanni Pico della Mirandola (1463–1494) befasste sich Reuchlin mit dem Studium der Kabbala, der jüdischen Mystik. Ihm war bewusst, dass diese ebenso vielfältig war wie die christliche Mystik. Karl Erich Grözinger hat zusammengestellt, was Reuchlin vor Augen hatte:[22] Neben einer «gnostischen Kabbala», die um die zehn Gotteskräfte, die *Sefirot*, kreiste, gab es eine im frühen dreizehnten

Jahrhundert entwickelte neuplatonische Kabbala mit den auch im Christentum typischen Vorstellungen von der Emanation Gottes, die wiederum in einer eigenen Variante zur Umformung der Sefirot-Lehre führte. In einer weiteren Ausgestaltung partizipierte die jüdische Gelehrsamkeit an der intensiven Beschäftigung des Mittelalters mit Aristoteles und teilte die Auffassung Dietrichs von Freiberg vom Intellekt als Vermittler zwischen Göttlichem und Menschlichem. Schließlich gab es die messianische Kabbala, die für den Christen Reuchlin besonders anregend und interessant war und daher bei ihm viel größere Beachtung erfuhr, als es ihrer Bedeutung im Rahmen jüdischen Denkens entsprach. Nach Grözinger war es ein «Glücksfall» für Reuchlin, dass sich unter den ihm zugänglichen Texten auch solche von Abraham Abulafia (gest. 1291/92) und Asriel von Gerona (gest. um 1238) befanden,[23] zwei Kabbalisten, die mehr als die meisten anderen die Gestalt des Messias in den Mittelpunkt rückten. Durch diesen, so verstand Reuchlin die beiden jüdischen Autoren zuspitzend, werde in besonderer Weise die Erkenntnis Gottes ermöglicht.

Um in diese christlich gedeutete jüdische Kabbala einzuführen, bediente sich Reuchlin des Dialogs: In *De arte cabbalistica* treffen Gelehrte unterschiedlicher Herkunft aufeinander, unter denen dem Juden Simon die Aufgabe zufällt, in die Kabbala einzuführen, wie Reuchlin sie wahrnahm. Eine der Fragen, die Simon hier entfaltete, war die nach dem Namen des Messias. Hier gebe es einerseits die Tradition, dass dieser Name mit dem Gottesnamen identisch sei, den auszusprechen Juden verboten ist: dem Tetragramm JHWH. Anderseits aber erwarte man auch, dass der Name Mitleid heiße: *rachamim* (*De arte cabbalistica* I,19.B). Beides konnte Reuchlin nun durch einen Schlüssel zusammenführen, den er wiederum bei dem Kusaner kennengelernt hatte:[24] In der 1445 zum Epiphaniastag in Mainz gehaltenen Predigt *Dies sanctificatus* hatte dieser die Möglichkeiten jüdischer Gematrie genutzt, die einzelnen Buchstaben eine sinnhafte Bedeutung zusprach (vgl. Nikolaus von Kues, *Sermo* XLVIII 29 f.). So stehe der hebräische

Buchstabe *Schin* für «Aussprache». Füge man diesen nun in die Mitte des Tetragramms ein, so entstehe das Wort «Jesua» bzw. «Jeschua», die hebräische Namensform von Jesus. Für Reuchlin war dies der schlagende Beweis dafür, dass nicht nur das Alte Testament, sondern auch die in seinen Augen beste Form jüdischer Religiosität, die kabbalistische Mystik, ihre Vollendung erst im christlichen Glauben fand. Er griff die Argumentation von Nikolaus von Kues auf, nur mit einer kleinen charakteristischen Wendung, die eben zu seiner Deutung der jüdischen Erwartungen passte: Der Buchstabe *Schin* stand bei ihm für «Erbarmen», nicht für «Aussprache».

Die Ausrichtung auf den Messias, die Reuchlin in der jüdischen Kabbala vorfand, führte seiner Meinung nach mit ihren eigenen Mitteln auf Jesus Christus als den wahren Messias zu. Reuchlin berief sich auf die Kabbalisten, wenn er betonte, dass sich alles menschliche Streben auf diesen Messias des Erbarmens ausrichten sollte. Der Weg zu diesem war dabei in klassischer mystischer Manier der Weg einer Lösung von allem Materiellen und Geschöpflichen, der der Jakobsleiter gleicht (*De arte cabbalistica* I 20.I). Diesen Aufstieg vollzieht der Mensch, indem er von der Erfassung sinnlicher Objekte zum inneren Sinn und zur Vernunft, dem *intellectus,* voranschreitet, um schließlich durch ein höheres Licht (*superior lumen*) erleuchtet zu werden (*De arte cabbalistica* I 3.M). Diese Erleuchtung könne einem nur durch das messianische Erbarmen, die Gnade Gottes, zuteilwerden.[25] Reuchlin meinte damit hauptsächlich die jenseitige Erlösung, doch gab es auch für ihn ein «momenthaftes Dahingerissenwerden» (*momentaneus raptus; De arte cabbalistica* I 20.L). Geradezu schwärmerisch ließ Reuchlin dies seinen fiktiven jüdischen Gewährsmann Simon schildern:

> Und wenn der Geist des Kabbalisten auf diesem Weg unter unsagbarer innerer Freude und Erregung und in das Mysterium tiefer Schweigsamkeit versunken die Niederungen des Irdischen oft selbst verlässt und sich zum Überhimmlischen und Unsichtbaren

> hinübertragen lässt, das alle menschliche Sinneswahrnehmung übersteigt, dann wird er, obwohl er noch immer in dieser sterblichen Haut zu Gast ist, dennoch zum Gefährten der Engel und sozusagen ein Mitbewohner der überhimmlischen Heimstatt, weil er ersichtlich oft im Himmel ein- und ausgeht.[26]

Dergleichen mag für einen Gelehrten wie Reuchlin merkwürdig klingen und überrascht doch kaum, wenn man betrachtet, wie sich dieser Aufstieg vollzog: Ganz wie die jüdischen Kabbalisten verstand Reuchlin diese mystischen Formen der Gottesannäherung nicht im Gegensatz zur Heiligen Schrift, sondern als deren Vertiefung, indem die geistliche Erfassung des Sinns immer mehr in sie eindrang und gerade darin über sie hinaus zu Christus selbst führte.

Die Schrift, in der er dies erläuterte, widmete Reuchlin Papst Leo X. (1513–1521), und dies aus gutem Grund: Gerade erst war das Verfahren zur Ruhe gekommen, das an der Kurie gegen den *Augenspiegel* angestrengt worden war. In dieser Streitschrift hatte Reuchlin 1511 im sogenannten Judenbücherstreit gegen die Verbrennung jüdischer Schriften protestiert und sich eine Anklage wegen Ketzerei eingehandelt. Aus heutiger Sicht ist Reuchlins Umgang mit den jüdischen Schriften Teil einer christlichen Vereinnahmungsstrategie: Juden, so wollte er zeigen, müssten ihren eigenen Autoritäten und Methoden zufolge eigentlich an Jesus Christus als den Messias glauben. Dass der christliche Glaube recht hatte, ja, der einzig wahre war, stand für ihn außer Frage. Umso bemerkenswerter ist es, dass Reuchlin genau auf dieser Basis entwickeln konnte, was im strengen Sinne Toleranz ausmacht. Das Wort «Toleranz» kommt von dem lateinisch Begriff für «ertragen» und bedeutet nicht achselzuckende Gleichgültigkeit gegenüber unterschiedlichen Wirklichkeitsauffassungen, sondern einen Verzicht darauf, andere Überzeugungen zu verdrängen.

Diese Haltung zeigte Reuchlin in einer der schärfsten publizistischen Debatten des sechzehnten Jahrhunderts: 1507 brachte

Johannes Pfefferkorn, der vom Judentum zum Christentum konvertiert war, den sogenannten *Judenspiegel* heraus, der den Auftakt für eine ganze Reihe wüst polemischer Schriften gegen seine früheren Glaubensgeschwister bildete, die er unter Beifall und auf Anregung der Kölner Dominikaner publizierte. Seine Forderungen reichten von der Anordnung von Zwangspredigten für Juden bis zu deren Vertreibung und der Konfiskation ihrer heiligen Bücher. Verbindungen zur kaiserlichen Familie bescherten ihm einen ebenso bedenkenswerten wie bedenklichen Erfolg: Am 14. August 1509 erließ Kaiser Maximilian I. (1486–1519) ein Mandat, mit dem er Pfefferkorn mit der Einziehung jüdischer Bücher beauftragte. Dessen rabiates Vorgehen rief allerdings solche Unruhe hervor, dass der Kaiser im folgenden Jahr das Mandat zunächst wieder zurückzog und erst einmal Gutachten einholen ließ. In seiner Verbindung aus juristischer und judaistischer Kenntnis war Reuchlin ein geradezu idealer Gutachter. Seine Expertise brachte er, wiederum durch die Polemik Pfefferkorns herausgefordert, unter dem Titel «Augenspiegel» in den Druck.

Reuchlins *Augenspiegel* ist ein Musterbeispiel für die Argumentation für Toleranz: Man müsse, so das zentrale Argument, unter den jüdischen Schriften unterscheiden. Nur ganz wenige gebe es, die für Christen beleidigend sein könnten. Viele enthielten Wahrheiten, etwa im Bereich der Medizin, von denen auch ein Christ profitieren könne, und im Übrigen sei es auch kein Schade, falsche Argumente zu lesen, da man an ihnen sein eigenes Argumentationsvermögen schule. Der beste Weg, sich mit dem Judentum auseinanderzusetzen, sei ohnehin die Einrichtung hebraistischer Professuren. Nicht alle konnten mit dieser gediegenen Gedankenführung etwas anfangen. Reuchlin wurde wegen Ketzerei verklagt, und sein Buch trotz seiner freundlichen Widmung an den Papst 1520 verboten. Pfefferkorn goss durch immer neue Veröffentlichungen permanent Öl ins Feuer, und spätestens mit dem Erscheinen der sogenannten *Dunkelmännerbriefe*, in denen Humanisten ihren Spott über die Kölner Dominikaner ausgossen, die Pfefferkorn unterstützten, war der Streit um die Judenbücher zum öffentlichen Ereignis in der Gelehrtenwelt geworden. Von der ruhigen Kontemplation, die Reuchlin anempfohlen hatte, war er notgedrungen weit entfernt. Das Aufschwingen zu einem *raptus* mag ihm in dieser Zeit schwergefallen sein. Und doch hatte er wohl nicht zuletzt hierdurch jene gelassene Distanz gegenüber vereinfachten Vorstellungen von der Wahrheit des Christentums gefunden, die es ihm ermöglichte, in einer Zeit, in der das Bewusstsein von der eigenen Wahrheit vielfach aggressiv gegen Andersgläubige gewandt wurde, Offenheit und wohl auch ganz schlicht wissenschaftliche Neugier auf die Welt des Judentums zu entwickeln.

9.
GOTTESGEBURT IN DER SEELE

MEISTER ECKHART: AM UMKREIS DER EWIGKEIT

Es hat lange gedauert, bis man feststellte, dass auch Meister Eckhart (gest. 1328) tief in der lateinischen Wissenschaft seiner Zeit verankert war. Dieser Prediger des vierzehnten Jahrhunderts war lange Zeit weitgehend vergessen, in den Schatten gestellt durch die Wirkung seiner Schüler Johannes Tauler (gest. 1361) und Heinrich Seuse (gest. 1366). Die Verurteilung, die 1329, noch nach seinem Tod, über ihn ausgesprochen worden war, wirkte Jahrhunderte nach. Seine Texte wurden unter fremdem Namen verbreitet oder gleich anonym. Als er im neunzehnten Jahrhundert neu entdeckt und gelesen wurde, wurde er auch rasch national vereinnahmt. Er stand im Mittelpunkt eines Konzepts von «deutscher Mystik», die der Hegel-Schüler Karl Rosenkranz (1805–1879) erstmals so benannte. Die damit mitschwingenden völkerpsychologischen Vorstellungen sind längst überholt. Heute fasst man die drei Denker und ihr Umfeld meist nach dem geographischen Zentrum ihrer Wirksamkeit zwischen Bodensee und Elsass als «rheinische Mystik» zusammen.

Auch das trifft Eckhart nur zum Teil, denn er stammte aus Thüringen und hat dort, im Konvent der Dominikaner in Erfurt, wichtige Schriften verfasst. Andere seiner Schriften stammen aus Paris, wo er zeitweise an der Sorbonne lehrte. Diese akademischen Schriften, Ausdruck einer intensiven Auseinandersetzung mit der Scholastik seiner Zeit, wurden seit dem ausgehenden neunzehnten Jahrhundert nach und nach entdeckt und haben dazu beigetragen, das Bild eines «deutschen» Denkers fernab der scholastischen Gelehrsamkeit zu revidieren: Eckhart hatte teil an den intellektuellen Debatten seiner Zeit. Seine Mystik nur als Alternative zum wissenschaftlichen Diskurs zu verstehen, ginge an seinen eigenen Anliegen vorbei. Gelegentlich verweist er in seinen Predigten sogar auf seine Tätigkeit im Hörsaal, und es finden sich manche inhaltliche Berührungen zwischen seiner akademischen Lehre und seinen Predigten.

In ihnen versuchte er, Laien in der Volkssprache zu begleiten. Zum Teil wandte er sich auch an Beginen, die in die Bettelorden integriert werden sollten. Er versuchte ihnen gegenüber eine Gratwanderung zwischen der Aufnahme der radikalen Anregungen und dem Aufruf zur Mäßigung. Die *Reden der Unterweisung* verfasste er, noch ehe er besondere Aufgaben in der Seelsorge an Nonnen hatte. Schon hier erklärte er in offenkundiger Anspielung auf deren Frömmigkeitspraxis:

> Das erkennt man an Folgendem: Man soll den erwähnten Jubilus gelegentlich unterlassen, um eines Besseren willen, das aus Liebe kommt, und gelegentlich, um ein Liebeswerk zu wirken, wenn geistliche oder leibliche Not besteht.[1]

Meister Eckhart belehrte die Beginen nicht nur, sondern lernte auch von ihnen. Der *Miroir* der Marguerite Porete scheint ihn nicht unbeeindruckt gelassen zu haben: Kurt Ruh hat gezeigt, dass viele von Eckharts Formulierungen denen der großen Begine so nahe kommen, dass sich der Eindruck aufdrängt, er habe sich an sie angelehnt.[2]

Eckharts Versuch einer Gratwanderung fand keinen Anklang. 1325 wurde er in Köln der Häresie bezichtigt. Bald wurde Anklage erhoben und ein Häresieprozess eröffnet, der ab 1327 beim Papst in Avignon weitergeführt wurde. Meister Eckhart starb 1328 noch vor Abschluss des Prozesses. Am 27. März 1329 verurteilte Papst Johannes XXII. (1316–1334) in der Bulle *In agro dominico* postum 28 Sätze aus seinen Schriften, vornehmlich den Predigten.

Meister Eckhart wurde unter anderem vorgeworfen, den Laien Überlegungen vorzutragen, die diese verwirren konnten. Gegen solche Vorwürfe verwahrte er sich schon früh mit einem schlagenden Argument:

> Soll man nicht ungelehrte Leute lehren, so wird niemals wer gelehrt, und so kann niemand dann lehren oder schreiben. Denn darum belehrt man die Ungelehrten, daß sie aus Ungelehrten zu Gelehrten werden.[3]

Für die Überlieferung seines Denkens hat sich ausgerechnet der Prozess gegen ihn als Glücksfall erwiesen, denn erst seine «Rechtfertigungsschrift» erlaubt es in vielen Fällen, ansonsten anonym oder unter anderem Namen überlieferte Predigten ihm zuzuordnen. Daher wurden diese Predigten an den Anfang der modernen Edition seiner Werke gestellt. Andere Predigten wurden ihm zugeordnet, wenn sie ihnen inhaltlich zu entsprechen schienen. Das war ein philologisch kluges Verfahren, freilich mit Tücken: Geht man so vor, rekonstruiert man Eckharts Werk von Anklage und Verteidigung aus. Im Häresieprozess spielte ja nur eine Rolle, was aus dem Rahmen fiel, Unanstößiges kam gar nicht in den Blick. Auch der wissenschaftlich rekonstruierte Meister Eckhart mag so um einiges radikaler erscheinen, als der historische war.

Sein Anliegen jedenfalls hat Meister Eckhart nicht sehr radikal formuliert:

> Wenn ich predige, so pflege ich zu sprechen von Abgeschiedenheit (*abegescheidenheit*) und daß der Mensch ledig (*ledic*) werden soll seiner selbst und aller Dinge. Zum zweiten, daß man wieder eingebildet werden soll in das einfaltige Gut, das Gott ist. Zum dritten, daß man des großen Adels gedenken soll, den Gott in die Seele gelegt hat, auf daß der Mensch damit auf wunderbare Weise zu Gott komme. Zum vierten von der Lauterkeit göttlicher Natur – welcher Glanz in göttlicher Natur sei, das ist unaussprechlich. Gott ist ein Wort, ein unausgesprochenes Wort.[4]

Meister Eckhart macht hier in vier Punkten deutlich, worin für ihn die Botschaft des Evangeliums besteht: Im Zentrum steht die *abegescheidenheit*, eine Vorstellung, die eng mit der *gelâzenheit* und auch dem im selben Satz angesprochenen *ledic*-Werden zusammenhängt: Der Mensch muss sich von sich selbst lösen, abgeschieden von sich werden, er muss von sich lassen. Die mittelhochdeutsche *gelâzenheit* spricht viel tiefere Dimensionen an als die neuhochdeutsche «Gelassenheit». Es geht nicht darum, mit all den Anforderungen des Lebens ruhig umzugehen, sondern es geht im wahrsten Sinne des Wortes darum, von sich zu lassen. Das, was für uns normalerweise zum Ich gehört, steht dem wahren Selbst im Wege. Eckhart hat das bis zu der radikalen Konsequenz ausgeführt, dass ein Mensch, der Gottes Willen erfüllen will, noch nicht wirklich von sich gelassen hat (*Predigt 52*). Er führt dies bezeichnenderweise in einer Predigt über die Armut aus, in der er dieses wichtige Ideal seines eigenen Ordens durch und durch spiritualisiert: Nicht die äußere Besitzlosigkeit macht Armut aus, sondern die geistige Bereitschaft und Fähigkeit, sich von allem eigenen Begehren zu lösen. Vor dem Hintergrund der von Augustinus herkommenden Tradition, in der Eckhart steht, ist offenkundig, dass es hier darum geht, die in der Ursünde wurzelnde radikale Ichbezogenheit des Menschen zu überwinden.

Entsprechend führt die Abgeschiedenheit in den Ursprungszustand zurück: «Einbilden» (*înbilden*) spielt offenkundig auf die Schöpfungsgeschichte an, derzufolge Gott den Menschen zu seinem Bilde machte (Gen 1,26). Die lange Diskussion, wie viel Bild, wie viel Ähnlichkeit nach dem Sündenfall erhalten ist, überspringt Eckhart in der Erwartung, dass es durch das Zurückziehen vom sündigen Ich zu einer Rückkehr in diesen bildhaften Zustand kommt und damit in Gott selbst. Dieses Zurückziehen ist aber kein Weg nach außen, sondern nach innen, weil, so der dritte Gedanke, ja in der Seele schon oder noch ein «Adel» liegt. Das Bild Gottes ist also, trotz Sündenfall, im Menschen noch vorhanden, tief im Grund der Seele. Dort ist es nur verschüttet, oder besser: verdunkelt. Eckhart hat diesen Rest auch als *funkelîn* bezeichnet, als das Seelenfünklein, das als Abglanz Gottes im Menschen erhalten bleibt. Damit schreibt er die Überlegungen Dietrichs von Freiberg fort, mit dem er auch auf der Leitungsebene des Dominikanerordens zusammenwirkte. Ja, er steht in einer auf die Zisterzienser zurückweisenden Tradition und zeichnet diese in die vielfachen lichtmetaphorischen Vorstellungen Gottes ein. Gottes Ebenbild glänzt und funkelt – wenn es wieder aufgedeckt ist: Abgeschiedenheit und Gelassenheit sind letztlich Weisen, diese verdeckte Gegenwart Gottes wieder aufzudecken. Etwas dynamischer kann Meister Eckhart dafür auch das Bild von der Gottesgeburt in der Seele verwenden: Weihnachten geschieht immer neu in der mystischen Begegnung, deren Ort nirgendwo anders ist als tief im Innern des Menschen.

Der vierte Gedanke, um den sich Eckharts Verkündigung dreht, die Reinheit der göttlichen Natur, führt mitten hinein in die Tradition der *theologia negativa*, wo es um die Unaussprechlichkeit und Unbegreiflichkeit Gottes ging. In einer anderen Predigt knüpfte Eckhart noch deutlicher an die Paradoxien des Pseudo-Dionysios an: Gott

> ist so hoch über dem Sein, wie es der oberste Engel über einer Mücke ist. Ich würde etwas ebenso Unrichtiges sagen, wenn ich

> Gott ein Sein nennte, wie wenn ich die Sonne bleich oder schwarz nennen wollte. Gott ist weder dies noch das,[5]

oder er ist ein «seinsloses Sein» (*wesen weselôs; Predigt 82*). Daher ist Gott für den Menschen begrifflich-sprachlich nicht erreichbar. In einer Predigt sprach Eckhart davon, allenfalls könne der Mensch mit seinen eigenen Kräften eine Erkenntnis «unter Gott am ‹Umkreis der Ewigkeit›» erlangen.[6] Manche versuchten dies durch Tätigkeit,[7] andere versuchten sich über ihren Willen und ihre Bilder zu erheben, blieben aber noch im sprachlich vermittelten Bereich. Nur wer ganz auf die Sprache und damit auf jede Unterscheidung von Subjekt und Objekt in der Erkenntnis verzichte, erfahre eine Begegnung mit Gott «unvermittelt in seinem eigenen Sein».[8] Hier ist Gott trinitarisch präsent, so wie Augustinus sich das vorstellen konnte als Spur des dreieinigen Gottes in der Seele des Menschen. Christus selbst ist der Weg, der in Gott hineinführt und von der Liebe des Heiligen Geistes umfangen ist – und eben deswegen nicht mehr in Worte gefasst werden kann. Gott also ist immer dort verborgen, wo der Mensch sich um Sprache bemüht, und er wird gegenwärtig, wo der Mensch ganz in sein bloßes Sein zurückfällt.

Gerade hier greifen Eckharts Predigten mit seinen akademischen Werken ineinander: In seinem unvollendeten scholastischen Hauptwerk, dem *Opus tripartitum*, dem «dreigeteilten Werk», das er nach der Rückkehr in den angestammten Erfurter Konvent ab 1305 nach seinem ersten Pariser Lehraufenthalt verfasste,[9] findet sich einer der provozierendsten Sätze Meister Eckharts: «Esse est deus»,[10] «Das Sein ist Gott», und nicht etwa umgekehrt: «Gott ist das Sein», was mit manchen Vorbehalten noch sagbar gewesen wäre. Der Satz «Das Sein ist Gott» aber roch wieder einmal nach Pantheismus, umso mehr, als Eckhart in seiner Erklärung zum Prolog des Johannesevangeliums in aller Schärfe erklärte, alles Geschaffene sei eigentlich nichts, da es sein Sein allein von Gott habe (*Expositio in Iohannem* Nr. 53). Die Welt der Sinne wird so zu einer bloßen Scheinwelt. Das Sein aller Geschöpfe ist, wie

Eckhart in Predigt 71 sagt, allein in Gott. Von hier aus erklärt sich leicht, warum ein Rückzug vom Ich zu Gott selbst führen kann, denn das Ich ist ja Teil dieser Scheinwelt.

So beschrieben konnte sogar der Eindruck aufkommen, das eigentliche Anliegen Meister Eckharts sei ein philosophisches: Er erklärte das Sein der Welt vor dem Hintergrund der Theorien der arabischen, neuplatonisch gefärbten Aristoteliker. Von einer «Geburt der ‹Deutschen Mystik› aus dem Geist der arabischen Philosophie»[11] konnte Kurt Flasch hier sprechen. Solche Deutungen werden noch dadurch unterstrichen, dass Eckhart sich in vielem ganz anders liest als eine Mechthild von Magdeburg oder eine Juliana von Norwich: Mystische Erfahrungen oder gar erotische Verzückungen sind nicht sein Thema. Seine Predigten kommen nüchtern, fast schon akademisch daher. Man hört den Professor auf der Kanzel.

Und doch trifft die Deutung als Philosoph nur einen Teil der Wirklichkeit. Das ergibt sich schon daraus, dass sich die provozierenden Gedanken über Gott und das Sein in einem Kommentar zum Prolog des Johannesevangeliums finden, dem Text also, der wie kein anderer in der Bibel christologisch gefüllt ist. Außerdem sind die Predigten eben das, was sie sind: Predigten, die ihren Ort im Gottesdienst und in der Ansprache an eine glaubende Gemeinde hatten. Vor allem aber verweist Eckhart zwar scheu, aber doch merklich auf Erfahrungen[12] – gerade auch im Zusammenhang mit der oben angeführten Stelle, in der er seine Predigt für die ungelehrten Leute verteidigt. Gegen seine Kritiker bringt er vor: «Mir genügt's, daß in mir und in Gott wahr sei, was ich spreche und schreibe»,[13] und an anderen Stellen hob er hervor, dass seine Predigten nur verstehbar seien, wenn man selbst der Wahrheit, die er ausdrücke, angeglichen sei (*Predigt 52*). Das sind Appelle an eine existentielle Aneignung, die über philosophisch-analytische Ansprüche hinausgehen. Gerade erst in dieser Vielgestaltigkeit vom biblischen Text über die rationale Reflexion bis hin zur existentiellen Aneignung wird Meister Eckharts Mystik –

wie überhaupt alle Mystik – erkennbar: Mystik ist ohne Erfahrung nicht zu haben, aber diese Erfahrung muss nicht in den Vordergrund drängen, sie muss auch nicht das entscheidende Argument sein. Sie ist die leise Gewissheit, die Eckhart offenbar auch durch die Angriffe von Gegnern hindurchgetragen hat: Das Bewusstsein, Gott nahe zu sein, war nicht nur ontologisch in der Analyse des Seins begründet, sondern auch in seiner Lebenswirklichkeit.

Das konnte umso mehr gelten, als Mystik nicht darin bestand, sich in eine Sonderwelt zurückzuziehen. Zu Eckharts Auseinandersetzung mit dem beginischen Lebensstil gehörte, dass er eine zu einseitige Ausrichtung auf die Gottesschau kritisierte. Er bediente sich hierzu der eingespielten Deutung der beiden Schwestern Maria und Martha als Repräsentantinnen der *vita contemplativa* und der *vita activa* *(siehe Seite 119)*. Gegenüber der großen Beliebtheit, die Maria Magdalena, die im Mittelalter mit der Schwester Marthas identifiziert wurde, in ihrer Verbindung von Erotik und Kontemplation unter Beginen genoss, ordnete Eckhart beide Seinsweisen einander komplementär zu: Es ging nicht darum, den einen Lebensstil zu befolgen und den anderen zu lassen, sondern beide stellten Aspekte eines Lebensweges dar, die auf unterschiedlichen Stufen verwirklicht werden sollten. Um Gott wahrhaft zu schauen, musste Maria zunächst wie ihre Schwester ein tätiges Leben führen. Erst dann war Gottesschau mehr als wonniger Genuss, sie brachte tatsächlich Erfüllung und Gottesnähe.

Diese Aufwertung des aktiven Lebens würdigte die christlichen Laien in einem Ausmaß, das für die mittelalterliche Gesellschaft mit ihrem starren Gegenüber von Klerikern und Laien ungewöhnlich war. Mystik konnte so auch an kirchenrechtlichen Grundfesten rütteln. Und doch erscheint Eckhart in solchen Überlegungen keineswegs als der radikale Häretiker, zu dem ihn die Verurteilung stempelte. Aber er entspricht auch nicht dem heute beliebten Bild von einem Philosophen, der dem christlichen Glauben fernstand. Das ändert nichts an dem Provokationspotential seiner Predigten, und schon seine unmittelbaren Erben bemühten sich unterschiedlich erfolgreich darum, die allzu scharfen Spitzen seiner Lehren abzuschleifen.

JOHANNES TAULER: GOTT RUFT SCHUSTER UND BAUERN

An Meister Eckharts Aufwertung eines aktiven Lebens knüpfte Johannes Tauler an, der Meister Eckhart wohl nie persönlich getroffen hat, obwohl er einen Großteil seines Lebens in Straßburg wirkte, wo Eckhart deutliche Spuren hinterlassen hat. Doch Tauler hat sich vielfach auf Eckharts Werk bezogen. Auch sein Denken ist von den Vorstellungen der Gottesgeburt in der Seele und dem Seelenfünklein geprägt. Den Anfang der Sammlung seiner Predigten macht in den frühneuzeitlichen Drucken eine Weihnachtsansprache, von der allerdings nicht ganz sicher ist, ob sie tatsächlich von ihm stammt. Seinen Grundgedanken entspricht sie gleichwohl und stellt diese in besonderer Klarheit dar. Anhand der drei Messen, die in der Weihnachtsnacht gefeiert werden, unterscheidet die Ansprache drei Geburten des Gottessohnes: zunächst vor aller Zeit im trinitarischen Geheimnis, zweitens in der Zeit, im Stall von Bethlehem, und schließlich in der Seele jedes einzelnen Glaubenden. In der individuellen mystischen Begegnung finden so Gottes Selbstunterscheidung wie auch seine Heilsgeschichte mit den Menschen ihr Ziel.

Bei Tauler ging die Aufwertung des Alltagslebens so weit, dass er alle Alltagstätigkeiten als Wege interpretieren konnte, Gottes Ruf zu folgen:

> Wisst, es gibt manche Frau in der Welt, die Mann und Kinder hat, und mancher Mann stellt Schuhe her, und sie suchen Gott und versuchen dadurch, sich und ihre Kinder zu ernähren. Und man-

> cher arme Mensch im Dorf fährt Mist und gewinnt sein bisschen Brot in harter, saurer Arbeit. Und es kann wohl sein, dass diese alle hundertmal besser fahren, indem sie in schlichter Weise dem Ruf (*růffe*) folgen.[14]

Das war eine erhebliche Provokation: Das Alltagsleben, selbst noch das Mistausfahren, sollte ebenso als ein Ruf, eine *vocatio*, gelten wie das Klosterleben, das doch eigentlich als Befolgung eines besonderen Rufes Gottes galt. Tauler setzte, ganz auf der Linie Meister Eckharts, den Hebel an die religiös begründeten Unterschiede in der Gesellschaft an und ging sogar noch einen Schritt weiter: In einer Auslegung der Erzählung vom Priester Zacharias, dem Vater Johannes' des Täufers, erklärte er, grundsätzlich sei jeder andächtige, innere Mensch ein Priester, jedenfalls auf geistliche Weise (*Predigt* 40).

Hiervon unterschied Tauler ausdrücklich das sakramentale priesterliche Amt, das daher anders als jenes geistliche Priestertum allein Männern vorbehalten sein sollte. Es dürfte genau diese Betonung des sakramentalen Amtes gewesen sein, die ihn davor bewahrte, ähnlich wie Meister Eckhart in das Visier der Hüter des rechten Glaubens zu geraten. Dabei lotete Tauler auch in dem, was er über die Sakramente sagte, die Grenzen des Erlaubten aus. Er tat dies allerdings auf eine Weise, die nicht immer gleich erkennen ließ, worauf er zielte. Ausgerechnet am Fronleichnamstag, an dem der Leib Christi in der Hostie präsentiert wurde, der also mehr der Schau galt als der Teilnahme an der Kommunion des Abendmahls, verkündete Tauler in einer Predigt (60c), wie einzigartig es sei, dass Christen ihren Gott essen dürften, wendete dieses Geschehen aber spirituell. Das Essen kehrte sich nämlich um: Die Menschen, die eben noch ihren Gott eingenommen hatten, wurden nun in ihrem Innern von ihm gegessen, und genau das geschah nicht allein im Abendmahl, sondern jederzeit. Von Gott gegessen werden wir, «wenn er in uns unsere Fehler straft, unsere inneren Augen öffnet und uns unsere Gebrechen erkennen lässt».[15]

Das also, was im Abendmahl angestrebt und erreicht wurde, hing gar nicht so sehr an der sakramentalen Präsenz Christi in der Eucharistie, sondern an der Selbstbeschauung und Zerknirschung des Menschen.

Diese Vorstellung klingt an die mittelalterliche Bußtheologie an, für die die erste Stufe des Geschehens in der inneren Zerknirschung des Sünders liegt. Tauler hatte ein Gespür dafür, dass schon lange Buße und Mystik eng aufeinander bezogen waren, und entwickelte dies nun weiter: Buße sollte nicht hier und da getan werden, sondern beständig erfolgen: «Das darf nicht an einem Tag sein und am anderen nicht: es soll alle Tage sein; ohne Unterlass sollst du dich selbst beobachten!»[16] An diese Mahnung schloss er Ausführungen darüber an, dass man über diese permanente Bußhaltung ruhig die eigenen Sünden vergessen könne. Dass man sie dann nicht mehr dem Priester beichten könne, mache nichts aus, im Gegenteil: «Bleibe in dir selbst, und geh damit nicht sogleich zu deinem Beichtvater.»[17]

Gerade weil Tauler viel konkreter wurde als Meister Eckhart, hätte man aus solchen Äußerungen ein revolutionäres Programm machen können, in dem die Laien sich weigerten, der 1215 erlassenen Pflicht zur einmal jährlichen Beichte nachzukommen, und beanspruchten, eigentlich selbst die besseren, nämlich geistlichen, Priester zu sein. Solche Forderungen aber erhob Tauler nicht, und erst als die Reformatoren sich seine Gedanken zu eigen machten, wurde er in Rom verdächtig. Luthers Gegenspieler Johannes Eck warf ihm Häresie vor. Seine Texte kamen 1590 auf den *Index der verbotenen Bücher*. Aus der Rückschau ist es nicht ganz einfach zu sagen, weshalb das Räderwerk der kirchlichen Behörden im vierzehnten Jahrhundert gegen Eckhart angeworfen wurde, Tauler gegenüber aber schwieg. Es sind wohl unterschiedliche Konstellationen, die zu unterschiedlichen Wirkungen führten. Nicht zuletzt waren es die hohen Ämter Meister Eckharts im Dominikanerorden – er brachte es 1303 bis zum Leiter der Ordensprovinz Saxonia –, die Kritiker und wahrscheinlich auch Neider auf den

Plan riefen. Tauler war nicht einer solchen Aufmerksamkeit ausgesetzt und konnte so die mystischen Potenziale zur Veränderung von Kirche und Gesellschaft ganz anders entfalten.

HEINRICH SEUSE: DAS LEIDEN CHRISTI SPÜREN

Die Verschonung mit Häresievorwürfen war dem dritten Denker, der üblicherweise zum Kreis der rheinischen Mystik oder auch der deutschsprachigen Dominikanermystik gerechnet wird, nicht vergönnt: Heinrich Seuse. Anders als Tauler dürfte er Eckhart persönlich erlebt haben und war vielleicht sogar in direktem Sinne sein Schüler. In den zwanziger Jahren des vierzehnten Jahrhunderts hat er möglicherweise bei ihm in Köln studiert, jedenfalls wohl dort die Anfänge des Häresieprozesses gegen ihn miterlebt. Auch Heinrich Seuse geriet immer wieder in den Verdacht, er verunreinige die Welt «mit kezerlichem unflat»,[18] konnte die Anklagen aber offenbar, anders als sein Meister, ordensintern klären.

Über sein Leben wissen wir nur scheinbar besser Bescheid als über das der beiden anderen rheinischen Mystiker: Eines seiner vier Hauptwerke, die *Vita,* gibt sich als eine erinnernde Darstellung seines geistlichen Lebens. Selbst wenn man heute nach langen Zweifeln in der deutschsprachigen Forschung überwiegend davon ausgeht, dass sie tatsächlich von Seuse verfasst wurde, ist damit über ihre biographische Aussagekraft wenig gesagt: Das Leben, das hier geschildert wird, ist – ähnlich wie bei vielen der oben behandelten Beginen – ein ideales Leben der Buße und des Weges zu Gott. Gelebtes Leben ist dahinter nicht wirklich zu greifen. Aus der Perspektive der Frömmigkeitsgeschichte ist eine solche zunächst ernüchternde Einsicht allerdings gleichgültig, denn auch und gerade als ideales Leben lässt die *Vita* ja erkennen, wie der Autor sich die rechte Haltung gegenüber Gott vorstellt.

Zentral für die rechte Haltung gegenüber Gott ist für Seuse die Beschäftigung mit dem Leiden Jesu und dem eigenen Leiden. Die für mystische Erfahrungen bestimmende Nähe Gottes wird genau hierdurch vermittelt. Diese leidensbezogene Frömmigkeit hat Seuse, so schreibt er, von seiner Mutter mitbekommen: «Sie hatte die Gewohnheit, dass sie all ihr Leiden in das bittere Leiden Christi versenkte und dadurch ihr eigenes Leiden überwand.»[19] Gilt Seuse daher als «der erste deutsche Mystiker, dem die Passion Christi zum zentralen Thema» wurde,[20] so ist diese Priorität doch stark zu relativieren. Er folgte damit nicht nur seiner Mutter, sondern auch anderen frommen Frauen: Wenn es einmal heißt, Seuse habe acht Jahre lang auf bloßem Rücken ein Kreuz getragen (*Vita* c. 16), erinnert dies auffällig an Erlebnisse, die etwas früher von der Asketin Elsbeth von Oye berichtet wurden (gest. um 1350).[21] Seuse war mit seinen Bußübungen und seiner Passionszentrierung Teil einer breiteren Bewegung des identifikatorischen Umgangs mit der Passion Christi.

Das Leiden Christi spielte in der Frömmigkeit des späten Mittelalters generell eine immer größere Rolle. Christus als Schmerzensmann, der vom Kreuz abgenommene Christus auf dem Schoß seiner Mutter, das Passionsspiel, das in vielen Städten aufgeführt wurde, lange bevor die berühmteste Variante in Oberammergau begründet wurde: All dies zeigt, dass die Frömmigkeit der Zeit von der Besinnung auf das Leiden Christi durchzogen war, das zu Identifikation und Meditation einlud *(Tafel IX)*. Das trug dazu bei, dass Seuse einer der populärsten Schriftsteller dieser Zeit wurde, der danach strebte, die Distanz zu Gott durch «mitlidene» (*Vita* c. 42) zu überwinden.

Mitleiden führte zu Liebe, und hier gehörte auch Seuse zu denen, die frei mit Geschlechterbildern jonglieren konnten. Schon zuvor war die Weisheit Gottes, wie sie vor allem im biblischen Buch der Weisheit beschrieben wird, immer wieder einmal mit Christus identifiziert worden. Seuse nahm dies auf, um für sich das Bild eines weiblichen Gegenübers zu schaffen, dem er sich in Liebe zuwenden konnte (*Vita* c. 3). Selbst geistliche Liebe bedurfte innerhalb des mittelalterlichen Vorstellungsrahmens der Möglichkeit gegengeschlechtlicher Bilder. So wie die grammatisch weibliche Seele auch eines Mannes Christus als Bräutigam empfangen konnte, konnte hier der Mann Seuse Jesus in dessen weiblicher Gestalt der Weisheit lieben. Letztlich aber zielte dies auf den irdischen, männlichen Jesus und sein Leiden, das Seuse verinnerlichen wollte. Der Weg zum Herzen ging durch den Körper: Seuse oder die ideale Gestalt, von der er erzählte, quälte sich im wahrsten Sinne des Wortes bis aufs Blut: Er trug zeitweilig einen Gürtel mit nach innen gekehrten Nägeln und band diesen so eng, dass die Spitzen in seinen Körper eindrangen und er blutete (*Vita* c. 15). Dieses masochistisch anmutende Verhalten gewann seinen Sinn aus der Vorstellung der *compassio*, des Mitleidens, das angeblich seine Mutter ihm vorgelebt hatte. Einmal zerriss Seuse sein Gewand und ritzte «IHS», das Kürzel für Jesus, auf seine Brust, «eben uf sin herz» (*Vita* c. 4). Der Schmerz wurde sehr körperlich realisiert, der Liebende wurde durch Christus und mit Christus zum Leidenden, um genau so dem Geliebten näher zu kommen.

So wie dieser körperliche Vorgang den Mystiker geistlich erreichte, wurde ihm umgekehrt Christus durch die geistlichen Übungen körperlich präsent: «Das Bild wurde ihm so gegenwärtig, als ob er leiblich an seiner Seite ging», schildert er einmal die Folgen visionärer Annäherung[22] und steigerte diese gleich im nächsten Schritt dazu, dass er sich geistlich mit an das Kreuz Christi nagelte, um von diesem nicht mehr getrennt zu werden. In den Berichten ist kaum zu unterscheiden, was schwerer wiegt: geistliches oder körperliches Erleben. Körper und Geist sind eine untrennbare Einheit eingegangen, freilich mit einer Tendenz zur Spiritualisierung. Zu dem idealen Weg, dem Seuse zu folgen hatte, gehörte auch die Einsicht, dass äußere Übungen unzureichend waren und er hierdurch niemals «ein reht gelassenr mensch werden» könne (*Vita* 19): Bei aller Betonung des Körperlichen und Äußerlichen wurde ihm doch, seiner *Vita* zufolge mit etwa vierzig Jahren, deutlich, dass es nicht um das selbst zugefügte Leiden ging, sondern darum, das Leiden, das ihm ohnehin von außen oder auch durch seine inneren Zweifel zugefügt wurde, gelassen zu ertragen. Reine Passivität sollte seine Lebenshaltung gegenüber all diesen Anfechtungen ausmachen.

Die Botschaft der *Vita* war deswegen aber nicht eine Ablehnung der körperlichen und geistlichen Übungen, sondern es ging um deren Einordnung in einen Weg, der zur wahren Gelassenheit hinführte. Seuse lieferte gewissermaßen den praktischen Unterbau für das, was in abstrakterer und deswegen weniger lebbarer Form Meister Eckhart gelehrt hatte. Die von diesem gepriesene Gelassenheit konnte man mit Seuses Hilfe anstreben und erlangen. Dessen besondere Stärke lag darin, dass seine Schriften eine Fülle von Ratschlägen für die Lebensgestaltung boten. Die *Vita* war von Hinweisen auf liturgische Bräuche durchsetzt, die sich Seuse auf besondere, vertiefende Weise zu eigen machte.

So verfasst Seuse etwa «Hundert Betrachtungen seines Leidens»,[23] einen literarischen Bilderbogen von Meditationen. Er habe sie, so hieß es einleitend, vor einem Kruzifix stehend von Gott selbst empfangen. Sie bildeten den dritten Teil seines *Büchleins der ewigen Weisheit* und leiteten die Glaubenden dazu an, wie sie das Leiden Christi betrachten sollten. Angesichts der Seitenwunde Christi etwa sollten fünf Meditationen lauten:

> I. Ach, Herr, gedenke, wie der scharfe Speer durch deine göttliche Seite gestochen ward;
> II. wie das rote, kostbare Blut daraus rann,
> III. wie lebendiges Wasser der Wunde entfloss;
> IV. ach, Herr, wie bitter hast du mich erkauft,
> V. und mit welch freiem Willen hast du mich erlöst.
> Lieber Herr, deine tiefe Wunde behüte mich vor allen meinen Feinden, dein lebendiges Wasser reinige mich von all meinen Sünden, dein rotes Blut ziere mich mit allen Gnaden und Tugenden, der bittere Wiederkauf binde mich an dich, dein freiwilliges Erlösen vereine mich auf ewig mit dir.[24]

Die Anweisung, die diesem Text mitgegeben war, lautete, dass man die Meditationen auswendig lernen und, verbunden mit *Vaterunser* und *Salve regina*, «alle tag mit andacht sprechen» solle.[25] Seuse gab also den Lesenden eine tägliche Übung an die Hand, die bis zur mystischen Vereinigung mit Christus selbst führen sollte. Damit leistete er in der Volkssprache ähnliches wie zwei Jahrhunderte zuvor Richard von Saint-Victor auf Lateinisch: Er bot praktische Hilfestellungen auf dem Weg zur mystischen Erfahrung, die zwar nicht das Versprechen enthielten, automatisch zur Einheit mit Gott zu führen, aber doch als ein Alltagsratgeber für diesen Zweck gelesen werden konnten. Die hohe Mystik Meister Eckharts war damit im Frömmigkeitsalltag angekommen. Während Eckharts Predigten nur noch mühsam und auf Umwegen verbreitet werden konnten, wurden Seuses Werke zu Rennern in der spätmittelalterlichen Manuskriptkultur.

DIE STILLE REVOLUTION DER GOTTESFREUNDE

Heinrich Seuse gab seine mystischen Lehren nicht nur in seinen Werken weiter, sondern auch brieflich. So stand er mit der Schweizer Dominikanerin Elsbeth Stagel (gest. ca. 1360) in regem Austausch. Der Prolog zu Heinrich Seuses *Vita* schildert sie sogar als deren Autorin:

> Da sie hierdurch Trost und Führung erfuhr, schrieb sie alles auf, sich und anderen zur Hilfe; das tat sie aber heimlich, so dass er nichts davon wusste.»[26]

Der Prolog berichtet weiter, dass Seuse einen Teil der Aufzeichnungen verbrannt habe, der Rest aber erhalten geblieben sei. Auch wenn diese Anekdote heute als literarischer Kunstgriff gilt, als ein Bescheidenheitstopos, durch welchen Seuse verbirgt, dass er selbst sein Leben geschildert hat, ist sie doch signifikant für das Ineinander von Inspiration und Autorität, das offenbar zwischen ihm und seiner glühendsten Anhängerin bestand. Mystische Lehre, so wird hier erkennbar, bestand nicht nur in der Belehrung von oben nach unten, sondern war auch ein Geben und Nehmen.

Mystik führte so nicht in Vereinzelung, sondern in eine besondere Gemeinschaft. Für diese Besonderheit gebrauchten Seuse und andere den Begriff «gotesfrúnd», «Gottesfreund». Schon im dreizehnten Jahrhundert, etwa bei David von Augsburg (gest. 1272) oder Mechthild von Magdeburg, war hiervon gelegentlich die Rede gewesen. Wer Gottesfreund war, trat in besondere Nähe zu Gott, aber auch in die Nähe zu anderen Menschen. So sammelte Elsbeth Stagel im Kloster von Töss eine ganze Gruppe von mystisch bewegten Nonnen um sich, von deren Leben sie, wiederum stilisiert, in einem Schwesternbuch berichtete. Damit bewegte sie sich noch im Rahmen der tradierten und leicht akzeptablen Frömmigkeitsmuster.

Brisanter wurde die Gottesfreundschaft, wenn sich Gruppierungen innerhalb der städtischen Gesellschaft bildeten, die dem Ideal der Gottesfreundschaft folgten und damit primär klösterliche Ideale in die bürgerliche Gesellschaft trugen. Das war keineswegs unvorbereitet: Schon die sogenannten Dritten Orden, in denen die Bettelorden ein geistliches Leben auch in bürgerlichen Kreisen ermöglichten, drücken die Sehnsucht von Laien im Bürgerstand aus, am geistlichen Leben teilzuhaben, ohne den letzten Schritt ins Kloster tun zu müssen. Umgekehrt kam ihnen die Aufwertung des Alltagslebens durch Meister Eckhart und vor allem Johannes Tauler entgegen. Was sich hier durch die Botschaft der Mystiker vollzog, war eine stille, schleichende Revolution, die lange unbemerkt blieb, weil es ihr gelang, die äußeren Formen nicht zu sprengen. Innerlich aber unterlief das geistliche Ideal der Gottesfreundschaft die ethischen Grundlagen einer Gesellschaft, in der das Kirchenrecht Laien und Kleriker als «zwei Gattungen» (*duo genera*) voneinander unterschied.[27] Diese Unterscheidung wurde unplausibel, wenn man nicht mehr der Weihe zum Priester oder der Profess für das Klosterleben bedurfte, um Gott so nahe zu kommen, dass man als sein besonderer Freund gelten konnte. Die Chancen und die Schwierigkeiten, die sich hieraus ergaben, drückte Johannes Tauler in einer seiner Predigten pointiert aus:

> Ihr müsst gewisse Personen fliehen, euch anders verhalten als sie, euch absondern, es sei in den Klöstern oder draußen; das bedeutet keine Abspaltung (*secten*), wenn die Gottesfreunde sich anders verhalten als die Freunde dieser Welt.[28]

So motivierte Tauler zu einem geistlichen Leben in der Welt gegen die Welt und markierte zugleich die Gefahr, die drohte: Es konnten Sondergruppierungen wie die Katharer oder Waldenser entstehen, die das Monopol der vom Papst geleiteten Kirche, das Heil zu vermitteln, infrage stellten. Die Gottesfreunde sollten die Nähe der falschen Menschen meiden, aber die Kirche und ihre Gemeinschaft nicht verlassen. Für Tauler war klar, dass auch solchen Menschen visionäre Erfahrungen zuteilwerden konnten. So erzählte er in einem Predigtabschnitt über die «auserwähltesten Freunde» (*usgenomensten frúnden*) Gottes von einem Laienbruder Wigman, der sich seiner Niedrigkeit ganz bewusst war und dann eine Himmelsstimme hörte, die ihn unmittelbar *in das vetterlich herze* zu Gott rief.[29] Wie der *ruoff* Gottes auch dem Handwerker und Bauern galt, konnten Menschen in diesem Stand plötzlich in Verzückung geraten:

> Ein wackerer Mann war gerade beim Dreschen seines Korns, als er in Verzückung geriet. Hätte sein Engel nicht den Dreschflegel gehalten, er hätte sich selbst geschlagen.[30]

So skurril diese Szene auf den ersten Blick ist, und so nahe es liegen mag, das Geschilderte als epileptischen Anfall zu deuten: Was Tauler hier ausdrückt, ist, dass die Idee der Gottesfreundschaft soziale Grenzen fließend machte, die zuvor unüberwindlich schienen. Besondere geistliche Erfahrungen zu machen, war nicht mehr auf die beschränkt, die in rechtlicher und sozialer Hinsicht dem Stand der Geistlichen zugerechnet wurden, sondern es war grundsätzlich eine Möglichkeit für alle jedweden Standes.

Demokratisierung ist dies nicht, aber eine Aufsprengung der ständischen Vorstellungen. In der mittelalterlichen Welt war dem Stand des Geistlichen eine besondere Möglichkeit sozialer Mobilität eröffnet: Beim Eintritt in das Kloster oder bei der Klerikerweihe ließen Menschen die Standesunterschiede hinter sich, die ihnen mit der Geburt aufgeprägt worden waren. Wenigstens im Grundsatz konnte der unfrei geborene Bauer hier zum Bruder des Adligen werden, auch wenn in der Realität die Unterschiede weiterbestanden, wie das Beispiel Hildegards gezeigt hat. Die Gottesfreundebewegung ging nun einen Schritt weiter: Die Nähe Gottes wurde Menschen zuteil, die in ihrem weltlichen Leben blieben, und überschritt so noch die Standesgrenze zwischen weltlich und geistlich. Der Gedanke Taulers, dass jeder andächtige Mensch schon Priester sei, wurde dadurch zu einer um sich greifenden Graswurzelbewegung, die geeignet war, die hierarchischen Vorstellungen des Kirchenrechts zu unterlaufen.

Ob es die Predigten der rheinischen Mystiker waren, die eine solche Wirkung entfalteten, oder ob man umgekehrt annehmen soll, dass diese mit ihren Predigten eine schon vorhandene Stimmung aufgriffen und formten, wird sich nicht eindeutig entscheiden lassen. Wahrscheinlich wirkte beides zusammen. Schon sehr rasch nach Taulers Tod kursierte das *Meisterbuch*, ein Dialog zwischen einem bedeutenden Prediger und dem «Gottesfreund vom Oberland», der auf hoch provokante Weise schildert, wie der Prediger von dem Laien lernte, von seinem Stolz auf die eigene Gelehrsamkeit und Rhetorik zu lassen und wahrhaft demütig zu werden. Bis ins neunzehnte Jahrhundert hinein hoffte man, dies als ein biographisches Zeugnis über Tauler lesen zu können, in dem man den Prediger erkennen wollte. Diese Annahme ist längst nicht mehr haltbar. Aber auch wenn das *Meisterbuch* fiktiv ist, zeigt es, was Menschen des vierzehnten Jahrhunderts für möglich hielten – und das war in diesem Falle eine Umkehrung der geistlichen Macht: Der gelehrte Kleriker stand Gott ferner als der fromme Laie und musste durch diesen auf den rechten Weg gebracht werden.

Die unerwartete Bekehrung war ein bei den Gottesfreunden verbreiteter Topos. Das *Meisterbuch* kam aus dem Umfeld des Straßburger Kaufmanns Rulman Merswins (1307–1382), der aus vornehmem Hause stammte und 1347 den Weg der Buße einschlug, vielleicht unter dem Einfluss Johann Taulers, mit dem er in Kontakt stand. Mit seiner Geschäftstüchtigkeit merkte er bald, dass eine lockere Bewegung, wie sie die Gottesfreunde bislang waren, nicht auf Dauer angelegt war, und bemühte sich, Strukturen zu schaffen. 1364 gründete er auf dem «Grünen Wörth» in Straßburg eine geistliche Gemeinschaft, die Klerikern wie Laien zugänglich war und einen Kristallisationskern für die weitere Entwicklung der Gottesfreunde bildete. Diese organisatorische Verfestigung war wie so vieles in der Geschichte mystischer Bewegungen zweischneidig. Einerseits tendierte sie dazu, Kräfte zu animieren, die sich unabhängig von der kirchlichen Kontrolle entwickelten, auch wenn Merswin selbst an einer priesterlichen Begleitung lag. Andererseits sollte genau so eine viel schärfere Konkurrenz ausgeschaltet werden: nämlich die durch zahlreiche Verurteilungen geisternde Bewegung der Brüder und Schwestern des freien Geistes. Ihnen wurden seit 1270 verschiedene mystische Strömungen und Personen zugerechnet, etwa Marguerite Porete. Auch die Verurteilung der Beginen auf dem Konzil von Vienne 1311 hatte den Hintergrund, dass man unterstellte, sie stünden unter dem Einfluss dieser häretischen Gruppe. Papst Bonifaz VIII. warf den Brüdern und Schwestern des freien Geistes 1296 in seiner Bulle *Saepe sanctam Ecclesiam* vor, jegliche Autorität außer dem Heiligen Geist selbst zu leugnen und dadurch in anrüchiges Verhalten abzugleiten: Ihre Gebete galten als wirksamer, so hieß es in der

Bulle, wenn sie «von am ganzen Leib Entblößten dargebracht» wurden.[31]

Damit ist schon das Set der Vorwürfe, das immer wiederkehrte, beisammen: Anarchie und moralische Zügellosigkeit. Was dahinter steckt, ist schwer zu greifen. Die oben dargestellten, zum Teil recht exaltierten Äußerungen von Beginen mögen Anlass zu Missverständnissen gegeben haben, und dass mystischer Frömmigkeit ein antiautoritärer Zug zu eigen ist, zieht sich durch ihre Geschichte. Ob es aber die Sekte des freien Geistes, die die Verurteilungen voraussetzen, überhaupt jemals gegeben hat, ob eine Organisation bestand, eine Art alternative Hierarchie oder auch nur eine einigermaßen feste Verbindung zwischen den unterschiedlichen vermuteten Keimzellen dieser Bewegung, wird man mit guten Gründen bezweifeln dürfen. «Was es einzig und allein wirklich gab, waren einzelne Mystiker, die mit gleich gesinnten Freunden oder Anhängern auf einer formlosen Grundlage miteinander kommunizierten, und nur einige von ihnen schrieben oder sagten bedenkliche oder überspannte Dinge», konstatiert der Häresieforscher Malcolm Lambert.[32] Real war immerhin die Angst vor einer Sekte des freien Geistes und das Bedürfnis, sich von ihr abzusetzen, wenn man nicht die eigene Gemeinschaft gefährden wollte.

Der Versuch, die Gottesfreunde von den Freigeistern zu unterscheiden, brachte einen Text hervor, der seine Wirkung vor allem in der Frühen Neuzeit entfaltet hat, weil der Herausgeber seiner ersten Drucke kein Geringerer war als Martin Luther (1483–1546). Ihm waren Handschriften zugespielt worden, auf deren Grundlage er den Text zunächst 1516 unvollständig und dann 1518 vollständig veröffentlichen konnte. Dieser zweiten Ausgabe folgt auch die heute übliche Bezeichnung des Textes als *Theologia deutsch*. Um die nationale Komponente zu vermeiden, die bei Luther mitschwingt, wird oft die sachlichere Bezeichnung *Der Franckforter* gebraucht. Sie verweist darauf, dass der Autor sich als einen Angehörigen des Frankfurter Deutschordenshauses identifizierte. Er dürfte im vierzehnten Jahrhundert gewirkt haben und betonte, dass er sich mit seinem Werk gegen die Sekte des freien Geistes richtete. Ihr stellte die *Theologia deutsch* eine Anthropologie entgegen, die sich, ohne explizit auf Augustinus Bezug zu nehmen, doch stark dessen skeptischer Haltung gegenüber dem Menschen verdankt:

> Hierbei mag man beachten, was Ungehorsam sei. Der besteht darin, daß der Mensch von sich selber etwas hält und wähnt, er sei und wisse und vermöge etwas, und daß er sich selber und das Seine suchte in den Dingen und sich selber liebhat und desgleichen.[33]

Die Spitze gegen die freien Geister war klar: Sie waren es offenkundig, die etwas von sich hielten und damit die Grundeinsicht der lateinischen theologischen Tradition in die Sündhaftigkeit des Menschen übersahen. Aus dieser Sünde führte allein Buße hinaus – und vor allem die Hilfe Christi. Im Sinne der Gnadentheologie Augustins bedeutete das für den heilsbedürftigen Menschen reine Passivität (*Theologia deutsch c. 23*). Auf erleidende Weise kann der Mensch, so verkündete es der *Franckforter*, bis zur Vergottung gelangen: Wenn er ganz von seiner Selbstsucht lässt, wird er zu einem «vergotteten Menschen» (*vorgotten menschen; Theologia deutsch c.* 33). Lydia Wegener meint, der *Franckforter* habe sich mit seinen zugespitzt augustinischen Aussagen «dem ‹mystischen Diskurs› entfremdet»,[34] doch möglicherweise kann man es genau andersherum verstehen: In ihrem Bemühen um eine mit kirchlichen Anliegen vereinbare Mystik hat die *Theologia deutsch* die Potenziale der Mystik hervorgeholt und zu ihrer vollen Entfaltung gebracht. In jedem Falle hat sie der mystischen Frömmigkeit eine Form gegeben, die für künftige Generationen und Jahrhunderte fortgeführt werden konnte.

Predigt und Traktat waren nicht die einzigen Weisen, auf welche die Bewegung der Gottesfreunde um sich griff und Stück für Stück die harten Schranken der klerikalen Welt durchlässig machte. Anhänger tauschten sich auch überregional aus und schufen so eigene mystische Netzwerke. Der geographische Rahmen, der dabei erfasst wurde, reicht erstaunlich weit: Der niederländische Mystiker Jan van Ruusbroec (1293–1381) erhielt einer Notiz seines Biographen Henricus Pomerius (1382–1431) zufolge Besuch von einem bedeutenden Dominikaner. Dies wird gelegentlich auf Johannes Tauler gedeutet. So unsicher diese Notiz bleibt, sie weist darauf hin, dass die Gottesfreundebewegung vom Oberrhein aus auch im niederländischen Sprachraum Fuß fasste. Ehe diese Begegnung stattfand, hatte Ruusbroec einige Zeit als Priester in Brüssel gewirkt und sich hier mit einer Form beginischer Frömmigkeit auseinandergesetzt, die in Richtung der inkriminierten Freigeisterei ging. Wie so viele hatte er das Bedürfnis, dem seine eigene Gestalt von Mystik entgegenzustellen, deren Zentrum schon der Titel seines Hauptwerkes ausdrückt, das in der Folgezeit vielfach abgeschrieben wurde und als ein Glanzstück der mittelniederländischen Literatur gilt: *Die chierheit van der gheestelijcker brulocht,* «Die Zierde der geistlichen Hochzeit».

Der biblische Leitvers, den Ruusbroec diesem Buch voranstellte und in verschiedenen Anläufen umkreiste, entstammte, obwohl es um Braut und Bräutigam ging, nicht dem Hohelied, sondern dem Matthäusevangelium: «Siehe, der Bräutigam kommt! Geht hinaus, ihm entgegen!» (Mt 25,6) Dieser Vers steht im Gleichnis von den klugen und den törichten Jungfrauen. Die einen bereiteten sich umsichtig auf das Kommen des Bräutigams vor und hatten genug Öl in ihren Lampen, die anderen waren nachlässig, vergaßen das Öl und konnten daher ihrer Aufgabe, zur Begrüßung des Bräutigams zu leuchten, nicht nachkommen. Der Kontext macht dabei klar, dass es um das Kommen zum Weltgericht geht. Durch die Aufnahme des Brautmotivs und die Änderung der biblischen Grundlage schlug Ruusbroec einen eschatologischen Ton an, in dem deutlich wird, was sich immer wieder durch die Geschichte christlicher Mystik hindurchzieht: Einigung mit Gott schon hier ist ein Vorgeschmack des Unendlichen. Sich wie die klugen Jungfrauen auf Christus vorzubereiten hieß vor allem, in Demut zu leben. Hieraus entsprangen, so Ruusbroec, alle anderen Tugenden. Der Mensch wird bereit für das Kommen Christi, das sich in mehreren Stufen vollzieht, als Höchstes aber die völlige Einheit mit ihm bringt. Ruusbroec betont dabei die Gnade Gottes, und doch gibt er auch dem menschlichen Tun einen Ort: «Durch jedes gute Werk, wie klein es auch sei, das mit Minne und aufrichtiger, einfältiger Absicht zu Gott getragen wird, verdienen wir größere (Gott-)Gleichheit und ein ewiges Leben in Gott.»[35]

Die Rede von der mystischen Vereinigung leitete dadurch über zu einer Tugendlehre, die den Suchenden in der Volkssprache Hinweise gab, wie sie in einem christlich ebenso wie bürgerlich konformen Leben Gott näher kommen konnten. So sehr man in Ruusbroecs Schriften den Nachklang der oberrheinischen Mystik hört: Sein Anliegen war noch stärker als bei Tauler das einer gemäßigten, regulierten Frömmigkeit. Ziel blieb gleichwohl ein kontemplatives Leben, und so ist es ganz konsequent, dass Ruusbroec sich 1343 entschied, das Getriebe der Stadt zu verlassen. Er gründete gemeinsam mit anderen Priestern in Groenendaal (Grüntal) südlich von Brüssel eine Einsiedelei, in der sie ein asketisches Leben führten, ohne spezielle Gelübde abzulegen. Ruusbroec hielt hier geradezu Hof: Er wurde zu einem spirituellen Berater für die, die sich, wie jener Dominikaner, zu ihm aufmachten.

Nicht immer war eine solche physische Präsenz möglich. Besonders fromme Frauen, deren Bindung an das Kloster oft strenger war als das von Mönchen und Klerikern, nutzten daher Briefe, um sich über ihre Erfahrungen auszutauschen und Anregungen zu geben und aufzunehmen. Wir kennen Briefe, die Heinrich Seuse an Elsbeth Stagel geschrieben hat, genauer: Wir kennen Briefe, denen Seuse oder jemand anders in einer bestimmten Bearbeitungsschicht unterstellt hat, sie seien an Elsbeth Stagel gerichtet – möglicherweise ist dies Fiktion,[36] ihre Reaktion jedenfalls fehlt uns.

Margarete Ebner (gest. 1351) aber tritt uns auch als Briefautorin klar vor Augen.[37] Schon als Jugendliche trat sie in das Dominikanerinnen-Kloster Maria Medingen bei Dillingen ein. Vieles von dem, was sie hier erlebte, ähnelt dem, was wir von den Schwestern aus Helfta gut zwei Generationen zuvor kennen: Visionen und Krankheiten prägten ihr Leben. Für Margarete Ebner wurde der Austausch von Briefen konstitutiv, und dies vor allem im Zusammenhang mit der Gottesfreundebewegung. 1332 «sandte uns Gott seinen wahren Freund in unser Kloster»,[38] schreibt sie über ihre erste Begegnung mit dem Priester Heinrich von Nördlingen (gest. ca. 1380), aus der sich eine intensive geistliche Beziehung zwischen beiden entwickelte. Sie ähnelt wiederum in vielem dem, was aus anderen Konstellationen bekannt ist: Der Geistliche berät die Nonne, bis dahin, dass sie ihre Offenbarungen, die um das Leben und Leiden Jesu kreisen, niederschreibt. Aber die politischen Entwicklungen brachten beide räumlich, eigenartigerweise aber trotz unterschiedlicher Stellungnahmen in den aktuellen Konflikten nicht geistlich auseinander: Im Streit zwischen den Päpsten und Ludwig dem Bayern (1314–1347) um die Anerkennung von dessen Kaiserwürde stand Heinrich aufseiten der Päpste, während Margarete eine Anhängerin Ludwigs des Bayern blieb und für ihn und sein Leben betete. Als der Kaiser 1338 anordnete, dass in seinem Herrschaftsgebiet das päpstliche Interdikt, das Verbot sakramentaler Handlungen, missachtet werden sollte, war für Heinrich der Moment gekommen, Bayern zu verlassen. In diesem Entschluss unterstütze ihn wiederum Christina Ebner (gest. 1356), eine Dominikanerin aus dem Kloster Engelthal bei Nürnberg, die trotz des gleichen Namens nicht mit Margarete Ebner verwandt war. Sie berichtete von mystischen und visionären Erfahrungen. Ihr religiöses Umfeld ist durch das *Engelthaler Schwesternbuch* gut dokumentiert.

Nachdem er Bayern verlassen hatte, musste Heinrich den Kontakt zu Margarete Ebner brieflich fortführen. Die erhaltene Korrespondenz, immerhin die älteste Briefsammlung in deutscher Sprache, trägt wie so vieles in diesem Bereich die Spuren einer gewissen Stilisierung, und dies umso mehr als der Großteil von Heinrich von Nördlingen stammt und die Sammlung erst nach Magaretes Tod zusammengestellt wurde.[39] Doch auch in dieser stilisierten Form ist der Briefwechsel Ausdruck einer auf die Ferne aufrechterhaltenen Beziehung, in deren Zusammenhang spätestens jetzt auch ein anderer Akteur klare Kontur gewann: Über das Jahr 1338 berichtete Heinrich von Nördlingen: «danach kam ich nach Basel zu meinem und auch deinem lieben, treuen Vater, dem Tauler, der mit mir bei dir gewesen ist».[40] Die Streitigkeiten zwischen Kaiser und Papst hatten Tauler aus Straßburg vertrieben, und er scheint einen Abstecher nach Medingen gemacht zu haben, ehe er sich in Basel niederließ und dort eine große Menge von Gottesfreunden um sich scharte. Nun trat er grüßend in einem Brief an Heinrichs Seite, ja, schrieb 1346 sogar selbst einen Brief an Margarete und eine Mitschwester.[41]

Briefe waren nicht die einzige Form, in der diese mystischen Kreise Kontakt miteinander aufnehmen konnten. Christina Ebner berichtete sogar, dass Gott selbst ihr in einer Vision seine Meinung über Johannes Tauler offenbart habe: «Am nächsten Tag nach dem Andreastag wurde ihr von Gott über einen Prediger, der der Tauler hieß, kund getan, dass dieser für Gott der liebste Mensch auf Erden sei.»[42] Solche visionären Begegnungen gaben die Gewissheit, in Zusammenhang miteinander zu stehen. Die mystischen Briefnetzwerke nehmen sogar moderne Konstellationen vorweg: Hier entstanden neue Formen, sich über Wissen auszutauschen. Was die Bischöfe an Lehre festlegten und die Universitäten an Reflexionen beisteuerten, reichte nicht mehr aus. In Briefen und im persönlichen Gespräch tauschten sich die Mystiker und Mystikerinnen über ihr Bewusstsein von der Nähe Gottes aus – und änderten still und schleichend, aber beharrlich ihre Welt.

10.
ASKESE IM ALLTAG

DEVOTIO MODERNA: DIE POPULARISIERUNG MYSTISCHER IDEEN

Zu den frommen Frauen und Männern, die Ruusbroec in Groenendaal besuchten, gehörte auch der Gründer der sogenannten Devotio moderna Geert Groote (1340–1384). Diese Bewegung schien in gewisser Weise die stille Revolution Taulers und der Gottesfreunde fortzusetzen. Trotz einzelner Berührungen sind die historischen Bezüge allerdings nicht so klar, die Entwicklungslinien nicht so eindeutig und die Anliegen am Ende nicht so ähnlich. Aber der Blick auf die Entwicklungen seit dem dreizehnten Jahrhundert lässt doch erkennen, dass es einen Zeitgeist gab, der vertiefte, verinnerlichte Frömmigkeit für Laien öffnen wollte, und genau das prägte auch die Devotio moderna. In ihr wurde ein Frömmigkeitsideal gepflegt, das, ganz im Sinne Ruusbroecs, die Demut im Angesicht Gottes in den Mittelpunkt rückte und die Begegnung mit Gott im Inneren suchte. Die Bewegung wandte sich damit auch gegen die vielfältigen Bemühungen ihrer Zeit, das Heil durch fromme Werke wie Wallfahrten oder Almosen zu erlangen, die ihr, solange sie nur äußerlich vollzogen wurden, unzureichend erschienen.

Die Devotio moderna wollte sich wie die Gottesfreunde auf gemäßigten, akzeptierten Bahnen bewegen und hatte zunächst auch nicht den Anspruch, «modern» zu sein. Neuerungen waren für das Mittelalter keineswegs etwas Positives. Der Name wurde der Bewegung erst um 1420 von Pomerius zugeschrieben. Geert Groote, der aus vermögendem Haus stammte und sich als glänzender Wissenschaftler und Diplomat bewährte, entfaltete sein Wissen nicht nur in Philosophie und Theologie, sondern erstreckte es auch auf das Gebiet der Medizin, ja, der Astrologie und Magie. Infolge einer schweren Erkrankung 1372 setzte wohl ein Bekehrungsprozess ein, für dessen Verlauf Heinrich Egher von Kalkar (gest.1408), ein Angehöriger des strengen Eremitenordens der Kartäuser, große Bedeutung gehabt zu haben scheint.

Bemerkenswert ist, dass Heinrich Egher Groote nicht zum Übertritt in diesen Orden veranlasste. Zwar lebte Groote nach einer kurzen Übergangsphase ab 1374 tatsächlich mit der Kartäusergemeinschaft in Monnikenhuizen bei Arnheim, die Heinrich Egher zuvor geleitet hatte, aber er bewahrte sich seine Freiheit äußerlich auch gegenüber dem Orden und, worauf es ihm besonders ankam: innerlich. Die «ynnicheit» wurde Programm und Leitwort für ihn und die Devotio moderna. So konnte er nach drei Jahren die Kartäuser wieder verlassen und in sein Elternhaus nach Deventer heimkehren. Wenn er hier war, bestimmten Meditation und Gebet sein Leben, jedoch war er oft für Predigten unterwegs. All dies geschah natürlich im Frieden mit der Kirche. Er ließ sich sogar eigens zum Diakon weihen, um als Prediger auftreten zu können. Aber an den gegenwärtigen Zuständen in der Kirche, vor allem dem moralischen Verfall der Priester, übte er heftige Kritik, wiederum nicht gegen, sondern mit der Kirche: 1383 durfte er seine Kritik an den Priestern, die den Zölibat nicht lebten, sogar auf einer Synode in Utrecht vortragen. Die Anhänger der Devotio moderna waren devot nicht nur gegenüber Gott, sondern vielfach auch gegenüber Kirche und Obrigkeit. Das machte sie mancherorts, wie etwa unter Herzog Eberhard im Barte (1459–1496) in Württemberg, auch zu praktischen Werkzeugen bei der Modernisierung der spätmittelalterlichen Territorien.

Die Predigten setzten fort, was in anderen Regionen begonnen hatte: Groote verbreitete seine Gedanken und förderte die Vernetzung der Frommen untereinander. Bedeutsamer aber wurde für deren Bestand, dass er die Anfänge für die Wohn- und Lebensgemeinschaften legte, die auf Dauer die Keimzelle der Devotio moderna bilden sollten: Er gab den entstehenden Gemeinschaften der Brüder wie der Schwestern vom gemeinsamen Leben *consuetudines*, «Gewohnheiten». Das war eine Gattung von Bestimmungen, die etwas niederschwelliger verfuhr als die klassischen Ordensregeln. Und genau dies machte auch die Attraktivität der Bewegung aus: Das asketische Leben wurde angeboten, wurde optional – und so weniger zwingend und drückend als in den älteren Ordensgemeinschaften. Zwar verpflichteten sich die Brüder und Schwestern zu Keuschheit, Eintracht und Gemeinschaft, mussten aber kein dauerhaftes Gelübde ablegen. Die Leitung lag nicht bei einer Vaterfigur wie dem benediktinischen Abt, sondern bei einem Rektor, der mehr eine Art Ersten unter Gleichen darstellte. Ernsthaftigkeit bedeutete nicht Zwang: Das war ein attraktives Signal in einer Gesellschaft, die nach Formen suchte, das Christentum jenseits vieler Veräußerlichungstendenzen mit innerlichem Engagement zu verwirklichen. So war der Devotio moderna ein rasanter Erfolg beschieden: In der Zeit zwischen 1380 und 1480 wurden, unter Einschluss der sich bald entwickelnden monastischen Zweige, allein auf dem Gebiet der heutigen Niederlande zweihundert Brüder- bzw. Schwesternhäuser gegründet, von denen Letztere etwa zwei Drittel ausmachten.

Dass für Außenstehende der Unterschied zu den Beginen und Begarden oder gar zu den ominösen Brüdern vom freien Geist nicht immer unmittelbar auf der Hand lag, war auch den Vordenkern der Bewegung bewusst, die sich umso mehr um kirchenkonformes Verhalten bemühten. Dieses ängstliche Bemühen zeigt sich schon bei einem Vertreter der Gründergeneration, Gerald Zerbold von Zutphen (1367–1398). Er verfasste ein Büchlein *De libris teutonicalibus*, «Über die volkssprachlichen Bücher», in dem er beschrieb, was nützlich zu lesen war und was nicht. Bezeichnenderweise schwankt die Forschung zwischen der Annahme, dies sei eine Art Verteidigungsschrift gegen den latenten Vorwurf der Häresie gegenüber der Devotio moderna, und der Vermutung, Zerbold habe damit nur die Bibliothek gesichtet, für die er im ersten Brüderhaus in Deventer zuständig war. Diese Annahme würde gut damit zusammenpassen, dass Zerbold auch in seinen geistlichen Schriften die Frage behandelt hat, welche Lektüre sinnvoll ist (*De spiritualibus ascensionibus* XLIV).

In seiner Schrift über die volkssprachlichen Bücher setzte sich Zerbold auch dafür ein, dass Laien die Bibel lesen. Die Annahme, die Bibellektüre sei Laien im Mittelalter generell verboten gewesen, ist übertrieben, auch wenn es solche Verbote für bestimmte soziale oder geographische Räume gegeben hat. Zerbold zerpflückt in seiner Schrift zunächst mögliche Einwände aus dem Kirchenrecht, um dann zu erklären, dass die Laien die Bibel, insbesondere Evangelien und Apostelgeschichte, lesen dürften und sollten. Über Meister Eckhart äußerte er sich skeptisch. Dessen Schriften könnten die Laien verwirren und auf falsche Wege leiten. Das war eine klare Warnung. Zwischen beiden Polen aber, Bibel und Eckhart, bewegten sich die Schriften, die Zerbold empfahl: Meditations- und Gebetbücher für den Gebrauch in den Bruder- und Schwesternhäusern mit dem Ziel, ihr Leben religiös zu gestalten. In dieser Strukturierung des Alltags lag das Hauptkennzeichen der Devotio moderna. Zwar riet Zerbold dazu, sich der Meditation besonders am frühen Morgen zu widmen, aber im Grundsatz galt, dass der Mensch dies «zu jeder Zeit, zu jeder Stunde» (*omni tempore, omni hora; De spiritualibus ascensionibus* XLV, 35 f.) tun solle. Und so wurde es offenbar auch praktiziert. Johannes Kessel etwa, der Koch des ältesten Brüderhauses, berichtet davon, wie er betete und meditierte, während er in der Küche beschäftigt war. Das Programm der Mystik des vierzehnten

Jahrhunderts, Alltag und Gottesbeziehung nicht zu trennen, sondern ineinander fließen zu lassen, wurde hier Wirklichkeit.

Ob all dies Mystik sei, ist umstritten. Man staunt angesichts der Schwierigkeit, Mystik exakt zu definieren, jedoch über die Selbstgewissheit, mit der gelegentlich behauptet wird, die Devotio moderna habe mit Mystik nichts zu tun. Dass diese Frömmigkeit um eine Erfahrung der Nähe Gottes im Hier und Jetzt kreist, wird man schwerlich bestreiten können. Sie liegt allerdings, auf lange Sicht gesprochen, eher auf der Linie eines Richard als eines Hugo von Saint-Victor, das heißt, sie sucht weniger nach den spekulativen Grundlegungen wie Hugo und stärker nach handbuchartiger Anleitung zur Selbstbetrachtung des Menschen, wie man sie bei Richard findet. Und sie steht den Anregungen der oberrheinischen Mystik näher, Gott im Alltag zu finden, als der monastisch ausgebildeten Mystik der Zisterzienser. In der Devotio moderna kulminiert manches, was zur Mystik gehört. Aber indem die Nähe Gottes weniger drastisch ausgemalt wird als bei anderen, wird sie einer Vielzahl von Menschen zugänglich, die sich sonst von der Begegnung mit Gott ausgeschlossen gesehen hätten. Die Devotio moderna kann man so auch als eine Form der Popularisierung mystischer Ideen sehen, in diesem Falle, angesichts der flachen Hierarchien der Brüderhäuser, sogar einer gewissen Demokratisierung, sofern man diesen Begriff für eine Zeit verwenden darf, die von einer Vielzahl ständischer Regeln bestimmt war.

Zu der Literatur, die er so auf breiter Basis empfahl, hat Zerbold auch selbst beigetragen. In seinem kurzen Leben hat er zwei geistliche Traktate verfasst: *De reformacione virium anime*, «Über die Neuordnung der Seelenkräfte», und *De spiritualibus ascensionibus*, «Von den geistlichen Aufstiegen». Zusammen mit zwei kleinen Traktaten Florens Radewijns' (um 1350–1400) – dem *Libellus ‹Omnes, inquit, artes›* und dem *Tractatulus devotus* – bildeten sie den Kern der spirituellen Handbücher in der frühen Devotio moderna. Für ihr Verständnis ist die im Titel der ersten Schrift benannte *reformatio* entscheidend. Zerbold greift damit auf die Aufforderung des Apostels Paulus zurück: «Ändert euch durch Erneuerung eures Sinnes» (*reformamini in novitate sensus vestri;* Röm 12,2). Es geht darum, die durch die Sünde durcheinander geratenen Seelenkräfte wieder zu ordnen. Der Seele gehe es, so beschreibt es Zerbold, wie dem Menschen in der Erzählung vom barmherzigen Samariter, der auf dem Weg von Jerusalem nach Jericho unter die Räuber gefallen ist: Der geographische Abstieg steht in allegorischer Deutung für einen Abstieg der Seele in finstere Gefilde, und er erfordert eben jenen geistlichen Aufstieg, von dem *De spirtualibus ascensionibus* schon im Titel spricht.

Mit dem Sündenfall ist dem Menschen die einschränkungslose Schau des Urzustandes verloren gegangen, als er Gott mit «reinen Augen des Verstandes» schauen konnte;[1] in dieser Formulierung klingt auch einmal Hugo von Saint-Victor an. Die Rede von der Reinheit macht deutlich, was auf den Verlust des Urzustandes folgte: nicht allein Unordnung, sondern auch Verschmutzung. So findet sich auch bei Zerbold die aus der mystischen Literatur vertraute Forderung nach der Reinigung, die sich zunächst in einer kritischen Auseinandersetzung mit der eigenen Sündhaftigkeit äußert. Die drei Schritte, die hierzu nach Zerbold nötig sind, lassen etwas von dem geistlichen gemeinsamen Leben der Brüder und Schwestern erkennen (*De reformacione* IV): Zunächst soll der Glaubende sich selbst als nichtig und unwürdig betrachten und sein Leben kritisch prüfen, darauf bereitwillig die anhören, die ihn kritisieren, und schließlich der eigenen sündigen Neigung Widerstandskräfte entgegensetzen. Hierin spiegelt sich der Dreiklang des Bußsakramentes aus Reue, Beichte und Wiedergutmachung. So kann es nicht überraschen, dass Zerbold in *De spirtualibus ascensionibus* XI–XIV genau diese Abfolge für den Weg der Reinigung empfiehlt. Je nachdem, ob *De reformacione* die ältere Schrift der beiden darstellt, wie man lange Zeit annahm, oder, wie Nikolaus Staubach argumentiert hat, die jüngere,[2] handelt es sich hier um eine Abschwächung oder Verstärkung des klerikalen Elements. Dass das Zuhören geschwisterlicher Kritik auf dem Reinigungsweg hilft, verweist jedenfalls darauf, dass hier die priesterliche Mitwirkung und sakramentale Ausgestaltung keineswegs zwingend waren.

Übel wie Gutes liegen ohnehin nicht am äußeren Tun, sondern im Innern des Menschen. Dieser soll die Reinheit des Herzens erlangen (*puritas cordis*). Auf dem Weg hierzu hilft die Bibellektüre, für die Zerbold das Muster der *lectio divina* aufgriff, die in Ansätzen schon bei den Viktorinern begegnete. Geradezu programmatisch hat sie im zwölften Jahrhundert der Kartäuser Guigo (II.) entfaltet und dabei das traditionsreiche Bild der Leiter aufgegriffen: *Scala claustralium*, «Leiter für die Mönche in Zurückgezogenheit». Sprosse für Sprosse beschritt der Mönch die Leiter durch Lektüre, Meditation, Gebet und Versenkung (*lectio*, *meditatio, oratio*, *contemplatio*). Genau so klingt es auch bei Zerbold an:

> Wenn nämlich die Lektüre der Schriften den Samen für Meditationen legt, so bringt von dort die Meditation den Affekt hervor, der Affekt eilt zum Gebet, durch welches er die Frucht der wahren Tugend erlangt.[3]

Die Meditation beschrieb Zerbold auch als «Wiederkäuen im Herzen» (*ruminacione in corde; De spiritualibus ascensionibus* XLV, 2). Das Bild der wiederkäuenden Kuh begegnete schon bei Wilhelm von Saint-Thierry *(s. o. Seite 144)*. Nun geht es aber nicht um die Eucharistie, sondern so, wie eine Kuh das einmal Eingenommene immer neu hervorholen muss, um es sich ganz zu eigen zu machen, so soll auch der geistliche Leser die biblischen Texte immer wieder neu hervorholen, nicht nur in der Lektüre, sondern auch während der Alltagsarbeit, bis ihm alles zu eigen geworden ist und hieraus Erleuchtung entsteht. Auch wenn Zerbold hier von einem Vorgang im Herzen spricht, ist dies weniger vergeistigt, als man heute denkt. Schon die Bibellektüre erfolgte in der Regel in der Devotio moderna «mit erhobener Stimme, damit man sich selbst lesen hört».[4] Die Betonung des Herzens ging davon aus, dass sich hier das Zentrum des ganzen Menschen befand und so vom Herzen her Seele und Leib in das Heilsgeschehen einbezogen wurden.

Meditation und *ruminatio* können sich in der devoten Praxis zwar auch unabhängig von der Bibellektüre auf die eigene Sündhaftigkeit und Besserung richten, aber als Teil der *lectio divina* sind Meditation, Gebet und Versenkung in Gott durch die Heilige Schrift bewegt und bewirkt, vor allem durch das Versenken in die Leiden Christi. Mit ihm zieht der nach Jericho gefallene Mensch gewissermaßen wieder in Jerusalem ein. Dieser Einzug aber ist nach der Bibel Auftakt zu dem Leiden, das schließlich ans Kreuz führt. Die volle Reinheit und die volle Reformation seiner Seelenkräfte wird der Mensch wohl erst im Jenseits erreichen, aber hier auf Erden soll und kann er sich so weit wie möglich annähern, um immer mehr von der jenseitigen Hoffnung zu erfahren.

Zerbolds Schriften wirkten weit und nachhaltig. Als es auch innerhalb der westlichen Kirche zur Spaltung kam, wurde er von Protagonisten auf beiden Seiten gelesen *(s. u. Seite 316)*. Auf lange Sicht aber war ein anderes Buch aus der Devotio moderna bei Weitem wirkungsvoller: die *Imitatio Christi*, die «Nachfolge Christi», die mit dem Namen des Thomas von Kempen (gest. 1471) verbunden ist. Es ist nicht ganz klar, was der Umstand bedeutet, dass unter einer Handschrift steht, es sei Thomas gewesen, der dieses Werk geschrieben habe. Das muss nicht heißen, dass er der Autor war, sondern kann auch einfach bedeuten, dass er es abgeschrieben oder, wie heute meist angenommen wird, aus verschiedenen Einzelstücken redaktionell zusammengesetzt hat. Die Textgeschichte des Buches unterstreicht, dass in der Devotio moderna – wie auch sonst in der mittelalterlichen Handschriftentradition – oft sehr frei mit der Kombination von Texten umgegangen werden konnte. Ursprünglich hatte Thomas die vier Bücher des Werkes so angeordnet, dass zunächst allgemeine Ermahnungen und Lebensregeln ausgeführt wurden, im zweiten Buch der innere Mensch in den Vordergrund trat, darauf im dritten das Abendmahl und schließlich das vierte Buch über den inneren Trost erschien. Dieser also war das Ziel der Ausführungen, das dem ganzen Werk eine seelsorgerliche Ausrichtung gab. In der handschriftlichen Überlieferung aber wurden bald das dritte und das vierte Kapitel vertauscht: An die Stelle des inneren Trostes trat als Abschluss die kirchenkonforme Abendmahlsfrömmigkeit. Bis in solche Prozesse hinein lässt sich die permanente Furcht der Verkünder innerlicher Frömmigkeit erkennen, dass sie aus dem kirchlichen Rahmen fallen könnten.

Dabei besaß das Büchlein über die Nachfolge kaum etwas Anstößiges. Ausgangspunkt aller Reflexionen waren Buße und Demütigung – und dies durchaus für ein von intensivem Handel geprägtes soziales Umfeld in den Niederlanden, in dem die Menschen sich immer mehr über den wirtschaftlichen Erfolg definierten. Ihnen hielt Thomas, ganz im Sinne der alttestamentlichen Weisheitsmahnungen, entgegen:

> Überfluss in zeitlichen Gütern haben, das ist die rechte Seligkeit des Menschen nicht. (…) Recht betrachtet ist es doch ein Elend, auf Erden zu leben. Und gerade für den, der mehr nach dem heiligen Gesetz seines Geistes leben will, gerade für den hat dieses Leben mehr Bitterkeit als für andere; denn er empfindet es besser als andere und sieht es klarer ein, was es für ein schwaches und gebrechliches Ding um einen Menschen in diesem Leben ist.[5]

Freundliche Beschreibungen der menschlichen Existenz klingen anders, aber die sind auch nicht zu erwarten im Rahmen einer augustinischen Tradition, die immer wieder auf die Sündhaftigkeit des Menschen und sein Elend in dieser Welt verweist. Sinn gewinnen diese Aussagen, wenn sie im Blick auf Gott und Christus gelesen werden: Das ursprünglich abschließende, nun an dritter Stelle stehende Trostbuch endete mit der Zusage, dass allein in Gott Heil und Trost liegen und der Mensch sich durch dessen Gnade auf dem Weg in das himmlische Vaterland befindet.

Solche Verheißungen klingen nur dort wie schale Vertröstungen, wo Realität auf das reduziert ist, was sichtbar und fühlbar ist, auf die hiesige Welt, in der die Menschen sich bewegen und orientieren. Für Thomas wie für seine mittelalterlichen Mitmenschen war die eigentliche Welt die jenseitige, und auf sie zu verweisen bedeutete tatsächlichen Trost. Dabei brachte Thomas viel stärker als Zerbold zum Ausdruck, dass das Jenseits in mystischen Erfahrungen schon hier und jetzt vorweggenommen werden könne. Mit seinem Vorläufer innerhalb der Devotio moderna teilte er die Überzeugung, dass der Weg zu Gott allein dadurch beschritten werden könne, dass der Glaubende sich den leidenden Christus vergegenwärtigt, ja, dessen Kreuz auf sich nimmt. Die Nachfolge Christi besteht also nicht etwa darin, die Anweisungen der Bergpredigt akkurat zu befolgen, sondern auch hier gilt: Das Äußere wird vom Inneren bestimmt. Die Einsicht in das Elend der menschlichen Existenz bedeutet die Erkenntnis, dass die ganze Existenz des Menschen eine Existenz unter dem Kreuz ist, dazu bestimmt, als diese äußere Existenz zugrunde zu gehen. Wer alles Äußere verschmähte – unter Einschluss des Luxus, der sich in der bürgerlichen Gesellschaft der Niederlande längst ausgebreitet hatte –, der würde die Erfüllung der Verheißung in Lukas 17,21 erfahren *(s. o. Seite 23)*: Das Reich Gottes kommt in ihn, und im Gegenzug wird sein Inneres zu Christi Wohnung (*mansio; Imitatio* II,1). Je weniger außen, desto mehr innen, so kann man diese Anweisungen des Thomas zusammenfassen. Daher soll alle sinnliche Wahrnehmung innerlich ausgerichtet sein, was Thomas paradoxal beschreibt: Der Mensch soll die Tore seiner sinnlichen Wahrnehmung (*sensualitatis tuae ostia*) schließen. Er hat dann selige Augen, die das Innere sehen, und selige Ohren, die das Flüstern Gottes hören statt der Einflüsterungen der Welt (*Imitatio* III,1). Die Sinnlichkeit wird in eine innere Sensibilität gewandelt, die wahrnimmt, wie Gott im Menschen spricht und mit seinem Sprechen an die Stelle von Mose und den Propheten, also den Vorschriften des Alten Testamentes, tritt (*Imitatio* III,2).

Bei solchen Sätzen könnte man meinen, bei Thomas trete Innerlichkeit an die Stelle von äußerer Vermittlung. Dagegen spricht aber nicht nur das große Kapitel über das Abendmahl, das dem Buch eine starke Ausrichtung auf die Vermittlung des Heils im Sakrament und die Einbindung des Individuums in die Gemeinschaft gibt. Auch die Bedeutung der Bibel hebt Thomas immer wieder hervor. Sie soll man lesen, aber die Menschen sollen sie richtig lesen, und das heißt: im Geist und als fromme und einfache Glaubende (*Imitatio* I,5). Was Thomas also ablehnt, ist auch hier wiederum die bloß äußerliche Aneignung der Schrift, diese wird durch die innere Begegnung mit Gott nicht ersetzt, sondern vertieft.

Die Begegnung mit Gott beschreibt Thomas mit allen Mitteln aus dem Repertoire mittelalterlicher Mystik. Christus ist für die Seele der Geliebte (*Imitatio* III,1), der «Schönste» und «Geliebteste», der «Bräutigam» und «reinste Liebhaber» – all diese Anreden sammeln sich im 21. Kapitel des dritten Buches, dem mystischen Höhepunkt der *Imitatio Christi*. Was dahinter steht, schlägt Thomas mit diesen Begriffen an, malt es aber nicht so farbig aus wie eine Mechthild, eine Angela oder ein Bernhard von Clairvaux. Es reicht, die Begriffe zu verwenden, damit die Lesenden wissen, worauf die Gedanken hinauslaufen – und doch zugleich nicht in einen affektiven Überschwang geraten. Thomas bleibt auffällig nüchtern. Das liebende Verhältnis zu Christus ist Voraussetzung und Weg zu einer durchgängigen Distanz zur Welt:

> Gib mir also, o du, die Liebe selbst und die Fülle aller Süßigkeit, Jesus Christus, gib mir Kraft, dass ich mich erhebe über alles Erschaffene, über alle Schönheit und Reize, über alles Heil und allen Segen, über alle Ehre und Herrlichkeit, über alle Macht und Hoheit, über alle Wissenschaft und allen Scharfsinn, über alle Reichtümer und Künste, über alle Freude und Entzückung, über alles Lob und Jubelgeschrei, über alle Süßigkeit und Erquickung, über alle Verheißung und Hoffnung, über alle Verdienste und

> Wünsche, über alle Gaben und Geschenke, die du mitteilen kannst (…) gib mir Kraft, dass ich mich erhebe über alles, was du, mein Gott, nicht bist, und dass ich, erhaben über alles, was du nicht bist, in dir allein Ruhe suche und Ruhe finde.[6]

In diesen Zeilen klingt die antike philosophische Hoffnung auf eine Ruhe jenseits der Stürme der Welt ebenso an wie die Sehnsucht des Augustinus nach der Ruhe des Herzens, die er zu Beginn seiner *Confessiones* ausdrückt. Vor allem aber lassen sie erkennen, dass die mystische Theologie dem Frommen die Kraft gab, in Distanz zu einer Welt zu treten, die sich im fünfzehnten Jahrhundert in wirtschaftlich boomenden Regionen wie den Niederlanden schnell wandelte. Die Devotio moderna verstand sich als eine Bewegung, die mitten in all diesem Getriebe auf das Eigentliche verweisen wollte, auf Gott selbst. Wer ihm schon hier und jetzt begegnete, verlor sich nicht mehr an die Geschäftigkeiten, sondern trat in Distanz zu ihnen. Mitten in der Welt erreichte er so, was sonst vom Rückzug ins Kloster erhofft wurde.

FRÖMMIGKEITSTHEOLOGIE AUF KATHEDER UND KANZEL

Dass die Autoren der Devotio moderna sich vorsichtig gegenüber allzu deutlichen mystischen Aussagen verhielten, war klug. Denn die Nervosität war auch unter Freunden der Mystik groß, seit die Beginen in Vienne und kurz danach Meister Eckhart in Avignon verurteilt worden waren. Wie auch Zerbolds Traktat *De libris teutonicalibus* zeigt, bestand höchste Not, akzeptable Mystik von häretischen Wegen zu unterscheiden. Das betraf auch den geistigen Mentor Grootes, Jan van Ruusbroec. Dessen Groenendaaler Bruder Willem Jordaens (gest. 1372) hatte seine wichtigsten Werke, darunter *Die Zierde der geistlichen Hochzeit*, ins Lateinische übersetzt, und diese Übersetzung geriet in den neunziger Jahren des vierzehnten Jahrhunderts in die Hände einer intellektuellen und kirchenpolitischen Zentralgestalt der Zeit: Johannes Gerson (1363–1429).

Gerson war Kanzler der Pariser Universität und gehörte zusammen mit seinem Vorgänger in diesem Amt, Pierre d'Ailly (gest. 1420), zu den führenden Vertretern der Debatte um die Beendigung des Papstschismas, das eingetreten war, als Gregor XI. zwar aus Avignon nach Rom zurückgekehrt, ihm der französische Teil der Kardinäle aber nicht dorthin gefolgt war *(s. o. Seite 214)*. Bei aller Umtriebigkeit und scholastischen Gelehrsamkeit aber verlor Gerson nicht seine Studenten, ja, auch nicht die Laien, aus den Augen. Darin entsprach er seinen Zeitgenossen aus der Devotio moderna, der er selbst nicht zuzurechnen ist, die er aber auf dem Konzil von Konstanz (1414–1418) wirkungsvoll gegen den Vorwurf der Häresie verteidigte. Wie die Verteter der Devotio moderna verfasste er Traktate für Laien und formte damit eine für das fünfzehnte und sechzehnte Jahrhundert prägende Art von Theologie mit, die Berndt Hamm als «Frömmigkeitstheologie» charakterisiert hat:[7] eine Theologie, die sich bewusst nicht in Spekulation ergeht, sondern der Erlangung des Heils dienen will.

Das sollte der Kirche helfen, gerade auch in einer Zeit, in der Gerson diese wegen des Schismas aufs Äußerste bedroht sah. Die unterschiedlichen Stränge seines Denkens sind nicht immer leicht zusammenzubringen, dürften aber hier ihre Verbindung haben: Auf der einen Seite wollte er die Kirche durch das Konzil retten (und es dauerte lange, bis Gerson sich tatsächlich zu dieser Lösung durchrang), auf der anderen Seite zur Reform der Kirche durch die Seelen der Gläubigen beitragen. Diese sollten nicht ohne Anleitung bleiben. Das war Gersons Folgerung aus den Tendenzen der Mystik, sich von kirchlicher Heilsvermittlung unabhängig zu machen. Das war auch sein Hauptargument gegen Ruusbroec. Seine Einwände gegen ihn legte er ausführlich in einem Brief dar, den er an den Kartäuser Bartholomäus Clantier sandte, von dem er das Manuskript der «geistlichen Hochzeit» erhalten hatte. Sein inhaltliches Argument gegen Ruusbroec bestand darin, dass dieser eine vollkommene Einheit mit Gott in der Kontemplation behaupte, durch die der Mensch Gott «nicht allein durch die Klarheit, welche das göttliche Wesen ist, schaut, sondern selbst die göttliche Klarheit ist».[8] In solchen Anschuldigungen hört man einen Widerhall der Verurteilungen gegen Eckhart, gegen Marguerite Porete und gegen die Beginen in Vienne: die Sorge, dass hier die Vermittlungswege zu Gott unterhöhlt werden könnten.

Die Lösung war für den Professor an der hochangesehenen Sorbonne so naheliegend wie einfach. Die Gelehrten sollten in die Verantwortung genommen werden. Schließlich war auch ihnen eine kontemplative Annäherung an Gott nicht unvertraut. Denn nach Gerson musste jemand, der zur vollen Kontemplation gelangen wollte,

> beide Arten von Kontemplation, nämlich jene des Affekts, die einen Geschmack bewirkt, und die des Verstandes, der die Leuchtkraft des Wissens bietet,[9]

erlangen. Gerson bestritt nicht einmal, dass die affektive Gestalt der Kontemplation über der verstandesmäßigen stand. Dennoch waren es letztlich die Gelehrten, die hier wie dort und überhaupt in allen Glaubensfragen über die Wahrheit zu wachen hatten. Dieser Gedanke stellt eine interessante Parallele zu Gersons Überlegungen in Fragen der Kirchenreform dar, denn auch hier führte seine Erfahrung, dass selbst Personen, die sich als Päpste gaben, unfähig waren, Frieden herbeizuführen, zur Betonung der besonderen Verantwortung der Gelehrten. Alles Erfahrungswissen, sei es noch so göttlich, müsse zunächst einmal der Prüfung durch die *doctores* unterzogen werden, um festzustellen, ob es wirklich wahr sei.

So fühlte sich Gerson selbst dazu berufen, sich über Mystik zu äußern. Das tat er in einem großen Traktat *De mystica theologia*,

«Über die mystische Theologie», dessen Titel ausdrücklich an Pseudo-Dionysios anknüpfte. Schon das biblische Motto, unter das er den Prolog dieser Schrift stellte, machte klar, wo er mystische Frömmigkeit einordnete: «Tut Buße und glaubt an das Evangelium!«[10] (Mk 1,15) Dies bildete den Ausgangspunkt für einen Weg, den Gerson ausführlich und mit hoher scholastischer Gelehrsamkeit diskutierte. Vor allem entfaltete er, wie er sich positiv die Einung mit Gott vorstellte. Sie wird durch die Liebe bewegt, die «dahinreißt, eint und Genüge tut», denn:

> Erstens reißt die Liebe zum Geliebten und bewirkt daher Ekstase. Zweitens verbindet die Liebe mit dem Geliebten und macht daraus sozusagen Eines. Drittens genügt die Liebe sich selbst und sucht nichts anderes außer zu lieben.[11]

Bei aller Betonung der Liebe aber warnt Gerson davor, hieraus falsche Schlüsse zu ziehen. Man dürfe zwar das, was in der liebenden Vereinigung von Geist und Gott geschieht, als *transformatio*, als Wandlung, bezeichnen (*De mystica theologia* VIII,41), aber mit der Bedeutung dieses Begriffes müsse man vorsichtig umgehen. So lehnte Gerson die Annahme ab, dass die Einung sich so vollziehe, dass Gott in der Seele des Menschen wohne, weil das der göttlichen Vollkommenheit widerspräche. Die Einung vollziehe sich also «in einer gewissen Unvollkommenheit» (*De mystica theologia* VIII,41), zu der unter anderem gehört, dass lediglich die geistlichen und göttlichen Teile des Menschen mit Gott vereint werden, nicht aber das, was zu seiner irdischen Verfasstheit gehört. In doppelter Weise also bleibt Gott noch in der Einigung unterschieden: Räumlich bleibt er jenseits der menschlichen Existenz, und er verbindet sich nicht mit dem im engeren Sinne menschlichen Teil des Menschen.

Das hätte man im Blick auf die Vereinigung von göttlicher und menschlicher Natur in Christus auch anders sehen können. Gerson lag aber daran, diese Differenz aufrechtzuerhalten und so die mystische Einung als Einung in Liebe, nicht im Wesen zu beschreiben. Diese Zurückhaltung fällt umso mehr auf, als Gerson christologische Gedanken keineswegs fern lagen: 1402 hat er in seiner volkssprachlichen Predigt *Ad Deum vadit* ausführlich und in großer Intensität die Passion ausgelegt und dabei auch die Körperlichkeit des Leidens des Gottessohns intensiv beschrieben.[12] Ordnet man diese Ausführungen in seine theoretischen Überlegungen zur Mystik ein, so wird man in ihnen Versuche sehen dürfen, die Affekte des Menschen so zu erregen, dass der Liebesprozess beginnt, der am Ende eine Einung nur unter Beibehaltung der Differenz ermöglicht. Gerson, der so vielfältig wirksam war, wusste auch seine eigenen Rollen genau auseinanderzuhalten: Als Theologe, der über die Möglichkeiten affektiver Gottesbeziehung nachdachte, agierte er vorsichtig. Als Prediger agierte er intensiv, wenn er die primäre Pflicht des Hirten erfüllte: auslegen, Gemeinde leiten und predigen.[13]

Da hatten es Theologen einfach, denen nur die Aufgabe des Hirten gestellt war, wie etwa der Straßburger Münsterprediger Johannes Geiler von Kaysersberg (1445–1510). Er fühlte sich Gerson verbunden, dessen Werke er auch herausgab. Sechs Schriften übersetzte er sogar ins Deutsche und diente damit dem Anliegen des großen Vorbildes, Theologie für die Laien zu betreiben. Das tat er selbst durch seine Predigten, in denen er bei der Kritik der Zustände in Straßburg kein Blatt vor den Mund nahm, aber auch die Menschen in ihrem spirituellen Leben anleitete. Eine Ahnung hiervon gibt eine Reihe von Predigten im Kloster der Reuerinnen, einer Frauengemeinschaft, die sich besonders unter den Schutz Maria Magdalenas gestellt hatte. Deren Priorin, Susanna Herwarth, hat sie mitgeschrieben, und auf dieser Grundlage brachte Geiler 1510 das *Seelenparadies* heraus. Grundlage dieser Schrift war, wie Geiler selbst hervorhob, der verbreitete Traktat *Paradisus animae*, der Albertus Magnus zugeschrieben wurde. Dieses Buch und was Geiler daraus machte, war zunächst nicht mehr als eine einfache Tugendlehre. Von der Liebe aus entfaltete Geiler die Tugenden wie Armut, Keuschheit und Gehorsam, die im monastischen Leben nötig waren. Der Akzent lag dabei aber auf der Innerlichkeit und Vertiefung der Sicht auf das eigene Dasein im Angesicht Gottes. Zentral war das Kapitel über die Geduld: Der Mensch solle im Innern nach seinen Sünden forschen. Dann würden ihm durch das Leiden, das er hierdurch erfahre, «die unendlichen Qualen der Hölle oder die unermesslichen Strafen des Fegefeuers erlassen».[14] Die übliche Topographie des Jenseits löste sich auf und wurde ganz in die Seele hineingezogen.

Geilers Drang zur Innerlichkeit ging noch weiter und nahm tradierte Überlegungen der Mystik auf. So predigte er, seinem Vorbild im *Paradisus animae* folgend, auch über Schweigen, Abgeschiedenheit und Schauen. Indem er die *solitudo*, Einsamkeit, aus der Vorlage als «abgescheidenheit oder einsidelich leben» wiedergab, knüpfte er offenkundig an Meister Eckhart oder, angesichts der schwierigen Überlieferung, wohl eher an Tauler an. Inhaltlich blieb er ganz bei dem Albertus Magnus zugeschriebenen Traktat, wenn er wahre Abgeschiedenheit definierte:

> Die erste Bedeutung ist, dass ein Mensch seinen Sinn von den Sorgen und der Unruhe äußerer Werke löst und zudem von aller Freude an Geschöpflichem. Die zweite, dass ein Mensch alle seine Herzensbewegungen, Willen und Anliegen auf Gott ausrichte, auf dass er mit ihm ein Geist werde.[15]

An der letzten Zeile merkt man den mystischen Impetus und zugleich die Vorsicht, die Geiler bei Gerson gelernt hatte: Der Traktat hatte hier noch ganz explizit davon gesprochen, «ein Bräutigam mit Gott» zu werden (*vt fiat vnus sponsus cum deo*) und damit die Geschlechterrollen umgekehrt, mit denen Bernhard die Einung beschrieben hatte. Bei Geiler verlagerte sich die Einheit in den Geist. Er sprach sie den einfachen Schwestern im Reuerinnenkloster zu und durch den Druck des Traktats auch einer weiteren bürgerlichen Bevölkerung. Die Volkssprache und die Rede von

«Abgeschiedenheit oder Einsiedlerleben» im Titel drückte diese soziale Ausweitung über den monastisch-geistlichen Stand hinaus aus: Während der Albert Magnus zugeschriebene Traktat Jesu Rückzug von der Menge und das Leben der Einsiedler seit der Antike pries, präsentierte Geiler einen Lebens- und Heilsweg für alle Stände. Nicht «die reychen mechtigen / und saͤlygen nach dyßer welt», sondern «seyn volck» sei Adressat dieser Heilsbotschaft.[16] Das konnte man innerhalb einer monastischen Welt zur Selbstbestätigung so sagen, doch als Appell an die bürgerliche Welt stellte es im Namen der Mystik gegenwärtige Machtstrukturen, wie sie sich in Kirche, Politik, Wirtschaft und Gesellschaft zeigten, infrage. Grundsätzlich konnte jeder die Nähe Gottes erfahren, und wer nicht dementsprechend lebte, musste sich fragen lassen, warum er das nicht tat.

DIE MONASTISCHE MYSTIK DER KARTÄUSER

Der Drang, Mystik als eine Frömmigkeitshaltung für alle zu ermöglichen, knüpfte an alte Impulse an. Auch Geiler kannte Dionysios Areopagita, zitierte ihn jedenfalls bei Gelegenheit. Wie die Devotio moderna repräsentiert er den Versuch, durch mystische Frömmigkeit die ganze Christenheit innerlich neu auf Gott auszurichten, die falschen Werte der bürgerlichen Welt zu unterlaufen und zugleich die elitären Ansprüche der Klöster auszuhebeln. Diese Revolution war nicht mehr nur schleichend, sie durchdrang alle Lebensbereiche und wurde wahrgenommen. Sie provozierte heftige Gegenreaktionen. Geiler wurde vom Rat der Stadt wegen seiner Kritik an den Straßburger Zuständen, die er keineswegs nur in mystischen Zusammenhängen geäußert hatte, befragt und legte als Antwort darauf 1501 einen 21 Punkte umfassenden Plan zur Verbesserung vor.

Größer aber war die Spannung zu den traditionellen monastischen Kreisen, die sich zunehmend ihrer besonderen Stellung beraubt sahen. Selbst innerhalb der Devotio moderna bestanden Zweifel, ob es richtig war, monastische Frömmigkeitskonzepte ins bürgerliche Leben auszuweiten. Geert Groote erwog bereits die Gründung eines monastischen Zweiges der Devotio moderna. Es war Florens Radewijns, der diesen Plan mit der Gründung eines Klosters in Windesheim bei Zwolle in die Tat umsetzte. Von hier aus strahlte die Windesheimer Kongregation vor allem in den norddeutschen Raum aus. Durch das Wirken von Johannes Busch (1399–1479/80) wurde sie zu einem Motor der Klosterreform des fünfzehnten Jahrhunderts im Zeichen der Innerlichkeit.

Neben einer solchen Verbindung von Reformanliegen und traditioneller Klösterlichkeit gab es aber auch Auseinandersetzungen und die Schärfung von Alternativen, denn im späten Mittelalter entwickelte sich auch ein gesteigertes Eremitenideal. Das vielleicht berühmteste Beispiel hierfür ist Nikolaus von Flüe (gest. 1487), der sich von seiner Familie zurückzog, um – freilich nicht sehr weit von deren Haus entfernt – in der Ranftschlucht ein Leben als Einsiedler und Asket zu führen. Der Legende nach ernährte er sich nur noch von der Heiligen Kommunion. Durch dieses Verhalten gewann er in aller kontemplativen Zurückgezogenheit großen Einfluss als Seelsorger und sogar politischer Berater.

Ein monastisches Gegenmodell zu der neuen Frömmigkeitsbewegung entwarfen die Kartäuser. Dabei waren die Alternativen miteinander verschlungen – es waren ja Kartäuser gewesen, bei denen Geert Groote anfänglich in Monnikenhuizen Zuflucht gefunden und bei denen er von Heinrich Egher von Kalkar in mystische Frömmigkeit eingeführt worden war. Die Wege aber, die die Devotio moderna und Gerson in Richtung einer bürgerlich adaptierbaren mystischen Frömmigkeit gingen, erschienen für diesen Orden, der seinen Mitgliedern abverlangte, die meiste Zeit als Eremiten zu leben und nur zu besonderen Gelegenheiten wie der Messe und Mahlzeiten zusammenzukommen, als Bedrohung.

Als direkte Antwort auf Gersons Versuch, rechte und falsche

Mystik durch die Überprüfung durch Gelehrte zu unterscheiden, verfasste in der Erfurter Niederlassung der Kartäuser ein unbekannter Autor im ausgehenden fünfzehnten Jahrhundert eine ebenso scharfe wie ironische Schrift, die auf den Punkt brachte, dass die Vertreter einer traditionellen mystischen Theologie sich gewiss nicht von Universitätsgelehrten kontrollieren lassen wollten:

> Verehrungswürdiger Herr Doktor Gerson, versuche doch nicht, über die zu richten, die in der Schule der Heiligen Dreifaltigkeit selbst gelernt haben! Alles, was sie über den unbekannten Gott und über den unwissenden Aufstieg auf mystische Weise geschrieben haben, das haben sie gut geschrieben. Sie haben diese Dinge nicht in Schulen oder in Universitäten gelernt. Vielmehr wurden sie durch den Heiligen Geist belehrt und gelangten durch ein spirituelles Leben so weit, dass sie in der Lage waren, diese Dinge zu schreiben.[17]

Das war scharf und gewitzt und zeigte die doppelte Frontstellung der Kartäuser: gegen die Gelehrten und gegen die, die meinten, man könne auch ohne monastischen Rückzug zur mystischen Erfüllung kommen.

Dabei mussten auch die Kartäuser anerkennen, dass mystische Erfahrungen durch Gelehrte beurteilt werden müssten. Jedenfalls bestritt dies auch Jakob von Paradies (gest. 1465) nicht. Er war ein überaus produktiver Autor aus der Erfurter Kartause, der wegen der weitgehend handschriftlichen Überlieferung seines Werkes noch wenig erforscht ist. In einem Traktat über die mystische Theologie griff er vielfach auf Gerson zurück, wandte sich aber gegen eine allzu starke Betonung der Gelehrsamkeit:

> Daher ist jener Aufstieg (…) nichts anderes als unmittelbar durch das Feuer der Liebe ohne jeglichen geschöpflichen Spiegel, ohne vorausgehendes Nachdenken, auch ohne mitwirkende Bewegung des Verstandes, bewegt zu werden.[18]

Solche Äußerungen mussten nicht im Widerspruch zu Gerson stehen, schlugen aber einen ganz anderen Ton an und proklamierten den Eigenwert einer affektiven Theologie, wie sie in den Klöstern und Kartausen gepflegt werden konnte, an der Universität jedoch nicht. Das war auch nicht einfach ein Wiederaufleben der Auseinandersetzungen zwischen monastischer und scholastischer Theologie, denn anders als bei Petrus Abaelard und Bernhard von Clairvaux stand nicht die Scholastik gegen die Mystik, sondern es ging um unterschiedliche Weisen der Mystik. Deren Erfolg über die Klostermauern hinaus war innerhalb der Klöster zum Problem geworden. Die Verteidigung der monastischen Mystik war eine der Hauptaufgaben der Kartäuser, manchmal auch im Verein mit der Scholastik wie bei Dionysius von Rijkel (1402/03–1471), den sein Weg von einer Ausbildung in Zwolle im Umfeld der Devotio moderna in den Orden geführt hatte. Hier konnte er sich ebenso mit der *Summa theologiae* des Thomas von Aquin befassen wie mit Johannes Sinaites oder Pseudo-Dionysios: Das Feld war breit, solange nur eine strenge, asketische Mystik gepflegt wurde.

In diesem Rahmen wurden nun auch die Schriften asketischer Mystiker wie etwa von Grootes Mentor Heinrich Egher rezipiert und weitertradiert. Zu denen, die von den Kartäusern geschätzt und verbreitet wurden, zählte auch «Englands erster großer Mystiker»[19] Richard Rolle (gest. 1349),[20] dessen eigenes Eremitendasein bestens zu den Bedürfnissen der Kartäuser passte. Seine mystischen Schriften kreisten um das, was in seinem *Incendium amoris* titelgebend wurde: das «Feuer der Liebe». In dieser Schrift, mehr noch aber im *Melos amoris*, der «Melodie der Liebe», feierte er die überschwängliche, durch nichts zu kontrollierende und zu mäßigende Liebe zu Gott als Ausgangs- und Mittelpunkt der mystischen Existenz. Der *Melos amoris* zeigt die Weise, wie Rolle die dionysische Mystik rezipierte: Für ihn wurde Musik zum Mittel, um in Einklang mit den von Dionysios geschilderten Engelchören zu kommen. Das ist in der langen Reihe der Mystik ein neuer Akzent: Nicht das Auge vermittelt die Einung, sondern das Ohr. So wie sich Angela von Foligno in das Bett des Kreuzes legte, legte Rolle sich nun in ein «Bettchen kontemplativen Gesangs».[21] Wenn bei ihm von mystischen Erfahrungen die Rede ist, handelt es sich um reine Auditionen: Er hörte buchstäblich die Engel singen und fühlte sich so in ihre Chöre gezogen.

Diese affektive Liebesmystik blieb in eine intensive Lektüre biblischer Schriften nach dem Muster der *lectio divina* eingebunden. Dass Rolle dabei auch das Hohelied ausdeutete, kann kaum überraschen. Charakteristischer für ihn sind aber die Identifikationen mit biblischen Gestalten, die als Vorbild für das Eremitendasein gelten konnten: mit dem Seher der Johannes-Apokalypse, der zurückgezogen auf der Insel Patmos lebte, oder mit Hiob, den sein Leiden in die Einsamkeit getrieben hatte. All dies war ideales Material, wenn man Mystik an eine besondere asketische Existenzweise binden wollte.

Wie reich die biblischen Assoziationen und Identifikationen sein konnten, zeigt der Titel eines Werkes, das wohl etwas jünger ist als Rolles Schriften: die *Cloud of Unknowing*, die «Wolke des Nichtwissens», deren unbekannter Autor möglicherweise selbst Kartäuser war. Die Titelformulierung nahm die paradoxale Wirklichkeit der Wolke auf, von der Exodus 24,15–18 spricht: In ihr ist Gott verborgen und öffnet sich durch sie doch zugleich zur Begegnung mit Mose, der in ihr die Offenbarung am Sinai empfängt. So kann sie eine ähnliche Rolle spielen wie das überhelle Dunkel bei Dionysios, in dem Hingabe und Entzug Gottes zugleich wirken. Tatsächlich ist das Grundthema der *Cloud of Unknowing* das dionysische Nichtwissen, aber der Autor verbindet es mit anderen Strängen mystischer Tradition: Von den Viktorinern, insbesondere Thomas Gallus, hat er den genauen Blick auf psychologische Phänomene aufgenommen, den er dazu verwendet, in einer sonst in der mystischen Literatur seltenen Weise die Vielfalt mystischer Wege zu schätzen: Manchen sei es, so beschreibt er es in Kapitel 71, wie Mose nur vergönnt, gelegentlich in die Wolke einzudringen, während andere, wie sein Bruder Aaron, immer wieder in das Heiligste eintreten könnten. So könnten manche Gott nur in ekstatischer Verzückung schauen, andere hingegen blieben in ihrer normalen leibseelischen Verfassung. Daher solle niemand den anderen danach beurteilen, welche Erfahrungen er selbst gemacht hat (vgl. *Cloud* 72).

Bei Thomas Gallus konnte der Autor der *Cloud of Unknowing* aber auch lesen, wie die dionysische Unerkennbarkeit Gottes durch Liebe überwunden werden kann. Diese Überlegungen führte er unter Aufnahme der bernhardinischen Mystik fort. Wie der Abt von Clairvaux sah er die Liebe zum leidenden Christus als den Weg, auf dem der Mensch zu Gott gelangen kann. Diese Passionsbetrachtung ordnet die *Cloud of Unknowing* anhand der Erzählung über den Besuch Jesu bei Maria (Magdalena) und ihrer Schwester Martha in eine Stufenleiter mystischer Erkenntnis ein. Wohl ohne die Predigt Eckharts zu kennen, kommt hier auch der Traktat zu einer dialektischen und höchst interessant eingefädelten Deutung: Wenn Maria «das beste Teil» (Lk 10,42) erwählt hat, wie es in der lateinischen Vulgata abweichend vom «guten Teil» im griechischen Original heißt, dann ergebe dies nur Sinn, wenn man mehr als nur zwei Teile miteinander vergleiche. Es müsse also zwischen dem aktiven und dem anzustrebenden kontemplativen Leben eine Mittelstufe geben, die einerseits noch dem aktiven Leben zugeordnet sei, andererseits auch schon dem betrachtenden Leben. Hier hat die Versenkung in die Passion ihren Sinn, freilich als Vorstufe zum wahrhaften Mariendasein, dem liebenden Eintauchen in die Wolke des Nichtwissens (*Cloud* 21).

Eine solche Stufung des Heilsweges entspricht dem verbreiteten «Gradualismus» im späten Mittelalter.[22] Mystisch wurde sie besonders gern durch die Leiter Jakobs ausgedrückt, die seit Johannes Sinaites mystische Bildlichkeit formte und die auch den Titel der *Scale of perfection*, der «Leiter zur Vollkommenheit», des Walter Hilton (gest. 1396) prägte. Obwohl er selbst den asketischen Typus mystischer Frömmigkeit repräsentierte und sich sein Text an eine Inklusin richtete, also eine in eine kleine Kammer eingemauerte Asketin, wurde seine Abhandlung zu einem der meistverbreiteten Bücher spätmittelalterlicher Frömmigkeit in England. Über vierzig Handschriften gibt es hiervon und sogar eine Übersetzung ins Lateinische. Das Buch geht nicht, wie der Titel erwarten lässt, Sprosse für Sprosse vor, sondern umkreist die Sündhaftigkeit des Menschen einerseits, den Weg zu Gott durch Kontemplation andererseits. Ausgangspunkt für diese ist vor allem das Gebet. Der Verheißung aus Psalm 142,2 folgend, soll es wie ein Rauchopfer aufsteigen und so zu Gott führen (*Scale II*, c. 42). Auf das Gebet folgt die Meditation. Offenkundig nimmt auch Hilton hier Vorstellungen aus dem Bereich der *lectio divina* auf, denn seine *Scale of perfection* ist voll von biblischen Anspielungen. Seine Ratschläge gipfeln in der Aufforderung, die Bibel in der Seele wirken zu lassen. Er nennt dabei als einzige Voraussetzung die durch die Gnade Gottes gewirkte Liebe zu Gott (*Scale II*, c. 43): Mitten in dieser Anleitung zu asketischer Frömmigkeit begegnet hier, wie schon bei Zerbold, die Unterminierung der Autoritäten von Weihe und Bildung. Wo die Laien Gott unmittelbar begegnen, kann ihnen sein Wort nicht verschlossen bleiben. Und wo es die Gnade Gottes ist, die sie bewegt, mag das menschliche Tun helfen, doch letztlich kann es nicht mehr sein als eine Folge von Gottes Handeln.

Solche Folgerungen und nicht zuletzt die auffällig breite Wirkung Hiltons lassen etwas von der Komplexität der spätmittelalterlichen Welt erahnen: Die hier einander gegenübergestellten Typen einer eher bürgerlich geöffneten und einer eher asketisch abgeschlossenen Mystik sind sowohl in ihren literarischen Entwicklungen als auch in ihren Wirkungen vielfach miteinander verschränkt. Gerade deswegen zogen die Beteiligten die Grenzen auch so heftig, wie etwa Gerson gegen Ruusbroec: Häresie konnte man gerade dann deutlich identifizieren – und abweisen –, wenn man selbst eine Verwandtschaft zu ihr verspürte. Meist war es aber doch diese Verwandtschaft, die im Vordergrund stand. Die Frage, wie Gott nahe werden konnte, war in den unterschiedlichsten Kreisen des späten Mittelalters präsent. Und die Antwort, dass dies durch eine Versenkung in Gott geschehe, ebenso.

11.
EINE NEUE KIRCHE BAUEN

MARTIN LUTHERS NEUAKZENTUIERUNG DER MYSTIK

In der Geschichte der christlichen Frömmigkeit gibt es zahlreiche Änderungen und Neuansätze – Einschnitte und Brüche findet man darin eher nicht. Auch die Geschehnisse des sechzehnten Jahrhunderts, die als «Reformation» oder «Kirchenspaltung» in das kulturelle Gedächtnis eingegangen sind, gewinnen eine weichere Kontur, wenn man die Aufmerksamkeit auf die Transformation der christlichen Spiritualität lenkt. Martin Luther (1483–1546) ist ja in der monastischen Kultur aufgewachsen. Jahrzehnte später blickte er polemisch darauf zurück: «Auch ich war in dieser Schule, wo ich meinte, unter den Chören der Engel zu sein, obwohl ich doch eher unter die Teufel verkehrt war».[1] So sehr der alt gewordene Reformator seine Jugenderfahrung verächtlich zu machen suchte: Dass die Chöre, von denen er hier sprach, an Dionysios Areopagita anknüpften, ist überdeutlich. Nicht nur mit ihm hat er sich beschäftigt. Schon in seinen frühen Jahren las er eine Bonaventura-Ausgabe, und Bernhard von Clairvaux gehörte zu den von ihm am meisten verehrten Autoren. Der amerikanische Lutherforscher Franz Posset meint sogar, eine «Bernhard-Renaissance» in

Wittenberg ausmachen zu können.[2] Daran ist vielleicht nur die Voraussetzung falsch, dass Bernhard jemals so vergessen gewesen wäre, dass er eine Renaissance nötig gehabt hätte. Er war und blieb präsent und war das auch in Wittenberg.

Richtig in Schwung aber kamen der junge Augustinermönch Luther und seine Universitätskollegen, als sie vermutlich Johann von Staupitz (gest. 1524), der Generalvikar der strengen Richtung der Augustiner-Eremiten in Deutschland, auf Johannes Tauler aufmerksam machte. Die Nähe Luthers zu Staupitz war intensiv: Der Ordensobere war zugleich sein Beichtvater, dem Luther etwa über seine Ängste angesichts der strengen Prädestination berichtete, die ja schon Jahrhunderte zuvor Irritationen hervorgerufen hatte *(s. o. Seite 112)*. Staupitz riet Luther lebensklug vom Grübeln über diese Frage ab, das nur in Spekulationen führen konnte. Stattdessen solle der junge Bruder Trost in den Wunden Christi suchen – ein Ratschlag, den Luther zeitlebens befolgte. Sein 1519 verfasster *Sermon von der Betrachtung des Leidens Christi* griff die spätmittelalterliche Traditionslinie auf, in der der Glaubende sich selbst als Sünder erkennt und wegen der Leiden Christi beschuldigt:

> Nun sieh: Wenn Christus ein Dorn sticht, wäre es angemessen, dass dich hunderttausend Dornen stächen, ja, sie sollten dich ewig und viel schlimmer stechen. Wenn ein Nagel Christus die Hände oder Füße durchsticht, solltest du ewig und noch viel schlimmere Nägel erleiden.[3]

Dieser Text wurde später in die *Fastenpostille*, das maßgebliche lutherische Predigthandbuch, übernommen und überlieferte so kommenden lutherischen Generationen spätmittelalterliche Vorstellungen von der Meditation des Leidens Christi. Dabei legte Luther allerdings Wert darauf, dass nicht die Stränge der mitleidenden Identifikation mit Christus selbst fortgeführt wurden, sondern eine Art Kontra-Identifikation gerade mit denen erfolgte, die Schuld an seinem Tod waren.

Die Predigten, die unter Taulers Namen kursierten und vielfach von anderen Autoren, nicht zuletzt Meister Eckhart, stammten, wirkten indirekter nach, waren aber von großer Bedeutung für Luthers eigene Entwicklung. Als er sich mit ihnen auseinandersetzte, waren sie bereits zweimal gedruckt worden. Von dem Druck, den 1508 der Augsburger Drucker Hans Otmar herausbrachte, erhielt Luther leihweise das Exemplar seines Ordensbruders Johannes Lang (gest. 1548). Obwohl es ihm nicht gehörte, versah er es mit zahlreichen Randbemerkungen. Sie sprechen Bände, wie tief er sich in die spätmittelalterliche Mystik hineinfand. In einer Notiz deutet sich sogar an, dass Luther den für seine spätere Theologie so zentralen Gedanken, dass alles Heil am Glauben allein hängt, für eine Konsequenz rechter mystischer Lehre hielt:

> Also besteht das ganze Heil in der Aufgabe des Willens in allen Dingen, wie er hier lehrt, den geistlichen wie den weltlichen. Und im nackten Glauben an Gott.[4]

Gewiss ginge es zu weit, zu behaupten, dass Luthers Rechtfertigungslehre einfach nur Mystik fortschreibe. Man darf diese Verwurzelung in der spätmittelalterlichen Frömmigkeitstradition nicht von der gleichzeitigen intensiven Lektüre des Apostels Paulus und seines Ordenspatrons Augustinus isolieren. Das heißt aber auch, dass man das eine nicht gegen das andere ausspielen darf. Wer in der spätmittelalterlichen Welt aufwuchs, konnte all dies neben-, mit- und ineinander lesen und denken.

Das galt umso mehr, als Luther auch der Text der *Theologia deutsch* zugesandt wurde *(s. o. Seite 273)*, der in ganz besonderer Weise augustinisches Denken mit Mystik verband und dessen Nähe zu Tauler Luther sehr wohl wahrnahm. Er hatte noch ein unvollständiges Manuskript zur Verfügung, als er diese Schrift 1516, unter dem Titel *Eyn geystlich edles Buchleynn von rechter vnderscheyd vnd vorstand, was der alt vn new mensche sey*,[5] in den

Druck gab. Die erste selbständige Veröffentlichung des Wittenberger Professors war ein mystischer Traktat des späten Mittelalters! 1518 gab er den gesamten Text heraus, nun mit dem Attribut «deutsch» im Titel. Die Lutherforschung hat lange über den Zeitpunkt, die Art und den Inhalt von Luthers «reformatorischer Wende» gerätselt. Mittlerweile dürfte sich die Erkenntnis durchgesetzt haben, dass es keinen speziellen Moment gab, in dem Luther sich vom Mittelalter löste und zu einem reformatorischen oder gar neuzeitlichen Theologen wurde. Die Entwicklung war viel komplexer und organischer, und die Mystik hatte großen Anteil daran.

Noch als Luther an die Öffentlichkeit trat, bewegte er sich im Horizont der mystischen Theologie. Es ist auch ein Anklang an die Schrift *De mystica theologia* des von ihm hoch geschätzten Johannes Gerson, wenn er seine 95 Thesen gegen den Ablass, die er am 31. Oktober 1517 an die Bischöfe von Mainz und Brandenburg schickte, mit Jesu Bußruf einleitete. Mehr noch machte sich das Erbe Taulers bemerkbar, wenn Luther diesen Bußruf so deutete, dass das ganze Leben der Christen Buße sein solle. Die oben aus Taulers Predigten angeführte Passage zur permanenten Buße hatte Luther auch gelesen und sogar mit begeisterten Notizen versehen: «Merk dir das!» (*Hoc nota tibi*) und, als Tauler darauf kam, nicht gleich zum Beichtvater zu rennen: «Überaus nützlicher Ratschlag!» (*Utilissimum consilium*).[6] Diesen nützlichen Ratschlag hat er sich offenkundig gut gemerkt. Er setzte ihn in den ersten beiden Thesen gegen den Ablass fast ungefiltert um, in denen er Buße als dauernden Prozess fasste und ausdrücklich vom Geschehen vor dem Beichtvater unterschied.

Die 95 Thesen lösten eine Kettenreaktion aus, in der Luthers Gegner immer mehr die Frage der Autorität des Papstamtes auf die Agenda setzten und so seine spirituellen Anliegen in den Hintergrund drängten. Schon im Herbst 1518 fürchtete Kardinal Thomas Cajetan (1469–1534), als er Luther am Rande des Augsburger Reichstages verhören sollte: «Das bedeutet nämlich, eine neue Kirche zu bauen.»[7] In der Wirkung sollte der Kardinal mehr recht behalten, als er zu diesem Zeitpunkt ahnen konnte. Gewiss traf er damals Luthers Intention nicht, mystisch inspiriertes Leben auch außerhalb der Klostermauern anzuregen.

Deutlich wurde dies in einem Text, in dem der Reformator 1520 «die gantz summa eyniß Christlichen leben» zusammenfassen wollte,[8] wie er in einem offenen Brief an Papst Leo X. (1513–1521) schrieb, als er bereits wusste, dass dieser ihn exkommunizieren wollte. Diesen Traktat versah er mit der Überschrift *Von der Freiheit eines Christenmenschen*. Paulus stand auch hier am Anfang, dann aber kam Luther auf das Erlösungsgeschehen zu sprechen und entfaltete es mit den Bildern, die ihm durch Bernhard oder auch, unmittelbarer, durch seinen Lehrer Staupitz vertraut waren:

> Der Glaube gibt nicht nur so viel, dass die Seele dem göttlichen Wort gleich wird, aller Gnaden voll, frei und selig, sondern er vereinigt auch die Seele mit Christus wie eine Braut mit ihrem Bräutigam. Aus dieser Ehe folgt, wie Paulus sagt, dass Christus und die Seele ein Leib werden – so werden auch beider Güter eins, Gelingen und Unglück und alle Dinge. Denn was Christus hat, das ist der gläubigen Seele eigen, was die Seele hat, wird Christus eigen. So hat Christus alle Güter und Seligkeit, die sind der Seele eigen. So hat die Seele alle Untugend und Sünde auf sich, die werden Christus eigen. Hier hebt nun der fröhliche Wechsel und Austausch an: Da ja Christus Gott und Mensch ist, der niemals gesündigt hat und dessen Gerechtigkeit unüberwindlich, ewig und allmächtig ist – wenn der die Sünde der gläubigen Seele durch ihren Brautring, den Glauben, sich zu eigen macht und sich nicht anders verhält, als hätte er sie getan, dann müssen die Sünden in ihm verschlungen und ertränkt werden.[9]

Die Sätze zeigen Luthers mystisches Erbe und die spezifische Wendung, die er der mystischen Heilsvorstellung gab. Der Gedanke, dass der Glaube die Nähe Christi vermittelte, war auch in mystischen Kreisen nicht neu. Längst waren die Spuren dazu gelegt, die Grenzen zwischen Klerikern und Laien zu überschreiten. Luther drückte dies allerdings prinzipieller aus, wenn er nicht nur über besonders mystisch bewegte, abgeschieden lebende Christinnen und Christen sagte, dass sie Priester genannt werden sollten, sondern das allgemeine Priestertum schon in der Taufe begründet sah: Was aus der Taufe gekrochen sei, so schrieb er im selben Jahr in seiner Schrift *An den christlichen Adel deutscher Nation*, das sei schon Priester, Bischof oder Papst. Im Kontext eines Reformprogramms ging es da nicht mehr um spirituelle Anleitungen, sondern um ein Programm zur Kirchen-, ja: Gesellschaftsveränderung.

Nicht nur im Blick auf die gesellschaftlichen Folgen verschoben sich Luthers mystische Einsichten, sondern auch die inhaltlichen Akzente setzte er nun, belehrt durch das paulinisch-augustinische Rüstzeug, das er sich in seinen universitären Vorlesungen aneignete, schärfer als die meisten vorherigen mystischen Autorinnen oder Autoren. Die Lehre von der Nähe Gottes gewann für ihn die spezifische Form einer Rechtfertigungslehre, nach der der Mensch «zur Herrlichkeit gewiss mit keinerlei Werken, sondern allein durch Glauben gelangt».[10] Auf Sätze wie diesen pochen Lutheraner, wenn sie den Kern ihres Glaubens hervorheben wollen, und sie tun das zu Recht. Aber dieser Satz ist missverstanden, wenn man ignoriert, dass er in mystische Traditionen eingebettet ist, die Luther auf ganz unterschiedliche Weisen verarbeiten konnte. Wenig später konnte Luther, ganz in der Tradition der Idee von der Gottesgeburt, erklären: «Und wann immer ein Mensch zum Glauben kommt, so wird von solchen Menschen Christus geboren.»[11] Das schrieb er, als er sich bereits, vom Papst exkommuniziert und vom Kaiser geächtet, auf die Wartburg zurückgezogen hatte. Die Exkommunikation war in der Geschichte der Mystik nichts Ungewöhnliches. Dass auch das weltliche Reich gegen Luther vorging, deutet an, dass die Fragen, die ihn wie auch seine Gegner bewegten, schon längst über die ursprüngliche mystische Intention hinausgingen.

Nicht diese Entwicklungen, sondern Auseinandersetzungen im eigenen, reformorientierten Lager drängten Luther dazu, die Mystik zwar nicht aufzugeben, aber noch einmal neue Akzente zu setzen. Denn aus der Lektüre der entsprechenden Schriften konnte man sehr unterschiedliche Folgerungen ziehen. So ließ Luthers Kollege Andreas Karlstadt (1486–1541) sich anfänglich nicht nur von der Begeisterung über Tauler anstecken, sondern auch von der über Augustinus. Hier kam es zu dem seltenen Ereignis, dass ein Gelehrter sich von seinem Kollegen belehren ließ: Karlstadt wollte Luther in seiner Augustinusdeutung zunächst nicht folgen und kaufte, um ihn zu widerlegen, Anfang 1517 in Leipzig das Original von Augustinus' Schrift *De spiritu et littera* – nur um bei der Lektüre zu dem Ergebnis zu kommen, dass Luther recht hatte. Nun gehörte er ebenfalls zu denen, die Mystik und paulinischen Augustinismus vertraten. 1520 verfasste er, ganz im Sinne der spätmittelalterlichen deutschsprachigen Mystik, eine eigene Schrift über die höchste Tugend: die Gelassenheit.

Schon bald aber wurde deutlich, dass die Konsequenzen, die die beiden Kollegen aus diesen Einsichten zogen, unterschiedlich waren. Das galt etwa für die Haltung zu den Bildern in den Kirchen, die Luther im Großen und Ganzen beibehalten wollte, während Karlstadt meinte, man müsse diese «abtun», weil sie den Menschen zu sehr am Äußeren festhielten. Die Chance hierzu sah Karlstadt gekommen, als Luther nach dem Wormser Reichstag von 1521 auf der Wartburg bleiben musste und er selbst die Geschicke in Wittenberg vorantreiben konnte. Er wollte die Stadt mehr und mehr zu einer durch und durch christlichen Stadt gestalten und setzte dabei nicht nur auf innere Wandlung, sondern auch auf die Unterstützung durch Ordnungen des städtischen Rates. Doch als Luther im März 1522 nach Wittenberg zurückkehrte, rechnete er mit diesen Änderungsmaßnahmen ab, warf Karlstadt vor, durch solche Zwangsmaßnahmen eben das zu missachten, was ihm selbst zur wichtigsten Folgerung aus den mystischen Einsichten geworden war: die christliche Freiheit. Die gesellschaftlichen

Folgerungen, die er 1520 nahegelegt hatte, widerrief er nicht – aber sie sollten nicht so rasch, vor allem nicht durch neuen Zwang erfolgen.

Karlstadt geriet in Wittenberg ins Abseits, fand aber bald einen Weg, seine Ideale doch noch zu verwirklichen. Die christliche Stadt sollte statt Wittenberg nun Orlamünde im Mittleren Saaletal werden. Karlstadt übernahm hier selbst das Pfarramt, das ihm in Wittenberg bislang nur in einer abstrakten Rechtskonstruktion zugeordnet war, um seine dortige Professur zu finanzieren. Alles Äußerliche sollte in Orlamünde abgelegt werden, nicht zuletzt der Priesterornat. Der Doktor der Theologie Andreas Karlstadt wurde zum einfachen «Nachbar Andres», der sogar seinen Acker selbst bestellte. Aber weiterhin bebaute er nicht nur das Erdreich, sondern auch die Theologie: Am Sabbatgebot war ihm zufolge nicht die äußere Ruhe an einem Wochentag entscheidend. Diese war aus sozialen Gründen sinnvoll, damit das Gesinde einen freien Tag hatte. Wichtig aber war der geistliche Sabbat, die völlige Hingabe an Christus, und die konnte alle Tage erfolgen. Auch das Abendmahl war in seinen Augen falsch verstanden, wenn man meinte, Christus habe seine Präsenz leiblich an Brot und Wein gebunden. Das könne, so meinte er, gar nicht der Fall sein, habe er doch schon bei der Einsetzung des Abendmahls über dem Brot gesagt: «Dies ist mein Leib», obwohl er doch noch lebte und über seinen äußeren Leib verfügte. Was er anregen wollte, war eine geistliche Vergegenwärtigung seines Leidens.

Orlamünde erlebte das Experiment einer mystisch bewegten Gemeinde – und Luther wurde dies unheimlich. Er reiste in die Region und wetterte 1524 auf der Jenaer Kanzel, wenige Kilometer von Orlamünde entfernt, gegen Karlstadt, den er als Aufrührer empfand und mit Thomas Müntzer (gest. 1525) in einen Topf warf. Das mochte angehen, sofern es um Mystik ging. Denn auch Müntzer gehörte zu jenen, die in diesen aufgeregten Zeiten Impulse aus der mystischen Theologie empfingen. Der Umstand, dass er sich in den Jahren 1517 bis 1519 in Wittenberg aufgehalten hatte, gerade zu der Zeit, als dort Tauler und die *Theologia deutsch* en vogue waren, dürfte hieran nicht ganz unbeteiligt gewesen sein. Allerdings verband er diese mystischen Ideen mit dem spätmittelalterlichen Chiliasmus, der unter Berufung auf die Apokalypse des Johannes (20,1–10) verkündete, dass auf Erden ein Reich aufkommen werde, in dem Christus die Herrschaft innehaben werde. Hieraus entstand eine explosive Mischung: Der Geist Gottes sollte in den Herzen der Gläubigen wirken, aber diese waren eben dadurch dazu berufen, Christi Reich herbeizuführen – und dafür hatten sie in den Predigten Müntzers einen klaren Gegner: die Mönche und Kleriker. Müntzer rief nicht zur Gewalt auf, aber er konnte so verstanden werden. Als im März in der Nähe von Allstedt, wo Müntzer als Prediger tätig war, die Marienkapelle von Mallerbach in Flammen aufging, lag es nahe, in ihm den geistigen Brandstifter zu finden.

Luther jedenfalls machte die Rechnung schnell auf. Er griff Müntzer als Aufrührer, ja, als leibhaftig gewordenen Satan an. Die weitere Entwicklung sollte ihm recht geben: Wenig später setzte Müntzer sich im Bauernkrieg an die Spitze eines Trupps und führte ihn 1525 in die Schlacht von Frankenhausen, wo die Bauern von der Übermacht der Fürsten niedergemetzelt wurden. Thomas Müntzer wurde gefangen genommen und wenig später hingerichtet. Karlstadt aber teilte die Bereitschaft zur Gewalt nicht, wohl aber eine auch für Luther spürbare Widerständigkeit: Kurz nach der Jenaer Predigt reiste Luther nach Orlamünde, um für Ordnung zu sorgen – und traf dort auf eine Gemeinde, die sich ihm, der doch spätestens durch den Wormser Reichstag zur symbolischen Zentralgestalt der Reformation geworden war, aufmüpfig entgegenstellte.

Für Luther bedurfte es keines weiteren Beweises dafür, dass Karlstadt ein Aufrührer war, oder, wie er seine Gegner bald titulierte: ein «Schwärmer». Dieser Begriff fasste seinen Vorwurf zusammen, den eigenen Geist an die Stelle des göttlichen Geistes zu setzen, der nur von außen, *extra nos*, begegnen konnte. Damit war nicht nur das Urteil über Karlstadt gefällt, der – ungeachtet der weit fortgeschrittenen Schwangerschaft seiner Frau – aus Sachsen verbannt wurde. Damit scheint in den Augen vieler bis heute das Urteil Luthers über Mystik gefällt. Tatsächlich finden sich mystische Äußerungen bei ihm von nun an kaum mehr in der Direktheit wie noch in der Freiheitsschrift oder in der Wartburgpostille, der die erwähnte Äußerung zur Gottesgeburt in den Glaubenden entstammt.

Immerhin hat sich Luther nicht von diesen Schriften distanziert, und es gibt weitere Hinweise darauf, dass er sich nicht ohne Weiteres von mystischem Denken löste. Seine Feststellung, dass der Geist nur *extra nos,* außerhalb von uns, begegne, führte lediglich dazu, dass diese Frömmigkeitsform sich nun an das anlagerte, wodurch der äußere Zuspruch Gottes gesichert war und das nach lutherischem Verständnis Kirche ausmacht: das Sakrament und die Heilige Schrift.

Man kann Luther geradezu beim Denken zuschauen. Wenige Monate bevor Karlstadt – in den Augen seiner Rivalen gewiss: endlich – Wittenberg gen Orlamünde verließ, hielt Luther am Gründonnerstag, dem 2. April 1523, eine Predigt. Dieser Feiertag gilt traditionell als Tag der «Einsetzung» des Abendmahls durch Jesus Christus in Erwartung seiner Passion. In seiner Predigt deutete Luther den Vers 1. Korinther 10,16 f., dessen Schlusssatz in der heutigen Lutherübersetzung lautet: «so sind wir, die vielen, ein Leib, weil wir alle an einem Brot teilhaben». Damals aber fasste er ihn noch etwas anders: «Wir sind alle eyn brot, die wir essen von eynem brot». (WA 12, 485,5) Der Satz enthielt also eine sehr alltagstaugliche Einheitsmetapher, die, weil im Frühneuhochdeutschen «Brot» und «Kuchen» wechseln konnten, bei Luther sogar eine noch schönere Wendung bekam: Er sprach davon, dass die Christen im Glauben ein Kuchen miteinander und mit Christus werden. Wem diese originelle Formulierung noch nicht ausreicht, um den mystischen Ton nachzuvollziehen, den können die Ausführungen, die Luther in der Predigt dazu gab, eines Besseren belehren. Fast wörtlich klingt das Brautbild aus der Freiheitsschrift an, wenn Luther von der Kanzel in einer Art sakramentaler Mystik die Folgen des Abendmahls beschrieb:

> So, dass wir uns alles, was sein ist, uns zu eigen machen, so dass unser Gewissen von nun an nicht auf sich vertraue und sich verlasse, sondern auf die bloße Gnade Christi. Was gehört denn nun Christus? Ihm gehört, dass er ein Herrscher über Tod, Teufel, Hölle und alle Geschöpfe ist, dass er allmächtig ist, machtvoll, weise, gerecht, vertrauenswürdig und voll von allen Tugenden. Seht, diese Güter bekommen wir alle miteinander. (…) Siehe, so wirst du denn ein Kuchen mit Christus, indem wir mit ihm Gemeinschaft an seinen Gütern erhalten, und er Gemeinschaft an unseren Gütern.[12]

Die Freiheit, die Luther gepriesen hatte, hatte auch etwas Verführerisches: Nirgends schien der Mensch an Äußeres gebunden. In seiner Freiheitsschrift hatte Luther hier keine klaren Grenzen gesetzt. Die Bilder vom Priestertum, ja, sogar vom Königtum, zu dem die Christen berufen seien, hatten vielmehr Assoziationen geweckt, die mehr gesellschaftliche Veränderung zu provozieren schienen, als ihm selbst lieb war. Nun fühlte er sich und sein Evangelium zusehends missverstanden, durch die «Schwärmer» zunächst, dann vor allem durch die Bauern, deren Aufstand 1524 losbrach und sich unter anderem auf die christliche Freiheit berief. Als zudem noch ein Streit mit den oberdeutschen und Schweizer Reformatoren über die Frage begann, ob tatsächlich, wie Luther festhielt, Christi Leib und Blut so gegenwärtig waren, dass sie die Elemente des Abendmahls, Brot und Wein, durchdrangen, stärkte das Luthers Vorstellung von einer sakramentalen Mystik nur noch mehr. Hier, im Abendmahl, kommt Christus ganz real nahe – und begründet so eine Einheit mit den Glaubenden, die im Bild des Kuchens ausgemalt wird: Wie im Teig eines Kuchens verschiedene Zutaten zu einer Einheit zusammenkommen, so sind auch Christus und der einzelne Glaubende sowie die Glaubenden untereinander verschmolzen. Luther lag nicht an einer individualisierten mystischen Erfahrung, sondern die mystischer Erfahrung war für ihn in die Gemeinde und die Kirche eingebunden. Kirche war ja nach 1. Korinther 12,27 nichts anderes als der Leib Christi oder, in der mittelalterlichen Begrifflichkeit: das *corpus Christi mysticum*. Genau diese Vorstellung, dass das Einnehmen des realen Leibes Christi in seinen mystischen Leib einbinde (vgl. etwa Thomas von Aquin, *Summa* III q. 80 a. 4 resp.), schrieb Luther mit seinem Kuchenbild fort, das zugleich die Brautvorstellung Bernhards transformierte. Letztlich wurden so das mystische Geschehen und das allgemeine Priestertum wie schon bei Dionysios Areopagita allen Gläubigen im liturgischen Geschehen zuteil.

So wichtig Liturgie und Sakrament waren: Es ist, nicht zuletzt durch die verbreitete Lutherübersetzung der Bibel, wohlbekannt, dass für reformatorisches Denken die Bibel und ihre Lektüre von zentraler Bedeutung sind. Das Prinzip, dass alles, was für das Heil notwendig ist, *sola Scriptura*, allein durch die Schrift, mitgeteilt worden sei, sollte sich im Umgang mit der Bibel bewähren. Doch so provozierend das Schriftprinzip war, in Luthers Anweisungen zu ihrer Auslegung begegnet Altvertrautes. Luther war nicht einfach, wie es mancher protestantische Professor seit dem neunzehnten Jahrhundert gerne gehabt hätte, ein Vorreiter der aufgeklärten historisch-kritischen Exegese. Er stand vielmehr mit beiden Beinen in der Tradition der *lectio divina*, wenn er 1539 in der Vorrede zum ersten Band seiner deutschen Werke für die Bibellektüre einen Dreischritt aus *oratio, meditatio* und *tentatio* empfahl: Gebet, Meditation und Anfechtung. Dass er hier im Zentrum evangelischer Spiritualität auf mystisches Vokabular zurückgreift, ist so offenkundig, dass man sich wundern muss, dass diese Einsicht in lutherischen Kreisen nicht weiter verbreitet ist. Dabei hatte schon der Reformationshistoriker Bernd Moeller darauf hingewiesen, wie zentral der Begriff der Anfechtung bei Johannes Tauler ist.[13] Bei diesem war sogar zu lesen, dass diese Anfechtungen ein inneres Fegefeuer darstellten.[14] In der Erklärung zu seiner 15. Ablassthese lehrte Luther, dass das Fegefeuer ein an Verzweiflung grenzendes Schuldbewusstsein sei, und verwies dabei auf Johannes Tauler. Das ergänzte er mit dem Hinweis, bei diesem habe er viel mehr ernsthafte Theologie gefunden als in der gesamten Scholastik.[15] Tief also war seine Anfechtungsvorstellung in Taulers Denken verwurzelt, während die meditative Praxis, wie er sie für die Bibellektüre empfahl, eher auf die *ruminatio* der Devotio moderna verweist:

> Zweitens sollst du meditieren, das heißt: nicht nur im Herzen, sondern auch äußerlich immer mündliche Rede und buchstäbliche Worte im Buch betreiben und reiben, lesen und nochmal lesen, mit eifriger Aufmerksamkeit und Nachdenken, was der Heilige Geist damit meine.[16]

Die Bibel zu verstehen: Dazu brauchte auch ein Reformator die Meditation. Die traditionsreiche *lectio divina* gab so dem Schriftprinzip eine lebbare Gestalt im Horizont der Mystik. Nach der grundlegenden lutherischen Bekenntnisschrift, der *Confessio Augustana*, die die reformatorischen Stände 1530 auf dem Augsburger Reichstag vorlegten, reicht es für die wahre Kirche, dass das Evangelium rein gelehrt und die Sakramente recht verwaltet wurden. Beides war, schaut man genauer auf Luther, ohne eine angemessene Transformation der mystischen Frömmigkeit nicht vorstellbar. So gewinnt der Vorwurf, eine neue Kirche zu bauen, einen ganz anderen Klang: Die enorme Ausweitung mystischer Frömmigkeit in den Alltag bekam bei Luther durch die Vorstellung vom allgemeinen Priestertum eine konkret-institutionelle Spitze und führte so im Ergebnis tatsächlich zu einer anderen, neuen Kirche und langfristig zur Aufteilung der lateinischen Christenheit in zwei Kirchen, die römisch-katholische und die, in sich wiederum zunehmend vielfältige, evangelische.

IGNATIUS VON LOYOLA: ÜBUNGEN ZUR KLÄRUNG DER SEELE

Dass Luther nicht als Neuerer gegen alles Hergebrachte stand, sondern mittelalterliches Erbe auf eine eigene Weise transformierte, zeigt sich an dem Umstand, dass Quellen, aus denen er schöpfte, auch zu ganz anderen Folgerungen als seinen eigenen reformatorischen Ideen führen konnten. Zerbolds Schrift *De spiritualibus ascensionibus* gehörte ebenfalls zu den Texten, die in der Frühzeit der Wittenberger Bewegung gelesen wurden.[17] Auch Ignatius von Loyola (1491–1556) hat, vermittelt durch den *Ejercitatorio de la vida espiritual* des Garcia de Cisneros, die Grundgedanken dieses Traktats aufgenommen. Dieser spanisch geprägte Baske[18] ist als Gründer der *Societas Jesu* in die Geschichte eingegangen, des Jesuitenordens, der zu den ersten modernen Orden der Neuzeit gehörte, in denen der Gedanke des Personalverbandes gegenüber dem asketischen gemeinsamen Leben im Vordergrund stand. Der Personalverband, den Ignatius aufbaute, war besonders stark und schlagkräftig, denn die Gruppe junger Gefährten um ihn verpflichtete sich, nachdem Pläne, ins Heilige Land zu pilgern, gescheitert waren, dem Papst überall dort und genau auf die Weise zu dienen, wie dieser es befehlen werde. So wurden sie aus der Perspektive Roms in doppelter Weise zur Ausbreitung des katholischen Glaubens eingesetzt: einerseits in fernen Ländern, sei es in Südamerika oder Asien, bis hin nach Indien, Japan und China, andererseits zur Zurückdrängung der Häresie der Reformation. Der Prozess katholischer Konfessionalisierung in der Frühen Neuzeit ist nicht mehr, wie man früher meinte, als «Gegenreformation» zu verstehen. Aber wo er gegenreformatorische Züge enthielt, waren meist die Jesuiten nicht weit weg. Sie sorgten für gute Ausbildung des katholischen Nachwuchses, für Bildung der katholischen Laien, nahmen Einfluss an Fürstenhöfen, stritten mit Protestanten und initiierten vor allem ein personalpolitisches

Rollback, wo sich unter den Geistlichen die Reformation durchgesetzt hatte. Diese Vorgänge haben das kulturelle Gedächtnis an sie, zumal in den protestantischen Teilen Deutschlands, nachhaltig geprägt und sie zum Objekt von Schmähungen und Hass gemacht.

Gerne wird dabei auf ihren «Kadavergehorsam» verwiesen. Tatsächlich verpflichteten die Statuten in ihrer lateinischen Fassung von 1558 dazu, gehorsam wie ein *cadaver* zu sein. Nach dem spanischen Original, das von *cuerpo muerto* sprach, ging es zunächst gar nicht um den Vergleich mit einem Leichnam, sondern mit jedem unbelebten Gegenstand.[19] Vor allem aber wurde dieser Gehorsam nicht als rein äußerlicher Befehlsempfang verstanden, sondern als eine Übung in Demut. Charakteristisch ist hierfür die Bestimmung, selbst einem Koch gehorsam zu sein.[20] Was als Regelung alltäglicher Abläufe in der Küche erscheinen mag, gewinnt seine Pointe dadurch, dass die Bestimmungen voraussetzen, dass der Koch Laie, der Gehorsam Leistende hingegen Priester ist. So blieben die Hierarchien des Ordens zwar in Kraft, andere aber wurden durcheinandergewirbelt. Vor allem gilt der Gehorsam im Letzten dem Koch so wenig wie dem Ordensoberen, ja, selbst der Gehorsam gegenüber dem Papst weist auf den tiefsten, inneren Gehorsam gegenüber Christus hin.

Grundlage dieser Haltung ist eine Meditationspraxis, die Ignatius bereits in jungen Jahren entwickelte, folgt man seiner stilisierten Lebensbeschreibung. Hiernach las er während der Rekonvaleszenz von einer im Alter von nicht ganz dreißig Jahren erlittenen Beinverletzung eine Fassung der *Legenda aurea*, der maßgeblichen Sammlung von Heiligenlegenden, sowie die Beschreibung des Lebens Jesu aus der Feder des Kartäusers Ludolf von Sachsen (gest. 1377). Dabei machte er sich Notizen über das Leben Jesu, um über dieses meditieren zu können. Dies war die Grundlage einer ersten Vorfassung der 1540 abgeschlossenen *Exercitia spiritualia*, der Geistlichen Übungen für die Jesuiten. Dieses Handbuch steht in der Tradition von praktischen Handbüchern mit Anweisungen zum geistlichen Leben, wie sie im Mittelalter immer wieder begegnen. Allerdings gibt es bei Ignatius eine bemerkenswerte Wendung: In seinen *Exercitia* ging es nicht so sehr um das individuelle Selbststudium, sondern er hatte die Vorstellung, dass eine Person eine andere bei den Übungen anleitete. Das Modell der Seelenführung, das sich immer einmal gezeigt hatte, wenn Mystikerinnen von einem männlichen Priester begleitet wurden, wurde so zum Regelfall, und dies diente natürlich auch der Integration in die Ordenszusammenhänge.

Geistlich merkt man dem Text in mehrfacher Hinsicht die Prägung des Ignatius durch die Devotio moderna an: Ziel der *Exercitia* war die Wahrnehmung des eigenen Ich, um dieses von aller Bindung an sich selbst und an Weltliches zu lösen und für Gottes Willen zu öffnen. Idealtypisch stellten die Meditationen einen Vierwochenzyklus dar, in dem der Mensch von der Betrachtung der eigenen Sünden über den Nachvollzug des Lebens Christi, dann seines Leidens und schließlich seiner Auferstehung immer mehr von sich gelöst und zur Begegnung mit Christus geführt werden sollte.

Die vier Wochen sind dabei, so beschreibt Ignatius es ausdrücklich, nicht zwingend wörtlich zu nehmen: Sie können je nach geistlichem Bedarf verlängert oder verkürzt werden. Für die einzelnen Schritte ist es aber wichtig, dass immer wieder Gebet und Meditation aufeinander folgen, wobei Letztere sich anders gestaltet als bei Ignatius' Wittenberger Zeitgenossen: Die Meditation bildet ein Hineinversetzen in die biblischen Szenerien. So beginnt die dritte Woche über das Leiden Christi mit der Aufforderung, sich in den Saal des letzten Abendmahls zu versetzen, die Personen dort zu sehen und zu hören. Ignatius hat hier die Pilgerfahrt nach Jerusalem, die er immer angestrebt hatte, spirituell vollzogen und so die zeitliche Distanz zwischen dem Geschehen damals und seiner Gegenwart überbrückt. Genauso baut er dann auch die Brücke zu dem, was aus der Frömmigkeit der Devotio moderna so vertraut ist: Gerade weil der Sünder in das Geschehen hineingezogen wird, kann ihm auch die Einsicht kommen, dass das Leiden Christi durch ihn selbst verursacht ist.

Ignatius führt so auf andere Weise als Luther die Leidensfrömmigkeit des späten Mittelalters fort und stellt sie in den Dienst einer Art von Seelenklärung. Ziel der Konfrontation mit Christus war nicht das Genießen der Einheit, sondern die Klärung von Entscheidungssituationen. Wichtige Entscheidungen sollen in einer Haltung der Demut getroffen werden, die für Ignatius eine dreifache ist: Der erste Schritt besteht darin, Todsünde zu vermeiden und sich dem Gesetz Gottes zu unterwerfen, der zweite bringt eine Gleichgültigkeit gegen alle Dinge der Welt und einen Verzicht auch auf lässliche Sünden, der dritte ist die Vervollkommnung in der Nachfolge Christi, die dazu führt, dessen Armut und Verächtlichkeit allem Reichtum und aller Ehre vorzuziehen (*Exercitia* 164–167). Wer diese Demut erlangt und sich dadurch von aller Selbstsucht befreit hat, soll, so die Vorstellung, wissen, was Gott mit ihm vorhat.

Obwohl sich der einzelne Jesuit gehorsam in den Orden und die Kirche einfügen soll, unterläuft dieses Verfahren der Entscheidungsfindung in bemerkenswerter Weise die äußeren Hierarchien, denn am Ende steht der Einzelne allein vor Gott und muss seine Entscheidung fällen. Die jesuitische Frömmigkeit ähnelt damit nicht nur in ihren geistesgeschichtlichen Wurzeln dem evangelischen Ansatz, sondern auch in ihrer Würdigung des individuellen Glaubens bei gleichzeitiger Einbettung in eine geistliche Gemeinschaft.

TERESA VON ÁVILA UND JOHANNES VOM KREUZ: KLÖSTERLICHE ASKESE UND MYSTIK

Mit Ignatius von Loyola begann die religiöse Seite des *Siglo de Oro,* des Goldenen Zeitalters, in dem Spanien machtpolitisch und kulturell seine größte Blüte erlebte. Dies brachte auch eine Blütezeit der spanischen Mystik mit sich, die davon profitierte, dass die Folgen der Reformation auf der Iberischen Halbinsel kaum zu spüren waren. Die kirchlichen Strukturen waren auch dadurch gefestigt, dass die Inquisition in Spanien seit 1478 mit Genehmigung des Papstes staatlich organisiert war und das Land vor Erneuerungsideen aus Mitteleuropa abschirmte. Hintergrund war der unnachgiebige Kampf gegen die jüdischen und muslimischen Minderheiten im Land. Viele Juden und Muslime wurden im fünfzehnten Jahrhundert im Zuge der Reconquista durch systematische Verfolgung zur Konversion gezwungen. 1492 verwies ein Edikt alle Juden, die sich nicht taufen ließen, des Landes. Doch auch die Bekehrten, die *conversos*, wurden weiter benachteiligt und verfolgt. Viele staatliche und kirchliche Ämter waren an den Nachweis der *limpieza de sangre*, «Reinheit des Blutes», gebunden. So wurde in Spanien schon lange vor dem rassischen Antisemitismus des neunzehnten Jahrhunderts das Vorurteil gepflegt, Juden seien von Natur minderwertig.

Aus einer Konversenfamilie stammte auch Teresa von Ávila (1515–1582). Ihr Großvater Juan Sánchez de Cepeda (1440–1507) war zum Christentum übergetreten und selbst von der Inquisition verfolgt worden. Jahrzehnte später musste auch seine Enkelin damit rechnen, vor die Inquisition geladen zu werden, weil deren Räderwerk auch gegen ausgeprägte Mystikerinnen und Visionärinnen vorging. «Frühere Mystikerinnen hatten ihre Werke von den Inquisitionsbehörden überprüfen lassen; Teresa war die erste Frau, die mit Rücksicht auf die Inquisition schrieb», fasst Bernard McGinn ihr Bemühen zusammen, im *Libro de la vida* («Buch meines Lebens») ihre Rechtgläubigkeit zu erweisen.[21] Den Lebenshintergrund für die Erfahrungen, von denen sie berichtete, bildete nicht wie im Falle von Ignatius ein neuer Orden, sondern der Eintritt in ein Karmelitenkloster 1535 im Alter von zwanzig Jahren. Der Karmelitenorden war im dreizehnten Jahrhundert auf dem Berg Karmel beim heutigen Haifa gegründet worden, wo einst der Prophet Elia in einem Gottesurteil recht gegen die Baalspriester erhalten haben soll (1 Kön 18,16–40), und hatte sich von hier aus über Europa ausgedehnt. Erst im fünfzehnten Jahrhundert öffnete sich dieser strenge Orden auch Frauen. Teresa fand in den etablierten Gewohnheiten des Ordens allerdings noch nicht den angemessenen Weg zur Nähe Gottes. Ihr lag daran, die seelische Ausrichtung auf Gott in Harmonie mit dem Körper zu bringen – und genau diese Forderung wurde in ihren Augen in dem Orden zu wenig erfüllt. Nach Krankheiten und einer Reihe von Visionen erhielt sie 1562 die päpstliche Erlaubnis, ein Kloster zu gründen, in dem die ursprünglichen strengen Vorschriften befolgt wurden. Von hier ging die Gründung weiterer Klöster aus, denen sie 1567 auch – ungewöhnlich für eine Frau – eigene Konstitutionen gab. Mithilfe von Johannes vom Kreuz (1542–1591) dehnte sie diese Reform auch auf die Männerklöster aus. In ihnen aber wurden die Konflikte überdeutlich: Johannes wurde von seinen eigenen Ordensbrüdern misshandelt und gequält. Die Heftigkeit der Konflikte trug dazu bei, dass sich der aus den Reformen entstandene Verband schließlich als eigener Orden etablierte: der Teresianische Karmel oder auch die «Unbeschuhten Karmeliten».

Johannes vom Kreuz hat in diesem Miteinander vor allem die paradoxale Mystik des Pseudo-Dionysios aufgegriffen und fortgeführt. Prägende Metapher ist für ihn die Rede von der dunklen Nacht, in der der Mensch unmittelbar seinem Gott gegenübertritt und gerade darin dessen überhelles Licht empfängt. Den Weg dazu beschreitet der Mensch mithilfe der theologischen Tugenden Glaube, Liebe und Hoffnung, wobei Johannes den Glauben besonders herausstreicht. Ihm entspricht in der seelischen Realität des Menschen ein Leerwerden, das ihn von allen sinnlichen und irdischen Bezügen befreit und Gott Raum gibt, bis «die Wirkweisen des gottgeeinten Menschen die des Geistes Gottes sind, und göttlich sind».[22] Mit solchen Äußerungen bewegte sich Johannes auf einem schmalen Grat zwischen Rechtgläubigkeit und Häresie, konnte sich aber auf Paulus selbst berufen, der geschrieben hatte: «Wer aber dem Herrn anhängt, der ist ein Geist mit ihm.» (1 Kor 6,17) Er war sichtlich bemüht, keine Frömmigkeit zu propagieren, die die kirchlichen Grenzen sprengte. Obwohl er selbst verschiedentlich von Visionen berichtete, warnte er davor, nach ihnen zu suchen: Gott hatte ja schon die Fülle seiner Erkenntnis in Jesus Christus als einem Wort geschenkt und teilte sich in den Sakramenten mit.

Für die Beschreibung des Verhältnisses zwischen Johannes vom Kreuz und Teresa von Ávila greifen die im Mittelalter eingeübten Muster nicht mehr: Johannes stand wie Teresa unter dem Verdacht der Häresie, war also nicht der kontrollierende Priester. Geistig stand er als der deutlich Jüngere ohnehin unter dem Einfluss Teresas als seiner Mentorin. Umgekehrt übte er starken geistlichen Einfluss auf ihre Gemeinschaft aus, vor allem durch seinen *Cântico*, den «Geistlichen Gesang», der gedichtete Gespräche zwischen der Seele und dem Bräutigam des Hoheliedes enthält. Johannes dichtete sie 1577/78 in Toledo während harter Klosterhaft, in die seine Brüder ihn wegen angeblichen Aufruhrs gesteckt hatten, und überarbeitete sie später. Das seelische Geschehen scheint intensiver gewesen zu sein als das äußerliche Leiden:

> Warum, da du es doch verwundet hast,
> dieses Herz, heiltest du es nicht?
> Und da du es mir geraubt hast,
> warum ließest du es so zurück,
> und nimmst die Beute nicht, die du raubtest?[23]

Die sehnsüchtige Liebe hatte mehr Gewicht als die Folter, die Johannes erlitt. Schon das ist eine starke Aussage, aber der Text wirkte auch durch seine eigene Kraft und wurde rasch unter den Schwestern verbreitet. Die poetische Form, die Johannes' Werk zu einem Höhepunkt der spanischen Liebeslyrik der Frühen Neuzeit macht, war attraktiv – und zugleich doch auch schwierig, weil die Texte dadurch rätselhaft wurden. So wurde Johannes schon früh um Erläuterungen gebeten und verfasste schließlich einen durchgängigen Kommentar zu seinen eigenen Gedichten. Entstanden ist so eine Anleitung des Liebesweges zu Christus.

Für Teresa war für diesen Weg das innere Gebet das entscheidende Mittel, das sie in der Tradition der mittelalterlichen Vorstellungen von Gottesfreundschaft als «Verweilen bei einem Freund» definierte.[24] Es vollzog sich nach den Schilderungen in ihrem Lebensrückblick in vier Stufen des Wachstums: Die erste Stufe führt durch Schweigen in die Demut. Auf der nächsten Stufe, im «Gebet der Ruhe» (*Vida* 14,1), eint sich der menschliche Wille mit Gott und wird so ganz von ihm geleitet. Von hier aus steigert sich auf der dritten Stufe, ganz durch Gottes Gnade geleitet, die Einheit mit Gott, bis schließlich alles Eigene durch Gott ersetzt ist und die Seele nur noch Gott Raum gibt:

> Sie wird ganz und gar zunichte, Tochter, um so tiefer in Mich einzudringen. Nun ist es nicht mehr sie selbst, die lebt, sondern Ich lebe in ihr (Gal 2,20). Da sie nicht begreifen kann, was sie da versteht, ist es ein Verstehen im Nichtverstehen.[25]

Zur Beschreibung der Einheit mit Gott verwendete Teresa den Paulusvers aus Galater 2,20: «Ich lebe, doch nun nicht ich, sondern Christus lebt in mir», aber auch den Vers vom Einswerden im Geiste, der für Johannes eine so große Bedeutung hat (vgl. Teresa, *Die innere Burg* VII,2). Dieser Vers diente ihr dazu, die Größe der Einigung mit Christus zu preisen, die sie in brautmystischen Tönen beschrieb. Sie hat sogar, obwohl es im Spanien der Frühen Neuzeit als verdächtig galt, wenn Frauen die Bibel lasen, eine Auslegung des Hoheliedes verfasst. Neben dem Jubel über die Nähe Gottes stand bei ihr auch der Hinweis auf die Begrenztheit dieses Geschehens: Die Differenz zwischen Braut und Bräutigam sollte bewusst bleiben, denn die Fülle war erst für das Jenseits versprochen. Hier auf Erden aber konnte schon, angeleitet durch die immer neue Begegnung im Gebet, ein Wachstum einsetzen, das zur geistlichen Vertiefung führte, deren Ziel im Inneren der Seele war: Die Seele ist die kristalline Burg Gottes, sein wahrer Ort, und damit auch der Ort der Ehe mit ihm.

Teresa ließ erkennen, dass gerade die Angewiesenheit auf Gnade auf den höheren Stufen ihren eigenen spirituellen Weg schwierig und kompliziert gemacht hat. Sie rang lange um das rechte Gebet und erlebte tiefe Frustrationen. Gewissheit über ihren Weg gewann sie ihrem Bericht zufolge durch eine Art zweiter Bekehrung, die sich 1554 ereignet haben müsste. Die neuen Erfahrungen äußerten sich in ekstatischen Entrückungen in Gott. Von nun an prägten Auditionen und Visionen ihren Weg. Das konnte zum Teil in einer ganz eigenen Form nichterotischer Intimität geschehen, wenn sie Christus als Berater neben sich spürte. Ihre «Transverberation» aber, deren Verehrung sogar ein eigenes karmelitisches Fest begründet hat, das jedes Jahr am 26. August begangen wird, hatte eine klare erotische Note: Sie sah, so berichtete sie es in ihrem «Leben», einen Engel vor sich, der in ihrer Beschreibung Züge von Amor-Darstellungen gewinnt, wie sie in der Renaissance Menschen vor Augen stehen konnten: Ganz klein stand er vor ihr, hatte aber einen goldenen Pfeil, mit welchem er ihr Herz durchbohrte und sie so in süßen Schmerz versetze, vor allem aber mit glühender Liebe zu Gott erfüllte *(Tafel X)*.

Auf je eigene Weise haben Johannes vom Kreuz und Teresa von Ávila eine mystische Tradition in der nun entstehenden neuzeitlichen römisch-katholischen Kirche wiederbelebt, die im ausgehenden Mittelalter an den Rand gerückt war: die asketische Lebensweise, die die mystische Erfahrung an das Kloster band. Dieser Ort war in den reformatorischen Kirchen, die die Klöster auflösten, verloren gegangen.[26] In ihnen lebte umso stärker das Element einer für alle Gläubigen möglichen Nähe Gottes fort. So wenig man die spanischen Mystiker als gegenreformatorisch interpretieren kann, so sehr machten sie doch die Alternative zu diesem Modell deutlich. So ging die christliche Mystik der Neuzeit konfessionell unterschiedliche Wege und blieb doch in der Suche nach der Nähe Gottes vereint.

12.
ORTLOS AM RANDE DER KONFESSIONEN

LUTHERISCHE ORTHODOXIE UND DEVIANZ: DER GEIST WEHT WEITER, WO ER WILL

Die Transformation der Mystik in eine Frömmigkeit des Wortes und Sakramentes, wie sie Luther vollzog, blieb im entstehenden Luthertum der offizielle, aber nicht der einzige Weg. Die Lutheraner formierten sich 1580 durch die Sammlung ihrer Bekenntnisschriften im Konkordienbuch als neuzeitliche Konfessionskirche, die klar definierte, was Zugehörigkeit zu ihr ausmachte oder nicht. Dabei wurde Andreas Osiander (1496–1552) eine Abfuhr erteilt, als er auf mystische Formulierungen Luthers zurückgriff, um die Durchsetzung einer imputativen Rechtfertigungslehre zu verhindern, nach der die Gerechtigkeit Christi dem Sünder «angerechnet» (*imputare*) wird. Nach dieser stark von Philipp Melanchthon (1497–1560) geprägten Lehre wird der Mensch in der Rechtfertigung allein durch den Glauben zwar gerecht gesprochen, aber nicht in seinem Wesen verändert, also: gerecht gemacht. Eben Letzteres betonte Osiander. Er sprach von einem Eingießen der göttlichen Natur Christi als der *iustitia essentialis*, der wesentlichen Gerechtigkeit, in den Menschen. Dass er sich mit dieser

Begrifflichkeit auf Luthers *Sermon von der dreifachen Gerechtigkeit* berufen konnte, focht seine Gegner nicht an. Ihnen schien damit ein Weg beschritten, der die Grundlagen der Rechtfertigung im Menschen suchte, statt allein in Gott. Das wurde Osiander nicht gerecht, trug aber dazu bei, dass mystisches Denken nur noch in sehr kontrollierter Form weitergetragen werden konnte.

Dabei war die werdende lutherische Orthodoxie keineswegs so starr und verkopft, wie spätere Kritiker es ihr anhängen wollten: Johann Anselm Steiger hat darauf hingewiesen, dass sich in ihrem Umfeld eine reiche Erbauungsliteratur entfalten konnte. Johann Gerhard (1582–1637), der in seinen beiden letzten Lebensjahrzehnten die Universität Jena zur lutherischen Spitzenuniversität machte, gehörte zu den produktivsten frömmigkeitstheologischen Autoren. Seine schon früh, 1606/07, verfassten *Meditationes sacrae* machen nicht nur in ihrem Titel deutlich, dass sie in die Tradition mystischer Spiritualität gehören. Gerhard nahm auch den paulinischen Vers auf, der in der spanischen Mystik begegnete: dass, wer dem Herrn anhängt, ein Geist mit ihm sei. Dieses Einssein beginne im Glauben, aber die volle Einheit war für Gerhard nicht hier zu erreichen, sondern zu ihr schritt der Glaubende durch den Tod hindurch (*Meditationes* 43). Das entsprach dem in der Mystik immer aufrechterhaltenen Vorbehalt, dass die Fülle im Diesseits noch nicht erreichbar war. Gerhard aber bettete dies in einen Abschnitt seiner *Meditationes* ein, der ganz der Betrachtung des Todes im Sinne der spätmittelalterlichen *ars moriendi* gewidmet war: Aus dem Vorbehalt, dass volle Einheit erst im Tode möglich sei, wurde so die Konzentration auf den Tod als Moment der Einswerdung. Geschickt verband Gerhard dies mit der sakramentalen Mystik Luthers: Hier auf Erden, so schrieb er, hätten wir Christus im Verborgenen, nämlich unter Wort und Sakrament. Im künftigen Leben aber könnten wir ihn voll und ganz wahrnehmen. Dem Glauben, so nahm er das Schema der theologischen Tugenden auf, werde dann die volle Schau folgen, der Hoffnung das Begreifen und der Liebe volles Genießen. Mystische Sprache blieb präsent, die Gegenwart und Nähe aber wurde mehr und mehr zur jenseitigen Fülle hin verschoben.

Allerdings wagte Johann Gerhard sich in seinem dogmatischen Hauptwerk, den *Loci theologici*, weiter vor. In dieser monumentalen Darstellung des lutherischen Glaubens behandelte er unter dem «Amt Christi» (*officium Christi*) die Einheit von dessen Naturen – und darin auch seine Mitteilung an den Menschen. Ganz auf den Bahnen der mittelalterlichen Vorstellungen, sprach er hier von einer *unio mystica* zwischen Christus und der Kirche, beziehungsweise zwischen Gott und jedem einzelnen Glaubenden.[1] Um Missverständnisse zu vermeiden, betonte er zwar immer wieder, dass diese Einheit eine rein geistliche sei, auch damit aber unterschied er sich nicht grundsätzlich vom Hauptstrom mittelalterlicher Mystik.

Ein ähnliches Ringen zeigt sich auch bei David Hollaz (1648–1713), einem der letzten Vertreter der orthodoxen Theologie, der sich schon mit der Aufklärung und dem aufkeimenden Pietismus konfrontiert sah. Der Aufklärung gegenüber betonte er das Schriftprinzip, dem frühen Pietismus gegenüber entwickelte er, unter anderem unter Berufung auf einen anderen orthodoxen Theologen, Valentin Ernst Löscher (1673–1749) und dessen *Edle Andachtsfrüchte*, das Konzept einer moderaten, lutherisch akzeptablen *unio mystica*. Diese sei nicht so zu verstehen, dass Christus im Menschen neu geboren werde oder den neuen Menschen in ihm bilde (Hollaz, *Examen Theologicum* p. 3 s. 1 c. 7 q. 22), schon gar nicht sei daran zu denken, dass die Seele aus dem Wesen Gottes herausfließe und in sie zurückfließe.[2] Alles also, was irgendwie nach einer wesenhaften Einigung klingen konnte, wurde bestritten, um den nach dem Osiandrischen Streit erreichten Konsens nicht aufs Neue zu gefährden. Trotzdem gipfelte auch für Hollaz die Rechtfertigung allein durch den Glauben in einer eng definierten *unio mystica*:

> Die mystische Einung ist eine geistliche Verbindung des dreieinigen Gottes mit dem gerechtfertigten Menschen, durch welche er

> in diesem wie in einem geweihten Tempel in besonderer, mithin substantieller Gegenwart wohnt und durch gnadenhaftes Hineinfließen in demselben wirkt. (Hollaz, *Examen Theologicum* p. 3 s. 1 c. 9 q. 1)[3]

Die mystische Einung soll hier erklären, wie sich die Rechtfertigung in Wirksamkeit umsetzt: Der häufige Vorwurf, Rechtfertigung allein durch den Glauben mache gutes Handeln unerheblich, wurde so mit dem Argument entkräftet, dass Gottes Gnade im Menschen gute Werke bewirke. Zumindest nach dem Bewusstsein von Löscher und Hollaz wurde damit der Vorwurf gegen die Orthodoxie, sich in Abstraktionen zu verlieren, schlagend widerlegt.

Das orthodoxe Verständnis für Bewegungen, die Mystik weniger differenziert verstanden als sie selbst, war jedoch nur begrenzt ausgeprägt. Hollaz selbst wandte sich in seinem *Scrutinium veritatis*, in dem er wahre und falsche Mystik voneinander unterschied, nicht nur gegen seine Zeitgenossen, sondern auch gegen Personen und Erscheinungen, die für ihn bloße Ketzereien waren. Luthers Verdikt von den Schwärmern wirkte hier fort. Erst der Religionssoziologe Ernst Troeltsch (1865–1923) hat den pauschalen Vorwurf der «Schwärmerei» durch eine differenziertere Betrachtung ersetzt. Im Kern richtete sich der Vorwurf einerseits gegen die Täufer, die die Kindertaufe als illegitim verwarfen, und andererseits gegen die Spiritualisten. Deren Zirkel, zu denen in seiner Frühzeit auch Karlstadt gerechnet werden kann, ehe er sein Leben als braver reformierter Professor in Basel beschloss, unterschieden sich vom lutherischen Hauptstrom der Reformation dadurch, dass sie die Mystik nicht biblisch-sakramental domestizierten, sondern in all ihrer institutionenkritischen Wucht fortführten. Die Alternative von Integration der Mystik in die Kirche und mystischem Protest gegen sie ist aus dem Mittelalter ja nicht unbekannt. Erst die lutherischen Schreibstubengelehrten des neunzehnten Jahrhunderts bauschten dies zu einer Alternative zwischen Reformation und Mystik insgesamt auf.

Der institutionenkritische Impuls zeigt sich etwa bei dem gelehrten Nürnberger Schulrektor Hans Denck (gest. 1527), der aufgrund seines Vertrauens in die unmittelbare Wirkung des Wortes Gottes in seinem Herzen nicht einmal die Heilige Schrift selbst zu benötigen meinte, die Sakramente schon gar nicht. Dass dabei auch die Taufe ins Visier seiner Kritik geriet, zeigt, dass der Unterscheidung von Täufern und Spiritualisten auch etwas Idealtypisches anhaftet. Eine für reformatorische Kreise erstaunliche Geringschätzung der Bibel zeigt sich auch bei Sebastian Franck (gest. 1542), der nicht nur von Denck beeinflusst war, sondern auch unmittelbar von den Schriften des jungen Luther und dessen spätmittelalterlichen mystischen Quellen, *Theologia deutsch* und Tauler. Er nahm die ganze Weltgeschichte als einen Kampf zwischen Geist und Buchstabe wahr. Damit konnte er dem biblischen Vers: «Denn der Buchstabe tötet, aber der Geist macht lebendig» (2 Kor 3,6) folgen – und ihn nutzen, um die Bindung an das biblische Wort zu minimieren. Dieses war für ihn nur ein Zeugnis des Kampfes zwischen «Buchstabe» und «Geist», der sich in der Geschichte beobachten lasse. Dies meinte Franck in seiner *Chronica, Zeitbuch und Geschichtsbibel* von 1531 nachweisen zu können. In einer faszinierenden Mischung aus humanistischer Gelehrsamkeit und nicht ganz geringem Selbstbewusstsein schuf er so aus mystischem Geist ein eigenes Offenbarungsbuch.

Für Kaspar Schwenckfeld von Ossig (1489–1561) war es weniger das Schriftverständnis als das Abendmahl, das die Differenz zum Hauptstrom der Reformation markierte. Schon 1525/26 kam es hierüber zum Bruch mit Luther, und bald verzichtete Schwenckfeld ganz darauf, am Abendmahl teilzunehmen, weil wichtig allein die innere Wirkung Christi im Glaubenden sei. Auch er konnte sich hierfür auf einen biblischen Vers berufen: «Der Geist ist's, der lebendig macht; das Fleisch ist nichts nütze» (Joh 6,63). Dieses Wort stand im Zusammenhang mit der sogenannten «Brotrede» im Johannesevangelium, die Schwenckfeld so deutete, dass das wahre Abendmahl das innere Geschehen des Glaubens sei: Wer an Christus, der sich im Tod dahingibt, als das Brot des Lebens glaubt, hatte hiernach die Verheißung: «der bleibt in mir und ich in ihm» (Joh 6,56). Genau dies war dann aber auch genug. Der sakramentale Vollzug, den der Zürcher Reformator Huldrych Zwingli (1484–1531) unter Verweis auf dieselben Bibelstellen noch als äußeren Bekenntnisakt bewahrt hatte, verlor für Schwenckfeld seinen Wert.

Die Spiritualisten haben sich nicht einfach aus dem biblischen Rahmen gelöst, wie es ihnen Polemik gerne unterstellte, auch wenn sie immer wieder die Bedeutung der Bibel zur Heilsvermittlung infrage stellten. Eher haben sie biblische Traditionen wachgehalten, die im Zuge der Herausbildung von Kirchen und Konfessionen eine andere Deutung zugewiesen bekamen. Das galt insbesondere für das sechzehnte und siebzehnte Jahrhundert, als Konfessionszugehörigkeit zunehmend zum Maßstab für bürgerliches Wohlverhalten wurde. In diesem Prozess wurden die Spiritualisten immer weiter an den Rand der Gesellschaft gedrängt. Schon in den ersten Jahren der Reformation wurden sie nur gelegentlich geduldet, etwa in Reichsstädten wie Straßburg oder Ulm. Schwenckfeld kam zudem zugute, dass er aus dem schlesischen Adel stammte und so auf ein ständisches Netzwerk zurückgreifen konnte, das ihn auch dann nicht fallen ließ, wenn seine Ansichten hier oder da als häretisch, gefährlich oder vielleicht schlicht absurd angesehen wurden. Er war unter den Spiritualisten der Einzige, dessen Anhänger langfristig eine eigene Gemeinde bildeten, die heute als «Schwenckfelder Church» in Amerika fortlebt.

Gemeindebildungen stehen generell in Spannung zu der individualistischen Tendenz mystischen und spiritualistischen Denkens. Schon im Mittelalter kam es vor, dass mystische Gruppen wie die «Brüder vom Freien Geist» eher eine Fiktion ihrer Gegner darstellten als eine soziale Realität. Statt von festen Gruppenidentitäten muss man, gerade in der Frühen Neuzeit, oft eher von Netzwerken oder einem Austausch von Sympathisanten ausgehen, die sich für bestimmte Gedanken interessierten, die das offizielle konfessionelle Gerüst unterliefen. Das gilt auch für eine Gruppe, die David Hollaz im *Scrutinium veritatis*, in welchem er wahre und falsche Mystik zu unterscheiden suchte, wiederholt nannte: die *Weigeliani*. Dieser Name, der im siebzehnten Jahrhundert für «jede Richtung innerhalb der evangelischen Kirche» verwendet wurde, «deren Meinungen im Gegensatz zur orthodoxen Lehre standen»,[4] rührte von Valentin Weigel (1533–1588) her. Er zeigt eindrucksvoll, in welch prekäre Rolle die Mystiker in der konfessionellen Gesellschaft gedrängt wurden.

Weigels Biographie verlief im Vergleich zum Leben der Spiritualisten der ersten Generation auffällig unauffällig: Nach dem Studium in Wittenberg trat er 1567 eine Pfarrstelle in Zschopau im Erzgebirge an und versah diese bis zu seinem Tod im Großen und Ganzen ohne Beanstandung, ja, er wurde sogar einmal als Visitator in der Superintendentur Chemnitz eingesetzt. Als dann doch einmal Vorwürfe gegen ihn laut wurden, legte er seinem Vorgesetzten und der Öffentlichkeit eine Schrift *Vom wahren seligmachenden Glauben* vor, die, ebenso wie seine Unterschrift unter die lutherische Konkordienformel von 1577, seine Rechtgläubigkeit im lutherischen Sinne bestätigen sollte. Nebenher aber verfasste er Schriften zur mystischen Nähe Gottes, die er nicht an die Öffentlichkeit gab. Die naheliegende Erklärung, dass er dies aus Angst vor Verketzerung vermied, ist dabei weniger sicher, als es auf den ersten Blick den Anschein hat. Sie entstammt auch der Rückprojektion von Kritik, die an Weigel geäußert wurde, nachdem aus seinem Freundeskreis heraus, besonders von seinem Zschopauer Nachfolger Benedikt Biedermann (1543–1621), ab 1609 seine Schriften veröffentlicht worden waren. Der Hamburger Hauptpastor Johannes Schelhammer (1540–1620) zückte gleich die Waffe, die gegen vermeintliche Abweichler von der Orthodoxie wirkte: Er schmiss Weigel in einen Topf mit Thomas Müntzer, unterstellte ihm, die Bauern zum Aufruhr zu treiben, und überhaupt, dass er «alles vber einen Hauffen werffen /» wolle, «daß Christus nicht mehr geprediget wuͤrde / auch niemand mehr wuͤste den rechten Weg zur Seligkeit».[5] Weigel, so wird deutlich, wurde zur Chiffre für die Zerstörung jeder rechten christlichen Ordnung. Ob und inwieweit dabei Weigel selbst getroffen war oder die zahlreichen Bearbeitungen, die seine Herausgeber den Werken angedeihen ließen, lässt sich erst seit Kurzem durch die mühevoll von Horst Pfefferl erstellte kritische Edition seiner Werke nachvollziehen.

So erfuhr Weigel auf breiter Basis Ablehnung und wurde später von philosophischer Seite mehr gewürdigt als in Kirche und Theologie. Tatsächlich sprach er immer wieder davon, dass er philosophieren wolle. Allerdings tat er dies auf einer Basis, die voll vom Erbe der christlichen Mystik des Mittelalters und der Reformation ist. Nicht nur die drei Augen Hugos von Saint-Victor begegnen bei ihm wieder (*Gnothi Seauton* I c.9), sondern auch das Gegenüber von äußerlichem und innerlichem Menschen. Er nahm auch die Unterscheidung von Adam und Christus zum Anlass, um den Menschen zur Selbsterkenntnis zu führen. Fast wörtlich griff er den ursprünglichen Titel der *Theologia deutsch* auf, mit der er sich schon früh intensiv beschäftigt hatte, wenn er erklärte, der Mensch müsse erkennen, «was Adam sey, vnnd seine Natur, vnnd was Christus sey vnnd seine Natur» (*Gnothi Seauton* II c.3[6]). Der Mensch war für ihn mit der Alternative zwischen dem alten, sündigen Adam und Christus konfrontiert. Ziel war es, sich nicht auf die irdische Herkunft, sondern auf den himmlischen Christus auszurichten. Denn

> wer in Christum verpflanzet wirdt, sich mit ihme vereiniget, dem Jnnern Menschen löbet [= lebt], das ist sein fleisch issßet vnd sein blueth drinkhet durch den glauben, denselben schade nichts, Ob er schon am Halse den alten Adam herumb tregt mit Vnwillen. (*Gnothi Seauton* II c.3)[7]

Man kann in solchen Äußerungen die Verheißung des Paulus hören, dass «denen, die Gott lieben, alle Dinge zum Besten dienen» (Röm 8,28). Es klingt zudem wie eine Art mystischer Selbstimmunisierung, wie sie schon auf dem Konzil von Vienne den Beginen vorgeworfen wurde. Vor allem aber war unüberhörbar, dass Weigel, der bestallte Pfarrer, hier die Sakramente spiritualisierte. Es ging ihm nicht darum, dass der Gläubige «zu druͤcke und zureibe mit seinen zenen den warhafftigen leib Christi», wie es Luther im Anschluss an die mittelalterliche Lehre noch verlangt hatte,[8] sondern der bloße Glaube sollte es sein, der Fleisch und Blut Christi einnahm. Die Lösung Weigels aus dem vorgegebenen lutherischen Rahmen aber ging noch weiter: So wie die Astronomie unzureichend sei, um den wahren, geistlichen Menschen zu erfassen, so solle man sich auch nicht «auß dem buechstaben der schrifft (...) selber aine Theologiam erdichten» (*Gnothi Seauton* I, 13),[9] sondern ganz aus Christus heraus leben. An solchen Überlegungen merkt man, dass ihn neben den mittelalterlichen Mystikern und Luther auch Sebastian Franck beeinflusste. Die Realität war für Weigel so sehr von Christus bestimmt, dass sich für ihn zunehmend die Perspektiven der christlichen Eschatologie auflösten, bei ihm also mystisches Bewusstsein nicht allein das Ende der Zeiten vorwegnahm. Unter Berufung auf Lukas 17,21, «Das Reich Gottes ist mitten unter / in euch», war mit Christus auch der ganze Himmel schon im Menschen und musste dort gesucht werden. Selbst die Bitte des *Vaterunser*, «Dein Reich komme», hieß dann nur noch, eben dieses Reich im eigenen Innern zu suchen und zu finden (*Gnothi Seauton* II, 7).[10]

Weigel berief sich hierfür ausdrücklich auf Meister Eckhart, dessen Predigt zum Martinstag er in der Tauler-Ausgabe von 1521 gefunden hatte: Die mittelalterlichen Autoren lebten hier also ungebrochen fort. Sie erhielten sogar eine radikalisierende Zuspitzung durch Weigels konsequenten Umbau, ja eigentlich: Abbau der christlichen Topographie des Jenseits. Auch das muss ihm nicht zwingend ketzerisch vorgekommen sein, hatte doch Luther selbst einst in seinen 95 Thesen gesagt: «So scheinen sich Hölle, Fegefeuer und Himmel zu unterscheiden wie Verzweiflung, annähernde Verzweiflung und Sicherheit.»[11] Aber seitdem war viel

Wasser die lutherischen Flüsse hinuntergeflossen, und nicht jeder Lutheraner nahm diese sechzehnte These so ernst, wie Weigel es getan hat, zumal das Fegefeuer ja ohnehin aus dem lutherischen Verständnis des Christentums entschwunden war. Weigel musste das nicht stören, denn für ihn hatte sich auch der ganze Rest der äußerlichen Welt verflüchtigt: «Also findet sichs / daß die leibliche Welt auß nichts gemacht sey / vnd sey gesetzet in ein nichts / vnd wird werden zu nichts» (*Vom Ort der Welt c. 12*).[12] Das war ein höchst origineller Umgang mit der Lehre von der *creatio ex nihilo*, durch die Gottes Allmacht unterstrichen werden sollte, nicht aber die Nichtigkeit der Welt, wie es bei Weigel nun erschien.

Weigel schlug damit auch das Thema des Verhältnisses von Mensch und Gott als Mikrokosmos und Makrokosmos an, das schon Hildegard bewegt hatte und nun einen jüngeren Zeitgenossen beschäftigte: Jacob Böhme (1575–1624). Er wirkte in Görlitz als Schuhmacher ohne akademische Ausbildung. Im Jahre 1600 aber widerfuhr ihm ein Erlebnis, das er mit allen Mitteln mystischer Sprache beschrieb: Er sei «durchgebrochen biß in die innerste Geburth der Gottheit / und alda mit lieb umbfangen worden / wie ein Bråutigam seine liebe Braut umbfåhet» (Böhme, *Aurora* 19,11).[13] Angesichts dieser Erlebnisse und Bilder kann es nicht sehr erstaunen, dass Böhme einen kleinen Traktat *Von wahrer Gelassenheit* verfasste, in dem er ausführte, dass sich Wille, Vernunft und Begierde des Menschen ganz in sich versenken sollten, um dort im Leben Gottes, in seinem Licht und seiner Liebe aufzugehen: Das Nichts, in das der Mensch sich hier zurückzieht, schlägt um in die allergrößte Kraft Gottes, die den Menschen von nun an belebt und antreibt.

Die Rede von der Gelassenheit und Demut des Menschen knüpft unüberhörbar an die spätmittelalterlichen mystischen Traktate an. Die Besonderheit Böhmes aber liegt darin, dass er das Geschehen im Menschen in einen kosmischen Horizont einspannt, der immer wieder auch Assoziationen an die antike Gnosis geweckt hat: Die Gelassenheit im Innern dient zunächst dazu, den Teufel von dort zu vertreiben, der vom Menschen Besitz ergriffen hat. Das verweist nicht nur, wie es der mystischen Tradition entspricht, auf Adam, der sich gegen Gott wandte, sondern auch auf Lucifer. Von ihm hatte Weigel ebenfalls gesprochen, aber entsprechend seiner Entlokalisierung aller Eschatologie so, dass auch der Teufel eigentlich keinen Ort mehr hatte (*Vom Ort der Welt c. 15*).[14] Bei Böhme erhält er seinen Ort in einem kosmischen Schauspiel zurück: Als Teufel beherrscht Lucifer den einzelnen Menschen. Das kann er, weil er sich schon vor Erschaffung der materiellen Welt von Gott abgewandt hat. Es ist die alte Erzählung von der Auseinandersetzung in der geistigen Engelwelt, die hier wieder auflebt. Böhme schmückt sie mit Zügen aus, die gleichfalls Mythen wieder aufzunehmen scheinen, die fast eineinhalbtausend Jahre zuvor die Gnostiker der Antike beschäftigt haben.

Die Möglichkeit eines grundlegenden Zerwürfnisses in der Engelwelt ergibt sich für Böhme aus einer Spannung innerhalb des trinitarischen Gottesbildes. Diese erklärt er in Lichtmetaphern: Für den Vater steht das Feuer, für den Sohn das sanfte und barmherzige Licht, der Geist schließlich verbindet beides und ermöglicht ein Hinaustreten in Liebe (*Von der Menschwerdung* I,1). Hier deutet sich eine dialektische Wirklichkeitserfassung an, die nicht nur den Engelstreit erklärte, sondern auch dazu beitrug, dass der Schuster aus Görlitz zweihundert Jahre später zu einer der Inspirationsquellen des deutschen Idealismus werden konnte.[15] Daher wurde die Auffassung vertreten, dass es sich bei den mystischen Texten Weigels und Böhmes letztlich eher um Philosophie handele als um Frömmigkeit oder Theologie. Doch das ist eine falsche Alternative. Sie übersieht, dass es diesen Autoren – wie Pseudo-Dionysios oder Meister Eckhart, die man ebenfalls für die Philosophie vereinnahmt hat – um das Geheimnis der christlichen Wahrheit geht, das sie in seiner ganzen Grundsätzlichkeit zum Ausdruck bringen. Eine solche Alternative unterschätzt wohl auch die theologischen Voraussetzungen vieler Philosophen. Dass eine umfassende mystische Wirklichkeitsbeschreibung unter konfessionellen Bedingungen des Luthertums ähnlich heikel sein würde wie in der mittelalterlichen Kirche, bekam Böhme zu spüren. Er blieb nicht unbehelligt. 1613 musste er seinem Pfarrer geloben, nicht mehr zu schreiben. So konnte auch seine Schrift über die Gelassenheit nur anonym erscheinen. In einem Kreis von Anhängern in Schlesien und der Oberlausitz wurden seine Texte dennoch verbreitet und vielfach gelesen. Auch das gehört zur Geschichte der Mystik: Versuche, sie zu unterdrücken, sind am Ende meist gescheitert.

WITWEN, BISCHÖFE UND DER STREIT UM DEN QUIETISMUS

Auch im römisch-katholischen Raum wurden im sechzehnten und siebzehnten Jahrhundert nicht einfach nur alte Muster mystischen Denkens und Lebens wiederbelebt. Bei Teresa von Ávila und Johannes vom Kreuz verschoben sich die Rollen von Frau und Mann in bemerkenswerter Weise. Noch deutlicher wurde dies, wenn Frauen in gehobenen bürgerlichen oder adligen Schichten mystische Interessen entwickelten. Letztlich blieb zwar auch für deren Weg das Ordensleben das entscheidende Angebot, aber sie brachten dort ihre Erfahrungen aus einem weltlichen Leben mit, wie etwa Johanna Franziska von Chantal (1572–1641), die Witwe des Barons Christoph de Rabutin-Chantal (1563–1601). Er starb, ganz der weltliche Herrscher seiner Zeit, bei einem Jagdunfall. Die noch nicht dreißigjährige Witwe blieb mit vier Kindern zurück und lenkte ihr Leben in geistliche Bahnen: 1604 begegnete sie Franz von Sales (1567–1622), dem Bischof von Genf. Damit begann eine von erotischen Tönen nicht freie Beziehung zwischen beiden, in der es immer stärker um eine Reform der römisch-katholischen Kirche ging. Franz von Sales war schon zuvor mit der Begründerin des Teresianischen Karmels in Frankreich, Barbe

Acarie (1566–1618), in Kontakt gekommen. Sie engagierte sich noch während ihrer Ehe für seine Anliegen und trat nach dem Tod ihres Mannes selbst in den Karmel ein.

Franz von Sales teilte die mystischen Grundüberzeugungen Johannas von Chantaly, legte dabei aber Wert darauf, sie auf kirchenkonforme Weise zu gestalten. Dazu diente in seiner 1609 veröffentlichten Anleitung zum frommen Leben mit dem Titel *Philothea* die Mahnung, an Beichte und Eucharistie teilzunehmen. Er knüpfte dabei an die mittelalterlichen Vorstellungen von einer intensiven Begegnung mit Christus im Herrenmahl an, die auf ihre Weise ja auch bei Martin Luther fortlebten, und mahnte dazu, die Kommunion häufig und mit tiefer innerlicher Beteiligung einzunehmen. Das Sakrament sollte eine Vertiefung des Weges zur Gottesliebe darstellen. Die Gottesliebe sollte vor allem durch ein tugendhaftes Leben entfaltet werden, und obwohl Franz hierfür die Keuschheit einschärfte, galten seine Anweisungen doch ausdrücklich dem Leben in der Welt und schlossen auch Eheleute ein. Auch sie sollten keusch leben, aber auf eine Weise, die Sexualität nicht gänzlich ausschloss, sofern diese ohne Genuss vollzogen wurde, wie der zum Zölibat verpflichtete Kleriker empfahl. Andere Hinweise für das Leben in der Welt betrafen banalere Gegenstände: Franz diskutierte den Umgang mit anderen Menschen, riet vom Kartenspiel ab und gab bemerkenswerte Hinweise zum Besuch von Bällen. Diese seien nicht einfach schlecht, sondern man müsse mit ihnen gelegentlich umgehen wie mit Pilzen: Manche seien zu meiden, andere dürfe man frei genießen (*Philothea* III,33).

Diese Ausführungen zeigen gerade in ihrer Kasuistik, die die unterschiedlichen Situationen des Alltagslebens bedenkt, dass es verkürzt wäre, die spätmittelalterliche Ausweitung der Adressaten der mystischen Botschaft weit ins Bürgertum hinein nur in den Protestantismus münden zu sehen, die Reformation also gleichsam als Erfüllung dieser stillen Revolution zu deuten. So wie die spätmittelalterliche Mystik im protestantischen Umfeld fortlebte, wirkte sie auch im neuzeitlichen Katholizismus jenseits einer Klerikalisierung weiter. Wenn es heute skurril anmuten mag, dass Franz von Sales die sexuelle Mäßigung in der Ehe nicht direkt benannte, sondern schamhaft seine Leser nur analoge Rückschlüsse aus Ausführungen zum Maßhalten beim Essen ziehen ließ, gilt doch auch für ihn, dass mystisch geprägte Ethik die Lebensführung der Laien prägen sollte.

Damit verband sich allerdings die Überzeugung, dass eine voll ausgeprägte Mystik idealerweise einen asketischen Lebenswandel voraussetzte, und genau darauf lenkte er nun auch Johanna von Chantal. Nachdem sie ihre Kinder versorgt hatte, gründete sie 1610 gemeinsam mit ihm in Annecy die Gemeinschaft von der «Heimsuchung Mariens». Benannt war die Gemeinschaft nach der *Visitatio Mariae*, der Begegnung zwischen der Gottesmutter Maria und der mit Johannes dem Täufer schwangeren Elisabeth (Lk 1,39–45). In deren Leib hüpfte das ungeborene Kind vor Freude und bildete so ein Vorbild für die wahre Begegnung mit Jesus Christus.

Der Name der neuen Gemeinschaft entsprach der mystischen Nähe zu Christus, die Johanna von Chantal wie Teresa vor allem im Gebet suchte. Franz von Sales bestärkte sie im Jahr der Ordensgründung darin:

> Ihre Gebetsweise ist gut; bleiben Sie nur recht treu bei Gott in diesem liebevollen und ruhigen Warten des Herzens, in diesem Schlafen in den Armen seiner Vorsehung und in dieser schlichten Einwilligung in seinen heiligen Willen, denn all dies ist ihm angenehm. (…) Handeln Sie immer nur so, wie Sie mir schreiben, hüten Sie sich davor, ihren Verstand zu sehr anzustrengen, denn das schadet Ihnen, nicht nur im allgemeinen, sondern sogar beim Gebet. (…) Sich in der Gegenwart Gottes halten und sich in die Gegenwart Gottes versetzen, sind meiner Meinung nach zweierlei Dinge; denn um sich in sie zu versetzen, muss man seine Seele von jedem anderen Gegenstand zurückrufen und sie auf

> diese ständige Gegenwart aufmerksam machen (...) Nachdem man sich aber in diese Gegenwart versetzt hat, hält man sich immer darin durch Akte des Verstandes oder des Willens, indem man auf ihn oder auf etwas anderes aus Liebe zu ihm schaut; oder indem man auf nichts schaut, sondern mit ihm spricht.[16]

Da Franz im selben Brief den mystischen Gedanken, dass man Mein und Dein nicht unterscheiden könne, auch auf das Verhältnis zwischen ihm und der verwitweten Baronin übertrug, scheint die gelegentlich diskutierte Frage müßig, ob sie ihn in der Auffassung von Mystik geprägt habe oder er sie. Der Brief lässt erkennen, dass die entscheidenden Impulse jedenfalls von ihr selbst ausgingen, es zum Miteinander der beiden aber offenbar gehörte, dass er sie darin bestärkte. So war auch die Ordensgründung ihre gemeinsame Sache. Allerdings wurde die ursprünglich ganz karitative Ausrichtung des Ordens auf päpstliche Anweisung zurückgenommen, als sie 1615 ein zweites Kloster in Lyon gründeten. Aus der Verbindung von Fürsorge für die Armen und kontemplativem Ruhen in Gott blieb zunächst nur das Letztere.

Diese Regelung ist Teil der langen Geschichte von Ausgrenzung und Einhegung der Mystik. Das Denken Franz' von Sales und Johannas von Chantal, die beide später heiliggesprochen wurden, stand nämlich einer Bewegung nahe, die als häretisch denunziert wurde: dem sogenannten Quietismus. Die Bezeichnung leitet sich von dem lateinischen Wort *quies*, Ruhe, ab und bezieht sich auf einen Gedanken, der für den Spanier Miguel de Molinos (1628–1696) zentral war. Er knüpfte vor allem an die Bedeutung des Gebets an, wie sie Teresa von Ávila und Johanna von Chantal vertraten. Auf beide berief Molinos sich ausdrücklich in seinem Hauptwerk *Guía espiritual*, dem «Geistlichen Weggeleit». Das Gebet soll ihm zufolge in pure Passivität führen, indem es in reinem Glauben vollzogen wird. Auch er scheint hier von der reformatorischen Theologie beeinflusst zu sein. Am Ziel des Weges soll die Seele ins Nichts versinken, oder, und da fiel das provozierende

Wort, «auf dem Thron der Ruhe (...) die Vollkommenheit der geistlichen Schönheit» erfahren (*Guía espiritual* 21,204).[17]

Das zu sagen wäre schwerlich problematisch geworden, hätte Molinos nicht gerade in einer Zeit geschrieben, in der die Jesuiten eine «antikontemplative bzw. antimystische Wende» (Mariano Delgado) durchlebten,[18] in der sie sich mit einem an Arroganz grenzenden Selbstbewusstsein von kontemplativen Orden abgrenzten und darauf verwiesen, dass sie nicht die Zeit zur Ruhe hätten wie diese, weil sie zum aktiven Dienst Christi in der Welt bestellt seien. Daher sei einzig die in Entscheidungen und Handeln hineinführende Meditation nach den Exerzitien ein angemessener Weg, nicht aber die sich versenkende Kontemplation. Hier standen sich also zwei unterschiedliche Konzeptionen von Mystik gegenüber: die auf Orientierung in der Welt drängende der Jesuiten und die aus deren Sicht höchst traditionelle Ausrichtung auf Rückzug in die rein geistliche Sphäre. Den Jesuiten musste in diesem Zusammenhang Molinos mit seinem außerordentlich erfolgreichen *Guía espiritual* als Bedrohung erscheinen. Allein im siebzehnten Jahrhundert erschienen rund zwanzig Auflagen.

In Kardinal Francesco Albizzi (1593–1684) gewannen die Jesuiten einen mächtigen Verbündeten: Er zeigte Molinos als Repräsentanten einer verbreiteten und gefährlichen Befürwortung des Ruhegebetes bei Papst Innozenz XI. (1676–1689) an. Der hatte bis dahin als Förderer Molinos' gegolten. Nun aber wendete sich das Blatt: Molinos wurde verhaftet und 1687 für den Rest seines Lebens gefangen gesetzt. Zugleich wurde eine Liste von 68 Sätzen verurteilt. Wieder einmal bekam einer, der sich zu weit auf das Feld der Mystik gewagt hatte, die harte Hand der Kirche zu spüren. Genau genommen aber war es nicht «die» Mystik, die hier bekämpft wurde, sondern ein Stil von Mystik unterlag einem anderen.

Zum Opfer der Aktivitäten gegen den Quietismus wurde auch Jeanne-Marie Bouvier de la Motte Guyon (1646–1717), meist kurz «Madame Guyon» genannt. Auch sie war früh verwitwet und suchte nach einem geistlichen Weg, auf dem sie sich zunächst vor allem an Johanna Franziska von Chantal und Franz von Sales orientierte. So rückte das innere Gebet in den Mittelpunkt ihres religiösen Denkens und Handelns. In ihrem umfangreichen Werk leitete sie dazu an, alles Eigene zu lassen und sich im «nackten Glauben» (*foi nue*) von einer «absichtslosen Liebe» (*amour désintérressé*) leiten zu lassen. Wieder also tauchte hier eine Form von Mystik auf, die als ethisch verheerend erschien. Die scharfe Kritik an ihren Positionen führte dazu, dass 1687 nicht nur sie selbst, sondern auch ihr Beichtvater François La Combe (gest. 1709) inhaftiert wurde. Die harte Strafe für harmlos wirkende Lehren ist ein Indiz dafür, dass sich die katholische Kirche in Frankreich unter Druck fühlte, da sie ihren politischen und moralischen Einfluss schwinden sah.

Dieser Kontext wird deutlich, wenn man bedenkt, dass die Streitigkeiten um den Quietismus zeitlich und personell bis in das unmittelbare Umfeld Ludwigs XIV. (1643–1715) reichten. Der Sonnenkönig hatte nach dem Tod Kardinal Mazarins (1602–1661) die mehr als vier Jahrzehnte dauernde Vorherrschaft von Kardinälen am Hof beendet und in Versailles ein Regierungszentrum aufgebaut, in dem er seine absolutistische Herrschaft zelebrierte. Dabei legte er auf die religiöse Erziehung seiner Nachkommen Wert: Von 1670 bis 1680 wirkte Jacques-Benigne Bossuet (1627–1704), damals Bischof von Condom, als Erzieher des Dauphin. 1689 vertraute der König seine Enkel der Obhut von François Fénélon (1651–1715) an, der 1695 von Bossuet zum Erzbischof von Cambrai geweiht wurde. Und ausgerechnet diese beiden stritten nun über Madame Guyon.

Fénélon war ein eloquenter Prediger und Schriftsteller, der unter anderem einen noch im neunzehnten Jahrhundert vielgelesenen Entwicklungsroman über den Sohn des Odysseus, *Les Aventures de Télémaque,* verfasste. Dieses didaktische Werk, das den Helden auf seinen Wanderungen bürgerliche Verantwortung lernen lässt, zeigt, dass der Vorwurf der Amoralität, der bald aufkam, haltlos war. Dennoch konnte der Roman auch den kritischen Blick auf Fénélons Mystik verschärfen. Als dieser in den 1690er-Jahren eine Verteidigungsschrift für Madame Guyon verfasste, brach ein offener Konflikt mit Bossuet aus, den Robert Spaemann als den «letzten theologischen Streit, der im gebildeten Europa allgemein Anteilnahme findet», bezeichnet hat.[19] Die Frage, ob die mittelalterlich verwurzelte Tradition, dass Mystik in die völlige Nichtigkeit und Zwecklosigkeit hineinführe, fortgeführt oder ganz von der auf Aktivitäten für das Christentum in der Welt ausgerichteten jesuitischen Praxis verdrängt werden müsse, bewegte höchste Kreise. Am Hof des Sonnenkönigs befürchtete man vom Quietismus zwar keinen Aufruhr, aber doch ein Unterlaufen des angemessenen Untertanengehorsams, zumal der *Télémaque*, als er 1698 am Hof bekannt wurde, auch als Kritik am absolutistischen Regiment Ludwigs XIV. gelesen werden konnte. Der Streit endete damit, dass Fénélons *Explications des maximes des Saints sur la vie intérieure (Erklärung der allgmeinen Lehr-Sätze der Heiligen das inwendige Leben betreffend)* über die reine Gottesliebe 1699 vom Papst verurteilt wurden. Die Verurteilung betraf nur bestimmte Thesen aus dieser Schrift. Fénélon verlor seinen Erzieherposten, und als im gleichen Jahr sein *Télémaque* ohne seine Zustimmung gedruckt wurde, wurde er vom Hof verbannt. Er kehrte in sein Erzbistum Cambrai zurück, wo er ungehindert an der Deutung der rechten Gottesliebe weiterarbeiten konnte.

Langfristig hat Fénélon vor allem durch den *Telemaque* gewirkt, den Friedrich der Große (1740–1786) als Jugendlicher heimlich gelesen hat, um sich dem strengen Regiment des Vaters zu entziehen,[20] und der Jean-Jacques Rousseau (1712–1778) als Folie für seinen Erziehungsroman *Émile* diente. Doch auch durch seine gesamte Biographie erschien der Mystiker Fénélon den Aufklärern als aufrechter Kämpfer gegen die repressive Autorität der Kirche und damit letztlich als einer der Ihren.

DIE AMERIKANISCHE FREIHEIT UND DER GEIST DER MYSTIK

Der Vorwurf des Quietismus betraf auch eine im protestantischen Milieu Englands gegründete Gruppe: die sogenannten Quäker. Ihr Name soll daher rühren, dass sie in ihren Versammlungen unter dem Einfluss des Heiligen Geistes zu zittern begannen (*to quake*). Ihr Gründer George Fox (1624–1691) wollte angesichts der auch religiös grundierten Unruhen im englischen Bürgerkrieg das wahre Reich Gottes jenseits der Kämpfe um äußere Macht sammeln. Er tat dies in der Überzeugung, dass Gottes Reich auf dem Wege der direkten Erleuchtung des Herzens durch Jesus Christus in der Wiedergeburt der einzelnen Menschen Wirklichkeit werde. Die Versammlungen der Quäker waren daher so etwas wie ein stets wiederkehrendes Pfingsten. Der Rückzug in die Innerlichkeit hatte bei ihnen allerdings unmittelbare äußere Auswirkungen: Denn angesichts der Wirklichkeit Gottes in ihnen weigerten sie sich, das äußere Kirchensystem durch Kirchenzehnt und Anerkennung der Priester oder gar die weltliche Herrschaft durch Eide und Kriegsdienst zu unterstützen. Wie den Täufern des sechzehnten Jahrhunderts wurden ihnen diese pazifistischen Züge als Aufruhr ausgelegt, und schon unter der Herrschaft Oliver Cromwells (1653–1659) erlitten sie Nachstellungen und Verfolgungen. Der *Quaker Act* von 1662 verbot ihre Versammlungen. Der *Act of Toleration* eröffnete ihnen 1688 zwar Akzeptanz, aber aufgrund ihrer Eidverweigerung blieben sie von öffentlichen Ämtern noch lange ausgeschlossen.

So wählten viele Quäker wie zuvor Englands Deviante den Weg in die Kolonien in Nordamerika. Manchen kamen dabei glückliche Umstände entgegen, wie William Penn (1614–1788), der wegen seines Bekenntnisses als Quäker im Gefängnis saß, aber davon profitierte, dass König Karl II. (1649/1660–1685) Schulden bei seinem 1670 verstorbenen Vater abzutragen hatte. Diese wurden in ein größeres Waldgebiet in Nordamerika umgeschuldet. Penn nahm es als «Penns Wälder» («Pennsylvania») in Besitz. Belehrt durch seine eigenen Erfahrungen, als er in seiner Bedrängnis für Gewissensfreiheit plädiert hatte, wagte er hier ein «Holy experiment»: Die unterdrückten Quäker selbst übernahmen die Regierung. Im Unterschied zu anderen Kolonisten behandelten sie die indigene amerikanische Bevölkerung als Vertragspartner, mit denen sie Frieden halten wollten, und nach innen setzte seine Regierung auf Religionsfreiheit. Zahlreiche Religionsflüchtlinge aus Europa kamen und bildeten ein konfessionell vielfältiges Land. Allerdings konnten sich die Quäker nicht lange in der Regierung Pennsylvanias halten: Infolge zunächst der europäischen Konflikte im Siebenjährigen Krieg (1756–1763) und dann des Amerikanischen Unabhängigkeitskrieges verloren diese religiös Begeisterten immer mehr das Vertrauen der Bevölkerung. Sie zogen sich aus der aktiven Politik zurück, blieben allerdings im Protest gegen Sklavenhaltung engagiert. Ihre Wirkung blieb nachhaltig: Zu dem Umstand, dass sowohl die *Declaration of Rights* von 1776 als auch der Erste Zusatz zu der 1787 in Pennsylvanias Hauptstadt Philadelphia entworfenen Verfassung der Vereinigten Staaten von Amerika die Religionsfreiheit einschärften, hat nicht zuletzt das Heilige Experiment beigetragen. Mystik war in der Moderne angekommen.

13.
GOTTES NÄHE IN ALLEN SINNEN

JOHANN ARNDT: DAS BUCH DER NATUR

Die vielen Ortlosen am Rande der Konfessionen könnten den Eindruck erwecken, dass Mystik sich mehr gegen als in den Konfessionen entwickelt hätte. Die Beispiele von Johann Gerhard und David Hollaz haben jedoch gezeigt, dass diese Entgegensetzung zu einfach wäre. Beide waren Erben und Schüler von Johann Arndt (1555–1621). Dieser war seit 1590 Pfarrer in Quedlinburg und enttäuscht darüber, dass sich das Luthertum zunehmend zu einer dogmatischen Theologie entwickelte:

> es ist weltkundig, daß innerhalb siebenzig Jahren viel hundert Bücher von der christlichen Religion, Lehre und Glauben, von unterschiedlichen Parteien geschrieben sind (…) Was aber dem christlichen Leben und der wahren Buße damit gedient sey, die vor allen Dingen sollte getrieben und ohne Unterlaß gepredigt werden, giebt die Erfahrung. (Arndt, *Vorrede zur Theologia deutsch*)[1]

Was Arndt hier meinte gar nicht aussprechen zu müssen, führte er im Folgenden dann doch noch weidlich aus: Die Konzentration auf dogmatische Fragen habe den christlichen Glauben von der Ausrichtung auf das Leben und die Stellung der Glaubenden vor Gott entfremdet. Daher bedürfe es für ein solches Leben neuer Anregungen, und die Impulse dafür gewann Arndt ausgerechnet in der Mystik des späten Mittelalters.

Die zitierte Bemerkung entstammt seiner Vorrede zu einer Neuausgabe der *Theologia deutsch*, die er 1597 und noch einmal acht Jahre später, ergänzt um die *Nachfolge Christi* des Thomas von Kempen, veröffentlichte. Ebenfalls 1605 brachte er zwei Traktate von Luthers Mentor Johann von Staupitz heraus, vor allem aber das erste seiner *Vier Bücher vom wahren Christentum*, in denen er seine eigene Frömmigkeitstheologie entfaltete. Bis 1610 waren die Teile vollständig erschienen und boten nun einen Durchgang durch den Weg der menschlichen Seele zu Gott. Wahres Christentum hieß, so führte Arndt es in der Vorrede ganz auf der Linie seiner Bemerkungen zur *Theologia deutsch* aus, nicht Wissenschaft, sondern Erfahrung. Die Bücher sollten dazu anleiten, diese Erfahrung zu machen, die Arndt auch als den wahren Gottesdienst bezeichnete, der drei Schritte umfasste: Erkenntnis Gottes, Buße und Vergebung der Sünden (Arndt, *Vier Bücher* I c. 21). Die Buße bestand im Absterben gegenüber der Welt, in einem Leben in Christus «in herzlicher Demuth und Sanftmuth», und das hieß, es verlangte keine äußere, sondern «eine viel höhere innerliche Buße».[2] Offenkundig knüpfte Arndt hier an den jungen Luther und damit an die Frömmigkeit des späten Mittelalters an, einschließlich deren Bestreben, eine mystische Grundhaltung auch im bürgerlichen Leben zu verankern.

Die Buße, wie Arndt sie verstand, bestand nicht allein in der Reue über Vergangenes, sondern auch in einer grundlegenden Änderung des Sinnes, so wie Luther dies in den Thesen gegen den Ablass gelehrt hatte: Der Mensch sollte sich von der falschen Orientierung seines Lebens, von den Grundlastern abwenden. Nur so, schärfte Arndt ein, sei er bereit, auch die Vergebung durch Christus zu erhalten. Mit dem verhalte es sich wie mit einem Arzt, der dem Kranken ja auch nicht helfen könne, wenn dieser die Einnahme des Medikamentes verweigere (Arndt, *Vier Bücher* I, c. 34). Was lebenspraktisch einleuchten mag, rührte an einen außerordentlich heiklen Punkt: Zu den vielen Streitigkeiten, aus denen sich das Luthertum herausgeschält hatte, gehörte auch die Auseinandersetzung um den Synergismus, die Mitwirkung des Menschen an seinem Heil. Die Konkordienformel hatte 1577 in ihrem Bemühen, die innerlutherischen Streitigkeiten zu entscheiden, eine solche Auffassung ausdrücklich abgewiesen (FC.SD 2). Nun meinten manche, Arndt belebe genau diese Lehre wieder.

Arndts Bußpredigten, die er seit 1599 an der Martinikirche in Braunschweig hielt, gerieten sofort unter Verdacht. Wortführer gegen Arndt war ausgerechnet sein Kollege Hermann Denecke, und Arndt musste sich fortan darum bemühen, seine Rechtgläubigkeit zu verteidigen. Vorsichtshalber wich er 1609 der unangenehmen Braunschweiger Situation aus und ging nach Eisleben. Von dort wechselte er 1611 nach Celle, wo er allen Widerständen zum Trotz 1621 sein Leben in der hochrangigen Stelle als Generalsuperintendent beschloss. Inhaltlich ging der Vorwurf des Synergismus wie die meisten Polemiken dieser Art fehl. Arndt stellte sich zwar ehrlich dem Problem, dass es schwierig ist, psychologisch plausibel eine Heilswirkung am Menschen zu schildern, in welcher dieser ganz und gar passiv bleibt. Genau darum aber ging es ihm, wenn er ganz im Sinne der lutherischen Rechtfertigungslehre wie auch der spätmittelalterlichen Betonung der Nichtigkeit des Menschen unterstrich, dass zum Heil «aller Menschen Verdienst, Vermögen, und freier Wille nicht eines Stäubleins Werth bringen» (*Vier Bücher* I, c. 34).[3] Den Gralswächtern eines reinen Luthertums reichte das nicht. Wäre Arndt katholisch gewesen, hätte diese Position ihm wohl von jesuitischer Seite den Vorwurf des Quietismus eingetragen. Mystiker können es kaum allen recht machen.

Arndts große Leistung bestand darin, mystische Vorstellungen im Hauptstrom des Luthertums zu etablieren. Damit wurde er Luther eher gerecht als so mancher, der sich gerne als orthodox darstellen wollte. Zur Vertiefung lutherischer Lehre gehörte bei Arndt nicht allein die Buße als Voraussetzung der Rechtfertigung, sondern auch die Folge eines heiligen Lebens. Arndt wollte sich nicht mit einem Verständnis von der Rechtfertigung allein durch Glauben zufrieden geben, das darunter ein Geschehen verstand, das ohne Folgen im realen Leben blieb: So wie natürliches Essen erst dann an sein Ziel gelange, wenn es wieder in Fleisch und Blut umgesetzt werde, so seien auch Wort und Sakrament unnütz, wenn sie sich nicht in ein lebendiges christliches Leben umsetzten. Er wusste, worauf er sich hierfür berufen konnte: «Und wenn ich prophetisch reden könnte und wüsste alle Geheimnisse und alle Erkenntnis und hätte allen Glauben, sodass ich Berge versetzen könnte, und hätte der Liebe nicht, so wäre ich nichts» (1 Kor 13,2): Das hatte kein geringerer als der Apostel Paulus gelehrt. Er hatte es, auch das wusste Arndt, nicht gelehrt, um zu erklären, der Mensch könne sich sein Heil irgendwie verdienen, sondern es blieb dabei, dass der Mensch dieses «aus Gnaden allein (…) ohne alle unsere vorhergehende(n) und nachfolgende(n) Werke» erhalte.

Vor diesem Hintergrund konnte Arndt sogar den Gedanken der bloßen Zurechnung, der Imputation, aufgreifen, den Osiander bestritten hatte (Arndt, *Vier Bücher* II c. 3).[4] Aber ihm lag doch daran, dass der Glaube, der rechtfertigt, nicht eine Angelegenheit des Kopfes allein ist, sondern des Herzens und der Seele, die sich vom Teufel ab- und Christus zuwendet – und genau das auch in Taten ausdrückt. Arndt bewegte sich damit ganz auf der Linie der Konkordienformel, die gelehrt hatte, dass «gute Wercк dem warhafftigen glauben, wann derselbige nicht ein todter, sondern ein lebendiger glaube ist, gewislich und ungezweiffelt folgen als früchte eines guten Baums» (FC.Ep. IV),[5] aber er wollte die Konsequenz auch ausgesprochen wissen: dass umgekehrt da, wo eine solche Heiligung durch Werke fehle, wohl auch kein rechter, lebendiger und damit rechtfertigender Glaube vorliege. Die Lebendigkeit des Glaubens resultierte für Arndt aus jenem Geschehen, das

Luther in der Freiheitsschrift beschrieben hatte: dass alle Gerechtigkeit, Frömmigkeit Christi, überhaupt alles, was zu Christus gehörte, dem Menschen im Glauben übertragen wurde.

Man merkt diesen Überlegungen die Anstrengung an, die eigenen Überzeugungen so zu entfalten, dass sie in den Rahmen der lutherischen Orthodoxie passen. Johann Arndt wird deshalb in der Regel als «reformorthodox» bezeichnet. In diesem «reformorthodoxen» Rahmen entfaltete er eine ausgeprägte mystische Frömmigkeit. Der spätmittelalterliche Hintergrund ist schon mit Händen zu greifen, wenn Arndt in seinem Gebetbuch, dem *Paradiesgärtlein*, an die Tradition der Passionsmeditation anknüpft:

> Ist er nicht das unbefleckte unschuldige Lamm Gottes, und wird zu einer solchen blutigen Schlachtbank geführt? Ach, der zarte Leib, wie ist er verwundet! (…) Ach, der holdselige Mund und die rosinfarbenen Lippen, wie sind sie erbleicht! Ach, sein heiliges, ehrwürdiges Haupt, wie ist es mit Dornen zerrissen! Ach, sein liebreiches Herz, wie hat er uns dasselbe durch seine eröffnete Seite gezeigt! Ach das heilige, reine, zarte Herzensblut, wie milde ist es aus seiner Seite geflossen, uns von Sünden zu waschen! (*Paradiesgärtlein* II c. 13)[6]

Die Parallelen zur Bildersprache der mittelalterlichen Mystik gehen noch weiter. Ab dem dritten Buch seiner *Vier Bücher vom wahren Christentum* entfaltete Arndt eine mystische Beschreibung des Geschehens zwischen Christus und der Seele, die an vielen Stellen von seiner intensiven Beschäftigung mit Johannes Tauler, aber auch Bernhard von Clairvaux profitierte. Es liegt nahe, dass er Lukas 17,21 – «das Reich Gottes ist mitten unter euch» – genauso auslegte wie Valentin Weigel: als Ausdruck der Errichtung des Reiches Gottes in der Seele des glaubenden Menschen. Auch Arndts Folgerungen daraus erinnerten an Weigel: «Denn so das Reich Gottes in uns ist, so ist Gott selbst in uns mit aller seiner Güte. Daselbst ist Gott der Seele näher und inwendiger, denn die

Seele sich selbst ist», und indem die Seele von sich lässt, kommt es zur Vereinigung mit Gott, so dass dessen Licht in der Seele leuchtet (*Vier Bücher* III, c. 4).[7] Zur Beschreibung der Seele wechselt Arndt vom zunächst gebrauchten dogmatischen Vokabular in die Sprache der mystischen Hoheliedauslegung:

> Wie ein Bräut'gam pflegt zu küssen
> Im Verborg'nen seine Braut,
> Läßt es niemand gerne wissen,
> Wenn er ihr sein Herz vertraut,
> So giebst du, wenn wir allein.
> Deiner Brüste süßen Wein. (*Vier Bücher III c. 6*)[8]

Erotik war auch dem Luthertum nicht fremd, und sie blieb nicht auf das Geschehen zwischen Menschen beschränkt, sondern konnte an die lange Tradition der Beschreibung der Gottesbeziehung in erotischen Tönen anknüpfen. Johann Gerhard und David Hollaz haben diese überbordende Bildlichkeit dogmatisch wieder eingefangen – aber das konnte keinen Erfolg haben: Die Gedanken und Bilder, die es Menschen ermöglichten, ihre Gottesbeziehung auch affektiv zu beschreiben und zu verstehen, entwickelten ihre eigene Macht. Diese wirkte fort, obwohl noch eine ganze Zeit lang Orthodoxe dagegen ankämpften: Ausgerechnet der Tübinger Theologieprofessor Lucas Osiander d. J. (1571–1638), der Enkel von Andreas Osiander, verfasste 1623 ein scharfes «Bedenken» gegen Arndt, in dem er ihn in die bekannten häresiologischen Schubladen des Weigelianismus und Schwenckfeldianismus warf. Doch hatte er damit keinen Erfolg: «In der Geschichte des Protestantismus hat abgesehen von der Bibel kein Buch eine solche Verbreitung gefunden wie die ‹Bücher vom wahren Christentum› von Johann Arndt» (Johannes Wallmann),[9] und das gilt nicht nur für den deutschen Sprachraum. Die Übersetzungen sind zahlreich, die Verbreitung ist immens. Der Bedarf war so groß, dass die vier Bücher noch durch Aufnahme weiteren Materials auf sechs erweitert wurden.

Johann Arndts *Paradiesgärtlein* knüpfte an das spätmittelalterliche Gebetbuch *Hortulus animae*, Seelengärtlein, an, aber in die Benennung spielte wohl auch hinein, dass Arndt sich unbefangen mit der spanischen Mystik beschäftigt hatte. 1606 hatte sein Buchhändler und Verleger Johann Francke für ihn auf der Frankfurter Buchmesse die unter dem Titel *Hortus Sacer*, ‹Heiliger Garten›, erschienene deutsche Übersetzung einer mystischen Schrift des Hofpredigers Kaiser Karls V., Alonso de Orozco (1500–1591), erworben. Wenigstens passagenweise scheint Arndt auch von dieser Lektüre eines durch und durch katholischen Autors für sein eigenes Werk profitiert zu haben. Die Unbefangenheit, mit der er in einem Schreiben an Johann Gerhard diesem die Lektüre spanischer Mystiker empfahl, lässt erahnen, dass mystische Frömmigkeit dazu angetan war, die Grenzen zwischen den Konfessionen vielleicht nicht durchlässig zu machen, aber doch zu unterlaufen: Wer von einem Gott wusste, dem man nur jenseits der Begriffe begegnen kann, wurde auch gegenüber den Begriffen der eigenen Konfession vorsichtig. Das hieß nicht, die eigene Konfession zu vernachlässigen, sondern sie zu gestalten. Arndt formte mit seinen viel gelesenen Werken die Frömmigkeitswelt des Luthertums. Und er formte sie mystisch.

So wie Arndt daran lag, die Mystik nicht in einem Gegensatz zur Rechtfertigungslehre zu formulieren, bemühte er sich auch darum, das in mystischer Einung mit Gott verbundene Individuum nicht aus allen weltlichen Zusammenhängen zu lösen. Nachdem auf das «Buch der Schrift» und das «Buch des Lebens Christi» als drittes das «Buch vom Gewissen» gefolgt ist und seinen Höhepunkt in der Aufnahme des bekannten Brautbildes für die mystische Einigung gefunden hat, folgt erstaunlicherweise noch der *Liber naturae*, das «Buch der Natur». Mit dem Gedanken, dass Gott neben der Schrift auch aus einem «Buch der Natur» erkannt werde, konnte Arndt nicht nur an Vorstellungen des Mediziners, Naturphilosophen und Alchemisten Paracelsus (gest. 1541), ja, letztlich, wie sich oben zeigte, Bonaventuras, anknüpfen, sondern er befand sich auch auf der Höhe der Naturwissenschaft seiner Zeit. Kein Geringerer als der Astronom Johannes Kepler (1571–1630) hatte den Gedanken entwickelt, dass die Mathematik helfen könne, das Buch der Natur zu entschlüsseln.

Arndt dachte die Natur, die lesbar werden sollte, ganz und gar anthropozentrisch: Aus der Schöpfung lässt sich nicht nur die Erhabenheit Gottes schließen, sondern auch, dass alle Geschöpfe dem Menschen zu dienen haben. Das war für Arndt naturphilosophisch begründet: So wie die einzelnen Elemente dazu dienten, dass es überhaupt Pflanzen gab, sollten diese den Tieren dienen, und diese wiederum den Menschen (*Vier Bücher* IV/2 c. 3). Man mag das unzureichend finden und muss es heute wohl auch. Arndt beschrieb damit den engen Zusammenhang zwischen mystischer Gottesbegegnung und Spiegelung Gottes in der Natur, den Hildegard gesehen hatte, neu: Der Mensch wurde als Ebenbild Gottes einerseits und Spitze der kreatürlichen Lebenspyramide andererseits zum entscheidenden Bindeglied der Beziehung zwischen Gott und Welt. Dabei spielten für Arndt die Werke, die für sein Verständnis der Rechtfertigungslehre so entscheidend waren, eine Schlüsselrolle: Die Geschöpfe finden Ruhe im Menschen, indem all ihre Werke ihm dienen. So sollen alle Werke des Menschen Gott dienen und er selbst in Gott Ruhe finden. Umgekehrt wiederum findet Gott sein Ziel im Menschen als seinem Ebenbild, denn als liebender Gott braucht er ein Objekt dieser Liebe, und das ist für ihn der Mensch (Arndt, *Vier Bücher* IV/2 c. 5). Die Schöpfung wiederum hat er zum Dienst an eben diesem geliebten Menschen geschaffen.

Arndt ging es darum, den Menschen, den er so in den Mittelpunkt gestellt hatte, ganz zu erfassen. Die Frage, wie Leib und Seele einander zuzuordnen waren, beschäftigte nicht nur Teresa von Ávila, auch Arndt formulierte ein Gebet, in dem es ausdrücklich darum ging, «Gott mit Leib und Seele zu preisen» (*Vier Bücher* IV/2 c. 7).[10] Mystische Frömmigkeit hatte immer zwischen rein seelischer und leiblicher Wirklichkeit geschwankt, hatte damit auch gespielt. In der Zeit der entstehenden modernen Naturwissenschaften konnte Arndt sie mit einer Naturbetrachtung verbinden, deren Anthropozentrik zeitgemäß war und sicher zum Erfolg seiner *Vier Bücher* beigetragen hat. Arndt weitete seine Überlegungen über die Naturbetrachtung auch auf die soziale Verfasstheit des Menschen aus: Die Naturordnung verpflichte den Menschen nicht allein dazu, Gott zu lieben, sondern auch seinen Nächsten: Was die christliche Ethik seit je in ihrem Doppelgebot der Liebe gelehrt hatte: Gott und den Nächsten zu lieben wie sich selbst, wurde zum Ausdruck mystischer Naturbetrachtung. Das Individuum war so auf seine Verantwortlichkeit als Gesellschaftswesen hingewiesen. Natur und Gesellschaft, Gott und Mensch bildeten ein Ganzes, das in denkbar größter Harmonie zu leben bestimmt war.

VON PAUL GERHARDT BIS ANGELUS SILESIUS: GOTTES GEGENWART IN MUSIK UND DICHTUNG

Die Wirkung der Arndt'schen Mystik beschränkte sich nicht auf die Lektüre seiner Schriften und auch nicht darauf, dass diese weitere Schriften und Predigten inspirierten. Das wichtigste Medium zu ihrer Verbreitung wurde der Kirchengesang. Die evangelische Gottesdienstreform hatte ihm großes Gewicht gegeben. Er sollte die Aneignung lutherischer Theologie und Frömmigkeit fördern und tat dies in hohem Maße. Die Frühe Neuzeit wurde so zu einer außerordentlich produktiven Zeit der Lieddichtung. Dass Martin Opitz (1597–1639) 1624 mit dem *Buch von der Deutschen Poeterey* Regeln für deutschsprachige Dichtung definierte, trug dazu bei, diese geistliche Dichtung auf ein hohes Niveau zu heben. Der wohl bekannteste und bis heute reichlich im evangelischen Gesangbuch vertretene Dichter war Paul Gerhardt (1607–1677). Er erlebte die Wirren des Dreißigjährigen Krieges sowie persönliche

Schicksalsschläge und machte sich selbst das Leben durch seine unerbittliche konfessionelle Haltung schwer: 1666 verlor er sein Pfarramt an der Berliner Nikolaikirche, weil er nicht bereit war, seine Unterschrift unter ein Toleranzedikt zu setzen, das ihn verpflichtet hätte, keine Polemik gegen die Reformierten zu äußern, also gegen die von Johannes Calvin (1509–1564) ausgehende evangelische Konfession, die sich vom Luthertum vor allem dadurch unterschied, dass sie sich die Gegenwart Christi im Abendmahl nicht leiblich unter Brot und Wein vorstellte, sondern als ein rein geistliches Geschehen. 1613 war der Brandenburgische Kurfürst Johann Sigismund zum Calvinismus konvertiert, hatte aber seinen Untertanen erlaubt, lutherisch zu bleiben. Nur eben auf Polemik sollten sie verzichten. Um nicht gegen die vermeintlichen Falschlehren der Calvinisten schweigen zu müssen, ging Gerhardt etwas später nach Lübben im lutherischen Sachsen.

Von solcher Härte ist Gerhardts Liedern nichts anzumerken. Sie atmen vielmehr den Ton mystischer Verinnerlichung. Das bekannteste unter ihnen ist wohl das Weihnachtslied *Ich steh an deiner Krippen hier*. Allein schon das prononcierte «Ich» macht deutlich, dass Gerhardt hier die individuelle Frömmigkeitshaltung stärken und zum Ausdruck bringen wollte. Und das Präsens, die direkte Anrede, rückt den Singenden – das heißt: jede einzelne Christin, jeden einzelnen Christen – hinein in das Szenario in Bethlehem im Stall. Maria, Josef und das Kind werden nicht in historischer Distanz betrachtet, sondern die Singenden sind Teil des Geschehens, das zugleich an seine Grenzen stößt. Gerhardt nahm den mystischen Begriff des «Abgrundes» auf und wandte ihn in der fünften Strophe auf die Seele an: «O daß mein sinn ein abgrund wär / Vnd meine seel ein weites meer / Daß ich dich möchte fassen!»[11] Nach diesem unerfüllbaren Wunsch kehrt er in der folgenden Strophe wieder in eine realitätsnähere und doch mystisch-visionäre Szenerie zurück, in der er das Jesuskind bittet, seinen Mund zu küssen. Das Ganze gipfelt in der intimsten Aneignung des Weihnachtsgeschehens:

Eins aber hoff ich wirst du mir,
Mein Heiland, nicht versagen
Daß ich dich möge für und für
In, bei und an mir tragen:
So lass mich doch dein Kripplein sein
Komm, komm und lege bei mir ein
Dich und all deine Freuden.[12]

Noch ist dies Wunsch, die fünfzehnte Strophe aber macht daraus einen Indikativ und versichert, dass Jesus den, der ihn liebe, nicht verschmähe. So schreibt Gerhardt innerhalb der lutherischen Konfessionskirche fort, was drei Jahrhunderte zuvor Johannes Tauler – oder jemand, der ihn damals schon fortgeschrieben hat – in der Predigt über Weihnachten entfaltet hat: Die Erlösung des Menschen, Weihnachten, kommt erst im einzelnen Menschen zum Ziel. Anders als in der Predigt Taulers identifiziert sich bei Gerhardt der Glaubende mit Jesu Krippe und nicht mit Maria. Dazu war der Lutheraner Maria wohl doch ein wenig zu sehr entfremdet. Statt der Gottesmutter will er lieber dem Notbettchen gleichen und macht dabei zugleich etwas deutlich, was in dieser Zeit Lutheranern wie katholischen Quietisten wichtig war: Dass vonseiten des Menschen im mystischen Geschehen jegliches Tun ausgeschlossen war. Die Krippe, der Gegenstand, konnte nicht mehr tun als zu empfangen.

Das Lied hat seine große Popularität weit über lutherische Kreise hinaus nicht zuletzt durch das Gesangbuch gewonnen, das 1736 der Kantor Georg Christian Schemelli (gest. 1762) herausbrachte und das *Ich steh an deiner Krippen hier* in der Vertonung von Johann Sebastian Bach (1685–1750) enthielt. Bachs Einordnung in die Frömmigkeitswelt des Barock ist nicht ganz einfach, da deutende Aussagen von ihm selten sind und die Texte, die er vertont hat, nicht von ihm stammen. Die Zusammenstellung und die Auswahl sagen immerhin etwas aus, und gelegentlich lässt auch die Vertonung auf eine intensive Auseinandersetzung mit bestimmten Textpassagen rückschließen. Ganz ohne Belang dürfte auch nicht sein, dass sich in seiner Bibliothek Bücher von Arndt und Tauler fanden.[13]

Immer wieder tauchen in den von Bach vertonten Texten mystische Motive auf – weihnachtlich im Falle des erwähnten Liedes. Aber natürlich knüpfte der Komponist großer Passionen auch an die Passionsmystik an und lässt dabei durch seine Kompositionsweise ahnen, dass er sich ganz und gar in jener Tradition verstand, in welcher sich der Glaubende mit dem Sünder identifizierte, der Jesus ans Kreuz gebracht hat. Bezeichnend hierfür ist der Moment der Matthäuspassion, als Jesus am Tisch des Letzten Abendmahls prophezeit, dass einer der anwesenden Jünger ihn verraten werde. Gerade als die Jünger mit dem berühmtem «Herr, bin ich's?» (Mt 26,22) reagieren, fällt der Chor ein:

Ich bin's, ich sollte büßen,
An Händen und an Füßen
Gebunden in der Höll.
Die Geißeln und die Banden
Und was du ausgestanden,
Das hat verdienet meine Seel.[14]

Das Ich des Chors, das für die Gläubigen steht, nimmt also die Rolle ein, die eigentlich Judas, dem Verräter, zukäme, wäre er ehrlich mit sich und den anderen. Diese Stelle zeigt auch, wie der Antijudaismus in Bachs Passionen letztlich einzuordnen ist, der etwa ins Auge fällt, wenn Bach die Selbstverfluchung der Juden in Matthäus 27,25 – «Sein Blut komme über uns und unsere Kinder!» – lebhaft vertont. Die Figur des Judas, der traditionell antijüdisch nicht nur als Verräter, sondern auch als typischer Vertreter des Judentums gesehen wurde, steht hier gerade nicht für das Judentum, sondern, mystisch gewendet, für den Menschen, der in Sünde gefangen ist.

Zur Mystik gehört aber auch, dass der Sünder nicht im Erschrecken über Sünde und Schuld gefangen bleibt, sondern zur Kreuzesnachfolge geführt wird. Wieder sind es biblische Figuren, deren Rolle nun von den Glaubenden übernommen wird, in diesem Falle Simon von Kyrene, der das Kreuz für Jesus trägt (Mt 27,32). Mit ihm identifiziert die Bass-Arie den Sänger und die Glaubenden:

Komm, süßes Kreuz, so will ich sagen,
Mein Jesu, gib es immer her.
Wird mir mein Leiden einst zu schwer,
So hilfst du mir es selber tragen.[15]

So wie das Lied von der Krippe die Singenden in die Weihnachtsgeschichte hineinversetzte, ist es hier das Kreuz, das sie in das Geschehen hineinnimmt. Der Wechsel von Moll zu Dur bei der paradoxalen Rede vom «süßen Kreuz» zeigt, wie sehr der Komponist Bach sich diese Aussagen zu eigen machte.[16]

Das gilt auch für die vielen Texte, die, oft anknüpfend an Johann Arndts *Paradiesgärtlein*, brautmystische Motive aufgreifen. Besonders eindrucksvoll geschieht dies in einem Liebesduett von Bass und Sopran, das in der Kantate «Ich geh und suche mit Verlangen» (BWV 49) an der Stelle steht, an der man üblicherweise den Schlusschoral erwarten würde. Der Text drückt das tiefe Verlangen des Titels und zugleich gerade durch das Fehlen eines klaren Schlusschorals die bleibende Spannung, die noch ausstehende Einigung, aus:

[JESUS:] Dich hab ich je und je geliebet,
[SEELE:] Wie bin ich doch so herzlich froh,
Dass mein Schatz ist das A und O,
Der Anfang und das Ende.
[JESUS:] Und darum zieh ich dich zu mir.
[SEELE:] Er wird mich doch zu seinem Preis
Aufnehmen in das Paradeis;

Des klopf ich in die Hände.
[JESUS:] Ich komme bald,
[SEELE:] Amen! Amen!
[JESUS:] Ich stehe vor der Tür,
[SEELE:] Komm, du schöne Freudenkrone, bleib nicht lange!
[JESUS:] Mach auf, mein Aufenthalt!
[SEELE:] Deiner wart ich mit Verlangen.
[JESUS:] Dich hab ich je und je geliebet,
Und darum zieh ich dich zu mir.[17]

Dies hat Bach dadurch hörbar gemacht, dass er Bass und Sopran ineinander verschränkt und schließlich einen «Zusammenklang der Worte ‹Ich komme bald, mach auf, mein Aufenthalt› (Bass) und ‹Amen, amen, komm, du schöne Freudenkrone› (Sopran)» bewirkt:[18] Das Kommen, nach dem die Sopranseele noch sehnsüchtig fragend verlangt, ist damit musikalisch schon unmittelbar durch den gleichzeitig vor der Tür stehenden und drängend komponierten Bass erfüllt. Die Musik drückt sogar mehr an Einheit aus, als der Text zu sagen wagte, und macht durch die aktiven, schnellen Bewegungen des Basses und den ruhigen Choral des Soprans – eine Strophe aus dem Lied «Wie schön leuchtet der Morgenstern» – deutlich, wer in diesem mystischen Geschehen handelnd ist und wer empfangend.

Auch wenn der Zusammenhang von Theologie und Musik besonders gut an Johann Sebastian Bach deutlich gemacht werden kann, war dies doch keine rein lutherische Domäne. Orlando di Lasso (1532–1594), der als Kapellmeister am zunehmend gegenreformatorisch ausgerichteten bayrischen Hof tätig war, hat kurz vor seinem Tod zwanzig Madrigale des italienischen Dichters Luigi Tansillo (1510–15689) zu einer großen musikalischen Dichtung über die «Bußtränen des Heiligen Petrus» (*Le lagrime di San Pietro*) verarbeitet. Verbindendes Thema ist die Erkenntnis des Apostels Petrus über den Verrat, den er an Jesus begangen hatte, indem er, während der Prozess gegen diesen geführt wurde, behauptete, nicht zu seinen Anhängern zu gehören. Schon in der Bibel heißt es hierüber: «Und er ging hinaus und weinte bitterlich» (Mt 26,75). Diese Buße entfaltete die Dichtung und die mit ihr verbundene Musik. Die Erkenntnis wurde durch die unmittelbare Konfrontation mit Christus hervorgerufen:

> Die Bögen aber, die ihm die schärfsten
> und tödlichsten Pfeile in die Brust schleuderten,
> waren die Augen des Herrn, als sie ihn betrachteten.
> Die Augen waren die Bögen und die Blicke waren die Pfeile,
> die, mit dem Herzen nicht zufrieden,
> bis in die Seele drangen und dort solche Wunden schlugen,
> dass er sie bis an sein Lebensende
> mit dem Nass seiner Augen feuchten musste.[19]

Wie in den späteren Passionen Bachs lädt auch dieses emotional aufgeladene Geschehen dazu ein, sich selbst in die Geschichte Jesu zu versetzen. Im letzten Madrigal verlässt das Geschehen dann umgekehrt die Ebene zwischen Petrus und Jesus, und der glaubende Mensch, der die Musik hört, wird direkt angesprochen:

> Sieh, o Mensch, was ich für dich leide,
> Zu dir schreie ich, der ich für dich sterbe,
> Siehe die Strafen, von denen ich betroffen werde,
> sieh die Nägel, von denen ich durchbohrt werde.[20]

Mitten in einer Zeit, in der sich die Welten immer stärker konfessionell voneinander abgrenzten, lebte die mittelalterliche Passionsmystik in unterschiedlichen Transformationen fort und verband subkutan die sich voneinander lösenden Kulturen.

Geradezu ein Wanderer zwischen den konfessionellen Welten wurde Johannes Scheffler (1624–1677). Er war evangelisch getauft und erzogen, bekannte sich aber 1653 zum katholischen Glauben, und dies öffentlich und offensiv. In diesem Zusammenhang nahm er auch einen neuen Namen an und galt fortan als Angelus Silesius, der Schlesische Engelsbote. In seiner Rechtfertigungsschrift für diesen Schritt nannte er die angeblich bei den Lutheranern anzutreffende «freventliche verwerffung der jhnen (...) gantz vnerkandten geheimen mit Gott gemeinschafft Kunst (Theologiae Mysticae) welche doch der Christen höchste Weißheit ist», als einen der Gründe für seinen Schritt.[21] Der Vorwurf ist aus historischer Perspektive nicht berechtigt, doch für Angelus Silesius und zahlreiche Anhänger schien er aufgrund ihrer Erfahrungen mit dem Protestantismus plausibel. Scheffler besaß nun die Freiheit, mystische Dichtungen zu verfassen, die sich in seinem *Cherubinischen Wandersmann* finden. Seitenweise zitiert er im Vorwort Johannes Tauler und verweist auch auf andere Autoritäten, um dann in Gedichtform die Nähe Gottes zu umschreiben. Was er dabei äußerte, war von brennender Radikalität: Die Selbsterforschung sollte nach seinen gedichteten Reflexionen nicht nur dazu führen, dass der Glaubende «ein Gott in Gotte» sei (*Cherubinischer Wandersmann* I,6),[22] sondern sogar so weit, das wirkliche Sein Gottes an dessen Verwirklichung im Menschen zu binden:

> Gott lebt nicht ohne mich.
> Ich weiß daß ohne mich GOtt nicht ein Nun kan leben
> Wird' ich zu nicht Er muß von Noth den Geist auffgeben.
> (Angelus Silesius, *Cherubinischer Wandersmann* I,8)[23]

In anderen Kontexten hätte Angelus Silesius mit solchen Aussagen wohl Probleme bekommen, aber als Polemiker gegen den Protestantismus und als einer der begnadetsten Dichter der deutschen Barocklyrik hatte er einen so sicheren Stand, dass er die Grenzen des Sagbaren erproben und gelegentlich auch überschreiten konnte.

DAS VERBORGENE MALEN: JESUSBRÄUTE UND SCHMERZENSMÄNNER

Mystik entzieht sich dem Sichtbaren und spielt mit der Spannung zwischen sichtbarer Welt und geistiger Schau. Mystik durch Bilder darzustellen ist daher nicht einfach. Wenn etwa Franz Marc (1880–1916) den Maler El Greco (1541–1614) als «alten Mystiker» bezeichnete,[24] so war dies mehr Ausdruck einer Ausweitung des Begriffes der Mystik auf alles, was irgendwie geheimnisvoll erscheint, als eine frömmigkeitsgeschichtliche Einordnung. Gleichwohl gab es Versuche, mystische Erfahrungen bildlich darzustellen. So war der Bildtypus der «Mystischen Vermählung der Heiligen Katharina» seit dem späten Mittelalter verbreitet *(Tafel XII)*. Vielleicht noch mehr drückte sich in den vielen Darstellungen der Stigmatisierung des Franziskus von Assisi das Bewusstsein aus, dass hier ein Mensch unmittelbar von Christus erfasst war. Gerade die gegenseitige Durchdringung von Leiblichem und Geistlichem machte in diesem Falle Mystik darstellbar.

Zaghaft entwickelten sich auch im evangelischen Bereich Motive, die die Bilder mittelalterlicher Heiliger, die nicht mehr ungebrochen akzeptabel waren, durch Darstellungen mystischer Erfahrung ersetzen konnten. Um 1676–1680 malte Seivert Lammers die Gräfin Aemilie Juliane von Schwarzburg-Rudolstadt (1637–1706), die sich als fromme Dichterin betätigt hatte, als Jesusbraut mit ihrem Liebhaber, umrahmt von Rosen und Passionsblumen *(Tafel XIII)*. So war eine neue Art mystischer Vermählung für den lutherischen Kontext geschaffen. Vielleicht gibt es aus dem katholischen Raum sogar ein Beispiel dafür, wie ein Künstler sein eigenes mystisches Bildverständnis ins Bild setzte: Francisco de Zurbarán (1598–1664) stellte den Evangelisten Lukas dabei dar, wie er Jesus am Kreuz malte – und hat wohl in die Züge des Evangelisten seine eigenen eingetragen. Das Bild drückt sehr starke Bezüge zwischen dem

Porträtierenden und dem Porträtierten aus: Beide werfen sich Blicke zu. Das muss nicht Ausdruck einer mystischen Christusbeziehung sein, kann aber als solche verstanden werden, denn Unmittelbarkeit und Direktheit stehen immer wieder für mystisches Bewusstsein *(Tafel XI)*.

Wichtiger blieb für die Kunst die Darstellung von Motiven, die mystische Erfahrungen auslösen oder vertiefen konnten. Die mittelalterlichen Darstellungen des Schmerzensmanns *(s. o. Seite 265 und Tafel IX)* waren auch aus lutherischen Kirchen nicht durchweg verschwunden. Der Wundenkult, der sich in beiden Konfessionen in der Neuzeit gegenüber dem Mittelalter sogar noch ausweitete *(zu den Herrnhutern s. u. Seite 384)*, führte im katholischen Bereich zu einer noch weiter reichenden ikonographischen Entfaltung: Aufgrund von Prophezeiungen der Karmelitin Maria Anna Lindmayr (1657–1726) errichteten die Münchener Stände 1711–1738 die dortige Dreifaltigkeitskirche. Durch ein Gelübde sollte die Stadt davor geschützt werden, im Spanischen Erbfolgekrieg verheert zu werden. Diesem Programm entsprechend zeigt das Altargemälde Maria, die bei der Trinität Fürbitte für München einlegt. Bei der Darstellung Christi fällt die Hervorhebung der Seitenwunde ins Auge: Sie galt nach Johannes 17,34 als Ursprungsort der Sakramente, aber auch als bevorzugte Möglichkeit, mystisch in Christi Inneres vorzudringen *(Tafel XIV)*.

Letztlich führte dieser Weg bis zum Herzen selbst. Die Salesianerin Margareta Maria Alacoque (1647–1690) soll 1675 eine Vision des durchbohrten Herzens Jesu empfangen haben, in der Jesus seine Liebe zu den Menschen und zu ihr verkündete und sie um ihr Herz bat. Die gewaltige Kraft dieser visionären Bildlichkeit, die sich in den folgenden Jahren für sie in weiteren Visionen wiederholte und entfaltete, lag darin, dass hier Passionsfrömmigkeit und Brautfrömmigkeit aufs Engste miteinander verbunden waren *(Tafel XV)*. Indem das Herz Jesu in den Mittelpunkt rückte, waren Seitenwunde und Leiden noch präsent, und doch war die erotische Dimension unausweichlich mitgegeben. Das erinnert an Angela von Foligno, die das Kreuz zum Liebesbett werden ließ *(siehe Seite 208)*, aber die Bildlichkeit war hier noch unmittelbarer. So führte die Liebesbeziehung zu Christus Margareta Maria in eine intensive passionsmystische Praxis.

Nicht nur durch diese Anschaulichkeit und Überzeugungskraft verbreitete sich die Herz-Jesu-Frömmigkeit, sondern sie fand auch kundige Propagatoren: Die Jesuiten verbanden die Praxis aus salesianischem Kontext mit ihrer eigenen Meditationspraxis und deren Konzentration auf das Leiden Christi. Mit der Möglichkeit, sich selbst Christi Herzen zu weihen, war auch ein Moment der Entscheidung in dieser Frömmigkeit enthalten, das ihrer Praxis entgegenkam. So verkündeten sie die Frömmigkeit des Herzens Jesu, und nach und nach entwickelte sich daraus eine Vielzahl populärer Darstellungen mit Jesus Christus, der sein Herz zeigt. Dieser Bildtypus verbreitete sich allerdings, wurzelnd im Barock, mit voller Kraft erst im neunzehnten Jahrhundert. 1875 wurde sogar der Grundstein für die Kirche Sacré-Cœur auf dem Montmartre gelegt, die 1919 eingeweiht wurde. Sie ist – auch wenn das den vielen Touristen, die sie heute besuchen, kaum bewusst sein dürfte – eine Art Architektur gewordener Jesusmystik.

14.
DIE STILLEN IM LANDE

BLAISE PASCAL:
DIE VERNUNFT DES HERZENS

Die Aufklärung, die seit dem ausgehenden 17. Jahrhundert zunächst in England und Frankreich, dann allmählich auch in Deutschland aufzog, versprach ähnliches wie seit Jahrhunderten die Mystik: *enlightenment* im Englischen, *lumières* im Französischen. Beides hat mit dem Licht, der Erleuchtung oder *illuminatio* zu tun, von der mystische Prediger sprachen, seit sie die Kerngedanken des Neuplatonismus aufgenommen hatten. Gemeinsamkeiten führen aber nicht immer zu Allianzen, manchmal sogar im Gegenteil: Aufklärung versprach eine andere Art von Erleuchtung, eben nicht als Geschenk Gottes, sondern als Folge der intellektuellen Anstrengungen, die sich gerade auch gegen Autoritäten wenden konnten, die behaupteten, für Gott zu stehen. Diese Haltung hat Folgen bis in die heutige Zeit, für die Mystik und Aufklärung eher als recht unterschiedliche Phänomene erscheinen und die innere Erfahrung der Mystik vielfach durch die äußere Empirie der Naturwissenschaften ersetzt ist.

Vor diesem Hintergrund mag es erstaunen, wenn unter den

Mystikern ein Denker erscheint, den man gemeinhin eher mit den frühneuzeitlichen Erkenntnissen in Mathematik und Physik verbindet. Nach Blaise Pascal (1623–1662) ist immerhin seit 1971 eine veritable physikalische Maßeinheit benannt: der Druck von einem Newton auf einen Quadratmeter ist ein Pascal. Pascals Forschungen zu Druck und Vakuum bilden nicht seinen einzigen Beitrag zur modernen Wissenschaft, auch die Erfindung einer Rechenmaschine geht auf ihn zurück, und die Entwicklung der Infinitesimalrechnung durch Gottfried Wilhelm Leibniz (1646–1716) verdankte sich zumindest auch Anstößen Pascals.

Das Bemühen um exakte naturwissenschaftliche Erkenntnisse bildete nur die eine Seite von Pascals kurzem, aber recht bewegtem Leben. Hauptsächlich widmete er sich Fragen der Religion. Er stand mit dem Kreis der Gelehrten um das Kloster Port Royal des Champs in der Nähe von Paris in Kontakt. Sie waren die wichtigsten Vertreter des Jansenismus, einer bald von der römisch-katholischen Kirche verurteilten Erneuerungsbewegung, die auf das 1640 postum veröffentlichte Buch *Augustinus* des Bischofs von Ypern, Cornelius Jansen (1585–1638), zurückging. Jansen hatte in Auseinandersetzung mit den Jesuiten und deren kasuistischer Ethik an die Radikalität Augustinus' und seiner Sündenlehre erinnert: Nichts, so Jansen und die ihm folgenden Jansenisten, war im Menschen heil erhalten geblieben, auch nicht die Vernunft. Diese Position verfocht Pascal in seinen *Lettres Provinciales*, einer scharfen Satire über die Jesuiten. Hier macht sich seine ambivalente Stellung in der Geschichte der Frühaufklärung bemerkbar: Der Spott über die falschen Anmaßungen der Vertreter kirchlicher Autorität konnte formal die Aufklärung befeuern. Dass aber ausgerechnet der Spötter so wenig Vertrauen in die Vernunft setzte und von ihr doch zugleich in der Mathematik so reichlich Gebrauch machte, führte in der Wertung Pascals zu einem bis heute währenden Vexierspiel. Am deutlichsten wird dies bei Voltaire (1694–1778), der Zentralgestalt der französischen Aufklärung: Er «beginnt und beendet sein schriftstellerisches Wirken mit Arbeiten über Pascal»,[1] und so verächtlich er sich über den misanthropischen Lehrer der Sünde auch äußerte, so sehr hat er doch von der zugespitzten Form der Kritik, die er bei ihm fand, profitiert.

Dass Pascal nicht nur als Augustinist, sondern auch als Mystiker gelten kann, hat mit einem Ereignis zu tun, das er als eine Art zweiter Bekehrung schilderte und auch genau datierte: Am 23. November 1654 wurde ihm eine Erfahrung zuteil, aus der für ihn die völlige Hingabe an Jesus Christus folgte:

> Jesus Christ, Jesus Christ. Ich habe mich von ihm getrennt. ich bin ihn geflohen, habe ihn geleugnet und gekreuzigt. Dass ich doch niemals von ihm getrennt sei. Er lässt sich nicht bewahren außer auf den Wegen, die im Evangelium vorgezeichnet sind. Völliges süßes Aufgeben.[2]

Das Muster ist im Rahmen einer Geschichte christlicher Mystik nicht fremd: Pascal bewegt sich nicht anders als die Sänger der Matthäuspassion mitten hinein in die Heilsgeschichte des Christentums. Die augustinische Sündenerkenntnis wird zum Bekenntnis der eigenen ganz individuell zu tragenden Schuld an Christus, und an dieser Stelle schlägt das Bewusstsein größter Distanz um in die Hoffnung einer unauflöslichen Verbindung. Hieraus resultierte für ihn ein eigener Zugang zur Wahrheit, die letztlich nur noch als existentielle belegt werden konnte.

Berühmt ist Pascals Vorschlag einer Wette, die allerdings eher als ein sich Einlassen auf Gott zu verstehen ist, denn er, ganz Mathematiker und Logiker, argumentiert mit bestechender Schärfe gegen den, der nicht an Gott glauben will, dass diese Wette sinnvoll nur einen Ausgang haben kann: Glauben könne er vom Ungläubigen nicht verlangen, wohl aber die Einsicht, dass die Vernunft weder Gottes Existenz behaupten könne noch bestreiten. Wenn nun die Annahme stimme, dass es keinen Gott gebe, wäre es gleichgültig, ob man an einen solchen Gott glaubt oder nicht. Gibt es ihn aber, so erhält man für den rechten Gottesglauben himmlischen Lohn, für Unglauben hingegen Bestrafung. Somit ist die einzige Annahme, aus der Positives folgen kann, der Glaube an Gott, die einzige, aus der Negatives folgen kann, dessen Leugnung. Der Sinn der Wette ist also nicht ein Ausprobieren dieser oder jener Option, sondern der Nachweis, dass die einzig vernünftige Option die scheinbar unvernünftige, eben der Glaube, ist.

Die Wette findet sich in einem Konvolut von Notizen, die Pascal zu einer großen Apologie des Christentums auf Basis seiner eigenen Erfahrungsgewissheit ausbauen wollte. Erst posthum sind sie unter dem Titel *Pensées,* «Gedanken», erschienen. Das Hauptwerk Pascals ist somit ein aus Fragmenten zusammengesetztes Fragment. Und gerade darin konnte es weit in die religionsphilosophischen Diskurse der Aufklärung und darüber hinaus wirken.

Noch deutlicher als bei Pascal, dessen Bedeutung für die Aufklärung hochgradig ambivalent ist, zeigt sich die Verbindungslinie zwischen Mystik und Aufklärung bei einem Hamburger Dichter, der als Vertreter der frühaufklärerischen Physikotheologie gilt, einer Denkrichtung, die aus dem wissenschaftlich belehrten Staunen über die wunderbaren Zusammenhänge der Natur auf die Wirklichkeit Gottes verweist. Sie fand in den Gedichten von Barthold Heinrich Brockes (1680–1747) Gestalt – der unter dem fernen Einfluss Johann Arndts stand. Mit diesem verband ihn die Begeisterung für naturwissenschaftliche Erkenntnisse. So schwingt selbst noch in Brockes *Irdischem Vergnügen in Gott*, mitten in der beginnenden Aufklärung, etwas von mystischer Wirklichkeitserfahrung mit all ihren bekannten Paradoxien nach:

Es schlug des Abgrunds Raum, wie eine dicke Fluht
Des Boden-losen Meers auf sinckend Eisen thut,
In einem Augenblick, auf meinen Geist zusammen.
Die ungeheure Gruft voll unsichtbaren Lichts,
(…) Mein gantzes Wesen ward ein Staub, ein Punct, ein Nichts,
Und ich verlohr mich selbst. Dieß schlug mich plötzlich nieder;
Verzweiflung drohete der gantz verwirrten Brust:

Allein, o heylsams Nichts! glückseliger Verlust!
Allgegenwärt'ger Gott, in Dir fand ich mich wieder
(Brockes, *Das Firmament*)[3]

Mystik und Naturbetrachtung, Mystik und Aufklärung – beides muss nicht Hand in Hand gehen, aber gelegentlich geschah genau dies.

JEAN DE LABADIE: DIE FROMMEN VERSAMMELN

Die Nähe zwischen Mystik und Aufklärung wird noch deutlicher, wenn man sich von dem Gedanken löst, die Frömmigkeitsbewegung des Pietismus, die sich innerhalb der reformierten und lutherischen Kirche vor allem im deutschsprachigen Raum entwickelte, nur als Alternative zur Aufklärung zu verstehen. Es ist nicht ganz einfach, «Pietismus» überhaupt zu definieren. Der Begriff wird einerseits allgemein für eine intensivierte innerliche Frömmigkeit verwendet, die sich im Protestantismus vom sechzehnten Jahrhundert bis in die Gegenwart erstreckt, andererseits im engeren Sinne für eine Reformbewegung vom ausgehenden siebzehnten und achtzehnten Jahrhundert.[4] In diesem engeren Sinne wäre der Pietismus dadurch gekennzeichnet, dass ihm ein Verständnis der Kirche als Gemeinschaft der Getauften nicht reichte und eine Sammlung der wahrhaft Glaubenden im Vordergrund stand. Pietisten strebten die Bildung einer *ecclesiola in ecclesia*, eines Kirchleins in der Kirche, an. Hinzu kam die «Hoffnung auf bessere Zeiten», das heißt, im Gegensatz zur klassischen lutherischen Apokalyptik die oft chiliastisch gefärbte Erwartung, dass es noch hier auf Erden zu einer wahrhaft christlich geprägten Welt kommen werde. Solchen Fortschrittsoptimismus kennt man auch aus aufgeklärten Kontexten.

In der jüngeren Forschung setzt sich mehr und mehr die Ansicht durch, dass der Pietismus als Teil der Aufklärungsbewegung zu verstehen ist.[5] Das gilt vor allem im Blick auf die Kommunikationsformen: Pietisten bildeten wie die Aufklärer eigene Netzwerke, in denen sie kommunizierten und neue Ideen entwickelten. Pietisten wie Aufklärer lösten sich von autoritätsgläubigen Haltungen. Aufklärer beriefen sich dabei auf die Mündigkeit des vernünftigen Subjekts, während Pietisten die Erfahrungswirklichkeit des frommen Subjekts betonten. Beides kommt darin zusammen, dass die Subjektivität des Einzelnen an Bedeutung gegenüber den institutionellen Vorgaben gewann, und in beiden Fällen lag ein besonderer Akzent in der Entfaltung einer Ethik, die den Einzelnen in die Verantwortung für sein Tun nahm.

Gleichwohl gibt es Gründe dafür, den Pietismus gegenüber dem breiten Strom der Aufklärung als ein besonderes Phänomen zu behandeln. Seinen Vertretern ging es vornehmlich darum, das Christentum durch innere Aneignung zu verwirklichen. Für diesen mystisch geprägten Impuls hat der Magdeburger Pfarrer Christian Scriver (1629–1693) den vielleicht passendsten Begriff gefunden, als er in Aufnahme von Psalm 35,20 von den «Stillen im Lande» sprach, die, im Gegensatz zum Hauptstrom der Aufklärung, «ihre Vernunfft gefangen unter den Gehorsam Christi» nehmen (vgl. 2 Kor 10,5) und sich «mehr ůber die Tieffe der Geheimnisse deß Reichs Gottes [verwundern] / als daß sie selbige zu ergrůnden sich unterstehen sollten».[6]

Als Vater des Pietismus im engeren Sinne gilt Philipp Jacob Spener (1635–1705). Sein Hauptwerk *Pia desideria* («Fromme Wünsche») von 1675 wurde zunächst als Anhang zu Johann Arndts Evangelienpostille gedruckt. Diesen rechnen manche schon zum Pietismus hinzu, auch wenn ihm der besondere Gedanke der Sammlung der Frommen noch fehlt. Sehr viel deutlicher führt auf solche Vorstellungen Jean de Labadie (1610–1674) hin, der Jesuit war, bevor er sich der reformierten Kirche zuwandte.

Die Verbindung aus katholischer Prägung und evangelischer Überzeugung führte bei ihm zu einer ganz eigenen religiösen Mischung, deren besonderer Charakter sich nicht zuletzt darin niederschlug, dass sich Labadie und seine Anhänger immer wieder, mal geduldet, mal vertrieben, auf Wanderschaft begeben mussten. Aus der katholischen Mystik übernahm Labadie die Aufmerksamkeit auf das Gebet als die Weise, wie Gott unter Menschen gegenwärtig wird. In seiner Abhandlung über das Gebet nahm er das tradierte mystische Vokabular auf:

> Alle guten Gedanken, die wir über ihn haben und haben können, sind Wege, zu ihm zu kommen, und, nachdem wir ihm begegnet sind, uns zu helfen, mit ihm vereint zu bleiben.[7]

Während sich eine solche Gebetstheologie im römisch-katholischen Raum eher als individueller Rückzug gestalten konnte und denen, die so dachten und lebten, gar den Vorwurf des Quietismus eintragen konnte, wollte Labadie, dass sich die Nähe zu Gott auch in der Kirche verwirklichte. Die Ausgießung des Heiligen Geistes, die für die Endzeit verkündet wurde, sollte schon jetzt Wirklichkeit werden. Das hieß auch: Die christliche Urgemeinde sollte wieder aufleben. Die Folgen waren revolutionär: De Labadie brach mit der Fixierung des Gottesdienstes auf einen Geistlichen, der die Bibel auslegte: So wie es in 1. Korinther 14 beschrieben wurde, nahm er seine Gemeinde als durchdrungen von prophetischer Rede wahr: Jeder solle die Bibel auslegen dürfen. Das allgemeine Priestertum, von dem die Reformation gesprochen hatte, gewann so Gestalt, wobei daran zu erinnern bleibt, dass Luther selbst stets die ordentliche Berufung zum Amt als Voraussetzung für die öffentliche Verkündigung des Wortes vertreten hatte. Es gab keine Kanzel mehr, sondern ein Miteinander auf den Kirchenbänken. Das war mehr als eine Veränderung von Kirche und Gemeinde, denn sonst bildete die Sitzordnung in den Kirchen der Frühen Neuzeit stets auch die sozialen Verhältnisse ab. Wer einmal eine barocke Patronatsloge gesehen hat, gewinnt eine Ahnung von der Präsenz der Abhängigkeiten auch im sonntäglichen Gottesdienst. Für Labadie aber gab es kein Arm und kein Reich mehr, er wagte sogar das Experiment einer kommunistischen Gütergemeinschaft. Kein Wunder, dass seine Gemeinde bald aus Amsterdam vertrieben wurde, wo er dies versucht hatte. Kurzzeitig fand sie Schutz bei der (evangelischen) Äbtissin des Reichsstifts Herford, Elisabeth von der Pfalz (1618–1680), die selbst eine intensive mystische Frömmigkeit pflegte. Aber auch hier konnte die Gruppierung nicht lange bleiben. Nach einigen weiteren Stationen war klar, dass die Feinde der Mystik wieder einmal einen neuen Schimpfnamen gelernt hatten: Als «Labadisten» wurden nun diejenigen verunglimpft, deren Mystik die Tendenz hatte, sie aus den Kirchenstrukturen hinauszuführen.

Dabei kannte auch die reformierte Kirche, die mit Labadie immer weniger anzufangen wusste, Mystiker in ihren Reihen, darunter sogar einen, dessen Lieder bis heute im Evangelischen Gesangbuch stehen. Wenn heute noch vielfach zu Beginn des Gottesdienstes gesungen wird *Gott ist gegenwärtig* (EG 165), so dürften die meisten Gemeindeglieder gar nicht ahnen, dass der Dichter, Gerhard Tersteegen (1697–1769) sich in vielen Gedichten seines *Geistlichen Blumengärtleins* in die mystische Tradition eingeschrieben hat, die ihm konfessionsübergreifend gut bekannt war: Die Gedichte der Madame Guyon hat er ins Deutsche übertragen. Diese Prägung ist in der siebten und achten Strophe des verbreiteten Kirchenliedes mit Händen zu greifen:

Mache mich einfältig, innig, abgeschieden,
Sanfte und im stillen Frieden,
Mach mich reines Herzens, daß ich deine Klarheit
Schauen mag im Geist und Wahrheit!
Laß mein Herz überwärts
Wie ein Adler schweben
Und in dir nur leben!

Herr, komm in mir wohnen, laß mein'n Geist auf Erden
Dir ein Heiligtum noch werden;

Komm, du nahes Wesen, dich in mir verkläre,
Daß ich dich stets lieb' und ehre!
Wo ich geh', sitz' und steh',
Laß mich dich erblicken
Und vor dir mich bücken![8]

Das Überschreiten aller räumlichen Vorstellungsmöglichkeiten, das Hinaustreten der Seele aus sich selbst und das Hineinkommen Gottes in diese Wohnung: All dies sind vertraute Motive. Tersteegen geht sogar so weit wie Gertrud von Helfta, dass Innerlichkeit und Äußerlichkeit der Gottesbeziehung sich ineinander verschlingen: Wie der, in dem Gott Wohnung genommen hat, sich vor diesem verneigen soll, ist nicht mehr vorzustellen und soll es wohl auch nicht sein. Tersteegen wahrte das mittelalterliche mystische Erbe für den Protestantismus der Neuzeit bis in die Gegenwart, übrigens sogar für eine gar nicht so mystische Einrichtung wie die Bundeswehr: Beim großen Zapfenstreich folgt noch heute auf das Kommando, den Helm abzunehmen, der Choral *Ich bete an die Macht der Liebe*, der aus einem Tersteegen-Lied stammt und mit dem Versenken in das Meer der Liebe kaum weniger mystische Anklänge hat als *Gott ist gegenwärtig*.

PIETISMUS UND WELTGESTALTUNG

Zu den Besuchern der frühen, noch in Genf gehaltenen Predigten Labadies gehörte 1660/61 auch ein junger Lutheraner aus dem Elsass: der oben schon erwähnte Philipp Jacob Spener, der 1667 eine eigene Übersetzung eines Traktats von Labadie herausbrachte.[9] Wie groß der Einfluss Labadies auf ihn war, ist strittig. Die traditionelle Tendenz, den Einfluss für gering zu halten, könnte auch von dem Anliegen motiviert sein, den kirchlichen Spener nicht in die Nähe des «Separatisten» Labadie zu rücken.

Spener teilt mit Labadie jedenfalls die bemerkenswerte Verbindung von mystischer Grundlegung und ethischer Ausrichtung. 1668, nur zwei Jahre nachdem er das angesehene Amt als Senior in der Reichsstadt Frankfurt übernommen hatte, hielt er eine Predigt *Von genauer Vereinigung Christi und eines Christen.*[10] Wie wichtig ihm zu diesem Zeitpunkt die Mystik war, zeigt sich an seinem gewagten Umgang mit der biblischen Grundlage der Predigt, dem Vers Johannes 1,20, in dem Johannes der Täufer erklärt: «Ich bin nicht Christus.» Spener aber kam in der Anwendung auf die Christen zum geraden Gegenteil, nämlich dass «ein jeglicher frommer glaubiger Christ sagen kônne: Ich bin Christus.»[11] Natürlich wollte Spener damit keine Wesensidentität mit Christus beanspruchen und auch nicht behaupten, dass die Menschen eine Heiligkeit erlangen könnten, die sie mit Christus gleichmache. Beides wehrte er ausdrücklich ab und gebrauchte sogar einen seit den Auseinandersetzungen um Osiander antimystisch geschärften Begriff: Bloß *imputative* seien die Christen Christus,[12] bloß durch Anrechnung. Das aber entfaltete Spener in einer Weise, die doch eine Wirklichkeit schon hier auf Erden aufscheinen ließ: Ein Christ sei nämlich insofern Christus, als «in dem Christus mehr lebet / als er selbst / und also so genau mit ihm vereinigt ist / daß ihm Christus so nahe als er ihme selbst ist.»[13] Die Beispiele, die Spener für diese Art der Vereinigung gab, waren so aussagekräftig wie trickreich: Genau so nämlich verhalte es sich, wenn das Brot im Abendmahl als Leib Christi bezeichnet wurde oder der Wein als Blut Christi. In einer Stadt, in der es eine starke reformierte Gemeinde gab, gegen die Spener sich auch schon recht polemisch geäußert hatte, wusste man, was das bedeutete: Das waren keine Metaphern, sondern «in, mit und unter» dem Brot war für Lutheraner tatsächlich der Leib Christi. Wenn es sich so auch mit der gläubigen Seele verhielt, war die Präsenz Christi kaum stärker zu formulieren. Wie sehr Spener daran lag, damit feinsäuberlich innerhalb der von der Orthodoxie gezogenen Grenzen zu bleiben und so kein lutherischer Labadie zu werden, zeigt nicht nur die Rede von der imputativen Rechtfertigung, sondern auch die gut lutherische Betonung, diese Einigung mit Christus erfolge durch Wort und Sakrament. Dies allerdings verbindet Spener mit dem zutiefst mystischen Gedanken, Christi Gegenwart vollziehe sich durch «die geistliche Geburt Christi in uns».[14]

Dass dieser Autor wenig später Johannes Tauler empfahl, wundert nicht. Und doch gab es dazu noch einige Zwischenschritte. Spener sah den Zustand der Kirche, für die er als Pfarrer zuständig war, zunehmend kritisch. Noch in derselben Predigt wandte er sich «an euch unwidergebohrne». Das waren die, in denen die Gottesgeburt nicht stattgefunden hatte, die Christus nicht voll und «den Glauben nicht in eurem hertzen» hatten.[15] Das stellte nicht nur für die Orthodoxie, sondern auch insgesamt für die verbürgerlichte Frömmigkeit der Frühen Neuzeit eine gewaltige Herausforderung dar, die Spener sogleich in einen fiktiven Dialog fasste:

> wir sind ja gut Lutherisch gebohren und erzogen / sind nie anderer Religion zugetahn gewest. Wir glauben, daß Christus für uns gestorben / und thun alles nöthige / auch solchen Glauben zu bezeugen. Wir gehen in die Kirche / zur Beicht und Abendmahl. Wir haben auch nie an unserm glauben gezweifelt.[16]

So lautete der fiktive Einwand, und Speners Antwort:

> Du must das nicht vor den Glauben halten / die äusserliche Bekantnuß (...) Sondern das ist der Glaube / die starcke Zuversicht auff Gott eines von dem Heiligen Geist durch das Wort erleuchteten und versiegelten / Gott den Herrn inniglich liebenden und dessen seinen Willen allen andern in der welt vorziehenden hertzens.[17]

Die Gegensätze, die hier aufgebaut werden, sind bekannt und gewinnen doch im Zusammenhang mit einer entstehenden neuzeitlichen Subjektivität eine neue Bedeutung. Der Kampf gegen die empfundene Äußerlichkeit ist auch ein Kampf gegen Normen, die nicht wirklich innerlich bejaht sind. So wie die Aufklärer sich in den kommenden Generationen mehr und mehr die Losung auf die Fahnen schrieben, sich des eigenen Verstandes zu bedienen, wollte Spener die Gläubigen dazu bringen, nur auf die Weise zu glauben, die sie auch selbst bejahen konnten.

Aus diesem ebenso mystischen wie neuzeitlichen Aufbegehren wurde eine machtvolle Reformbewegung, in der zunehmend diejenigen, die diesen innerlichen Glauben bejahen und leben wollten, sich von der Kirche der bloß Getauften «äußerlichen» Christen abhoben, ohne sich allerdings von ihr zu trennen. Die Ängstlichkeit, mit der Spener darauf bedacht war, alles, was nach Mystik klang, in den orthodoxen Rahmen einzupassen, zeigte sich auch hier. Er förderte die Zusammenkünfte von *Collegia pietatis* im Pfarrhaus, bei denen sich Menschen über geistliche Fragen austauschten, versuchte aber zu vermeiden, dass durch sie eine Konkurrenz zum hierarchisch strukturierten Predigtgottesdienst entstand.

Die Gespräche im Umfeld von Spener drehten sich auch um die Frage, ob mittelalterliche Mystik für gute Lutheraner akzeptabel sein könne: Der Jurist Johann Jakob Schütz (1640–1690), der begonnen hatte, am christlichen Glauben zu zweifeln, fand in der Lektüre Taulers neuen Halt, war sich nun aber unsicher, ob er als Lutheraner Schriften von Tauler lesen dürfe. Spener bestärkte ihn darin, nicht zuletzt unter Verweis auf Martin Luther, Johann Arndt und Heinrich Varenius (1595–1635), der Arndt im Blick auf dessen Tauler-Rezeption verteidigt hatte. Für Schütz wurde die Lektüre Taulers zu einem Schlüssel zum Verständnis der Heiligen Schrift, und es scheint, dass er umgekehrt auch Spener darin unterstützt hat, dieses mystische Erbe des Luthertums stark zu machen. 1675 empfahl Spener:

> Es möchte auch nutzlich seyn / daß die einfältige Büchlein / die Teutsche Theologi, sodann Tauleri Schrifften / auß welchen

> gleichwol / nechst der Schrifft / unser theure Luther worden / was er gewesen ist / in die hände der Studiosorum mehr gebracht / und dero gebrauch ihnen recommendiret würde.[18]

Diese Empfehlung findet sich in den *Pia desideria*, der Gründungsschrift des lutherischen Pietismus. So wie die Reformation als mystische Bewegung begonnen hatte, begann auch diese Reform noch einmal mit der Mystik – und mit einer zentralen Idee: dem allgemeinen Priestertum. Spener hat die Bahnen der lutherischen Kirche dabei nicht verlassen und sich gegen Vorwürfe, er habe dies getan, zur Wehr gesetzt. Diese betrafen weniger die mystischen Anliegen, die sich bei ihm ohnehin nur sehr zurückhaltend ausgedrückt finden, als seine «Hoffnung auf bessere Zeiten», hinter der lutherische Orthodoxe ein Wiederaufleben der chiliastischen Ideen wie einst bei Müntzer oder radikalen Täufern des sechzehnten Jahrhunderts witterten. Für Spener war der Gedanke, dass es hier auf Erden nicht nur bergab ging, bis eines Tages das machtvolle Gericht dreinschlagen würde, sondern dass es Stück für Stück auch eine Besserung geben könne, nicht Ausdruck radikaler Gesellschaftsveränderung, sondern der Hoffnung, dass die Rechtfertigung, die Gott durch den Glauben schenkte, mehr sein könne als der äußere imputative Zuspruch. Sie sollte auch zur Wiedergeburt, und wie er es später einschärfte, zur Heiligung des Menschen führen.

Solche Gedanken hat Spener zeitweise auf der gesellschaftlich wie politisch hervorgehobenen Stelle als Oberhofprediger in Dresden vertreten können – ein Indiz dafür, wie weit der Pietismus mit seiner Weltgestaltung vorgedrungen war. Für Preußen konnte Carl Hinrichs sogar den Gedanken vorgetragen, der Pietismus sei hier zur «Staatsreligion» geworden.[19] Das bezog sich auf August Hermann Francke, der vor allem Praktiker war, dessen Leben aber zutiefst von einer mystischen Erfahrung geprägt war, die er selbst, sicherlich stilisierend, in seinen Lebenserinnerungen beschrieb. Das Auffälligste an diesem Bericht ist die permanente Steigerung der Christlichkeit und Innerlichkeit, die sich darin abzeichnet: Er fühlte sich schon zuvor «in einen freyen und ungebundenen zustand» versetzt, «da ich mit der welt nichts oder doch so wenig zu schaffen hatte, daß ich mit größtem Unrecht über äusserliche hindernisse und abhaltungen meines Christenthums würde geklagt haben».[20] Die Hindernisse also blieben innerliche, und diese wurden, so Franckes spätere Schilderung, 1687 manifest, als er sich auf eine Predigt über Johannes 20,31 vorzubereiten hatte: «Dieses ist geschrieben, daß ihr gläubet, Jesus sey Christ, und daß ihr durch den Glauben das Leben habet in seinem Namen.» Vor dem Hintergrund der pietistischen Forderung nach einem lebendigen Glauben fühlte er sich dem nicht gewachsen, steigerte sich bis in atheistische Gottesleugnungen hinein, um am Ende aufgrund einer Eingebung Gottes selbst plötzlich alle Zweifel hinter sich zu lassen.

Inwieweit diese Bekehrungsgeschichte nachträglich stilisiert ist, muss wie bei allen Schilderungen dieses Genres offenbleiben. Francke schildert hier eine Haltung, die davon bestimmt ist, dass ein Mensch «in seinem gantzen Leben und Beruff / in allen seinen Thun und Lassen / sonderlich aber im Leiden» darauf ausgerichtet sein soll, «daß er zu erst mit Christo Jesu im Hertzen inniglich sich vereinige / und dann sein Werck oder Leiden antrete».[21] Die seit Labadie so auffällige Verbindung zwischen mystischer Grundierung und aktiver Kirchen- und Weltgestaltung zeigt sich also auch bei ihm – und dies mit einer deutlichen Schlagseite zu letzterer. Wenige Jahre später übernahm Francke eine Pfarrstelle in Glaucha, einer von sozialer Verelendung gezeichneten Vorstadt von Halle. Bald baute er hier ein Waisenhaus und schließlich einen hochmodernen Bildungskomplex auf. Trotz aller Bedeutung der Innerlichkeit sollten junge Menschen hier auch auf das «äußere» Leben vorbereitet werden und erhielten nach dem Vorbild des Gothaer Gymnasiums, das Francke selbst besucht hatte, viel Realienunterricht: Nicht nur aus Büchern sollte das Wissen kommen, sondern die Betrachtung einzelner Gegenstände sollte hierzu helfen. Als

Friedrich Wilhelm I. von Preußen (1713–1740) kurz nach seinem Regierungsantritt Franckes Einrichtungen besuchte, war das der Auftakt zu einer Allianz von Pietismus und Preußen: Der Staat unterstützte Francke in seinen Auseinandersetzungen mit innerkirchlichen Skeptikern, dieser wiederum versorgte den Staat mit einer ansehnlichen Bildungselite und einem hochmodernen Bildungsprogramm – nicht zuletzt auch mit einer ganzen Reihe von Feldpredigern, die dem Soldatenkönig zupass kamen.

Der Weg in die «Welt» wurde bald auch missionarisch beschritten. Nachdem in der Frühen Neuzeit Mission vor allem von der römisch-katholischen Kirche betrieben worden war, bevorzugt durch Jesuiten, entstand nun in Halle ein protestantisches Zentrum für die Mission im indischen Tranquebar, einer dänischen Handelskolonie. Hier zeigte sich erneut der praktische Geist der Hallenser Pietisten: Der Missionar Bartholomäus Ziegenbalg (1682–1719) erlernte das Tamilische und übersetzte die Bibel in diese Sprache, ja schrieb sogar eine Grammatik dafür – so entstand aus dem Missionsanliegen auch ein Interesse am Fremden.

Mystik und Mission gingen nicht nur in Halle und nicht nur im Protestantismus zusammen. Für diese Allianz ist auch die Katholikin Marie Guyart (1599–1672), auch Marie de l'Incarnation genannt, beispielhaft. Sie stammte aus einer Bäckerfamilie, die anderes mit ihr vorhatte als einen religiösen Lebensweg: Sie musste früh heiraten, war aber auch bald wieder verwitwet. Während sie im Haushalt ihrer Schwester wie eine Dienstmagd arbeiten musste, begann sie, Visionen zu empfangen, in welchen sich viele bekannte Motive niederschlugen, auch wenn schwer zu sagen ist, welche Literatur sie in diesen Jahren überhaupt schon kennen konnte. Sie schaute im Bild eines Meeres die Unbegreiflichkeit Gottes, gewann allergrößte Klarheit über die Trinität und begegnete Gottes Wort in Christus, der ihr als liebender Bräutigam erschien, dem sie sich liebend zuwenden konnte. Seit den frühen Erfahrungen standen ihr geistliche Begleiter zur Seite, zunächst Mitglieder des Feuillantenordens, einer Abzweigung der Zisterzienser, dann Jesuiten. Sie deuteten Maries Visionen und geleiteten sie in ihrem Kampf zwischen Gott und Teufel von Entscheidung zu Entscheidung: So wurde sie Ursuline, also Angehörige eines Ordens, der sich im Zuge der katholischen Reform besonders der Mädchenbildung zuwandte.

Für die Ursulinen gründete Marie Guyart ein Kloster in Nouvelle-France, einer französischen Kolonie auf dem Boden des heutigen Kanada. Dort folgte sie weiter dem Bildungsanliegen der Ursulinen. Im Blick auf die indigene Bevölkerung machte sie einen bemerkenswerten Perspektivenwechsel durch: «Marie de l'Incarnation interessierte nicht so sehr der Unterschied zwischen den Indianern und den Franzosen, sondern ihre Ähnlichkeit. Es gab einen Grund dafür, für sie der allerwichtigste: ihre Fähigkeit, Christen zu werden.» (Natalie Zemon Davis)[22] So lernte sie die Sprache der Irokesen und unterrichtete sie im Christentum, schrieb sogar Katechismen, um den angestammten Einwohnern Amerikas den christlichen Glauben aus dem fernen Europa nahezubringen. Grundlage ihrer Aktivitäten war für sie das innere Gebet. Auch für sie also galt, dass diese Praxis nicht in Quietismus führen musste, sondern zur aktiven Gestaltung der Welt ermutigen konnte.

ERLEUCHTETE FRAUEN UND DIE HERRNHUTER BRÜDERGEMEINE

Der Pietismus veränderte die Welt, doch je mehr er die Welt veränderte, desto mehr musste man sich fragen, ob er nicht doch auch wieder zum Teil der Welt wurde. Schon dem Frankfurter Umfeld von Spener war er zu zögerlich. Ausgerechnet Johann Jakob Schütz, der erst durch Spener Zutrauen gewonnen hatte, dass er sich auf Tauler und die spätmittelalterliche Mystik stützen könne, und aus dessen Feder mit *Sei Lob und Ehr dem höchsten Gut* (EG 326) ebenfalls ein populäres Gesangbuchlied stammt, war zunehmend von Spener enttäuscht. Es bleibe, so seine Kritik, beim Reden, statt dass sich der Glaube tatsächlich in einer Lebensänderung äußere. Mit dieser Kirche wollte er nichts mehr zu tun haben und besuchte nicht mehr das Abendmahl. Das war eine Art von Selbstexkommunikation. Stattdessen hielt er seine privaten *collegia* ab und bastelte an eigenen Netzwerken. Als William Penn 1677 Frankfurt besuchte, wollte Spener ihn nicht treffen, Schütz hingegen schon.

Schütz fand auch vor Ort Verbündete: Im Frankfurter Saalhof, nicht weit von Speners Wirkungsort in der Barfüßerkirche, dem Vorgängerbau der heutigen Paulskirche, gewährte die Witwe Juliana Maria Baur von Eyseneck (1641–1684) denjenigen Raum, die sich in Speners Reformprogramm nicht wiederfinden konnten. Den spirituellen Mittelpunkt dieses Kreises bildete eine andere Adlige: Johanna Eleonora von Merlau (1644–1724), die hier geistlichen Unterricht für junge Mädchen gab. Dass unter diesen auch Speners Töchter waren, zeigt, dass das Miteinander nicht nur feindlich war. Als die nach Maßstäben der Zeit hierfür schon nicht mehr ganz junge Adlige 1680 den Eutiner Hofprediger Johann Wilhelm Petersen (1649–1726) heiratete, hielt Spener sogar die Ansprache. Der Predigttext passte zum Anlass: In Epheser 5,32 heißt es über die Ehe: «Dies Geheimnis ist groß.» Spener erwies sich als hoher Künstler auf der Klaviatur der Anspielungen. Anlässlich der Ehe zwischen der älteren Adligen und dem jüngeren Bürgerlichen hob er den Unterschied zwischen Gott als Bräutigam und seiner Braut hervor, verkündete, dass es hier um die Ehe zwischen Gott und seiner Kirche ging, und erklärte, dass «durch den glauben solche vereinigung» geschehe:[23] Die individuelle Begegnung mit Gott in der unsichtbaren Kirche war die Voraussetzung, um dann aber doch jedem Individuum einen Ort in der sichtbaren Kirche zuzusprechen. Nimmt man noch die Hinweise auf die Bedeutung des Wortes Gottes und des Abendmahls hinzu, so liest sich die Traupredigt wie eine durchgängige Mahnung zu rechter, kirchlicher Mystik.

Dieses Ziel erreichte Spener bei den neu Vermählten allerdings nicht. Die visionäre Kraft trug beide davon, vor allem durch die Entwicklung eines klaren Chiliasmus, schließlich sogar mit dem Gedanken der Allversöhnung. Beide waren literarisch hochproduktiv. Johanna Eleonora Petersens Werke wurden zum Teil geradezu zu einem Manifest weiblicher Autorschaft: Ihre *Herzensgespräche* wurden 1689 von einer Vorrede des Kieler Theologieprofessors Christian Kortholt eingeleitet, der durch die ganze Geschichte des Christentums hindurch auf die Bedeutung gläubiger Frauen verwies. Lag so eine Art gelehrter Absicherung vor, so betonte Petersen, dass ihre Äußerungen gerade nicht auf Gelehrsamkeit beruhten, sondern auf Erfahrung: Sie habe das, was sie in ihrem Werk ausbreite «in praxi erfahren; habe also die erklärung nicht aus anderen Büchern / sondern aus meinem Hertzen schreiben und verkündigen wollen / was der HERR an meiner Seelen gethan».[24] Da war er wieder: der Anspruch der Mystikerinnen und Mystiker, direkt durch Gott belehrt zu sein. Und doch hat es auch einen modernen Zug, wenn hier die Erfahrung so sehr in den Mittelpunkt gerückt wird. Erfahrung vermittelt Gewissheit – aber nicht, um allgemeine Sätze der Vernunft zu stützen oder herzuleiten, wie es sich die entstehenden Naturwissenschaften vorstellten, sondern um die allgemeinen, abstrakten Sätze der Vernunft infrage zu stellen: Gott ist hiernach nicht gedacht, sondern erlebt.

Die Petersens waren nicht die Einzigen, die ihr Pietismus über den Gedanken eines Kirchleins in der Kirche hinaustrieb und denen daher Attribute wie «separatistisch» oder «radikal» anhaften. Ihre Skepsis gegenüber der Institution Kirche ist vergleichbar mit der Skepsis der Aufklärung gegenüber den Universitäten, denen sie ein gelehrtes Netzwerk, die «Gelehrtenrepublik», entgegensetzten. Empfand man als religiöser Mensch so, stand die Mitgliedschaft in der Kirche und damit die traditionelle Definition der Zugehörigkeit zum Christentum zur Disposition.

Gottfried Arnold (1666–1714) vereinigte in sich die Skepsis gegenüber beiden Institutionen, Kirche und Universität. Er wurde durch seine *Unpartheyische Kirchen- und Ketzer-Historie* (1699) bekannt, deren Titel nicht etwa Neutralität bedeutet, sondern auf eine Art Gegengeschichte hinlenkt: Die übliche Siegergeschichte des Christentums wurde hier konsequent unterlaufen. Der Parteilichkeit für die Konfessionen, die sich durchgesetzt hatten, stellte Arnold den Blick auf die Verlierer der Geschichte entgegen. So entstand ein Werk, das in seiner quellenkritischen Aufmerksamkeit für Gegenläufiges die moderne Geschichtsschreibung mitgeprägt hat. Es ist zugleich von einer intensiven Frömmigkeit getragen. Arnold hatte kurz vor der Veröffentlichung dieses Werkes seine Professur an der Gießener Universität niedergelegt und dies in einem öffentlichen Bekenntnis begründet. Die Welt seiner Zeit war ihm zu einem neuen Babel geworden, die Kirche war von dem abgefallen, was er schon 1696 als «Erste Liebe» der Urkirche beschrieben hatte, als man noch ohne äußeren Glanz miteinander das allgemeine Priestertum leben konnte. Allerdings hat Arnold diese radikale Gegenposition nicht lange durchgehalten: Sein Leben beschloss er als Pfarrer in preußischen Diensten.

Seine Überzeugungen hat Arnold deswegen wohl nicht aufgegeben. Die Einfachheit der christlichen Anfänge war für ihn in der mystischen Theologie bewahrt, über deren Geschichte er nach seinem Fortgang aus Gießen eine große Abhandlung schrieb. Das Vorwort richtete sich natürlich auch «An den unpartheyischen Leser»,[25] der bereit war, Sympathie für Mystik zu entwickeln – und die Leistungen von Frauen anzuerkennen: Das 25. Kapitel behandelt *Schrifften erleuchteter Frauens Personen* aus den letzten beiden Jahrhunderten.[26] Diese für die Zeit um 1700 bemerkenswerte Aufmerksamkeit verband sich mit einer Sensibilität für Geschlechterfragen auch im Innersten der Mystik: Arnolds erotisierte Mystik richtete sich vor allem an Sophia, die Weisheit, die er, in Anknüpfung an Böhme, als weibliche Seite Gottes zeichnete:

So zieh mich gantz und gar in deine Lieb hinein.
Du sollst mein Leit-Stern seyn, mein Leben, mein Ergetzen,

Mein Lieb, Mein Hertz, mein Schatz, mein Engel, spiel und Ruh.
Ich will zum Siegel dich auff Arm und Hertze setzen.
Du sollst mein Alles seyn, du liebste Schwester du.[27]

Nicht nur die Liebesmystik lebte so unter den «Stillen im Lande» weiter, die im Falle von Arnolds polemischen Schriften vielleicht gar nicht so still waren.

Umdeutungen traditioneller Geschlechterbilder finden sich auch bei Nikolaus Ludwig Graf von Zinzendorf (1700–1760), der in seiner Schulzeit durch den Hallenser Pietismus geprägt wurde, sich aber zunehmend eigenständig weiterentwickelte. Er sprach innerhalb der Trinität dem Heiligen Geist mütterliche Züge zu: Als die Seite Gottes, die sich den Menschen hier und heute zuwandte, entsprach der Geist dieser Rollenzuweisung. Mehr noch als der Geist beschäftigte Zinzendorf Jesus Christus. Dabei zeigt sich, dass auch die Jesusmystik in eine neue Zeit eingetreten war. Ähnlich wie Pascal sah Zinzendorf die Jesusfrömmigkeit als direkte Alternative zu dem in der Zeit der Aufklärung immer realistischer vor Augen stehenden Atheismus. Der Jesus, den er in den Mittelpunkt stellte, war der leidende, am Kreuz hängende, im wahrsten Sinne des Wortes von Blut triefende. Der Bräutigam des Hoheliedes war für ihn mit genau diesem Christus identisch. Zinzendorf entwickelte so eine ähnliche Blutmystik wie die katholische Frömmigkeit in den Jahrhunderten zuvor.

Das tat Zinzendorf mit großer Wirkung: Auf seinem Gut in Berthelsdorf gab er ab 1722 den versprengten Resten der Böhmischen Brüder Zuflucht, die seit ihrem Auftreten im fünfzehnten Jahrhundert immer wieder unterdrückt und verfolgt worden waren. So entstand das Experiment einer «Gemeine», die sich ab 1727 weitgehend autark gegenüber der lutherischen Pfarrei entwickelte und in deren Mittelpunkt bald eine Frömmigkeit gesteigerter Jesusmystik rückte. Die Kolonie unterstellte sich der Obhut Gottes selbst und nannte sich daher «Herrnhut». Das 1735 erschienene Gesangbuch war voll von Liedern, in denen die Wunden Jesu gepriesen wurden:

Ich rühme mich einzig der blutigen wunden,
die Jesus an händen und füssen empfunden:
drein will ich mich wiklen, da will ich bekleben;
so führ ich, wie Henoch, ein göttliches leben. (...)
Ach sehet! Mein Jesus kömmt freundlich gegangen,
und will mich für liebe fast brünstig umfangen;
o liebe! o freude! O liebliches leben!
Wer wollte vor JESU nicht immerdar schweben.[28]

Sogar eine «Wunden-Litanei» wurde entworfen, in deren Verlauf sich die Beteiligten in das Leiden Christi hineinsteigern konnten.

Zinzendorf, der sich selbst zum Bischof weihen ließ, um die Herrnhuter in der Kirche zu halten, bemerkte erst nach und nach die Brisanz der hohen Emotionalität, die sich vor allem in den Gemeinden in der Wetterau nördlich von Frankfurt entwickelte, wohin Herrnhut rasch ausgestrahlt hatte. Weil sich Zinzendorf immer wieder auf Reisen befand, konnte er wenig Einfluss darauf nehmen. 1749 verbot er von London aus die in der Gemeine verbreiteten Verniedlichungsformen für Jesus wie «Lämmchen» oder «Seitenhöhlchen». Seinen eigenen Sohn Renatus Zinzendorf (1727–1752), in dem er einen der Hauptverantwortlichen für die Auswüchse sah, setzte er ab, um die Dinge wieder in den Griff zu bekommen. Später deuteten die Herrnhuter diese ausgesprochen schöpferische Phase der Gemeinebildung als «Sichtungszeit» – in Anspielung auf das Prüfen der Christen durch den Satan. Kulturgeschichtlich handelt es sich wohl um eine religiöse Variante des literarischen «Sturm und Drang», der Grenzen austestete – und nichts war dafür besser geeignet als mystische Frömmigkeit, die ohnehin dazu neigte, Grenzen zu sprengen.

Die Herrnhuter überstanden diese Zeit und bildeten nach und nach eine eigene Gemeinschaft, in der sich Distanz und Nähe zur lutherischen Kirche die Waage hielten. Unter den Bedingungen der Frühen Neuzeit konnten sie sich nur als kleine Gruppierung entfalten, aber die Missionstätigkeit Zinzendorfs bis nach Amerika ließ ein dichtes Netzwerk entstehen. Auch in Deutschland ernteten die Herrnhuter mit ihrer ausgeprägten Demutsethik viel Respekt. Hier schließt sich auch wieder der Kreis zur Aufklärung: Kein Geringerer als Gotthold Ephraim Lessing (1729–1781) setzte sich mit Anfang zwanzig daran, seine *Gedanken über die Herrnhuter* zu formulieren, die Fragment geblieben sind. Lessing blickt darin auf die Geschichte der Philosophie, oder, wie er gerne schreibt: Weltweisheit, wie auf die der Theologie und sieht in beiden Tendenzen der Entfernung vom eigentlichen sachlichen Kern wie der rechten Lebensführung. Ironisch spielt er durch, wie es unter den Philosophen seiner Zeit einem Menschen erginge, der «auf die wichtigsten Verrichtungen unserer Gelehrten von der Höhe seiner Empfindungen verächtlich herabsehen könnte».[29] Von hier aus blickt er anerkennend auf Zinzendorf:

> Ich glaube, das, was so ein Mann (…) für die Weltweisen seyn würde, das sind anjetzo die Herrnhuter für die Gottesgelehrten.[30]

Die Höhe der Empfindungen – sie prägt die mystischen Erfahrungen der Herrnhuter, und sie lässt selbst für einen scharfen Aufklärer wie Lessing den üblichen Betrieb von Philosophie und Theologie als nichtiges Kleinklein erscheinen.

15.
ZWISCHEN DEN ZEITEN

ANSCHAUUNGEN:
IDEALISMUS UND ROMANTIK

Das Verhältnis zwischen Aufklärung und Mystik konnte sich auch ganz anders gestalten als bei Lessings Blick auf die Herrnhuter: 1766 erschienen in Königsberg die *Träume eines Geistersehers* von Immanuel Kant (1724–1804). Kant stand noch vor der Veröffentlichung seiner epochemachenden Kritiken, aber seinen Schriften war ein Ringen um die Probleme der späteren großen Arbeiten anzumerken. 1763 setzte er sich mit den traditionellen Gottesbeweisen auseinander und erhielt im folgenden Jahr, hinter Lessings Freund Moses Mendelssohn (1729–1786), den zweiten Preis der Berliner Akademie für die Beantwortung der Frage, ob für die Metaphysik, insbesondere Theologie und Moral, dieselbe Evidenz zu erreichen sei wie für die Mathematik. Die Grundlagen des Wissens und der Gewissheit beschäftigten ihn also lange bevor er in der *Kritik der reinen Vernunft* «das Wissen aufheben [musste], um zum Glauben Platz zu bekommen».[1]

Da kam es ihm gerade recht, dass Gerüchte über Emanuel Swedenborg (1688–1772), einen schwedischen Privatgelehrten, kursierten, der Botschaften aus dem Totenreich empfing und Kenntnisse von weit entfernten Geschehnissen hatte. Der Königsberger Philosoph referierte die dahinterstehende Anthropologie Swedenborgs: dass nämlich das Eigentliche am Menschen nur seine innerliche, geistige Existenz sei. Tatsächlich knüpfte Swedenborg an die mystische Grundüberzeugung an, dass wahre und wirkliche Erkenntnis niemals eine äußerlich-sinnliche sei, sondern eine Erfassung durch den Geist, der seinerseits uneingeschränkt ist. Dieser Geist richtete sich letztlich auf Gott aus. Swedenborg teilte mit den Mystikern auch die Vorstellung von unterschiedlichen Stufen der Erkenntnis. Er teilte Visionen in fünf Stufen ein, die sich dadurch auszeichneten, dass immer weniger sinnliche Beteiligung in der Erkenntnis mitspielte. Außerdem sprach er von Gottes Annäherung an den Menschen in mehreren Stufen. In diesem Rahmen spielte die spiritistisch anmutende Geisterschau eine Rolle – freilich keine so entscheidende, wie Kant dachte.

Kant wusste allerdings auch, dass es um mehr ging, wenn er sich von «fanatischem Anschauen» bei Swedenborg abwandte.[2] In derselben Schrift rechnete er auch mit der Kabbala ab. Vor allem aber wurde deutlich, dass er dem menschlichen Verstand Grenzen setzen wollte. In diesem Zusammenhang schrieb er in Anlehnung an Voltaire: «Laßt uns unser Glück besorgen, in den Garten gehen, und arbeiten.»[3] Voltaire schloss mit der Aufforderung, seinen Garten zu bestellen, seinen Roman *Candide*, in dem er die optimistische Haltung der Leibniz'schen Philosophie, der Mensch lebe in der besten aller möglichen Welten, ad absurdum führte.

Dass ausgerechnet Kant, der mit seiner Verachtung für Mystik kaum hinter dem Berg hielt, wenig später von Johann Georg Hamann (1730–1788) vorgeworfen wurde, sein Insistieren auf einer rein formalen Beschreibung des Erkenntnisweges dringe zum «Ideal» einer «mystischen Einheit» vor,[4] gehört wohl mehr in die Geschichte des Missverstehens oder auch der Polemik als in eine Geschichte der Mystik selbst. Aber es fällt auf, dass die weitere philosophische Entwicklung genau dort, wo sie über Kant hinausging, Gedanken entfaltete, die an mystische Theologie anklingen. Ausgerechnet Johann Gottlieb Fichte (1762–1814), dessen *Versuch einer Kritik aller Offenbarung* bei ihrem Erscheinen 1792 – ein gutes Jahr vor Kants *Religion innerhalb der Grenzen der bloßen Vernunft* – von vielen für die lang ersehnte vierte Kritik des Königsbergers gehalten wurde, entwickelte eine Philosophie, der immer wieder eine Nähe zu Meister Eckhart nachgesagt werden sollte, nicht zuletzt von einem der besten Kenner des mittelalterlichen Mystikers, Kurt Flasch.[5] Flasch wollte so belegen, dass Eckhart vor allem als Philosoph ernst genommen werden müsse. Fichtes Vorstellung eines absoluten Ich, das das Nicht-Ich als einen Anstoß für seine Selbsterkenntnis setzt und doch zugleich unaufhebbar in sich einschließt, erinnert in vielem an jene Züge in Eckharts Denken, die auf pantheistische Weltvorstellungen hinweisen. Kurt Flasch hat in diesem Zusammenhang angemerkt, dass sich beide auf denselben biblischen Text bezogen: das Johannesevangelium.

Von Meister Eckhart wusste Fichte wahrscheinlich nicht viel. Mit einem anderen Mystiker wollte er aber auf keinen Fall etwas zu tun haben. Mit dem Dichter Ludwig Tieck (1773–1853), der intensiv Tauler und Böhme las, stritt Fichte über den Schuster aus Görlitz, der ihm nur als «verworrener Träumer» erschien.[6] Das war bei einem anderen der idealistischen Philosophen schon anders: Friedrich Wilhelm Joseph Schelling (1775–1854) hat ab 1807 ausführliche Exzerpte aus Böhme angelegt, und dessen Denken prägte ihn so sehr, dass Albert Peip (1830–1875) gar meinte, er habe «Böhme als den Hebel» gebraucht, um in seiner Spätphase die Naturphilosophie offenbarungsphilosophisch zu weiten.[7] Über die Deutung Böhmes zerstritt Schelling sich nach langer Freundschaft mit dem katholischen Philosophen Franz von Baader (1765–1841), der seinerseits seine Naturphilosophie zu guten Teilen in Auseinandersetzung mit Böhme entwickelte. Wiederholt hielt er Vorlesungen über ihn und pries ihn als Vermittler zwischen den

Konfessionen. Seine nachgelassenen Notizen aus der Beschäftigung mit Böhme enden mit dem emphatischen Jubelruf:

> Alles Nachforschen über die letzten Gründe unseres Wissens führt endlich zum Mysticismus (d.h. zur speculativen Mystik), sagt [der Jurist Johann Adam] Weishaupt (…). Darauf kann man nur mit Ja! Und Amen! Antworten, und mit jenem Wort des Psalmisten: «Mein Geist muss forschen.»[8] (Ps 77,6)

So ganz anders der Ton und der Kontext auch waren, war das nicht weit von der Aufforderung entfernt, die metaphysischen Spekulationen ruhen zu lassen und stattdessen in den Garten zu gehen und zu arbeiten. Baader war es übrigens, der Georg Wilhelm Friedrich Hegel (1770–1831) auf Meister Eckhart hinwies und so dazu beitrug, dass dessen Werk in der Hegel-Schule wiederentdeckt wurde *(s. o. Seite 253)*.

In Literatur und Philosophie war die Romantik also konfessionenübergreifend von mystischen Ideen bewegt. Das ging auch an der Theologie nicht vorüber. Der Theologe der Romantik schlechthin, Friedrich Daniel Ernst Schleiermacher (1768–1834), hat sich selbst einmal scherzhaft als «Herrnhuter (nur von einer höheren Ordnung)» bezeichnet und in diesem Zusammenhang seine aus der Jugend stammende «mystische Anlage die mir so wesentlich ist» erwähnt.[9] Er kokettierte damit, dass er in Niesky und Barby Bildungseinrichtungen der Herrnhuter besucht hatte. Aber die Verbindung mit ihnen ging noch tiefer. Er teilte ihren Ansatz, Theologie nicht im Duktus der Aufklärung ganz und gar auf Vernunft aufzubauen. Freilich ging er einen komplizierteren Weg: Als er von 1796 an als Pfarrer an der Charité in Berlin tätig war, kam er in Kontakt mit den dortigen Romantikerkreisen und nahm zugleich die Distanz der Großstadt gegenüber Kirche und Religion wahr. Aus dieser produktiven Spannung entstanden 1799 seine *Reden über die Religion an die Gebildeten unter ihren Verächtern*. Eine Engführung der Religion auf Moral wies er darin ebenso ab wie eine auf Metaphysik. Für Religion galt vielmehr:

> Ihr Wesen ist weder Denken noch Handeln, sondern Anschauung und Gefühl. Anschauen will sie das Universum, in seinen eigenen Darstellungen und Handlungen will sie es andächtig belauschen, von seinen unmittelbaren Einflüßen will sie sich in kindlicher Paßivität ergreifen und erfüllen laßen.[10]

In die intellektuellen Debatten der Romantiker brachte Schleiermacher so, als Verteidigung gegen Angriffe der Kirchenfernen, das ganze Erbe der Mystik ein. Die Vorstellungen des Fließens aus neuplatonischen Schriften klingen hier ebenso nach wie die stete Betonung, dass der Mensch in nichts, was sein Heil anging, Aktivität entwickeln könne und müsse. Selbst noch das mystische Seelenfünklein begegnet hier wieder im Rahmen einer Bildungskonzeption, die die Aufmerksamkeit auf das eigene Innere zum Ausgangspunkt der rechten Entwicklung macht:

> Sobald der heilige Funken aufglüht in einer Seele, breitet er sich aus zu einer freien und lebendigen Flamme, die aus ihrer eigenen Atmosphäre sich ihre Nahrung saugt. Mehr oder weniger erleuchtet sie der Seele den ganzen Umfang des Universums.[11]

Schleiermacher meinte, dass Theologie und Kirche aus der krisenhaften Situation, die er im nachaufklärerischen Berlin diagnostizierte, nur herausfinden würden, wenn sie sich auf die Grundlagen im Gefühl, in der Selbstwahrnehmung besinnen würden, denn die Selbstwahrnehmung führe letztlich – wie schon bei den Mystikern – nicht zu uns, sondern zu Gott. Als Schleiermacher Jahre später Professor an der unter seiner Beteiligung gegründeten Berliner Universität wurde, drückte er dies etwas anders aus: Grundlage der Religion war nun, «daß wir uns unsrer selbst als schlechthin abhängig, oder, was dasselbe sagen will, als in Beziehung mit Gott bewußt sind».[12] Die Selbstwahrnehmung ist so letztlich eine Gotteswahrnehmung. Damit legte Schleiermacher die Grundlagen dafür, dass sich die Theologie im neunzehnten Jahrhundert neu zu einer der Leitdisziplinen der damaligen Universität aufschwingen konnte. In der Wertschätzung der Mystik folgten ihm die meisten Theologen allerdings nicht. Was blieb, war die anthropologische Begründung der Theologie. Mystik galt jedenfalls den Protestanten als fremd. Adolf von Harnack (1851–1930), einer der führenden Wissenschaftler der wilhelminischen Zeit, brachte es auf den Punkt: «die Mystik wird man niemals protestantisch machen können, ohne der Geschichte und dem Katholicismus ins Gesicht zu schlagen».[13] Das war aus Sicht des protestantischen Gelehrten so ziemlich das Vernichtendste, was man über sie sagen konnte.

ZWISCHEN ANTIMODERNISMUS UND MODERNE: WUNDER, WISSENSCHAFT UND POLITIK

Während Protestanten die Mystik polemisch als katholisch verbuchten, versuchten Katholiken, das wahrhaft Katholische durch die Mystik zu retten. Zu ihnen gehörte Joseph von Görres (1776–1848), einer der einflussreichsten Publizisten des deutschsprachigen Katholizismus im neunzehnten Jahrhundert. In der Vorrede zu seiner vierbändigen Geschichte der christlichen Mystik, seinem Alterswerk, führte er die Mystik als etwas ein, was die modernen Gelehrten verachteten, um dann auszuholen:

> Ich wollte eine Sache wieder zur Sprache bringen, die man seit geraumer Zeit selbst in der katholischen Welt auf sich hat beruhen lassen; weil das wegwerfende Gerede von der Gegenseite, selbst auf die Einsichtigeren, nicht ohne Wirkung geblieben. (…) Nun ist ein solches furchtsames Abwenden von irgendeiner

> andringenden Idee, an sich schmählich und unverzeihlich; und vollends gar, wenn sie wie diese, so tief in das ganze Wesen des Glaubens, zu dem man sich bekennt, und in dessen Macht man täglich am Altare mystische Handlungen übt, und mystische Wirkungen vollbringt, verschlungen ist, und eine seiner Grundvesten bildet. Gebt die Mystik auf, und die Heiligen schwinden euch dahin.[14]

Nach dreihundert Jahren der konfessionellen Gemeinsamkeit in der Rezeption der Mystik, die bei Baader, Schelling und Hegel so reiche Früchte getragen hatte, scheinen sich im neunzehnten Jahrhundert beide Seiten merkwürdig einig darin, dass Mystik katholisch war und es bleiben sollte.

Der Jesuit Jean Nicolas Grou (1731–1803) schrieb eben in der Zeit, in der in Frankreich die Aufklärung ihren Höhepunkt erreichte und sich auf die Revolution zubewegte, spirituelle Traktate, denen man von diesen Stürmen nichts anmerkt, obwohl Grou sie in einer Zeit verfasste, als sein eigener Orden, die Jesuiten, aufgelöst war. Sie gleiten in einem ruhigen Ton dahin. Geprägt von der eigenen Erfahrung in den jesuitischen Exerzitien, bemühte er sich, das Erbe der frühneuzeitlichen Gebetsfrömmigkeit fortzuführen, ohne in Quietismus abzugleiten. Aus Notizen, die er um die Zeit der Französischen Revolution zusammengestellt hatte, schuf er das *Manuel des âmes interieures*, ein «Handbuch für die inneren Seelen». In zahlreichen Übersetzungen prägte es katholische Frömmigkeit im Zeitalter der Restauration. Während andere gegen die Bastille aufbegehrten, schrieb Grou im Bewusstsein einer jahrhundertealten Auslegungsgeschichte über Maria und Martha und darüber, dass natürlich Maria die rechte Haltung besessen habe:

> Sie saß. Ihr Körper war in einer festen und ruhigen Haltung. Sie schwieg. (…) Sie hielt sich vor ihm wie ein Schüler vor seinem Lehrer. Sie empfing seine Lehren und ließ sie sanft in ihre Seele dringen. Dies ist das Vorbild des vollkommenen Gebetes, bei

welchem die Seele (…) auf denjenigen hört, der sie wortlos unterrichtet.[15]

Äußere Werke wurden dadurch nicht völlig belanglos, aber entscheidend war, ganz im Sinne der mystischen Tradition, die innere Haltung, und diese war die der Unterwerfung. So zeichnete sich auch Christus als das Vorbild aller Christen durch die «vollkommene Unterwerfung unter den Willen seines Vaters» aus.[16] Grou musste nicht ausdrücklich politisch werden, um merken zu lassen, dass er mit der Haltung der Revolutionäre nicht viel zu tun hatte. Die allerdings hatten umgekehrt auch kein Verständnis für Menschen wie ihn. Im Zuge der zunehmenden Unterdrückungsmaßnahmen gegen die katholische Kirche floh auch Grou aus Frankreich.

Zum intellektuellen Vordenker des antirevolutionären Katholizismus, wie er bei Görres fortleben sollte, wurde freilich ein anderer: Joseph de Maistre (1753–1821). Sein Verhältnis zur Aufklärung war hochgradig ambivalent: Viele Jahre war er Mitglied der Freimaurer und erlebte hier eine Spannung zwischen Vernunft und religiöser Wirklichkeitserfassung, die in manchem dem ähnelt, was bei Kant zu beobachten ist: Er drängte auf eine immer neue Steigerung der Vernunft, um «schließlich», wie er in einer Denkschrift für Herzog Ferdinand von Braunschweig formulierte, «zum dritten Grad» zu gelangen, «dessen Inhalt das transzendente Christentum darstellt».[17] Hier schwelgte er in der Rede von den Geheimnissen der Heiligen Schrift und ihrem mystischen und allegorischen Sinn und endete mit raunenden Fragen nach anderen Quellen des Wissens als denen, die sich durch das vernünftige Nachforschen ergaben. Man mag dies noch als Koketterie oder auch echtes Schwanken einordnen, doch mit der Französischen Revolution wurde aus dem Bekenntnis zur Unklarheit und Offenheit ein Programm, das entschieden auf die autoritative Bestimmung von Wahrheit setzte: De Maistre wurde einer der Ersten, die für die Neuzeit wieder den mittelalterlichen Gedanken einer Unfehlbarkeit des Papstes aufgriffen. Am 18. Juli 1870 wurde sie, Gipfel der Antwort der römisch-katholischen Kirche in ihrem Kampf gegen die Moderne, dogmatisiert.

Mystik als Antwort auf die Moderne: Das betraf nicht allein die Herrschaft der Rationalität in der Theologie. Es führte auch dazu, dass die heilende Macht des Christentums der modernen Medizin gegenübergestellt wurde. In eigenartiger Weise vermischten sich dabei romantischer Zeitgeist, religiöses Bewusstsein und Antimodernismus. Clemens Brentano (1778–1842), dessen Name meist mit der Sammlung von Volksliedern in *Des Knaben Wunderhorn* in Verbindung gebracht wird, hat auch eine Gruppe von Schriften hinterlassen, die um eine der letzten Angehörigen der Schwestern vom gemeinsamen Leben kreisen: Anna Katharina Emmerick (1774–1824). Seine Bücher sind mehr als Berichte ihrer ekstatischen Visionen, sie sind literarische Gestaltungen. Sie erzählen davon, wie Anna Katharina Emmerick sich, in einer intensiven Steigerung dessen, was Ignatius von Loyola in seinen Exerzitien empfahl, schauend in die Passion Christi hineinversetzte *(Tafel XVI)*. In schroffen Bildern setzte sie in der Darstellung Clemens Brentanos Jesus dem Teufel entgegen und schilderte blutvoll das Leiden Jesu. Wie bei Grou scheint hier eine mittelalterliche Welt wieder aufzuleben, eine Form weiblicher Faszination am leidenden Christus, die bis zur Erfahrung einer Stigmatisierung gehen kann. Doch anders als im Mittelalter entspann sich nun eine heftige Diskussion darüber, ob Emmerick wirklich die Wundmale erfahren hatte, an der sich auch Mediziner beteiligten. Am 3. Juli 1819 veröffentlichte der Arzt Theodor Lutterbeck (1773–1851) im *Rheinisch-Westfälischen Anzeiger* eine ausführliche empirische Beschreibung der «Welt-Seltenheit in Betreff dieser Nonne», deren Wunden allfreitäglich zu bluten begännen, und wehrte sich zugleich gegen den Vorwurf, er sei vor ihr niedergefallen und habe sie angebetet: «Der Katholik, Gott allein anbetend, verehrt in den vollendeten, von der Kirche anerkannten Heiligen die Lieblinge Gottes, religiöse Anbetung noch lebender Personen kann ihm nicht einfallen.»[18] Um Genauigkeit bemüht, setzte er vier Wochen später eine Berichtigung in die Zeitung: Nicht alle Male bluteten regelmäßig, sondern allein das Mal der Seitenwunde auf der rechten Brust.[19] Andere Mediziner hielten dagegen. Am 3. August desselben Jahres versammelte sich in Dülmen bei Anna Katharina Emmerick eine Untersuchungskommission. Sie kam nach aufwendigen Untersuchungen zu einem klaren Ergebnis:

> Daß sie eine Betrügerin ist, sagt die volleste Uberzeugung auf unzweideutige Thatsachen begründet, und die ganze Kommission, mit Ausnahme eines Einzigen (...) hat diese Meinung ausgesprochen.[20]

Die moderne Wissenschaft hatte sich des Wunders bemächtigt und zugleich auch des Körpers einer jungen Frau, dessen Beschaffenheit bis ins Detail einer möglicherweise «unterdrückten Menstruation»[21] der Öffentlichkeit preisgegeben wurde. Doch die Deutungshoheit blieb nicht bei den Medizinern: Brentanos Berichte wirkten weiter, und im neunzehnten Jahrhundert begannen erste Bemühungen um einen Prozess zur Seligsprechung, die 2004 zu ihrem Ziel führten. Die Wirklichkeit, in der Emmerick lebte, war durch die empirischen Untersuchungen ohnehin nicht zu erreichen. Die Ereignisse aber zeigen, dass es der Glaube an das Wirken Gottes in dieser Welt unter den Bedingungen der Moderne nicht leicht haben würde.

Das galt nicht nur für den katholischen Raum. In Möttlingen, im nördlichen Schwarzwald, berichtete die junge Protestantin Gottliebin Dittus (1815–1872) von eigenartigen akustischen Wahrnehmungen, vor allem aber wurde sie selbst von Krämpfen geschüttelt, für die es, wie es hieß, weder medizinische Erklärung noch medizinische Hilfe gab. Die Hilfe soll dann von ihrem Pfarrer Johann Christoph Blumhardt (1805–1880) gekommen sein, der das Geschehen an Gottliebin Dittus als Ausdruck des Kampfes zwischen Satan und Jesus deutete. Sie selbst war hiernach nicht von Krankheiten geschüttelt, sondern, ganz biblisch, von Dämonen. Die mehrjährige geistliche Behandlung endete damit, dass 1843 aus der Patientin der Schrei «Jesus ist der Sieger» herausbrach – und der vermeintliche Dämon entschwand. Dass Jesus nicht nur stärker als der Satan war, sondern vor allem auch stärker als die moderne Medizin, schien damit erwiesen. Für Blumhardt war dies auch ein Zeichen der Endzeit. Seine Diagnose der gegenwärtigen modernen Welt bestand vor allem in dem Vorwurf, ihr fehle die «persönliche Innewohnung des Heiligen Geistes». Denn nicht die Taufe allein stelle sicher, dass Menschen vom Heiligen Geist bewegt seien, sondern es bedürfe einer immer neuen Ausgießung.[22] Diese Spannung zwischen unmittelbarer Gegenwart Gottes im Menschen und der allgemeinen Christlichkeit der Getauften war nicht neu. Auch nicht neu, aber neu geformt und gedacht war der Impuls Blumhardts, dass hieraus die Veränderung der Welt folgen müsse:

> Wer Ihn [den Geist; V. L.] aber hat, der wird mit Macht, durch Wort und That, das Reich Gottes zu fördern im Stande sein, welches ja zuletzt noch alle Geschlechter der Erde umfassen soll.[23]

Da war sie wieder, die Verbindung aus Mystik und Chiliasmus, die im reformatorischen Kontext seit dem sechzehnten Jahrhundert bekannt war. Der Sohn Christoph Blumhardt (1842–1919) entwickelte vor allem den gestaltenden Impuls weiter: Er zählt zu den Gründern des Religiösen Sozialismus und saß sogar einige Jahre für die SPD im württembergischen Landtag. Für die Kirche war das ein Skandal: Blumhardt musste sein Pfarramt aufgeben.

Solche politischen Konsequenzen wurden selten aus der Mystik gezogen, aber das neunzehnte Jahrhundert bot doch an manchen Stellen die Möglichkeit, direkter als in früheren Zeiten aus den besonderen Erfahrungen, die auch Frauen zuteilwerden konnten, Folgen für deren Stellung wenigstens in der Kirche zu ziehen. Das zeigt etwa im Kontext der methodistischen Kirche Phoebe Palmer

(1807–1874). Sie hätte sich selbst zwar vornehmlich als biblische Christin bezeichnet und den Begriff der Mystikerin nicht auf sich bezogen. Die Forschung der vergangenen Jahre aber hat auf viele Phänomene von Visionen und Einheitserfahrungen hingewiesen, die sie deutlich in die Tradition der Mystik einordnen.[24] Ihre spirituellen Erfahrungen brachten sie dazu, die Mitsprache von Frauen in der Kirche zu fordern: Frauen sollten ebenfalls das Recht haben, das Evangelium jenes Gottes weiterzugeben, der ihnen mindestens so nah war wie den Männern.

MIT PALAMAS GEGEN DIE MODERNE UND DEN WESTEN

Als mystische Kirche schlechthin erscheinen vielen die orthodoxen Kirchen. Das ist allerdings erst eine Folge von Deutungskämpfen des zwanzigsten Jahrhunderts. Die orthodoxen Kirchen machten seit dem vierzehnten Jahrhundert erhebliche Veränderungen durch und schwankten dabei stets zwischen der bei Gregor Palamas zu beobachtenden Abgrenzung von westlicher Theologie und Anpassung an sie. Mit der Eroberung Konstantinopels durch die Osmanen im Jahre 1453 verlagerte sich der Schwerpunkt der Orthodoxie aus dem nun gänzlich unter muslimischer Oberhoheit stehenden griechischsprachigen Raum in den russischen. Unterstützt von der Idee einer *translatio Imperii* von Rom über Konstantinopel nach Moskau als «drittes Rom» ließ sich 1589 der Metropolit von Moskau zum Patriarchen erklären. Diese Institution endete allerdings schon ein gutes Jahrhundert später unter Zar Peter dem Großen (1682–1725), der eine massive Verwestlichungspolitik betrieb, und wurde erst nach der Oktoberrevolution wiederbelebt.

Das Fortleben mystischer Frömmigkeit auf den Bahnen von Antike und Mittelalter wurde durch die politischen Wirren allerdings nicht verhindert. Wichtig wurde im russischen Raum, aber auch auf der Mönchskolonie Athos in Nordgriechenland, der Stand des Einsiedlers. Ein Bild vom Wirken dieser im Russischen Starzen genannten Asketen hat Fjodor Dostojewski (1821–1881) in den *Brüdern Karamasow* hinterlassen:

> Ein Starez ist ein Mensch, der die Seele und den Willen eines anderen in seine Seele und seinen Willen aufnimmt. Wenn Sie sich für einen Starez entscheiden, verzichten Sie auf Ihren eigenen Willen und übertragen ihn dem Starez in vollem Gehorsam, in voller Selbstentäußerung. Diesen Versuch, diese furchtbare Schule des Lebens, nimmt der Jünger freiwillig auf sich, in der Hoffnung, nach dem langen Gehorsam sich selbst zu überwinden, sich selbst in die Gewalt zu bekommen, nach lebenslanger Prüfung wirkliche Freiheit zu erlangen, das heißt Freiheit von sich selbst, und dem Los jener zu entgehen, die ihr ganzes Leben gelebt, aber sich im eigenen Inneren nicht gefunden haben.[25]

Hierin spiegelt sich die eigene Erfahrung Dostojewskis, der nach dem Tod seines dreijährigen Sohnes Trost und Hilfe bei einem Starzen suchte. Er beschreibt ein funktionierendes System mystischer Seelsorge. Die Aufgabe des eigenen Willens als Weg zur Freiheit ist ein Muster, das sich durch die Geschichte der Mystik zieht. Entsprechend zeichneten sich die Starzen durch eine besondere mystisch-visionäre Nähe zu Gott aus. So wird von einem der frühesten und berühmtesten Starzen, Seraphim von Sarow (1759–1833), berichtet, er sei während der Liturgie in einen tranceartigen Zustand verfallen, weil er Jesus Christus selbst erblickt habe. Einer seiner Anhänger, der Gutsbesitzer Nikolaj Alexandrowitsch Motowilow (1809–1879) sammelte seine Aussprüche in dem *Gespräch über das Ziel des christlichen Lebens.* Seraphim erklärt darin, wie unterschiedliche Wege zum eigentlichen Ziel, dem Erlangen des Heiligen Geistes, führen konnten. Das Büchlein machte ihn zu einer der wichtigsten Gestalten der russischen Frömmigkeit – und es ist wohl kein Zufall, dass die Wiederentdeckung seiner Reliquien 1990 im damaligen Leningrad im «Museum für Religion und Atheismus» zu einem der Symbole der Wiederbelebung der russischen Frömmigkeit nach der Zeit des Sozialismus wurde.[26]

Im asketischen Milieu der Orthodoxie kam es Anfang des zwanzigsten Jahrhunderts auch zu einer Neubelebung der hesychastischen Frömmigkeit – und gleich auch zu einem Streit um diese. 1907 veröffentlichte Ilarion (gest. 1916), ein russischer Mönch auf dem Athos, das Buch *Auf den Bergen des Kaukasus*, das sich mit dem traditionellen Herzensgebet befasst. Seine Besonderheit liege darin, dass im Namen Gottes dieser selbst präsent sei. Ilarion griff damit die Energienlehre auf, mit der Palamas auf die Herausforderungen der Scholastik reagiert hatte. Dass er diese auf den Namen Gottes anwandte, brachte ihm ebenso begeisterte Anhänger wie erbitterte Gegner, die befürchteten, eine solche Lehre löse die Transzendenz Gottes gänzlich auf. Es entstand ein Streit um die «Namensverehrung», der weite Kreise zog: Da zu ihren Gegnern auch der Patriarch von Konstantinopel zählte, wurden Ilarion und 621 russische Mönche, die seinen Auffassungen folgten, 1913 von einem russischen Schiff vom Athos abtransportiert und in russischen Klöstern untergebracht.

Auch in Russland fehlte es nicht an Skeptikern gegenüber der neuen Lehre, aber es gab auch Denker, die sie aufgriffen und weiterentwickelten. Der bekannteste unter ihnen war Sergej Nikolajewitsch Bulgakov (1871–1944), der sich in der Zeit der Oktoberrevolution vom Marxismus ab- und der orthodoxen Kirche zuwandte. 1922 verließ er das Land und wurde einer der wichtigsten Repräsentanten des russischen Exils in Westeuropa. Das hinderte ihn nicht daran, selbstbewusst das orthodoxe Denken dem westlichen entgegenzusetzen. So waren für ihn die Feinde einer Namensverehrung letztlich scholastisch geprägte Nominalisten. Darunter verstand man üblicherweise eine philosophische Position, die die Allgemeinbegriffe als bloße Namen versteht, denen keine realen Allgemeinheiten entsprechen. Schon in der westlichen Tradition wurde der Begriff des Nominalismus vielfach kritisch verwendet. Bulgakov machte seine Gegner also zu den Vertretern der in seinen Augen denkbar negativsten Auswüchse westlichen Denkens. Dem stellte er eine Weisheitslehre entgegen, die er unter dem Einfluss des Philosophen Wladimir Solovjev (1853–1900) entwickelte. Die Weisheit Gottes, die auch in westlichen mystischen Traditionen eine Rolle gespielt hatte, nahm für ihn die Stelle der Energien in der Lehre des Palamas ein. Sie war für Bulgakov die Weise, in der Gott in der Schöpfung wirkte, ohne dass er doch ganz mit dieser Wirkweise identifizierbar würde. Die Vorstellung von der Schöpfung macht es für Bulgakov möglich, das als harmonische Einheit zu denken, was das unterscheidende westliche Denken in seinen Augen auseinanderreißt. Bulgakov versuchte damit, den schmalen Grat zwischen Pantheismus und völliger Trennung zwischen Gott und Welt zu beschreiten. Von der orthodoxen Kirche wurde er dafür gleichwohl verurteilt. In ihm, so hieß es, lebten die alten Vorstellungen der Gnosis wieder auf. Damit ahnten seine Gegner zumindest richtig, dass Bulgakov mit seiner Vorstellung von der Nähe Gottes zu Mensch und Natur in einer langen Tradition stand.

Bulgakovs Anliegen wurden bald noch deutlicher in Gestalt einer Wiederanknüpfung an Palamas formuliert. Die Beschäftigung mit diesem wurde zu einer wissenschaftlichen Aufgabe: 1936 forderte ein weiterer Exilrusse, Georgi Wassiljewitsch Florowski (1893–1979), auf dem panorthodoxen Theologenkongress in Athen eine Rückbesinnung auf Palamas. Auch bei ihm stand dies im Dienste einer gegen Einflüsse aus dem Westen gerichteten Erneuerung, die vornehmlich aus den Quellen der Kirchenväter kommen sollte. Noch im selben Jahr erschien, gleichfalls mit einer Spitze gegen westliche Kritik, eine umfassende Studie über Palamas aus der Feder des Athos-Mönches Vasilij Krivošein (1900–1985). Mehr und mehr wurde Palamas so zu dem neuen Standardtheologen der orthodoxen Theologie – und diese selbst zu guten Teilen eine mystische Theologie, wie es Vladimir Lossky (1903–

1958) erklären konnte: «Es gibt also keine christliche Mystik ohne Theologie – es gibt aber vor allem keine wahre Theologie ohne Mystik.»[27]

16.

ÜBER ALLE GRENZEN HINAUS

DER ZEITGEIST ATMET MYSTIK: DAS FRÜHE ZWANZIGSTE JAHRHUNDERT

Dostojewski war nicht der einzige bedeutende russische Schriftsteller, der das mystische Umfeld seiner orthodoxen Kirche aufsog. Lew Tolstoi (1828–1910) geriet darüber allerdings in Konflikt mit der Kirche. Die klare Botschaft Jesu stand für ihn gegen die Verquickung der Kirche mit Macht und Gewalt. Viele Elemente des verbreiteten Wunderglaubens konnte er sich nicht zu eigen machen, insbesondere nicht den Glauben an die Wirkkraft der Sakramente. Diese Haltung führte zunächst zu polizeilicher Überwachung, 1901 dann zum Ausschluss Tolstois aus der russischen Kirche. Der Exkommunizierte fand Zuflucht im Glauben an einen unpersönlichen, in allen Menschen waltenden Gott. Vor allem in seinen späten Sammlungen von aphoristischen Bemerkungen, *Für alle Tage* und *Der Weg des Lebens*, legte er mystische Gedanken von einer Einheit zwischen Seele und Gott nieder. Von diesem komme das wahre Licht für den Menschen jenseits seiner rein körperlichen, animalischen Welt. So erlebte Tolstoi das Schicksal vieler Mystiker: Außerhalb seiner Kirche das zu verwirklichen und zu erfahren, was er für das wahrhaft Christliche hielt.

Die enge Verbindung der russischen Welt mit mystischer Frömmigkeit strahlte auch nach Mitteleuropa aus: Um die Jahrhundertwende reiste Rainer Maria Rilke (1875–1926) mit seiner Geliebten Lou Andreas-Salomé (1861–1937) nach Russland – und war religiös tief beeindruckt. Unmittelbar nach seiner Rückkehr verfasste er das *Stunden-Buch*, das nicht nur in seinem Titel an die Gebetsliteratur des Mittelalters erinnerte. Es enthält zahlreiche Gebete, in denen Rilke immer wieder die Nähe zu Gott suchte, den er geradezu als «Nachbar» ansprach, von dem den Beter nur eine «schmale Wand» trenne. Die Erfahrung in Russland war auf gut bereiteten Boden gefallen: Schon vor Antritt der Reise hatte Rilke seine *Christus-Visionen* verfasst, die unter anderem mit dem Maria-Magdalena-Stoff der mystischen Traditionen spielten. Die Freundschaft mit Lou Andreas-Salomé war durch ihren Aufsatz *Jesus der Jude* entstanden, in welchem sie dem Judentum eine besondere Form der Herzensbegegnung mit Gott jenseits und vor der begrifflichen Gestaltung zugesprochen hatte.

Rilkes Verhältnis zum Christentum war schon in den Christus-Visionen ambivalent. Immer mehr weitete Mystik seinen Blick für ein Gottesverständnis, das sich vor allem in Metaphern zum Ausdruck bringen ließ und sich letztlich aller begrifflichen Beschreibung entzog. Am Beginn der *Duineser Elegien,* eines der bedeutendsten und geheimnisvollsten Werke der Literatur des zwanzigsten Jahrhunderts, klingt die Himmelsvorstellung des Pseudo-Dionysios mit ihren Engelshierarchien an: «Wer, wenn ich schriee, hörte mich denn aus der Engel Ordnungen?«[1] In der siebten Elegie entwirft Rilke das Bild einer rein innerlichen Religion, in der die Hoffnung des Paulus wiederbegegnet, dass jeder Christ im Innern zum Tempel des Herrn werde:

> Nirgends, Geliebte, wird die Welt sein, als innen. Unser
> Leben geht hin mit Verwandlung. Und immer geringer

Schwindet das Außen. Wo einmal ein dauerndes Haus war,
schlägt sich erdachtes Gebild vor, quer, zu Erdenklichem
völlig gehörig, als stand es noch ganz im Gehirne.
Weite Speicher der Kraft schafft sich der Zeitgeist, gestaltlos
wie der spannende Drang, den er aus allem gewinnt.
Tempel kennt er nicht mehr. Diese, des Herzens, Verschwendung
sparen wir heimlicher ein. Ja, wo noch eins übersteht,
ein einst gebetetes Ding, ein gedientes, geknietes –,
hält es sich, so wie es ist, schon ins Unsichtbare hin.
Viele gewahrens nicht mehr, doch ohne den Vorteil,
daß sie's nun *innerlich* baun, mit Pfeilern und Statuen, größer![2]

Noch andere Dichter könnte man nennen, die sich Anfang des zwanzigsten Jahrhunderts als mystische Poeten erwiesen: Georg Trakl etwa (1887–1914), dessen Dichtung zeigt, dass Mystik nicht nur wie ein Jahrhundert zuvor der Romantik, sondern auch dem Expressionismus entgegenkam.

Nicht ganz so leicht ist Mystik in der Kunst zu identifizieren, aber ein Künstler wie Ernst Barlach (1870–1938), der sich gelegentlich auch als Dichter betätigte und zudem sein eigenes Kunstschaffen aufmerksam reflektierte, lässt erkennen, dass die mystische Begeisterung der Generation des Fin de Siècle auch ihn erfasst hatte:

Wenn der Künstler das Mystische so sinnlich gestaltet, daß es vertraute Welt wird, so hat er erhoben: durch das Gewöhnliche zum Unendlichen. Und hat gezeigt: sieh, die ganze Welt ist großartig, überall, denn der mystische Gehalt geht vollauf im Gewöhnlichen auf.[3]

Das zeigt nicht nur, wie Barlach Kunst produzieren wollte, sondern auch, wie er sie gesehen haben wollte: Der Weg ins Unendliche, der seit den Anfängen des Christentums mithilfe der neuplatonischen Philosophie beschrieben wurde, gewann hier unmittelbare Anschauung. Auf ganz andere Weise hat sich auch Salvador Dalí (1904–1989) mit Mystik befasst. In dem *Manifeste Mystique*, das er 1951 herausbrachte, verarbeitete er seinen eigenen Schock über den Abwurf der Atombombe über Japan im ausgehenden Zweiten Weltkrieg und begründete, an die Tradition der spanischen Mystik anknüpfend, seine Wendung vom bisherigen Surrealismus zu religiöser Malerei. Ausdruck fand diese Wende zuerst in der erschütternden Ansicht eines Kruzifixes von oben: Noch auf den Bahnen des Surrealismus wurde die übliche Sicht der Dinge verkehrt, aber nun ganz klar mit der traditionellen Christusfrömmigkeit im Zentrum und unter ausdrücklicher Berufung auf Johannes vom Kreuz.

Mystik durchzog so alle gesellschaftlichen Bereiche und blieb natürlich auch ein Thema in Philosophie und Theologie. Es mag auf den ersten Blick erstaunen, dass der Existenzphilosoph Martin Heidegger (1889–1976) 1949 in einem Brief an Karl Jaspers (1883–1969) erklärte, zu den drei Wurzeln seines Denkens gehöre Meister Eckhart.[4] Tatsächlich hat Heidegger sich immer wieder kritisch, ja, abfällig über Mystik geäußert, daneben aber auch, im Zusammenhang einer Deutung des Angelus Silesius, erklären können,

> daß man auf den Gedanken kommen möchte, zur echten und großen Mystik gehöre die äußerste Schärfe und Tiefe des Denkens. Dies ist denn auch die Wahrheit. Meister Eckehart bezeugt sie.[5]

Am stärksten schlug sich diese Prägung durch die mystische Tradition dort nieder, wo Heidegger an die klassische Lichtmetaphorik anschloss, die sich bei ihm im Bild einer «Lichtung» verdichtete, die «über dem Lichte» ist.[6] Mit dem Begriff der Lichtung umschreibt er auch die Wahrheit. Denn das griechische Wort *aletheia*, das üblicherweise mit «Wahrheit» widergegeben wird, bedeute eigentlich Unverborgenheit. Wahrheit ist demnach die «Entbergung» von etwas schon Gegebenem, und eben dies geschieht, indem sich der

Mensch als «Lichtung des Seins» offen hält dafür, dass das «Licht des Seins», über das er selbst nicht verfügen kann, in seine Lichtung fällt. Auch wenn sich schwerlich Heideggers gesamte Existenzphilosophie als säkularisierte Mystik erklären lässt, zeigt sich an dem ehemaligen Theologiestudenten und Priesteramtskandidaten Heidegger, dass Mystik auch im zwanzigsten Jahrhundert produktiv weitergedacht werden konnte.

Heidegger hatte in Edmund Husserl (1859–1938) denselben akademischen Lehrer wie Edith Stein (1891–1942). Während Heideggers Nähe zum Nationalsozialismus angesichts der antisemitischen Ausfälle in seinen *Schwarzen Heften* heute nicht mehr geleugnet werden kann, wurde Edith Stein 1942 in Auschwitz als Jüdin ermordet. Diese Zuordnung folgte der nationalsozialistischen Rassenideologie, für die es gleichgültig war, dass sie sich mit dreißig Jahren hatte taufen lassen und 1933 mit dem Ordensnamen Teresia Benedicta a Cruce in den Teresianischen Karmel eingetreten war. In ihrer christlich-mystischen Frömmigkeit transformierte sie Prägungen, die sie in der Zeit vor ihrer Konversion, nicht zuletzt auch in ihrem Philosophiestudium bei Husserl, aufgenommen hatte. Schon in dieser Zeit, wohl 1918, formulierte sie:

> Es gibt einen Zustand des Ruhens in Gott, der völligen Entspannung aller geistigen Tätigkeit, in dem man keinerlei Pläne macht, keine Entschlüsse fasst und erst recht nicht handelt, sondern alles Künftige dem göttlichen Willen anheimstellt, sich gänzlich «dem Schicksal überlässt». Dieser Zustand ist mir etwa zuteil geworden, nachdem ein Erlebnis, das meine Kräfte überstieg, meine geistige Lebenskraft völlig aufgezehrt und mich aller Aktivität beraubt hat. Das Ruhen in Gott ist gegenüber dem Versagen der Aktivität aus Mangel an Lebenskraft etwas völlig Neues und Eigenartiges. Jenes war Totenstille. An ihre Stelle tritt nun das Gefühl des Geborgenseins, des aller Sorge und Verantwortung und Verpflichtung zum Handeln Enthobenseins.[7]

Zur Christin und Karmelitin geworden, formte Edith Stein in Auseinandersetzung mit den Schriften der Ordensgründerin und einer Vielzahl anderer Autoren der christlichen Tradition diese mystischen Ansätze christologisch und trinitarisch aus. Dabei dokumentierte sie allerdings auch die Ambivalenzen, in die eine vertiefte Leidensmystik hineinführen kann: In ihrem 1939 verfassten Testament nahm ausgerechnet sie, aus einer jüdischen Familie stammend, Stereotype des christlichen Antijudaismus auf, um Gott zu bitten, dass er ihr Leben «zur Sühne für den Unglauben des jüdischen Volkes» annehme.[8]

Ähnlich zwiespältig war auch das Verhältnis von Simone Weil (1909–1934) zu ihrer Herkunft aus einer jüdischen Familie. Sie wandte sich mehr und mehr dem Christentum und seiner mystischen Deutung zu und entwickelte diese zu einer kämpferischen Identifikation mit dem Leiden weiter. Eben weil sie das Leiden als zentral im Christentum sah, arbeitete Weil, trotz einer schwachen Konstitution, die sie an ihre physischen Grenzen brachte, mit Fabrikarbeitern, sie kämpfte im Spanischen Bürgerkrieg aufseiten der Republikaner und stellte sich im Zweiten Weltkrieg Charles de Gaulle (1890–1970) für den Kampf um die Befreiung Frankreichs von den Deutschen zur Verfügung. Mystik wurde zum Impuls für Protest und Widerstand.

So ambivalent Leiden und Mystik waren: Sie brauchten einen theologischen Ort, und der musste neu bestimmt werden. Mystik nicht von der Theologie zu trennen bedeutete nämlich auch, die neuscholastische Fixierung auf das System des Thomas in der katholischen Theologie des neunzehnten Jahrhunderts zu überwinden, die ihren Gipfel unter Leo XIII. (1878–1903) erreicht hatte. Friedrich von Hügel (1852–1925), dem Sohn eines österreichischen Diplomaten, der den größeren Teil seines Lebens in Großbritannien verbrachte, gelang aus den Quellen der Mystik ein Entwurf, der der Wertschätzung des Subjekts in der Moderne gerecht wurde. Vor allem in Auseinandersetzung mit Katharina von Genua (1447–1510), die vom franziskanischen Milieu geprägt gewesen war, entwickelte von Hügel ein Konzept von Theologie, deren Basis die allgemein zugängliche religiöse Erfahrung sein sollte: Göttlicher und menschlicher Geist durchdringen einander – und dadurch erkennt der Mensch, dass es etwas gibt, das über ihn hinausweist. Die dogmatischen Aussagen werden so als begriffliche Formungen einer mystischen Erfahrung gedeutet. Von Hügel bewegte sich mit solchen Äußerungen im Umfeld der sogenannten Modernisten, einer Gruppe von Theologen, die sich auf die Bedingungen der Moderne einlassen wollten – und die genau deswegen in mehreren Etappen verurteilt wurden, bis hin zur Vorschrift eines «Antimodernisteneides» für Kleriker im Jahre 1910. Hügel selbst war von diesen Verurteilungen zwar nicht direkt betroffen, seine enge Verbindung mit den Modernisten aber zeigt, wie weit Mystik über den reinen Traditionalismus hinausreichte.

Das gilt in noch beeindruckenderer Weise für den Jesuiten Pierre Teilhard de Chardin (1881–1955), der nicht nur Theologe, sondern auch Paläontologe war. Die Faszination über die Urzeit führte ihn dazu, dass er die Evolutionstheorie, die Charles Darwin (1809–1882) entwickelt hatte, nicht einfach ablehnen konnte. Das war zu dieser Zeit für Theologen keine Selbstverständlichkeit. Ab 1910 erschien in den USA die populäre Essayreihe *The Fundamentals*, die gegen ein historisch-kritisches Verständnis der Bibel zu Felde zog und dem «Fundamentalismus» seinen Namen gab, aus dem bis heute Protest gegen die Einbeziehung der Evolutionstheorie in den Biologieunterricht laut wird. Teilhard de Chardin ging einen anderen Weg: Er baute Grundgedanken der Evolutionstheorie in eine christliche Vorstellung von einer von Gott geleiteten Geschichte ein, die dann allerdings nicht aus Zufall entsteht, sondern auf ein Ziel, den «Omega-Punkt», ausgerichtet ist. Die Fähigkeit, paläontologische, anthropologische, historische und theologische Vorstellungen zu einem Entwurf von religiöser Big History zusammenzubinden, gewann er aus mystischen Erfahrungen, die er 1917 in seinem Traktat *Milieu Mystique* beschrieb, den er später zum *Milieu Divin* ausbaute: göttliches Milieu. Teilhard geht darin von einer unmittelbaren Präsenzerfahrung aus, die den Menschen hineinführt in ein gänzlich passives Lassen. Er lässt, wie die Geschichte, Gott in sich wirken und gibt sich am Ende ganz auf:

> Der Mystiker hat jetzt aufgehört, nur er selbst zu sein. Mit Leib und Seele ist er ein Teil des Göttlichen geworden. Und durch ihn wird von nun an wie durch einen heiligen Tag, der dem Universum aufgeht, Gott hindurchgehen und leuchten.[9]

Bei dieser Auflösung des Ich bleibt Teilhard nicht stehen, denn die mystische Erfahrung gipfelt schließlich in der Begegnung mit Jesus selbst. Da dieser nach der Apokalypse des Johannes (22,13) Alpha und Omega ist (so ist vom griechischen Original her «Ich bin das A und das O» zu verstehen), nimmt die Begegnung mit Jesus das Ende der ganzen Welt vorweg.

Im Gegensatz zu solchen produktiven Neuansätzen im katholischen Raum konnte sich die evangelische Theologie nur mühsam auf Mystik einlassen. Im Umfeld der von Karl Holl (1866–1926) ausgelösten «Luther-Renaissance» wurde der Zusammenhang zwischen Reformation und Mystik entdeckt: Emanuel Hirsch (1888–1972) legte in einer großen Monographie über Andreas Osiander dar, dass dieser viel näher bei Luther stand, als gemeinhin behauptet wird. Heinrich Bornkamm (1901–1977) zeigte Ähnliches für Jacob Böhme, und Erich Vogelsang (1904–1944) ordnete Luther in sein Verhältnis zu Tauler ein. Die Konsequenzen dieser neuen Sicht auf Luther für ein Gesamtverständnis von protestantischer Theologie waren allerdings zunächst gering – und als die Autoren sie dann im Dritten Reich zogen, waren sie fatal *(s. u. Seite 412–414)*.

Die im Bereich der evangelischen Theologie maßgebliche Erneuerungsbewegung im zwanzigsten Jahrhundert, die sogenannte «Dialektische Theologie», ging einen anderen Weg. Sie verstand sich in nahezu allem als radikale Antwort auf die liberale Theologie des ausgehenden neunzehnten Jahrhunderts, die zu sehr Religion und allgemeine Kultur vermengt habe – und trat doch an einem

Punkt ganz und gar in ihre Fußstapfen: bei der Kritik an der Mystik. Allerdings wurde die Auseinandersetzung nun noch härter und grundsätzlicher geführt. 1924 legte Emil Brunner in seinem Werk *Die Mystik und das Wort* zum Einen dar, dass Schleiermacher letztlich Mystiker war, was man, wie oben ausgeführt, mit guten Gründen so sehen kann. In einem zweiten Schritt aber erklärte er, dass Mystik zu verwerfen sei, weil sie «die feinste sublimste Form der Naturvergötterung, des Heidentums, der Geistverdinglichung» darstelle.[10] Ironischerweise wurde Brunner von der Zentralgestalt der Dialektischen Theologie, Karl Barth (1886–1968), selbst in die Nähe der Mystik gerückt.[11] Diese war für Barth nichts anderes als eine Schwester des Atheismus.[12] Barth wurde damit der Mystik gewiss nicht gerecht und hat dies in seinen späteren Schriften auch eingesehen.[13] In den bald anstehenden kirchenpolitischen Auseinandersetzungen allerdings gaben ihm seine schroffen Gegenüberstellungen die Kraft, nationalsozialistischen Vereinnahmungen des Christentums und auch der Mystik klar und deutlich entgegenzutreten.

MYSTIK UND MEISTER ECKHART IM DIENST DES DRITTEN REICHS

Mystik stellte im zwanzigsten Jahrhundert nicht nur ein Angebot für die Vertiefung des christlichen Glaubens oder der Entwicklung literarischer Kreativität dar. Sie verquickte sich auch mit antidemokratischen Bestrebungen. Ihre antimodernen Anteile wurden zu einem Instrument der Gegner der Moderne und ihrer Errungenschaften. Dies zeigte sich schon früh bei Stefan George (1868–1933), der Poesie als Ausdruck von Mystik verstandt. Er sammelte um sich den sogenannten «George-Kreis» aus ihm weitgehend hörigen jüngeren Männern. In einzelnen Gedichten, am deutlichsten im *Stern des Bundes*, entwarf er eine Weltsicht, in der er selbst als eine Art Offenbarer erschien. Damit erreichte er in der Zeit der Weimarer Republik zahlreiche Anhänger und strahlte weit in die Wandervogelbewegung aus, trug aber auch zu einer elitären Distanz gegenüber den Regeln der entstehenden Demokratie und letztlich zu deren Unterhöhlung bei. Dieses elitäre Selbstbild ließ George und seine Anhänger aber auch Distanz zum Nationalsozialismus wahren, der überwiegend als pöbelhaft wahrgenommen wurde. Einige Attentäter vom 20. Juli 1944 waren Anhänger Georges, etwa Claus Schenk Graf von Stauffenberg. Auch Hans Scholl, einer der Akteure der Weißen Rose, verehrte George und seine Form der Mystik.

In gewisser Hinsicht verstand sich der Nationalsozialismus selbst als Ausdruck von Mystik. Alfred Rosenberg (1892–1946), einer der frühesten Anhänger Hitlers (1889–1945) und Propagandist des Hasses gegen Juden, gab sich als Intellektueller der Bewegung und legte 1930 im *Mythus des 20. Jahrhunderts* ein weltanschauliches Grundprogramm vor, das im Dritten Reich neben *Mein Kampf* als das Buch galt, das die Weltanschauung formen sollte. Es bot eine Sammlung von Angelesenem, das Rosenberg in ein politisch-religiöses Programm einpasste, das um germanisches Blut, Rasse und «das kommende Reich» kreiste. Rosenberg scheute sich nicht, dafür Goethe (1749–1832) oder Meister Eckhart in Anspruch zu nehmen. «[D]er deutsche Mystiker» wurde für Rosenberg Ausdruck für «das Wirken nordischen Wesens».[14] Mystik bedeute, so Rosenberg, eine Lösung vom Materiellen, dann aber nicht Hingabe und Passivität, sondern, so griff er die Rede Eckharts vom Adel der Seele auf, eine Stärkung des menschlichen Selbstbewusstseins. Rosenberg las Eckhart gewissermaßen durch die Brille der Rede Friedrich Nietzsches (1844–1900) von der «Herrenmoral» und machte Meister Eckhart zum Vertreter einer solchen Haltung, die alle klassischen Werte der jüdisch-christlichen Tradition hinter sich lassen sollte. Eckhart sei der «Schöpfer einer neuen Religion, (…) losgelöst vom fremden Wesen, wie es durch Syrien, Ägypten und Rom uns eingeflößt worden ist».[15] Diese Religion war nach

Rosenberg «die Religion des Blutes».[16] Rosenberg bezog sich dabei auf eine Aussage aus einer Predigt Meister Eckharts, nach der das Blut das Edelste am Menschen sei. Eckhart hat allerdings fortgesetzt, wenn das Blut über das Fleisch die Oberhand gewänne, sei «der Mensch demütig und geduldig und keusch und hat alle Tugenden in sich».[17] Das Blut also stand bei Eckhart metaphorisch für genau die Tugenden, die Rosenberg in seinem Namen zugunsten seiner Blut- und Rassenideologie ablehnte. Meister Eckhart und die Mystik wurden so zu Kronzeugen eines eliminatorischen Rassismus gemacht. Sie eigneten sich dazu, weil Mystik im ersten Drittel des zwanzigsten Jahrhunderts einer verbreiteten Stimmung entsprach.

Rosenbergs Anstöße wirkten auf unterschiedliche Weise auch im religiösen Feld weiter. Der Tübinger Religionswissenschaftler Jakob Wilhelm Hauer (1881–1962), der 1933 die «Deutsche Glaubensgemeinschaft» gründete, konstruierte eine indogermanische religiöse Gemeinsamkeit unter anderem über die Vorstellung von Mystik. Und auch in manchen Kreisen der evangelischen Kirche und Theologie wurde Mystik als Hilfe bei dem Versuch genutzt, das eigene Christentum der nationalsozialistischen Ideologie anzudienen. Emanuel Hirsch wurde zu einer der wichtigsten Stimmen der Deutschen Christen, die sich als kirchenpolitische Partei für eine weitgehende Anpassung der Kirche an den nationalsozialistischen Staat einsetzten. Heinrich Bornkamm und Erich Vogelsang wurden Mitglieder der SA und stellten ihre Erkenntnisse über den Zusammenhang von Luther und Mystik nun auch in diesen Kontext: Bornkamm befasste sich, durchaus mit explizitem Bezug auf Rosenberg, mit Ähnlichkeiten und Unterschieden zwischen Luther und Eckhart. Erich Vogelsang entwickelte, ebenfalls in ausdrücklicher Weiterentwicklung von Gedanken Rosenbergs, eine Typologie unterschiedlicher Formen von Mystik, die zum Teil von völkerpsychologischen Annahmen geprägt war. Erich Seeberg (1888–1945) schließlich, ein weiterer bei den Deutschen Christen engagierter Theologe, wurde der führende Kopf der neuen Ausgabe der Werke Meister Eckharts, die die Ausgabe verdrängte, die an der Heidelberger Akademie begonnen worden war. Er machte sich dabei zunutze, dass deren Leiter Raymond Klibansky (1905–2005) als Jude aus dem Universitätsdienst entlassen wurde und aus Deutschland floh.

DIE NEUBELEBUNG DER MYSTIK NACH DEM ZWEITEN WELTKRIEG

In der deutschsprachigen evangelischen Theologie war Mystik lange Zeit kein akzeptables Thema mehr. Das lag auf der einen Seite an der politischen Kompromittierung führender Fürsprecher einer Hinwendung zur Mystik, andererseits daran, dass umgekehrt ein bedeutender Vertreter mystischen Denkens, Paul Tillich (1886–1965), zu den Ersten gehörte, die das Dritte Reich aus politischen Gründen verlassen mussten. So konnte er seine weltoffene Haltung zur Mystik weniger in Europa als in seiner neuen amerikanischen Heimat entfalten. Schon in seiner Dissertation über Mystik bei Schelling hatte er sich mit dem Thema befasst. Zu breiter Wirkung brachte er seine Überlegungen mit seinem Werk *The Courage to Be* von 1952 *(Der Mut zum Sein)*. Darin setzte er sich mit den im Existentialismus zum Thema gewordenen Formen der Angst des Menschen auseinander und entwickelte eine theologische Antwort darauf. Quelle des trotz aller Furcht möglichen Muts zum Sein war hiernach die «mystische Erfahrung»: «In der Mystik erstrebt das individuelle Selbst eine Partizipation am Seinsgrund, die sich der Einswerdung nähert.»[18] Schon dies war bewusst apersonal formuliert. So war es für Tillich letztlich der «Gott über Gott», der jenseits aller theistischen Gottesvorstellungen den Menschen auffing. Mystische Erfahrung blieb so letzte Zuflucht und zugleich tiefste Antwort auf die philosophischen Herausforderungen, denen Tillich sich gegenübersah und mit denen er doch auch viele Gemeinsamkeiten empfand.

War hier, wie so oft in der Geschichte der christlichen Mystik, ein metaphysischer Ansatz leitend, so trug zu der Konfessionen übergreifenden Neubelebung der Mystik nach dem Zweiten Weltkrieg auch die enge Verbindung mit ethischen Impulsen bei, für die Albert Schweitzer stand. Seine hochgelehrte Studie *Die Mystik des Apostels Paulus* stellt nur die eine Seite seiner Auseinandersetzung mit dem Thema dar. Er war nicht allein Theologe, sondern auch Mediziner, ein begnadeter Organist und ein bis heute wirksamer Interpret der Werke Johann Sebastian Bachs: ein wissenschaftliches und künstlerisches Multitalent. Statt Karriere in Deutschland oder Frankreich zu machen, hatte er seine Begabungen ab 1913 in den Ausbau eines Hospitals in Lambarene in der französischen Kolonie Gabun eingebracht. Orientierung für diese Lebensgestaltung gab eine von Schweitzer selbst als mystisch bezeichnete, betont schlichte Ethik der «Ehrfurcht vor dem Leben». Der Vorstellung von einer Bejahung des eigenen Lebens, die zugleich anderes Leben verdrängt, die im Gefolge von Arthur Schopenhauer (1788–1860) und Friedrich Nietzsche populär geworden war, setzte Schweitzer die sehr schlichte Erkenntnis entgegen: «Ich bin Leben, das leben will, inmitten von Leben, das leben will.»[19]

Schweitzer war nicht der einzige Friedensnobelpreisträger, der seine Kraft aus Mystik gewann. Der schwedische Diplomat und langjährige Generalsekretär der Vereinten Nationen Dag Hammarskjöld (1905–1961), dem der Preis postum nach seinem Tod bei einem Flugzeugabsturz zugesprochen wurde, hatte möglicherweise als Jugendlicher die Olaus-Petri-Vorlesungen Schweitzers in Uppsala gehört. Jedenfalls war er in mancher Hinsicht von ihm geprägt. In all seinen diplomatischen und politischen Aktivitäten war er von mystischer Spiritualität getragen. Sein geistliches Tagebuch, in dem er die «Verhandlungen mit mir selbst – und mit Gott»[20] und letztlich das Bewusstsein von «Gottes Vereinigung mit der Seele» im Glauben[21] niederlegte, dokumentiert diese enge Verbindung aus höchster politischer Verantwortung und innigster Frömmigkeit.

Wie tief dabei die Verbindungen in die Geschichte der Mystik reichen, zeigt seine Ausgabe der Predigten Meister Eckharts: Die Passagen, in denen dieser an Maria und Martha die rechte Verbindung von Mystik und Ethik zeigte, hat Hammarskjöld in seinem Handexemplar unterstrichen.[22] Auf dieser Basis formulierte er am Weihnachtstag 1955 auch für sich selbst die Idee einer tätigen Mystik:

> Das «mystische Erlebnis». Jederzeit: hier und jetzt – in Freiheit, die Distanz ist, in Schweigen, das aus Stille kommt. Jedoch – diese Freiheit ist eine Freiheit unter Tätigen, die Stille eine Stille zwischen Menschen. Das Mysterium ist ständig Wirklichkeit bei dem, der inmitten der Welt frei von sich selber ist: Wirklichkeit in ruhiger Reife unter des Bejahens hinnehmender Aufmerksamkeit.
> Der Weg zur Heilung geht in unserer Zeit notwendig über das Handeln.[23]

Dass Einsatz für Entrechtete und Mystik eng zusammengehörten, hat vor und während des Zweiten Weltkrieges schon Simone Weil gezeigt. In der zweiten Hälfte des zwanzigsten Jahrhunderts wurde der Trappist Thomas Merton (1915–1968) zu einem politisch hochaktiven Mystiker. Er berichtete, er habe 1939 in Kuba ein mystisches Erlebnis gehabt, das ihm das Gefühl gab, dass die Gegenwart Christi in der Eucharistie auch eine Gegenwart ganz persönlich für ihn war. Er erhob seine Stimme gegen die atomare Aufrüstung und gegen den Rassismus in der amerikanischen Gesellschaft, mahnte in seinen letzten Lebensjahren vor dem Engagement in Vietnam. In seinem Kloster Gethsemani begegnete er als Novizenmeister 1957 einem jungen Bruder aus Mittelamerika: Ernesto Cardenal (1925–2020). Obwohl Cardenal das Noviziat bei den Trappisten aus gesundheitlichen Gründen aufgeben musste, blieben beide in Kontakt. Ihr Briefwechsel zeigt, dass Cardenals

Beteiligung an der sandinistischen Revolution in Nicaragua neben einer marxistisch geprägten Gegenwartsanalyse auch mit dem tiefen Vertrauen auf die Einheit mit Gott zu tun hatte.

Ernesto Cardenal verwirklichte die Idee, dass Mystik einen Protest gegen die sozialen Verhältnisse bedeutet, mit besonderer Radikalität. Allein stand er damit nicht. Gustavo Gutiérrez (geb. 1928), der Begründer der Befreiungstheologie, erklärte geradezu programmatisch:

> Kontemplation ist keine Lähmung, sondern wie wir bei der Besprechung der Texte von Johannes vom Kreuz sahen, Bewegung auf totale Hingabe hin. An Gott glauben heißt dann letztlich: sein Leben als Geschenk aus Gottes Hand und alles, was es bringt, als Bekundungsformen dieses Geschenkes ansehen.[24]

Für Gutiérrez sichert genau diese tiefe Verwurzelung in der mystischen Tradition die Unterscheidbarkeit seiner sozialen Aktivität von rein politischen Tätigkeiten. Mystik bedeutet, durch den Bezug auf Gott so viel Distanz zum Weltlichen zu gewinnen, dass es möglich ist, die für die Befreiungstheologie konstitutive «Option für die Armen» zu wählen – im Sinne der Identifikation mit denen, denen sich Gott zuwendet. Diese Konzepte waren so attraktiv, dass sie auch nach Mitteleuropa und in den protestantischen Raum ausstrahlten: 1999 veröffentlichte Dorothee Sölle (1929–2003), die schon lange als engagierte Vertreterin eines politischen Protestantismus galt, ihr Buch über *Mystik und Widerstand*: Politischer Protest und der Ruf nach der Emanzipation von Frauen fand hier den Dreh- und Angelpunkt in einem verinnerlichten Sicheinlassen auf Gott.

Politisches Engagement war das Eine, was Thomas Merton betonte, eine Öffnung für andere Religionen das Andere. Dass der ideologisch geleitete Religionswissenschaftler Jakob Wilhelm Hauer Vergleiche zwischen östlicher und westlicher Religion ziehen konnte, hatte eine längere Befassung mit den Religionen Asiens in

Europa zum Hintergrund. Bereits die 1875 gegründete Theosophische Gesellschaft lebte von der Verbindung der Formen von Spiritualität aus West und Ost. Und Rudolf Otto (1869–1937), der in der Weimarer Republik zwischen den verschiedenen aufkommenden Bewegungen der evangelischen Theologie stand, beschrieb die für viele Zeitgenossen überraschenden Ähnlichkeiten zwischen christlicher und indischer Mystik.

Zunehmend weitete eine solche Verbindung den christlichen Horizont. Der Jesuit Hugo Lassalle (1898–1990), der für seinen Orden in Japan tätig war, befasste sich, wie in Ansätzen bereits Thomas Merton, mit dem Zen-Buddhismus. Schon in der Frühen Neuzeit passten sich die Jesuiten bei ihrer Mission an andere Religionen und Riten an, um Menschen anderer Kulturen für das Christentum zu gewinnen. So fand sich Lassalle immer mehr in den Zen-Buddhismus ein und wurde sogar als Meister des Zen anerkannt. Die Gratwanderung, die er dabei zu gehen hatte, war heikel. Das Christentum musste sich weiten – und durfte doch nicht so weit gehen, dass es sich in Unerkennbarkeit verflüchtigte. Die Auseinandersetzung darum, welche Grenzen überschritten werden dürfen und welche bleiben müssen, hält an. Und damit auch die Grundfrage, die sich durch die Geschichte der Mystik zieht: wo sie das Eigentliche des Christentums in allgemeiner Form zum Ausdruck bringt – und wo das Allgemeine so überwiegt, dass das Christentum verschwindet.

EPILOG:
WAS BLEIBT

Ein Buch über christliche Mystik kann nicht enden ohne Karl Rahner (1904–1984). Immer wieder, wenn sich Mystikerinnen und Mystiker ihrer selbst und ihrer Überzeugungen vergewissern wollen, verweisen sie auf seine berühmte Aussage:

> [D]er Fromme von morgen wird ein ‹Mystiker› sein, einer, der etwas ‹erfahren› hat, oder er wird nicht mehr sein, weil die Frömmigkeit von morgen nicht mehr durch die im voraus zu einer personalen Erfahrung und Entscheidung einstimmige, selbstverständliche öffentliche Überzeugung und religiöse Sitte aller mitgetragen wird, die bisher übliche religiöse Erziehung also nur noch eine sehr sekundäre Dressur für das religiöse Institutionelle sein kann.[1]

Was der hochgelehrte Jesuit hier formuliert, ist nicht nur eine Prophetie, es ist auch eine erstaunlich hellsichtige Gegenwartsanalyse, veröffentlicht 1966 im Geburtsjahr des Verfassers dieses Buches. Rahner sah damals, in einer Zeit, in der Volkskirche im westlichen Mitteleuropa noch unbestritten schien, bereits das Zerbröckeln der Selbstverständlichkeit des Christentums und alles Institutionellen. Kirche, so schien es und so scheint es, löst sich auf.

Das ruft bei den Leitern und Wahrern dieser Institutionen Ängste hervor – und genau genommen sollte es das in der Gesellschaft insgesamt tun. Wo die kirchlichen Institutionen dahinschwinden, wird nicht nur das Angebot für den Sonntagvormittag reduziert, auf das vielleicht viele gerne verzichten können. Es verschwinden auch Instanzen, die aus weiten Bereichen von Bildung und Sozialfürsorge nicht wegzudenken sind, die Schulen und Krankenhäuser tragen, Kindergärten und Altenheime. Fürsprecher für grundlegende Werte Europas, des sozialen Miteinanders, werden weniger und stiller. Dabei wären sie in einer Zeit, in der Politik immer mehr von laut tönenden Gruppen-Egoismen bestimmt wird, nötiger denn je.

All das aber war und ist nicht Thema dieses Buches. Es ist ein Buch, das die zu Worte kommen ließ, die weniger an Institutionen denken als an Individuen, Individuen in ihrem Gegenüber zu Gott und in der Auflösung genau dieses Gegenübers in einer höheren und tieferen Einheit. Die, die Gott in sich finden – und ihre eigene Identität gerade dort, wo deren Grenzen sich auflösen. Sie waren überzeugt, für das wahre Christentum zu stehen, auch dort, wo dessen offizielle Vertreter sie ausgegrenzten. Und sie waren getragen von dem Bewusstsein einer Nähe Gottes, die alle Vermittlung durch Menschen übersteigt.

Manche haben sich aus der Welt zurückgezogen, andere sie mitgestaltet und verändert. Gemeinsam sind sie ein Teil der europäischen Geschichte, auch dort, wo sie das gar nicht wollten, sondern sich selbst jenseits aller Geschichte wähnten. Manche Erscheinungen, um die es auf den vorangegangenen Seiten ging, warnen davor, diese Form von Christentum zu idealisieren. Sie sind oft abstrus, manchmal gefährlich, gelegentlich verstörend. Auch darin aber sind sie Ausdruck einer Entgrenzung, die daran erinnert, dass Wirklichkeit mehr ist als das, was wir sehen und hören, fühlen oder schmecken und riechen. Mystik weist über diese Begrenztheit hinaus. Sie beansprucht, von Gott herzukommen, weist aber auch dort auf ein Jenseits hin, wo ihr Anspruch in

Zweifel gezogen wird. Wo alle Grenzen ins Schwimmen geraten, werden auch die Grenzen zwischen den Konfessionen, ja, selbst zwischen den Religionen relativ.

Den Mystikerinnen und Mystikern war stets bewusst, dass die Nähe Gottes kein dauernder Besitz ist, sondern stets nur ein momenthaftes Geschenk. Dieses Geschenk aber, das kommt und geht, lässt die Welt auch über den Moment hinaus anders aussehen. In ihm erscheint eine Welt, in der Menschen Grenzen überschreiten, statt sie hochzuziehen, in der das Ich gesucht wird, damit es sich auflösen kann, in der nicht Handeln gefragt ist, sondern Empfangen.

Es ist eine Welt, in der kein Wort das letzte Wort hat. Sondern gelassenes Schweigen.

ANHANG

DANK

Meine Beschäftigung mit der mystischen Frömmigkeit reicht Jahrzehnte zurück, und ich hoffe, dass etwas von meiner Faszination auf den vorliegenden Seiten zu spüren ist. Dass das Buch so entstehen konnte, verdanke ich der Anregung, Ermunterung und fördernden Begleitung durch Ulrich Nolte vom Verlag C.H.Beck, der auch das gesamte Manuskript durch seine intensive kritische Lektüre weiterentwickelt hat. Das Sommersemester 2020 gab mir die Gelegenheit, mit meinen Studierenden in Tübingen zu erproben, ob die Grundüberlegungen überzeugen können, und es war eine Freude, dass sie auch unter den Bedingungen des ersten digitalen Semesters in Gedanken und Gespräch intensiv dabei waren. Manche Kollegen haben einzelne Kapitel gelesen und mir hilfreiche Hinweise gegeben. Hierfür danke ich Andreas Müller (Kiel), Johann Anselm Steiger (Hamburg) und Michael Tilly (Tübingen). Andrew Johnson (Berlin) hat mir bei den Übersetzungen aus dem Mittelenglischen geholfen, Reinhold Grimm (Jena) bei denen aus älteren Sprachstufen des Französischen. Sarah Tietgens (Mainz) danke ich für die Recherche von Zitaten, Katja Schmidt (Tübingen) für deren Überprüfung und die Zusammenstellung der Bibliographie, Martin Ingenfeld (München) für die Erstellung des Registers. Für die sorgfältige Korrektur des Manuskriptes danke ich Jenni Berger (Unterhausen), Juliane Dippon (Tübingen) und Anna-Elisabeth Henheik (Göttingen).

ABKÜRZUNGEN

Die Abkürzungen in diesem Buch folgen dem Duden. Wissenschaftliche Literatur, die in die Bibliographie aufgenommen wurde, erscheint in den Fußnoten in Kurztiteln. Darüber hinaus werden die folgenden Abkürzungen verwendet:

Biblische Bücher:

1/2 Kön – 1./2. Könige
1/2 Kor – 1./2. Korintherbrief
1/2 Petr – 1./2. Brief des Petrus
1/2 Thess – 1./2. Brief an die Thessalonicher
Apg – Apostelgeschichte
Apk – Apokalypse / Offenbarung des Johannes
Ex – Exodus / 2. Buch Mose
Gal – Galaterbrief
Gen – Genesis / 1. Buch Mose
Hld – Hoheslied
Jer – Jeremia
Jes – Jesaja
Joh – Johannesevangelium
Lk – Lukasevangelium
Mk – Markusevangelium
Mt – Matthäusevangelium
Phil – Philipperbrief
Ps – Psalter / Psalm
Röm – Römerbrief
Sap – Sapientia Salomonis / Weisheit

Werke:

Adv. Haer – Adversus haereses
Apol. Prim – Apologiae pro christianis
Comm. in Rom – Commentarii in Epistulam ad romanos
De coel hier – De Coelesti hierarchia
De div. nom. – De divinis nominibus

De eccl. hier. – *De Ecclesiastia hierarchia*

De myst theol. – *De mystica theologia*

Hom in Cant – *Homiliae in Canticum Canticorum*

Ign Magn – Ignatius an die Magneter

In Ioh – *in Johannem*

Prot. – *Protrepticus*

Strom – *Stromata*

Vg – Vulgata

Sonstige:

ActaSS – Acta sanctorum, hg. von J. Bolland/ G. Henschen, Antwerpen u.a. 1, 1643 ff. (70,1944); Venedig, 2.Auflage

BKV – Bibliothek der Kirchenväter, Kempten u.a. 1,1869–80,1888; 2.Auflage 1,1911–62/63,1931; 2.Reihe 1,1932–20,1938

c. – caput / Kapitel

CChr – Corpus Christianorum, Turnhout

CChr.CM – Corpus Christianorum, Turnhout, Continuatio mediaevalis 1,1971 ff.

CChr.SG – Corpus Christianorum, Turnhout, Series Graeca 1,1977 ff.

CChr.SL – Corpus Christianorum, Turnhout, Series Latina 1,1953 ff.

ch. – chapter / Kapitel

FC – Fontes Christiani

GCS – Die griechischen christlichen Schriftsteller der ersten drei Jahrhunderte, Berlin 1, 1897–53,1969;1971 ff.

PG – Patrologia Graeca

PL – Patrologia Latina

PTS – Patristische Texte und Studien, Berlin 1,1964 ff.

RB – Regula Benedictini

SChr – Sources chrétiennes

SHCTh – Studies in the History of Christian Thought

u.ö. – und öfter

VIEG – Veröffentlichungen des Instituts für Europäische Geschichte Mainz, Wiesbaden u.a. 1,1952 ff

WA – Martin Luther, Sämtliche Werke, Weimar 1883, 2009

ANMERKUNGEN

Einleitung: Was ist christliche Mystik?

1 Vgl. Karl Barth, Kirchliche Dogmatik. Bd. I/2, Zürich ^{8}1990, 344.

2 McGinn, Mystik im Abendland. Bd. 1, 16, dessen umfassender Gesamtdarstellung ich viel verdanke, stellt sogar die «Gegenwart Gottes» in den Mittelpunkt seines Verständnisses von Mystik. Mit dem Konzept der «unmittelbaren Nähe», das ich gemeinsam mit Berndt Hamm entwickelt habe (Hamm / Leppin, Gottes Nähe), versuche ich der existenziellen Dimension der Mystik und zugleich ihrem latent alle menschlichen und das heißt auch kirchlichen Instanzen überspringenden Anspruch auf Unmittelbarkeit gerecht zu werden. Der Unterschied zu McGinns Definition lässt sich am präzisesten darin fassen, dass sein Mystikverständnis näher an einer sakramentalen Grundhaltung ist als meines.

3 Michel de Certeau, Mystische Fabel. 16. bis 17. Jahrhundert. Aus dem Französischen von Michael Lauble. Mit einem Nachwort von Daniel Bogner, Berlin 2010, 127 f. Angesichts des Aufkommens des Mystikbegriffs erst in der Neuzeit – und wohl auch seiner eigenen jesuitischen Prägung – konzentriert sich Certeau auf die Frühe Neuzeit. Die zitierte Aussage aber hat eine weit darüber hinausreichende Bedeutung für das Verständnis christlicher Mystik.

4 S. hierzu Michael von Brück, Mystik. I. Zum Begriff, in: RGG^{4} 5 (Tübingen 2002), 1651 f., 1651.

5 Thukydides, *De bello Peloponnesiaco* VI, 28 (in: Thukydides, Geschichte des Peloponnesischen Krieges. 2. Teil: Buch V-VIII, übers. u. mit einer Einf. und Erl. versehen v. Georg Peter Landmann, München 1993, 850): «τὰ μυστικά», «τὰ μυστήρια».

6 S. Löhr, Mystik, 152; Döbler, Mystik und die Sinne 68.

7 Vgl. Kurt Flasch, Die Intention Meister Eckharts, in: Heinz Röttges / Brigitte Scheer / Josef Simon (Hg.), Sprache und Begriff. FS Bruno Liebrucks, Meisenheim am Glan 1974, 292–318.

8 Kurt Flasch, Meister Eckhart. Die Geburt der «Deutschen Mystik» aus dem Geist der arabischen Philosophie, München ^{3}2013.

9 Vgl. Ruh, Geschichte der Mystik. Bd. 1, 13–15.

10 Ruhs Begriffsbestimmung habe ich noch meiner knappen Darstellung Lep-

pin, Christliche Mystik, zugrunde gelegt. Schäufele, Christliche Mystik, 22, hat den Versuch, inhaltliche Kriterien zu umgehen, aber zu Recht als aus einer frömmigkeitsgeschichtlichen Perspektive unzureichend kritisiert. Heute halte ich eine stärker inhaltliche Herangehensweise für zielführender.

11 McGinn, Mystik im Abendland. Bd. 1, 12; vgl. auch die scharfe Kritik von Turner, Darkness, an der Verwendung des Erfahrungsbegriffs überhaupt.

12 Meister Eckhart, *Prologus in Opus propositionum* Nr. 25 (in: Meister Eckhart, Studienausgabe der Lateinischen Werke. Bd. 1: Prologi in Opus tripartitum / Expositio Libri Genesis / Liber Parabolarum Genesis, hg. v. Loris Sturlese und Elisa Rubino, Stuttgart 2016, 26 | 27): «Esse est deus».

13 Vgl. Löhr, Mystik, 158.

14 Marvin Döbler, Die Mystik und die Sinne. Eine religionshistorische Untersuchung am Beispiel Bernhards von Clairvaux, Göttingen / Bristol 2013, 77. Döbler verweist insbesondere auf Gebhard Löhr, der – wiederum unter Berufung auf Eric Sharpe – in Löhr, Mystik, 163, erwägt, auf den Mystikbegriff zu verzichten.

1.
«Christus in mir»:
Das vorweggenommene Ende

1 Gerd Theißen, Die Jesusbewegung. Sozialgeschichte einer Revolution der Werte, Gütersloh 2004, 99.

2 Albert Schweitzer, Die Mystik des Apostels Paulus. Nachdruck, Tübingen 1981, 220.

3 S. dazu Ed Parish Sanders, Paulus. Eine Einführung, Stuttgart 2009; Ludger Schenke, Die Urgemeinde. Geschichtliche und theologische Entwicklung, Stuttgart u. a. 1990; zur weiteren Binnendifferenzierung der sogenannten «New Perspective» s. Nicholas T. Wright, Paul. In fresh perspective, Minneapolis 2005.

4 S. zu den verschiedenen Thesen Thomas Schmeller, Zweiter Korintherbrief, in: Friedrich W. Horn (Hg.), Paulus Handbuch, Tübingen 2013, 185–194, 188–190.

5 Christfried Böttrich, Das slavische Henochbuch, in: Jüdische Schriften aus hellenistisch-römischer Zeit. Bd. 5 Apokalypsen, Gütersloh 1974–2003, 781–1040, kommt in Auseinandersetzung mit späteren Ansetzungen auf eine Entstehung im «1. Jh. n. Chr. noch vor dem Jahre 70» (a. a. O. 813).

6 Der etwas irritierende Name rührt daher, dass dieses Buch zwar wohl im ersten Jahrhundert nach Christus ursprünglich auf Griechisch verfasst wurde, aber nur in einer kirchenslawischen Übersetzung erhalten ist (s. dazu Böttrich, Henochbuch, 785 f.).

7 Vgl. Rainer Schwindt, Das Weltbild des Epheserbriefes. Eine religionsgeschichtlich-exegetische Studie, Tübingen 2002, 281 f.

8 Vgl. Titus Livius, *Ab urbe condita* 2,32.9–11 (in: Titus Livius, Ab urbe condita. Tomus I. Libri I-V, hg. v. Robert Maxwell Ogilvie, Oxford 1974, 114).

2.
Gegenwelten

1 *Acta Justini. Recensio prima 3* (in: Giuseppe Lazzati, Gli atti di S. Giustino Martire, in: Aevum 27 [1953], 473–497, 492,3–10).

2 Certeau, Mystische Fabel, 135 f., beschreibt die Spannung zwischen Gemeinschaft und Individuum anhand des Begriffs «mystisch» für die Kirche als *Corpus mysticum* einerseits und individuelle Erfahrungen andererseits. Dieser reizvolle Gedanke setzt die Spannung allerdings viel zu spät, im hohen und späten Mittelalter, an.

3 Vgl. Irenäus von Lyon, *Adv. Haer.* I,23,4 (in: Irenäus von Lyon, Epideixis / Adversus Haereses I, übers. u. eingel. v. Norbert Brox, Freiburg u. a. 1993 [FC 8/1], 294,7–9).

4 Friedrich Avemarie, Die Tauferzählungen der Apostelgeschichte. Theologie und Geschichte, Tübingen 2002 (WUNT 139), 264–266, vermutet, freilich unter Betonung des spekulativen Charakters dieser Überlegungen, dass dies auf einen ganz eigenen Tauftypus des Philippus, möglicherweise des Kreises der Hellenisten insgesamt, zurückgeht.

5 Vgl. Justin, *Apol. Maior* I,26 (in: Iustini Martyris Apologiae pro Christianis, hg. v. Miroslav Marcovich, Berlin / New York 1994 [PTS 38], 69–71). Peter Lampe, Die stadtrömischen Christen in den ersten beiden Jahrhunderten, Tübingen [2]1989 (WUNT 2/18), 230, weist darauf hin, dass die Statue in Rom, von welcher Justin meinte, sie sei dem Gott Simon gewidmet, tatsächlich dem «Semo Sancus Dius Fidius, dem altsabinischen Schwurgott», geweiht gewesen sei.

6 Vgl. Irenäus, *Adv. Haer.* I,23,1–4 (in: Irenäus, Adversus Haereses I, übers. u. eingel. v. Norbert Brox, 288–294 | 289–295).

7 Ignatius, *Trall* 10 (in: Die Apostolischen Väter. Griechisch-deutsche Parallelausgabe, hg. v. Andreas Lindemann u. Henning Paulsen, Tübingen 1992, 204).

8 Ignatius, *Magn* 7,1 (in: Die Apostolischen Väter, 194 | 195).

9 *Fragment* 2 (in: Christoph Markschies, Valentinus Gnosticus? Untersuchungen zur valentinianischen Gnosis mit einem Kommentar zu den Fragmenten Valentins, Tübingen 1992, 54).

10 *Fragment* 4 (in: Markschies, Valentinus, 119).

11 Irenäus, *Adv. Haer.* I,6,4 (in: Irenäus, Adversus Haereses I, übers. u. eingel. v. Norbert Brox, 166, 11–15 | 167).

12 Christoph Markschies, Die Gnosis, München [3]2010, 94.

13 Adolf von Harnack, Lehrbuch der Dogmengeschichte. Bd. 1: Die Entstehung des kirchlichen Dogmas, Tübingen 1990 (= Tübingen [4]1909), 250.

14 Adolf von Harnack, Das Wesen des Christentums. 16 Vorlesungen vor Studierenden aller Facultäten im Wintersemester 1899/1900 an der Universität Berlin gehalten, Leipzig [3]1900 – mit zahlreichen folgenden Auflagen.

15 Harnack, Lehrbuch Bd. 1, 250.

3.
Den Geist einfangen

1 Irenäus von Lyon, *Adv. Haer.* III,24,1 (in: Irenäus von Lyon, Adversus Haereses III, übers. u. eingel. v. Norbert Brox, Freiburg u. a. 1995 [Fontes Christiani 8/3], 296,19–298,7 | 299).

2 Vgl. Clemens, *Strom.* VII, c. 10, 55.1 f.

3 Clemens Alexandrinus, *Strom.* VII, c. 10, 56.1 (in: Clemens Alexandrinus, Bd. 3: Stromata Buch VII und VIII, hg. v. Ludwig Früchtel, Berlin [2]1970 [GCS 17], 41,8–11). Übers. nach BKV II/20, 61.

4 Clemens, *Strom.* VII, c. 10, 57.1 (in: Clemens, Stromata Buch VI und VII, hg. v. Ludwig Früchtel, 41,28–31). Übers. nach BKV II/20, 62.

5 Clemens Alexandrinus, *Prot.* c. 1, 8.4 (in: Clemens Alexandrinus, Bd. 1: Protrepticus und Paedagogus, hg. v. Otto Stählin, Leipzig 1905 [GCS 12], 9, 9–11). Übers. aus BKV II/7, 80.

6 Origenes, *Hom in Cant* I,2 (in: Origenes, Werke mit deutscher Übersetzung. Bd. 9/2: Die Homilien und Fragmente zum Hohelied, eingel. u. übers. v. Alfons Fürst u. Holger Strutwolf, Berlin / Boston 2016, 74,9–12 | 75,11–15).

7 Origenes, *Hom in Cant* I,2 (in: Origenes, Werke 9/2, 72,19 | 73,24 f.).

8 Vgl. Origenes, *Comm. in Rom* 6,9 (in: Origenes, Commentarii in Epistulam ad Romanos. Liber Quintus, Liber Sextus, übers. u. eingel. v. Theresia Heither, Freiburg u. a. 1993 [FC 2/3], 266–284).

9 Origenes, *Hom in Cant* I,7 (in: Origenes, Werke 9/2, 88,29–90,1 | 89,36–91,2).

10 Origenes, *Hom in Cant* I,3.

11 Origenes, *Hom in Cant* I,6 (in: Origenes, Werke 9/2, 82,17 f. | 83,20 f.).

12 Origenes, *Comm. in Rom* 7,11 (in: Origenes, Commentarii in Epistulam ad Romanos. Liber Septimus, Liber Octavus, übers. u. eingel. v. Theresia Heither, Freiburg u. a. 1994 [FC 2/4], 114,10–14 | 115).

13 Adolf von Harnack, Lehrbuch der Dogmengeschichte. Bd. 2: Die Entwicklung des kirchlichen Dogmas I, Tübingen 1990 (= Tübingen [4]1909), 220.

14 S. hierzu Charles Kannengiesser, Das Vermächtnis des «fleißigen» Origenes zur Theologie des Athanasius, in: Wolfgang A. Bienert / Uwe Kühneweg (Hg.), Origeniana Septima. Origenes in den Auseinandersetzungen des 4. Jahrhunderts, Leuven 1999, 173–184.

15 Athanasius, *De Incarnatione* 54,11–17 (in: Athanasius, De Incarnatione Verbi. Einleitung, Übersetzung, Kommentar, hg. v. Eginhard P. Meijering, Amsterdam 1989, 357). Übers. aus BKV 31/2, 152.

16 Gregor von Nyssa, *Homiliae I,* Proömien (in: Gregor von Nyssa, In Canticum Canticorum Homiliae Bd. 1, übers. u. eingel. v. Franz Dünzl, Freiburg u. a. 1994 [FC 16/1], 128,4–7 | 129).

17 Ps.-Dionysios, *De mystica theologia* 5 (in: Corpus Dionysiacum. Bd. II, hg. v. Günter Heil u. Adolf Martin Ritter, Berlin [2]2012 [PTS 67], 149,1–4; 150,2–4). Übers. nach Dionysius Areopagita, Von den Namen zum Unnennbaren, ausgew. u. eingel. v. Endre von Ivánka, Einsiedeln 1956, 96 f.

18 Ps.-Dionysios, *De mystica theologia* 1,1 (in: Corpus Dionysiacum II, 142,5–11). Übers. nach Dionysius Areopagita, Von den Namen, 93.

19 Ps.-Dionysios, *De Coelesti Hierarchia* 3,1 (in: Corpus Dionysiacum II, 17,3). Übers. nach BKV 2, 18.

20 Ps.-Dionysios, *De Ecclesiastia Hierarchia* 1,3 (in: Corpus Dionysiacum II, 65,25–66,1). Übers. nach BKV 2, 95.

21 Ps.-Dionysios, *De Ecclesiastia Hierarchia* 5,7 (Corpus Dionysiacum II, 109,13–15). Übers. nach BKV 2, 171.

4.
Neue Eliten

1 Athanasius von Alexandrien, *Vita Antonii* 45,2 (in: Athanasius von Alexandrien, Vita Antonii / Leben des Antonius, eingel., übers. u. komment. v. Peter Gemeinhardt, Freiburg u. a. 2018 [FC 69], 210,9–11 | 211).

2 Alois Grillmeier, Jesus der Christus im Glauben der Kirche. Bd. 1: Von der Apostolischen Zeit bis zum Konzil von Chalcedon (451), Freiburg u. a. ³1990, 567.

3 S. hierzu Friedrich Prinz, Frühes Mönchtum im Frankenreich. Kultur und Gesellschaft in Gallien, den Rheinlanden und Bayern am Beispiel der monastischen Entwicklung (4. bis 8. Jahrhundert), Darmstadt ²1988.

4 *Glaubensbekenntnis von Chalkedon* (in: Heinrich Denzinger, Kompendium der Glaubensbekenntnisse und kirchlichen Lehrentscheidungen, verb., erw., ins Deutsche übertr. u. hg. v. Peter Hünermann, Freiburg u. a. ⁴⁰2005 [DH 303], 142 f.).

5 Maximus Confessor, *Liber asceticus* 43 (in: CChr.SG 40, 115,983 f.).

6 Johannes von Damaskus, *Expositio fidei* 89; IV,16 (in: Die Schriften des Johannes von Damaskos. Bd. 2: Expositio fidei, hg. v. Bonifatius Kotter, Berlin / New York 1973, 206,7–8). Übers. nach BKV 44, 229.

7 Vgl. Basilius von Caesarea, *De spiritu Sancto* XVIII,45 (in: Basilius von Cäsarea, De Spiritu Sancto / Über den Heiligen Geist, übers. u. eingel. v. Hermann Josef Sieben, Freiburg u. a. 1993 [FC 12], 210,3 f.).

8 Germanos, *Historia* 1 (in: St Germanus of Constantinople, On the Divine Liturgy, übers., eingeführt u. komm. v. Paul Meyendorff, New York 1984, 56).

9 Johannes von Damaskus, *Expositio fidei* 86; IV,13 (in: Schriften des Johannes von Damaskus, 198,180–183). Übers. nach BKV 44, 217.

10 Vgl. Kyrill, *Katechesen* XII,16 (in: PG 33, 744B).

11 Nikephorus, *De cordis custodia* (in: PG 147, 963A-B).

5.
Das lateinische Mittelalter gewinnt Gestalt

1 Kurt Flasch, Logik des Schreckens. Augustinus von Hippo. Die Gnadenlehre von 397. Lateinisch – Deutsch, hg. v. Kurt Flasch, Mainz 1990.

2 Augustin, *Confessiones* 10.16 (in: Augustinus, Confessiones – Bekenntnisse.

Lateinisch und Deutsch, eing., übers. u. erläut. v. Joseph Bernhart, München 1955, 334+336 | 335+337).

3 Augustin, *De magistro* 11.38 (in: CC.SL 29 II/2, 196,47 f.).

4 *Regula Benedicti* 1,8 (in: Die Benediktsregel. Lateinisch – Deutsch, hg. v. Ulrich Faust, Stuttgart 2009, 20 | 21).

5 *Regula Benedicti* 4 (in: Benediktsregel, 32 | 33).

6 *Regula Benedicti* 5,16 (in: Benediktsregel, 42 | 43).

7 Die These von Francis Clark, The Pseudo-Gregorian Dialogues. 2 Bde., Leiden 1987, dass es sich hierbei um Fälschungen eines späteren Autors handele, dürfte zu weit gehen. Jedenfalls gibt es m. E. nach wie vor gute Gründe, die *Dialogi* als Werk Gregors anzusehen.

8 Vgl. Patrick Catry, Parole de Dieu, Amour et Esprit-Saint chez Saint-Grégoire le Grand, Bégrolles-en-Mauges 1984, 214.

9 Gregor, *Homiliae in Ezechielem* I/III,9 (in: CC.SL 142, 38,164–167).

10 Gregor, *Homiliae in Ezechielem*. II/V,9 (in: CC.SL 142, 281,229 – 282,234).

11 S. die magistrale Darstellung von Mischa Meier, Geschichte der Völkerwanderung. Europa, Asien und Afrika vom 3. bis zum 8. Jahrhundert n.Chr., München 2019.

12 Eriugena, *Periphyseon* I (in: CCCM 161, 32,876–878); übers. nach Johannes Scotus Eriugena, Periphyseon. De divisione naturae, übers. v. Hans Günter Zekl, Würzburg 2016, 60.

13 Vgl. Eriugena, *Periphyseon* III (in: CCCM 163, 88,2549 f.).

14 Zu der sehr komplexen Beleglage hinsichtlich der Verurteilungen s. Herbert Grundmann, Studien über Joachim von Floris, Leipzig / Berlin 1927, 164, Anm. 1.

15 Eriugena, *Periphyseon* V (in: CCCM 165, 225,7315–7320). Übers. nach Eriugena, Periphyseon, übers. v. Zekl, 735.

16 S. PL 106, 23–50.

6.
Christus macht der Seele den Hof

1 Jean Leclercq, Wissenschaft und Gottverlangen. Zur Mönchstheologie des Mittelalters, Düsseldorf 1963.

2 S. hierzu Dominique Iogna-Prat, La Madeleine du Sermo in veneratione sanctae Mariae Magdalenae attribué à Odon de Cluny, in: Mélanges d'école française de Rome 104 (1992), 37–70, 41.

3 Ps.-Odo, *Sermo in venerationes Sanctae Mariae Magdalenae* (in: PL 133, 716D–717A).

4 Bernhard von Clairvaux, *Sermo* 9,3 (in: Bernhard von Clairvaux, Sämtliche Werke. Bd. 5. Lateinisch / Deutsch, hg. v. Gerhard B. Winkler, Innsbruck 1994, 134+136 | 135+137).

5 Bernhard, *Sermo* 3,5 (in: Bernhard, Werke Bd. 5, 82 | 83).

6 Bernhard, *Sermo* 85,13 (in: Bernhard, Werke Bd. 6., 646 | 647).

7 Bernhard, *Sermo* 20,6 (in: Bernhard, Werke Bd. 5, 284 | 285).

8 Anselm von Canterbury, *Cur Deus homo Praefatio* (in: Anselmi Cantuariensis Archiepiscopi Opera Omnia Bd. 2, hg. v. Franz S. Schmitt, Rom 1940, 42,12 f.).

9 Bernhard, *Sermo* 43,3 (in: Bernhard, Werke Bd. 6, 98+100 | 99).

10 Wilhelm von Saint-Thierry, Meditationen und Gebete. Lateinisch/Deutsch, hg., übers. u. komm. v. Klaus Berger und Christiane Nord, Frankfurt a. M. / Leipzig 2001, 17.

11 Wilhelm von Saint-Thierry, *Meditatio* VIII,7 (in: Saint-Thierry, Meditationen und Gebete, 204 | 205).

12 Vgl. Wilhelm von Saint-Thierry, *Expositio super Cantica Canticorum* I (in: CCCM 87, 19,17 f.).

13 Saint-Thierry, *Meditatio* VIII,7 (in: Saint-Thierry, Meditationen und Gebete, 204 | 207).

14 Berengar von Tours, *Bekenntnis i. J. 1059* (in: Denzinger, Kompendium [DH 690], 314).

15 Vgl. Saint-Thierry, *Meditatio* X,9 f. (in: Saint-Thierry, Meditationen und Gebete, 248–251). Der Bezug auf die Eucharistie wird vor allem durch die Rede vom «mysterium sancti et uiuifici corporis et sanguinis Domini nostri Iesu Christi» (a. a. O., 250) deutlich.

16 Balduin, *Tractatus primus* (in: PL 204, 403B). Übers. nach Wolfgang Buchmüller / Bernardin Schellenberger (Hg.), Ein Lied, das froh im Herzen jubelt. Texte der spirituellen Erfahrung der frühen Zisterzienser, Heiligenkreuz 2010, 69.

17 Vgl. Rupert von Deutz, *Commentarius in Matthaeum* l.12 (in: PL 168, 1601A-C).

18 Vgl. Herbert von Clairvaux, *De miraculis* 2,19 (in: PL 185, 1328C–D).

19 Isaak von Stella, *Sermo* 19, 23,199 (in: SChr 207, 38). Übers. nach Buchmüller / Schellenberger, Lied, 61.

20 Gilbert von Hoyland, *In Cantica Sermo* 16,2 (in: PL 184, 82B). Übers. nach Buchmüller / Schellenberger, Lied, 169.

21 Balduin, *Tractatus* 15 (in: PL 204, 547B). Übers. nach Buchmüller / Schellenberger, Lied, 77.

22 Vgl. Guerric von Igny, *Sermo Secundus* 5,211–215 (in: SChr 202, 142–144).

23 Isaak von Stella, *Sermo* 9, 10,100 (in: SChr 130, 212). Übers. nach Buchmüller / Schellenberger, Lied, 51.

24 Isaak von Stella, *Sermo* 29, 12,103–105 (in: SChr 207, 174). Übers. nach Buchmüller / Schellenberger, Lied, 180 f.

25 Bernhard von Clairvaux, *De laude novae militiae* III,4 (in: Bernhard von Clairvaux, Sämtliche Werke. Bd. 1. Lateinisch / Deutsch, hg. v. Gerhard B. Winkler, Innsbruck 1990, 276,2–5.7–9 | 277).

26 Bernhard, *De laude novae militiae* XI,26 (in: Bernhard, Sämtliche Werke. Bd. 1, 310,20 f. | 311).

27 Bernhard von Clairvaux, *Ep.* 190,1 (in: Bernhard von Clairvaux, Sämtliche Werke. Bd. 3. Lateinisch / Deutsch, hg. v. G. B. Winkler, Innsbruck 1992, 76,3).

28 Vgl. Meisterin Tengswich von Andernach an Hildegard, *Epistola* 52,12–20 (in: CCCM 91, 126).

29 Hildegard, *Scivias Prolog* (in: CCCM 43, 3,24 – 4,33). Übers. nach Hildegard von Bingen, Scivias – Wisse die Wege. Eine Schau von Gott und Mensch in Schöpfung und Zeit, übers. v. Walburga Storch, Augsburg 1990, 5.

30 Hildegard, *Scivias* III,11 c.18 (in: CCCM 43A, 586,388).

31 Vgl. Hildegard, *Epistola* 313 (in: CCCM 91B, 74).

32 Vgl. Lieselotte E. Saurma-Jeltsch, Geschaut im lebendigen Licht. Die Miniaturen des Liber Scivias der Hildegard von Bingen. Die Wucht der Vision und die Ordnung der Bilder, Wiesbaden 1998, 10–12.

33 Hildegard, *Scivias* II,6 c.37 (in: CCCM 43, 265,1356 f.). Übers. nach Hildegard, Scivias, 248.

34 Hildegard, *Scivias* II,4 c.9 (in: CCCM 43, 167,265). Übers. nach Hildegard, Scivias, 158.

35 Hildegard, *Scivias* II,6 c.11 (in: CCCM 43, 240,533 [Ich folge Lesart O]).

36 Hildegard, *Epistola* 24,18–28 (in: CCCM 91, 66 f.). Übers. nach Hildegard von Bingen, Im Feuer der Taube. Die Briefe. Erste vollständige Ausgabe, übers. v. Walburga Storch, Augsburg 1997, 64.

37 Hildegard, *Scivias* II,6 c.76 (CCCM 43, 290,2198–2206). Übers. nach Hildegard, Scivias, 271.

38 Vgl. Abaelard, *Historia calamitatum*. Text – Übersetzung – literaturwissenschaftliche Modellanalysen, hg. v. Dag Nikolaus Hasse, Berlin / New York 2002, 6.

39 Vgl. Hugo von Sankt Viktor, *De sacramentis Prologus* (in: Hugonis de Sancto Victore De sacramentis Christiane fidei, hg. v. Rainer Berndt, Aschendorff 2008, 31,24 – 32,1).

40 Hugo, *De sacramentis* I p.10 (in: Hugonis De sacramentis, 225,11–14).

41 Hugo von Sankt Viktor, *Didascalicon* 5,9 (in: Hugo von Sankt Viktor, Didascalicon de studio legendi / Studienbuch. Lateinisch–Deutsch, übers. u. eingel. v. Thilo Offergeld, Freiburg u. a. 1997 (FC 27), 350,6–9 | 351).

42 Hugo, *Didascalicon* 5,10 (in: Hugo, Didascalicon, 354,23 f. | 355).

43 Vgl. Otto von Simson, Die gotische Kathedrale. Beiträge zu ihrer Entstehung und Bedeutung, Darmstadt ²1972, 171.

44 Suger von Saint-Denis, *De administratione* 181 (in: Abt Suger von Saint-Denis, Ausgewählte Schriften, hg. v. Andreas Speer u. a., Darmstadt 2000, 326,816–821 | 327).

45 Von Simson, Kathedrale, 151 f.

46 S. hierzu die Ausführungen von Susanne Linscheid-Burdich, Beobachtungen zu Sugers Versinschriften in *De administratione*, in: Suger, Ausgewählte Schriften, 112–146.

47 Vgl. Christoph Markschies, Gibt es eine ‹Theologie der gotischen Kathedrale›? Nochmals: Suger von Saint-Denis und Sankt Dionys vom Areopag, Heidelberg 1995.

48 McGinn, Mystik im Abendland. Bd. 2, 609.

49 Richard, *Benjamin maior* I,6 (in: PL 196, 70B–C). An dieser Stelle folgen dann die Erläuterungen zu den Stufen, die oben zusammengefasst werden.

50 Vgl. Richard, *De exterminatione mali* II,7 (in: PL 196, 1093B).

51 Richard, *De quatuor gradibus* (in: PL 196, 1207D–1208C): «O vehementia dilectionis! o violentia charitatis! o excellentia, o supereminentia charitatis Christi!»

52 Richard, *De quatuor gradibus* (in: PL 196, 1221A).

53 Richard, *De quatuor gradibus* (in: PL 196, 153B).

7.
Geliebt an Seele und Leib

1 Ursula Peters, Religiöse Erfahrung als literarisches Faktum. Zur Vorgeschichte und Genese frauenmystischer Texte des 13. und 14. Jahrhunderts, Tübingen 1988, 187, hat die historische Auswertbarkeit dieser Passagen mit guten Argumenten gründlich in Zweifel gezogen. Allerdings bleibt zu fragen, ob ihre Beobachtungen literarischer Stilisierungen die kulturhistorischen Rückschlüsse tatsächlich in der Radikalität ausschließen, wie sie dies tut, oder nicht vielmehr die Stilisierungen dadurch verstehbar sind, dass sie auf gegebene Realitäten rekurrieren.

2 Die Visionen der hl. Elisabeth und die Schriften der Aebte Ekbert und Emecho von Schönau, hg. v. F. W. E. Roth, Brünn 1884, 2.

3 Vgl. Ruh, Geschichte der Mystik Bd. 2, 71.

4 Vgl. Petrus von Dacien, *De B. Christina Stumbelensi* VI (in: Acta Sanctorum Juni IV, 429 f.).

5 *De Lutgarde virgine* I,2 (in: Acta Sanctorum Juni III, 237D).

6 Jakob von Vitry, *Vita Mariae* II,2,43 (in: Acta Sanctorum Juni IV, 648D).

7 Vitry, *Vita Mariae* Prol. 11 (in: Acta Sanctorum Juni IV, 638F).

8 Vitry, *Vita Mariae* II,8,87 (in: Acta Sanctorum Juni IV, 659D).

9 S. dazu Vera von der Osten-Sacken, Jakob von Vitrys «Vita Mariae Oigniacensis». Zu Herkunft und Eigenart der ersten Beginen, Göttingen 2010, 77 f.

10 Vgl. *Vita Beatricis. Bijlage* VI B,1–14 (in: Vita Beatricis. De autobiografie van de Z. Beatrijs van Tienen O. Cist. 1200–1268, hg. v. L. Reypens, Antwerpen 1964, 220).

11 Vgl. F. W. E. Roth, Aufzeichnungen über das mystische Leben der Nonnen von Kirchberg bei Sulz Predigerordens während des XIV. und XV. Jahrhunderts, in: Alemannia 21 (1893), 103–148, 106: «Sant Adelheit von Auen die was also andechtig, das man sie sach etwen sweben ob der erden, so sie sang in dem kor.»

12 Roth, Aufzeichnungen, 105.

13 Hadewijch, *Vision* XIII, 25 f. (in: Hadewijch, Das Buch der Visionen. Teil 1: Einleitung, Text und Übersetzung v. Gerald Hofmann, Stuttgart-Bad Cannstatt 1998, 138).

14 Hadewijch, *Vision* XIV, 166 (in: Hadewijch, Visionen, 160 | 161).

15 Hadewijch, *Strophisches Gedicht* 22,3 (in: Hadewijch: Lieder. Originaltext, Kommentar, Übersetzung und Melodien, hg., eingel., übers. u. komm. v.

Veerle Fraeters u. Frank Willaert, mit einer Rekonstruktion der Melodien v. Louis Peter Grijp, aus dem Niederländischen übers. v. Rita Schlusemann, Berlin / Boston 2016, 242 | 243).

16 Ruh, Geschichte der Mystik Bd. 2, 137, betont allerdings zu Recht, dass man nicht einfach behaupten kann, Hadewijch sei die erste volkssprachliche Mystikerin niederländischer Sprache gewesen: Allein schon die Unsicherheiten der Hadewijch-Datierung lassen es möglich erscheinen, dass Beatrijs von Nazareth (gest. 1268) Priorität zukommt.

17 Vgl. Peters, Religiöse Erfahrung.

18 Mechthild von Magdeburg, *Das fließende Licht* VII,40 (in: Mechthild von Magdeburg, Das fließende Licht der Gottheit, hg. v. Gisela Vollmann-Profe, Frankfurt am Main 2003 [Bibliothek des Mittelalters Bd. 19], 610 + 612 | Übers. 611 + 613): «Wäre die ganze Welt mein / und bestünde sie ganz aus Gold / und sollte ich hier auf ewig, wunschlos glücklich, / die alleredelste, die allerschönste, die allermächtigste Kaiserin sein – / ich wollte gar nichts davon wissen! / So gern / möchte ich Jesus Christus, meinen lieben Herrn, / in seiner himmlischen Ehre sehen! / Bedenkt, was die leiden, / die ihn lange entbehren!»

19 Mechthild, *Das fließende Licht* II,26 (in: Mechthild, Das fließende Licht, 137,26–33 | 136,23–29).

20 Mechthild, *Das fließende Licht* II,26 (in: Mechthild, Das fließende Licht, 139,11–13 | 138,5–7).

21 Mechthild, *Das fließende Licht* II,26 (in: Mechthild, Das fließende Licht, 137,14 f. | 136,12 f.).

22 Mechthild, *Das fließende Licht,* Prolog (in: Mechthild, Das fließende Licht, 10, 1.4).

23 Mechthild, *Das fließende Licht* II,20 (in: Mechthild, Das fließende Licht, 109,30–32 | 108,17–19).

24 Mechthild, *Das fließende Licht* I,44 (in: Mechthild, Das fließende Licht, 59,16 | 58,15).

25 Mechthild, *Das fließende Licht* I,44 (in: Mechthild, Das fließende Licht, 65,11–36 | 64,1–24).

26 Mechthild, *Das fließende Licht* II,19 (in: Mechthild, Das fließende Licht 107,14 | 106,8 f.).

27 Gertrud von Helfta, *Legatus* II,1 (in: Gertrud von Helfta, Botschaft von Gottes Güte. Bd. 1: Buch 1 u. 2. Lateinisch – deutsch, übers. u. hg. v. Maria Hildegard Brem, Heiligenkreuz 2013, 166 | 167).

28 Mechthild, *Das fließende Licht* IV,2 (in: Mechthild, Das fließende Licht, 237,12f. | 234,32f.).

29 Gertrud, *Legatus* II,2 (in: Gertrud von Helfta, Botschaft Bd. 1, 170 | 171).

30 Gertrud, *Legatus* II,2 (in: Gertrud von Helfta, Botschaft Bd. 1, 170 | 171). Es handelt sich hier um ein wörtliches Zitat aus Lukas 1,78. Im Folgenden ist noch einmal von einem «clariore luce» die Rede.

31 Gertrud, *Legatus* II,2 (in: Gertrud von Helfta, Botschaft Bd. 1, 170 | 171). Übers. leicht geändert.

32 Gertrud, *Legatus* II,3 (in: Gertrud von Helfta, Botschaft Bd. 1, 174 | 175).

33 Gertrud, *Legatus* II,8 (in: Gertrud von Helfta, Botschaft Bd. 1, 198).

34 Gertrud, *Legatus* II,4 (in: Gertrud von Helfta, Botschaft Bd. 1, 180 | 181).

35 Gertrud, *Legatus* II,7 (in: Gertrud von Helfta, Botschaft Bd. 1, 194 | 195).

36 Kirchenrechtlich kann man allerdings die Situation konstruieren, dass Mechthild die andernorts geweihte Hostie gebracht werden sollte. Der Text gewinnt seine subversive Pointe aber daraus, dass genau diese Erklärung nicht erfolgt.

37 Mechthild, *Liber specialis gratiae* I,1 (in: Sanctae Mechtildis Liber specialis gratiae. Opus ad codicum fidem nunc primum integre editum Solesmensium monachorum, Vienne / Paris 1877, 7).

38 Mechthild, *Liber* II,33 (in: Sanctae Mechtildis Liber specialis gratiae, 178).

39 Marguerite Porete, *Mirouer* 89,4–9 (in: CCCM 69, 252); übers. nach Margareta Porete, Der Spiegel der einfachen Seelen. Mystik der Freiheit, hg. u. übers. v. Louise Gnädinger. Mit einem Vorwort von Gotthard Fuchs, Kevelaer ^{2}2017, 146.

40 S. Angela da Foligno, *Memoriale* 9c (in: Il libro della beata Angela da Foligno, hg. v. Ludger Thier u. Abele Calufetti, Grottaferrata ^{2}1985, 362–365).

41 Vgl. Angela da Foligno, *Memoriale* 3 (in: Libro della Angela, 182–185). Zu dem betreffenden Glasfenster s. die Einführung a. a. O., 34, Anm. 40.

42 Angela da Foligno, *Instructio 2* (in: Libro della Angela, 414,38f.).

43 Julian of Norwich, *Revelations. Short text* 6 (in: Julian of Norwich, Revelations of Divine Love. The Short Text and the Long Text, hg. v. Barry Windeatt, Oxford 2016, 7,39f.).

44 Julian, *Revelations. Long text* 21 (in: Julian, Revelations, 63,11–14).

45 Christof Rolker, Der Hermaphrodit und seine Frau. Körper, Sexualität und Geschlecht im Spätmittelalter, in: HZ 297 (2013), 593–620, 620.

46 *The Book of Margery Kempe* I,29 (in: The Book of Margery Kempe. Bd. 1, hg. v. W. Butler-Bowdon, London 1940, 71f.).

47 So Christoph Benke, Die Gabe der Tränen. Zur Tradition und Theologie eines vergessenen Kapitels der Glaubensgeschichte, Würzburg 2002, 272.

48 McGinn, Mystik im Abendland, Bd. 5, 381.

8. Mystik und Wissenschaft

1 Vgl. Mechthild Dreyer, More mathematicorum. Rezeption und Transformation der antiken Gestalten wissenschaftlichen Wissens im 12. Jahrhundert, Münster 1996.

2 Thomas von Aquin, *Summa theologiae* I q.2 prol. (in: Thomae Aquinatis Opera omnia, Bd. 4, iussu impensaque Leonis XIII P. M. edita, Rom 1888, 27).

3 Vgl. Marie-Dominique Chenu, Le plan de la Somme théologique de Saint Thomas, in: Revue Thomiste 45 (1939), 93–107, 98–107.

4 Thomas von Aquin, *Summa theologiae* II-II q.180 a.5 resp. (in: Thomae Aquinatis Opera omnia, Bd. 10, iussu impensaque Leonis XIII P. M. edita, Rom 1899, 429).

5 S. Burkhard Mojsisch, Die Theorie des Intellekts bei Dietrich von Freiberg, Hamburg 1977.

6 Dietrich, *De visione beatifica* 4.1, 4 f. (in: Dietrich von Freiberg, Opera Omnia. Bd. 1: Schriften zur Intellekttheorie, hg. v. Burkhard Mojsisch, Hamburg 1977, 105).

7 Franziskus von Assisi, *Epistola toti ordini missa* 50–52 (in: Fontes Franciscani, hg. v. Enrico Menestò u. Stefano Brufani, Assisi 1995, 103 f.).

8 Bonaventura, *Itinerarium Prolog* 2 (in: Bonaventura, Ausgewählte Werke. Bd. 2, aus dem Lateinischen übers. von Julian Kaup, Darmstadt 2018 [= München 1961], 46).

9 Bonaventura, *Itinerarium* I,6 (in: Bonaventura, Werke. Bd. 2, 60 | 61).

10 Berndt Hamm, Einheit und Vielfalt der Reformation – oder: was die Reformation zur Reformation machte, in: Ders. / Bernd Moeller / Dorothea Wendebourg, Reformationstheorien. Ein kirchenhistorischer Disput über Einheit und Vielfalt der Reformation, Göttingen 1995, 57–127, 69–71.

11 Etienne Tempier, *Prolog* (in: Aufklärung im Mittelalter? Die Verurteilung von 1277. Das Dokument des Bischofs von Paris, übers. u. erkl. v. Kurt Flasch, Mainz 1989, 89).

12 Bonaventura, *Itinerarium* VII,6 (in: Bonaventura, Werke. Bd. 2, 152 | 153). Übers. leicht bearbeitet.

13 Bonaventura, *Itinerarium* I,14 (in: Bonaventura, Werke. Bd. 2, 70 | 71).

14 Bonaventura, *Soliloquium* I,33 (in: Bonaventura, Ausgewählte Werke. Bd. 1, aus dem Lateinischen übers. von Josef Hosse, Darmstadt 2018 [= München 1958], 100 | 101).

15 Bonaventura, *Itinerarium* VII,2 (in: Bonaventura, Werke. Bd. 2, 148 | 149).

16 Bonaventura, *Itinerarium* VII,4 (in: Bonaventura, Werke. Bd. 2, 150).

17 Palamas, *150 capitula* 78 (in: Grēgoriu tu Palama, Syngrammata. Bd. 5, hg. v. Panagiōtes K. Chrēstu, Thessaloniki 1992, 79,21–25).

18 Basilius, *Ep. 234,1* (in: PG 32, 869A-B).

19 Palamas, *Über die heiligen Hesychasten* 1,3,20 (in: Grēgoriu tu Palama, Syngrammata. Bd. 1, hg. v. Panagiōtes K. Chrēstu, Thessaloniki 1962, 430,26 f.).

20 E. Vansteenberghe, Le «De Ignota Litteratura» de Jean Wenck de Herrenberg contre Nicolas de Cuse, Münster 1910 (BGPhMA 8/6), 24.

21 Nikolaus von Kues, *Trialogus de possest* 41 (in: Nikolaus von Kues, Philosophisch-Theologische Werke. Lateinisch / Deutsch. Bd. 3, Hamburg 2002, 48 | 49).

22 Vgl. Karl Erich Grözinger, Reuchlin und die Kabbala, in: Arno Herzig u. a. (Hg.), Reuchlin und die Juden, Sigmaringen 1993, 175–187.

23 Grözinger, Reuchlin und die Kabbala, 180.

24 Zu diesem Zusammenhang s. Wilhelm Schmidt-Biggemann, Geschichte der christlichen Kabbala. Bd. 1: 15. und 16. Jahrhundert, Stuttgart-Bad Cannstatt 2012, 162–164.

25 Vgl. Johannes Reuchlin, *De arte cabbalistica* I 19.F (in: Johannes Reuchlin, Sämtliche Werke. Bd. II/1, hg. v. Widu-Wolfgang Ehlers u. a., Stuttgart-Bad Cannstatt 2010, 150 | 151): «Das Heil aller Menschen haben wir also allein durch das Erbarmen Gottes zu erwarten.»

26 Reuchlin, *De arte cabbalistica* I 21.R (in: Reuchlin, Werke. II/1, 162 | 163).

9.
Gottesgeburt in der Seele

1 Meister Eckhart, *Reden der Unterweisung* 10 (in: Meister Eckhart, Werke Bd. 2, übers. u. hg. v. Niklaus Largier, Frankfurt am Main 1993 [Bibliothek des Mittelalters Bd. 21], 362): «daz schînet dar ane: wan man sol solchen jubilus underwîlen lâzen durch ein bezzerz von minne und underwîlen durch ein minnewerk ze würkenne, dâ man sîn nôt hât, geistlîchen oder lîplîchen.»

Übers. nach Meister Eckhart, Reden der Unterweisung, hg., neu übers. und komm. von Volker Leppin, Leipzig 2019 (Große Texte der Christenheit 8), 27.

2 Vgl. Kurt Ruh, ‹Le miroir des simples âmes› der Marguerite Porete, in: Ders., Kleine Schriften. Bd. 2, hg. v. Volker Mertens, Berlin / New York 1984, 212–236, 226; Ders., Meister Eckhart. Theologe – Prediger – Mystiker, München 1985, 104.

3 Meister Eckhart, *Liber «Benedictus». I. Das Buch der göttlichen Tröstung* (in: Eckhart, Werke Bd. 2, 312 | 313): «ensol man niht lêren ungelêrte liute, sô enwirt niemer nieman gelêret, sô enmac nieman lêren noch schrîben. Wan dar umbe lêret man die ungelêrten, daz sie werden von ungelêret gelêret.»

4 Meister Eckhart, *Predigt 53* (in: Meister Eckhart, Werke Bd. 1, übers. u. hg. v. Niklaus Largier, Frankfurt am Main 1993 [Bibliothek des Mittelalters Bd. 20], 564 | 565).

5 Eckhart, *Predigt 9* (in: Eckhart, Werke Bd. 1, 106 | 107).

6 Eckhart, *Predigt 86* (in: Eckhart, Werke Bd. 2, 216 | 217).

7 Vgl. Eckhart, *Predigt 86* (in: Eckhart, Werke Bd. 2, 216 f.).

8 Eckhart, *Predigt 86* (in: Eckhart, Werke Bd. 2, 218 | 219).

9 Vgl. Loris Sturlese, Meister Eckhart in der Bibliotheca Amploniana. Neues zur Datierung des ‹Opus tripartitum›, in: Andreas Speer (Hg.), Die Bibliotheca Amploniana. Ihre Bedeutung im Spannungsfeld von Aristotelismus, Nominalismus und Humanismus, Berlin / New York 1995, 434–446, 443.

10 Meister Eckhart, *Prologus generalis in Opus tripartitum* Nr. 12 (in: Eckhart, Studienausgabe, 8); s. auch Ders., *Prologus in Opus propositionum* Nr. 1 (in: a. a. O., 16) u. ö.

11 Vgl. Flasch, Geburt.

12 S. hierzu die Ausführungen bei Kurt Ruh, Meister Eckhart. Theologe – Prediger – Mystiker, München 1985, 189 f.

13 Eckhart, *Liber Benedictus I* (in: Eckhart, Werke Bd. 2, 310 | 311).

14 Johannes Tauler, *Predigt* 53 (in: Die Predigten Taulers aus der Engelberger und der Freiburger Handschrift sowie aus Schmidts Abschriften der ehemaligen Straßburger Handschriften, hg. v. Ferdinand Vetter, Berlin 1910 [DTMA 11], 243,13–18). Übertr. nach Johannes Tauler, Predigten 2 Bde., übertr. und hg. v. Georg Hofmann m. einer Einf. v. Alois M. Haas, Einsiedeln 1979 (Christliche Meister 3), 507.

15 Tauler, *Predigt* 60c (in: Predigten Taulers, hg. v. Vetter, 294,24–26). Übertr. nach Tauler, Predigten, hg. v. Hofmann, 209.

16 Tauler, *Predigt* 65 (in: Predigten Taulers, hg. v. Vetter, 355,31 f.). Übertr. nach Tauler, Predigten, hg. v. Hofmann, 455.

17 Tauler, *Predigt* 65 (in: Predigten Taulers, hg. v. Vetter, 356,9). Übertr. nach Tauler, Predigten, hg. v. Hofmann, 456.

18 Heinrich Seuse, *Vita* c. 23 (in: Heinrich Seuse, Deutsche Schriften, hg. v. Karl Bihlmeyer, Stuttgart 1907, 68,22 f.).

19 Seuse, *Vita* c. 42 (in: Seuse, Deutsche Schriften, 142,22 f.).

20 Alois Maria Haas, Geistliches Mittelalter, Fribourg 1984 (Dokimion 8), 213.

21 S. Wolfram Schneider-Lastin, Leben und Offenbarungen der Elsbeth von Oye. Textkritische Edition der Vita aus dem ‹Ötenbacher Schwesternbuch›, in: Barbara Fleith / René Wetzel (Hg.), Kulturtopographie des deutschsprachigen Südwestens im späteren Mittelalter, Berlin u. a. 2009, 395–467, 454.

22 Seuse, *Vita* c. 13 (in: Seuse, Deutsche Schriften, 36,4 f.).

23 Seuse, *Vita* c. 13 (in: Seuse, Deutsche Schriften, 36,14).

24 Seuse, *Büchlein der ewigen Weisheit* III (in: Seuse, Deutsche Schriften, 320,16–26).

25 Seuse, *Büchlein der ewigen Weisheit* III (in: Seuse, Deutsche Schriften, 314,10).

26 Seuse, *Vita Prolog* (in: Seuse, Deutsche Schriften, 7,11–14).

27 *Decretum Gratiani p. 2 Causa 12 q. 1 c. 7* (in: Corpus Iuris Canonici. Pars 1: Decretum Magistri Gratiani, hg. v. Aemilius Friedberg, Leipzig [2]1879 [= Graz 1955], 678).

28 Tauler, *Predigt* 76 (in: Predigten Taulers, hg. v. Vetter, 410,39–411,3). Übertr. nach Tauler, Predigten, hg. v. Hofmann, 587.

29 Tauler, *Predigt* 46 (in: Predigten Taulers, hg. v. Vetter, 205,9; 205,31). Übertr. nach Tauler, Predigten, hg. v. Hofmann, 420.

30 Tauler, *Predigt* 42 (in: Predigten Taulers, hg. v. Vetter, 179,16 f.). Übertr. nach Tauler, Predigten, hg. v. Hofmann, 363 f.

31 Bonifatius, *Saepe sanctam Ecclesiam* (in: Denzinger, Kompendium [DH 866], 383).

32 Malcolm Lambert, Häresie im Mittelalter. Von den Katharern bis zu den Hussiten, Darmstadt 2001, 193.

33 *Theologia deutsch* c. 15,15–18 (in: ‹Der Franckforter› [‹Theologia deutsch›]. Kritische Textausgabe, hg. v. Wolfgang von Hinten München 1982, 89). Übers. nach «Der Franckforter». Theologia deutsch, übers. u. hg. v. Alois M. Haas, Einsiedeln [2]1993, 62.

34 Lydia Wegener, Der «Frankfurter» / «Theologia deutsch». Spielräume und Grenzen des Sagbaren, Berlin / Boston 2016 (Frühe Neuzeit 201), 172.

35 Jan van Ruusbroec, *Die geestelike brulocht* b 1780–1782 (in: CC.CM 103, 487). Übers. nach Jan van Ruusbroec, Die Zierde der geistlichen Hochzeit, übers. v. Marijke Schaad-Visser, Einsiedeln 1987, 120.

36 S. Peters, Religiöse Erfahrung, 141.

37 Allerdings gilt auch hier, dass die Quellenlage heikel ist, nicht zuletzt weil die Briefe erst sehr spät überliefert sind (s. Peters, Religiöse Erfahrung, 153).

38 Margarete Ebner, *Offenbarungen* (in: Philipp Strauch, Margaretha Ebner und Heinrich von Nördlingen. Ein Beitrag zur Geschichte der Deutschen Mystik, Freiburg / Tübingen 1882, 16,3 f.).

39 Vgl. Peters, Religiöse Erfahrung, 154 f.

40 Heinrich von Nördlingen, *Briefe* (in: Strauch, Margaretha und Heinrich, 217,9–11.

41 Vgl. Johannes Tauler, *An Elsbeth Scheppach und Margaretha Ebner* (in: Strauch, Margaretha und Heinrich, 270 f.).

42 Christine Ebner, *Offenbarungen* (zit. nach Janina Sollbach, «Mein miinnecliche zarte rede hon ich mit dir geteilt» – Studien zu den ‹Offenbarungen› Christine Ebners, Diss. Tübingen 2016, 22). Der Arbeit von Sollbach lag das Manuskript der Edition des Ebner-Corpus-Werkes vor, die derzeit von Susanne Bürkle, Köln, vorbereitet wird.

10.
Askese im Alltag

1 Gérard Zerbold, *De reformacione* I, 14–25 (in: Gérard Zerbolt de Zutphen, Manuel de la réforme intérieure / Tractatus devotus de reformacione virium anime, hg. v. Francis Joseph Legrand, Turnhout 2001, 94,17 f.).

2 Vgl. Nikolaus Staubach, Introduction, in: Gérard Zerbolt de Zutphen, La montée du cœur / De spiritualibus ascensionibus, hg. v. Francis Joseph Legrand, Turnhout 2006, 7–94, 18.

3 Gérard Zerbold, *De reformacione* XXXV, 6–9 (in: Zerbolt, Manuel, 228).

4 Johannes Maulburnus, *Rosetum: Dietarium Exercitiorum. tit. 4: Alphabetum XIII: Practica de modo lectionis* § 2 (in: ROSETVM | EXERCITIORVM | SPIRITVALIVM | (…) | Auctore | IOANNE MAVBVRNO, Mailand: Agustino Tradate 1603, 113a).

5 Thomas, *Imitatio Christi* I,22 (in: Thomas a Kempis, De imitatione Christi libri quatuor, Regensburg [7]1937, 47). Übers. nach Thomas von Kempen, Das Buch von der Nachfolge Christi. Nach der Übers. J. M. Sailers bearb. v. Walter Kröber, Stuttgart 1980, 42 f.

6 Thomas, *Imitatio Christi* III,21 (in: Thomas, *De imitatione*, 154). Übers. nach Thomas von Kempen, Buch von der Nachfolge Christi, 117 f.

7 S. dazu Berndt Hamm, Was ist Frömmigkeitstheologie? Überlegungen zum 14. bis 16. Jahrhundert, in: Hans-Jörg Nieden / Marcel Nieden (Hg.), Praxis Pietatis. Beiträge zu Theologie und Frömmigkeit in der Frühen Neuzeit, Stuttgart u. a. 1999, 9–45.

8 Jean Gerson, *Epistola ad Bartholomaeum* (in: Jean Gerson, Oeuvres complètes. Bd. 2, hg. v. Palémon Glorieux, Paris u. a. 1960, 57).

9 Gerson, *Epistola ad Bartholomaueum* (in: Gerson, Oeuvres complètes 2, 61).

10 Jean Gerson, *De mystica theologia*. Prologus (in: Jean Gerson, Sur la théologie mystique. Textes introduits, traduits et annotés par Marc Vial, Paris 2008, 40).

11 Gerson, *De mystica theologia* VII (in: Gerson, Sur la théologie mystique, 180).

12 Vgl. Jean Gerson, *Deum vadit* (in: Jean Gerson, Oeuvres complètes. Bd. 7/2, hg. v. Palémon Glorieux, Paris u. a. 1968, 449–519).

13 Vgl. Jean Gerson, *De examinatione doctrinarum* (in: Jean Gerson, Oeuvres complètes. Bd. 9, hg. v. Palémon Glorieux, Paris u. a. 1973, 462). Passend zu seiner eigenen Arbeitsweise erklärte Gerson hier, dass es bei bestimmten Gelegenheiten den *doctores* auch obliegen könnte, zu predigen.

14 Johannes Geiler, *Seelenparadies 4* (in: Johannes Geiler von Kaysersberg, Sämtliche Werke I/1/3, hg. v. Gerhard Bauer, Berlin u. a. 1995, 109,26–28).

15 Geiler, *Seelenparadies 32* (in: Geiler, Werke I/1/3, 648,11–15); vgl. Tractatus magistri | Alberti magni. do-| ctoris (…) de ve-| ris et perfectis virtutibus, alias Paradisus | anime nuncupatus, Straßburg: Flach 1498, s. v.

16 Geiler, *Seelenparadies 32* (in: Geiler, Werke I/1/3, 659,26–28).

17 Manuskript Herzogin Anna Amalia Bibliothek Weimar Q 51 f. 240v. Ich danke Kees Schepers, Antwerpen, der gemeinsam mit Balasz J. Nemes eine Edition dieses Textes vorbereitet, dass er mir die Transkription vorab zur Verfügung gestellt hat. Die Übersetzung folgt Christoph Burger, Mystische Vereinigung – erst im Himmel oder schon auf Erden? Das Doppelgesicht der geistlichen Literatur im 15. Jahrhundert, in: Berndt Hamm / Volker Leppin (Hg.), Gottes Nähe unmittelbar erfahren. Mystik im Mittelalter und bei Martin Luther, Tübingen 2007, 97–110, 107 f.

18 Manuskript Herzog August Bibliothek Wolfenbüttel Cod. 2860 (83.26 Aug. Fol) f. 33[v], zit. nach Dieter Mertens, Jakob von Paradies (1381–1465) über die mystische Theologie, in: James Hogg (Hg.), Kartäusermystik und -mystiker. Bd. 5 (Analecta Cartusiana 55), Salzburg 1982, 31–46, 38.

19 Wolfgang Riehle, Englische Mystik des Mittelalters, München 2011, 117.

20 Zu diesen Vermittlungswegen s. Anthony Ian Doyle, Carthusian participation in the movement of works of Richard Rolle between England and other parts of Europe in the 14th and 15th centuries, in: James Hogg (Hg.), Kartäusermystik und -mystiker. Bd. 2, Salzburg 1981 (ACar 55), 109–120.

21 Richard Rolle, *Melos amoris* ch. 45 (in: The Melos Amoris of Richard Rolle of Hampole, hg. v. E. J. F. Arnould, Oxford 1957, 140,21).

22 S. hierzu Berndt Hamm, Einheit und Vielfalt der Reformation – oder: was die Reformation zur Reformation machte, in: Ders. / Bernd Moeller / Dorothea Wendebourg, Reformationstheorien. Ein kirchenhistorischer Disput über Einheit und Vielfalt der Reformation, Göttingen 1995, 57–127, 69–71.

11.
Eine neue Kirche bauen

1 Luther, *Enarratio capitis noni Esaiae* (in: WA 40/III, 657,35 f.).

2 S. dazu Franz Posset, The Real Luther. A friar at Erfurt and Wittenberg, St. Louis 2011.

3 Luther, *Sermon von der Betrachtung des Leidens Christi* (in: WA 2, 137,30–33).

4 Luther, *Randbemerkungen zu Taulers Predigten* (in: WA 9, 102,34–36).

5 Luther, *Vorrede zur unvollständigen Ausgabe der «deutschen Theologie»* (in: WA 1, 153).

6 Luther, *Randbemerkungen zu Tauler* (in: WA 9, 104,11 f.).

7 Cajetan, *q. 10: De fide ad fructuosam absolutionem sacramentalem necessaria* 21 (in: Cajetan et Luther en 1518. Edition, traduction et commentaire des opuscules d'Augsbourg de Cajetan. Bd. 1, hg. v. Charles Morerod, Fribourg 1994, 336).

8 Luther, *Sendbrief an Papst Leo X.* (in: WA 7, 11,9 f.).

9 Luther, *Von der Freiheit eines Christenmenschen* (in: WA 7, 25,26 – 26,1). Übers. nach Martin Luther, Deutsch-Deutsche Studienausgabe Bd. 1, hg. v. Dietrich Korsch, Leipzig 2012, 291,15–29.

10 Luther, *Tractatus de libertate christiana* (in: WA 7, 58,2 f.).

11 Luther, *Wartburgpostille* (in: WA 10/I/1, 387,13 f.).

12 Luther, *Predigt zum Gründonnerstag 1523* (in: WA 12, 485,8–486,10).

13 Vgl. Bernd Moeller, Die Anfechtung bei Johann Tauler, Diss. Mainz 1956.

14 So in der von Luther benutzten Ausgabe von 1508 (Sermones: des hoch | geleerten in gnaden erleüchten do | ctoris Johannis Thaulerii sannt | dominici ordens die da weißend | auff den nächesten waren weg im | gaist zu wanderen durch überswe | bendenn syn. Von latein in teütsch | gewendt manchem menschenn zu | säliger fruchtbarkaitt, Augsburg: Hans Otmar 1508, 155r): «Darumb demůtiget eüch vnder gott vnd sehet ewer zacken an in leidender weiße. vnd laßet dieselben anfechtungen ewer fegfeür seyn.» In der Ausgabe der Predigten Taulers, hg. v. Vetter, 399,21–23 fehlt an der entsprechenden Stelle das Wort «Anfechtungen»; zum Bezug auf die Aufnahme in den Resolutiones s. Henrik Otto, Vor- und frühreformatorische Tauler-Rezeption. Annotationen in Drucken des späten 15. und frühen 16. Jahrhunderts, Gütersloh 2003 (QFRG 75), 197.

15 Vgl. Luther, *Resolutiones* (in: WA 1, 557,25–32).

16 Luther, *Vorrede zu seinen deutschen Werken* (in: WA 50, 659,22–25).

17 In Luther, *Römerbriefvorlesung* (in: WA 56, 313,13–16), bezieht sich der Verweis auf einen fälschlich Groote zugewiesenen Traktat «Beatus Vir» offenkundig auf den mit diesen Worten beginnenden Traktat Zerbolds.

18 Zu der für Ignatius nicht greifenden Alternative spanisch oder baskisch, die erst durch den Nationalismus des 19. Jahrhunderts aufgemacht wurde, s. Antje Bräcker, Himmlischer Schutzpatron oder Ausgeburt der Hölle? – Ignatius von Loyola im Kontext des baskischen Nationalismus, in: Saeculum 53 (2002), 127–155.

19 S. dazu die Erläuterungen in Ignatius von Loyola, Deutsche Werkausgabe. Bd. 2 Gründungstexte der Gesellschaft Jesu, übers. v. Peter Knauer, Würzburg 1998, 740, Anm. 8.

20 Vgl. Examen cum declarationibus c. 4 [Textus B] (in: Monumenta Ignatiana. III: Constitutiones Societatis Jesu. 2: Textus Hispanus, Rome 1936, 69 f.; vgl. auch Ignatius, Werkausgabe Bd. 2, 612).

21 McGinn, Mystik im Abendland. Bd.6/2, 155.

22 Johannes vom Kreuz, *Subida del Monte Carmelo* III, 2.8 (in: San Juan de la Cruz, *Subida del Monte Carmelo*, hg. v. José Vicente Rodríguez, Madrid 1995, 318). Übers. nach Johannes vom Kreuz, Aufstieg auf den Berg Karmel, übers. v. Ulrich Dobhan u. a., Freiburg ²1999, 333.

23 Johannes vom Kreuz, *Cántico espiritual.* Canción 9 (in: San Juan de la Cruz, Cántico espiritual y poesía completa, hg. v. Paola Elia u. María Jesús Mancho, Barcelona 2002, 75). Übers. nach Johannes vom Kreuz, Der geistliche Gesang, hg. u. übers. v. Ulrich Dobhan u. a., Freiburg 1997, 75.

24 Teresa, *Vida* 8,5 (in: Santa Teresa de Jesus, Obras Completas, hg. v. Luis Santullano, Madrid 1970, 81). Übers. nach Teresa von Ávila, Werke und Briefe. Gesamtausgabe. Bd. I: Werke, hg., übers. u. eingel. v. Ulrich Dobhan und Elisabeth Peeters, Freiburg u. a. 2015, 174.

25 Teresa, *Vida* 18,14 (in: Teresa, Obras Completas, 121). Übers. nach Teresa, Werke und Briefe. Bd. I, 257.

26 Für einen differenzierten Vergleich zwischen der spanischen Mystik und Luther s. Mariano Delgado, Teresa von Ávila und Martin Luther. Einige Gemeinsamkeiten und Unterschiede, in: Catholica (Münster) 70 (2016), 1–22.

12.
Ortlos am Rande der Konfessionen

1 Gerhard, *Locus 4* (Ioannis Gerhardi Loci theologici, hg. v. Fr. Frank. Bd. 1, Leipzig 1885, 543).

2 Hollaz, *Scrutinium* q. 1 (M. DAVIDIS HOLLAZIi | (…) | SCRUTINIUM | VERIATIS, Wittenberg 1711, 4).

3 Hollaz, *Examen Theologicum* p. 3 s. 1 c. 9 q. 1 (David Hollaz, Examen theologicum acroamaticum. Bd. 2, Darmstadt 1971, 485).

4 G. Baring, Weigel und die «Deutsche Theologie», in: Archiv für Reformationsgeschichte 55 (1964) 5–17, 5.

5 Widerlegung | Der vermeynten Postill | Valentini Wei-|gelij (…) Gestellet durch | Johannem Schelhammerum, Hamburg 1621, 218.

6 Weigel, *Gnothi Seauton* II c. 3 (Valentin Weigel, Sämtliche Schriften. Bd. 3, hg. v. Horst Pfefferl, Stuttgart-Bad Cannstatt 1996, 100,7 f.).

7 Weigel, *Gnothi Seauton* II c. 3 (Weigel, Schriften 3, 101,17–20).

8 Luther, *Vom Abendmahl Christi. Bekenntnis* (WA 26,442,41–443,1).

9 Weigel, *Gnothi Seauton* I c. 13 (Weigel, Schriften 3, 88,11).

10 Weigel, *Gnothi Seauton* I c. 13 (Weigel, Schriften 3, 88,11).

11 Luther, *Ablassthesen* (WA 1,234,7 f.).

12 Weigel, *Vom Ort der Welt c. 12* (Valentin Weigel, Sämtliche Schriften. Bd. 1, hg. v. Will-Erich Peuckert, Stuttgart-Bad Cannstatt 1962, 45 f.).

13 Böhme, *Aurora* 19,11 (Jacob Böhme, Werke, hg. von Ferdinand van Ingen, Frankfurt am Main 2009, 336, 26–29).

14 Weigel, *Vom Ort der Welt* c. 15 (Valentin Weigel, Sämtliche Schriften. Bd. 1, hg. v. Will-Erich Peuckert, Stuttgart-Bad Cannstatt 1962, 55).

15 S. hierzu die grundlegende Studie von Cecilia Muratori, The First German Philosopher. The Mysticism of Jacob Böhme as Interpreted by Hegel, Dordrecht 2016.

16 Franz von Sales an Johanna von Chantal, 16.1.1610 (Franz von Sales, Oeuvres Bd. 21, Annecy 1923, 92. 95 f. [Nr. 540 /838]); Übersetzung nach: Franz von Sales, Werke. Bd. 5, Eichstätt / Wien 1963, 197. 198 f.

17 Molinos, *Guía espiritual* 21,204 (Miguel de Molinos, *Guía espiritual*, Madrid 1977, 252); Übers. nach Miguel de Molinos, Geistliches Weggeleit zur vollkommenen Kontemplation und zum inneren Frieden, hg. v. Mariano Delgado, Freiburg u. a. 2018, 223).

18 Mariano Delgado, Einführung, in: Miguel de Molinos, Geistliches Weggeleit 15–64, 41.

19 Robert Spaemann, Reflexion und Spontaneität. Studien über Fénélon, Stuttgart [2]1990, 16. Diese Einordnung ist allerdings, wenn man die evangelische Welt und den weite Kreise ziehenden Fragmentenstreit über die Zuverlässigkeit der biblischen Schriften in den siebziger Jahren des 18. Jahrhunderts einbezieht, etwas hoch gegriffen.

20 Jürgen Luh, Der Große. Friedrich II. von Preußen, Berlin 2011, 11.

13.
Gottes Nähe in allen Sinnen

1 Johann Arndt, Sechs Bücher vom wahren Christentum nebst dessen Paradies-Gärtlein, Schaffhausen [6]1860. 972 f.

2 Alles Arndt, *Vier Bücher I c. 4* (Arnd, Sechs Bücher 81).

3 Arndt, *Vier Bücher I c. 34* (Arnd, Sechs Bücher 209).

4 Arndt, *Vier Bücher II c. 3* (Arnd, Sechs Bücher 284).

5 Formula Concordiae Epitome IV (Die Bekenntnisschriften der Evangelisch-Lutherischen Kirche. Vollständige Neuedition, hg. v. Irene Dingel, Göttingen 2014, 1242,15–17).

6 Arndt, *Paradiesgärtlein* II c. 13 (Johann Arndt, Paradies-Gärtlein voller christlichen Tugenden, wie solche zur Hebung des wahren Christenthums durch

andächtige, lehrhafte und trostreiche Gebete in die Seele zu pflanzen, Schaffhausen [6]1859, 120).

7 Arndt, *Vier Bücher III c. 4* (Arndt, Sechs Bücher 592).

8 Arndt, *Vier Bücher III c. 6* (Arndt, Sechs Bücher 600).

9 Johannes Wallmann, Pietismus-Studien. Gesammelte Aufsätze II, Tübingen 2008, 67.

10 Arndt, *Vier Bücher IV/2 c. 7* (Arndt, Sechs Bücher 744).

11 Gerhardt, *Ich steh an deiner Krippen hier* (Text n. Hansjakob Becker u. a. [Hg.], Geistliches Wunderhorn. Große deutsche Kirchenlieder, München 2009, 250).

12 Gerhardt, *Ich steh an deiner Krippen hier* (Geistliches Wunderhorn 251).

13 Robi A. Leaver, Bachs theologische Bibliothek. Bach's Theological Library, Neuhausen/Stuttgart 1983 [Beiträge zur theologischen Bachforschung 1], 38. 74–185.

14 Text nach Emil Platen, Johann Sebastian Bach. Die Matthäus-Passion, Kassel u. a. [5]2006, 137 f.

15 Text nach Platen, Matthäus-Passion 192.

16 Renate Steiger, Gnadengegenwart. Johann Sebastian Bach im Kontext lutherischer Orthodoxie und Frömmigkeit, Stuttgart-Bad Cannstatt 2002 (Doctrina et pietas II/2), 290 f.

17 Text nach Alfred Dürr, Johann Sebastian Bach. Die Kantaten, Kassel u. a. [7]1999, 659.

18 Dürr, Bach Kantaten 662.

19 Orlando die Lasso, *Lagrime* 2 (Orlando di Lasso, Sämtliche Werke. Neue Reihe. Bd. 20: Lagrime di San Pietro, hg. v. Fritz Jensch, Kassel u. a. 1989, 8–12); übers. nach Kammerchor Elberfeld (http://www0.cpdl.org/wiki/index.php/Le_lagrime_di_San_Pietro; Zugriff am 16.2.2020).

20 Orlando die Lasso, *Lagrime* 21 (Lasso, Werke 20, 103–106).

21 Johannis Schefflers | (…) Gründtliche Vrsachen vnd Motiven, | Warumb er | Von dem Luthertumb abgetretten /| Vnd sich zu der | Catholischen Kyrchen | bekennet hat, Ingolstadt 1653, B 1[v].

22 Angelus Silesius, *Cherubinischer* Wandersmann I, 6 (Angelus Silesius [Johannes Scheffler], Cherubinischer Wandersmann. Kritische Ausgabe, hg. v. Louise Gnädinger, Stuttgart 1984, 28).

23 Angelus Silesius, *Cherubinischer* Wandersmann I, 8 (Angelus Silesius, Cherubinischer Wandersmann 28).

24 Franz Marc, Geistige Güter, in: Der blaue Reiter. Almanach 1912, München [2]1914, 1–4, 3.

14.
Die Stillen im Lande

1 Nicole Schumacher, Friedrich Heinrich Jacobi und Blaise Pascal. Einfluß – Wirkung – Weiterführung, Würzburg 2003, 32.

2 Pascal, Mémorial (Blaise Pascal, Pensées. Texte de l'edition Brunschwicg, Paris 1964, 72).

3 Brockes, *Das Firmament* (B.H. Brockes, Irdisches Vergnügen in Gott. Naturlyrik und Lehrdichtung, ausgew. und hg. v. H.-G. Kemper, Stuttgart 1999, 22).

4 So Johannes Wallmann, Der Pietismus, Göttingen 2005. Die zweite Auffassung liegt Martin Brecht (Hg.), Geschichte des Pietismus. 4 Bde., Göttingen 1993–2004, zugrunde.

5 Zusammenfassend: Martin Gierl, Pietism, Enlightenment, and Modernity, in: Douglas H. Shantz (Hg.), A Companion to German Pietism, 1660–1800, Leiden 2015, 348–392, 353.

6 Die | Neue Creatur | Oder: | Das in Christo erneuerte | Menschliche Hertz | (…) | von | M. Christian Scribern, Lüneburg 1701, 354.

7 LA PRATIQUE | DE | L'ORAISON | ET | MEDITATION | CHRETIENNE (…) PAR | IEAN DE LABADIE, Genf: de Tournes 1660, 153 f.; für die Übersetzung danke ich Reinhold Grimm, Jena.

8 Tersteegen, Blumengärtlein III,11 (Gerhard Tersteegen, Geistliches Blumengärtlein, Stuttgart 1956, 341 f.).

9 Johannes Walllmann, Philipp Jakob Spener und die Anfänge des Pietismus, Tübingen ²1986, 240.

10 Philipp Jacob Speners (…) Erste | Geistliche Schrifften (…), Frankfurt/M.: Zunner 1699, 103; zur Datierung s. Wallmann, Spener 240.

11 Spener, Geistliche Schriften 179.

12 Spener, Geistliche Schriften 180.

13 Spener, Geistliche Schriften 180 f.

14 Spener, Geistliche Schriften 184.

15 Spener, Geistliche Schriften 186.

16 Spener, Geistliche Schriften 186.

17 Spener, Geistliche Schriften 187.

18 Spener, *Pia desideria* (Die Werke Philipp Jakob Speners. Studienausgabe, hg. v. Kurt Aland. Bd. I/1, Gießen 1996, 236,6–10).

19 Carl Hinrichs, Preußentum und Pietismus. Der Pietismus in Brandenburg-Preußen als religiös-soziale Reformbewegung, Göttingen 1971, 100.

20 Francke, Lebenslauf (August Hermann Francke, Werke in Auswahl, hg. v. Erhard Peschke, Witten / Ruhr 1969, 25).

21 Francke, Übung des Glaubens im Kreuz (August Hermann Francke, Werke in Auswahl, hg. v. Erhard Peschke, Witten / Ruhr 1969, 338).

22 Natalie Zemon Davis, Drei Frauenleben. Glikl, Marie de l'Incarnation, Maria Sibylla Merian. Übers. v. Wolfgang Kaiser, Berlin 1996, 133.

23 Die | Vereinigung Christi | mit seiner Kirche | und | ieglicher glåubigen Seele (...) von | Philipp Jacob Spener, Hamburg 1690, 25.

24 Gesprȧche | des | Hertzens | mit | GOTT | Erster Theil. | Auffgesetzet | Von | JOHANNA ELEONORA | PETERSEN, Plön 1689, X 6r.

25 Gottfried Arnolds | Historie und beschreibung | Der | Mystischen | Theologie / | oder | geheimen GottesGelertheit (...), Frankfurt: Thomas Fritschen 1703, X 2r.

26 Arnold, Historie 514.

27 Gőttliche | Liebes-| Funcken /| Aus dem | Grossen Feuer | Der | Liebe Gottes | (...) von | Gottfried Arnold, Frankfurt/M. 1698, 98.

28 Herrnhuter Gesangbuch (Nikolaus Ludwig von Zinzendorf, Materialien und Dokumente, hg. v. Erich Beyreuther u.a. 4/III, Hildesheim / New York 1981, 542).

29 Lessing, *Gedanken über die Herrnhuter* (Gotthold Ephraim Lessings sämtliche Schriften, hg. v. Karl Lachmann, Dritte Aufl. besorgt durch Franz Muncker. Bd. 14, Leipzig 1898, 160,17 f.).

30 Lessing, *Gedanken über die Herrnhuter* (Lessing, Schriften 14, 162,20–22).

15.
Zwischen den Zeiten

1 Kant, *Kritik der reinen Vernunft. Vorrede zur zweiten Auflage* (Immanuel Kant, Werke in sechs Bänden, hg. v. Wilhelm Weischedel. Bd. 2, Darmstadt [5]1983, 33 [B XXX]).

2 Kant, *Träume eines Geistersehers. 2. Teil* (Immanuel Kant, Werke in sechs Bänden, hg. v. Wilhelm Weischedel. Bd. 1, Darmstadt [5]1983, 974 [A99]).

3 Kant, *Träume eines Geistersehers. 2. Teil* (Kant, Werke 1, 989 [A128]); vgl. Voltaire, *Candide* (Oeuvres completes de Voltaire. Nouvelle Édition. Bd. 21: Romans, Paris 1879, 218).

4 Johann Georg Hamann, Sämtliche Werke, hg. v. Josef Nadler. Bd. 3, Wien 1951 (= Wuppertal / Tübingen 1999), 279,10.

5 Kurt Flasch, Meister Eckhart. Philosoph des Christentums, München 2010, 199 f.

6 Rudolf Köpke, Ludwig Tieck. Erinnerungen aus dem Leben des Dichters nach dessen mündlichen und schriftlichen Mittheilungen. Erster Teil, Leipzig 1855, 253.

7 Albert Peip, Jacob Böhme. Der deutsche Philosoph. Der Vorläufer christlicher Wissenschaft, Leipzig 1860, 213.

8 Franz von Baader's Vorlesungen und Erläuterungen zu Jacob Böhme's Lehre, hg. v. Julius Bamberger, Leipzig 1855, 392.

9 Schleiermacher an Georg Reimer, 30. April 1802 (Friedrich Daniel Ernst Schleiermacher, Briefwechsel 1801–1802, hg. v. Andreas Arndt u. Wolfgang Virmond, Berlin / New York 1999 [Friedrich Daniel Ernst Schleiermacher, kritische Gesamtausgabe V/5], 393 [Nr. 1220, 17 f., 20 f.]).

10 Schleiermacher, *Reden* 2 (Friedrich Daniel Ernst Schleiermacher, Über die Religion. Reden an die Gebildeten unter ihren Verächtern (1799), hg. v. Günter Meckenstock, Berlin / New York 2001, 79,32 f.).

11 Schleiermacher, *Reden* 3 (Schleiermacher, Über die Religion 119,20–22).

12 Schleiermacher, *Glaubenslehre* § 4 (Friedrich Schleiermacher, Der christliche Glaube nach den Grundsätzen der Evangelischen Kirche im Zusammenhange dargestellt [1830/31], hg. v. Martin Redeker, Berlin / New York 1999, 23); in der ersten Auflage hieß es: «daß wir uns unsrer selbst als schlechthin abhängig bewußt sind, das heißt, daß wir uns abhängig fühlen von Gott».

13 Adolf von Harnack, Lehrbuch der Dogmengeschichte. Bd. 3: Die Entwicklung des kirchlichen Dogmas, Tübingen [4]1909, 377.

14 Görres, *Christliche Mystik* I (Joseph Görres, Die christliche Mystik. Bd. 1, Regensburg und Landshut 1836, XIIf.).

15 Grou, *Manuel* (Jean Nicolas Grou, Manuel des âmes interieurs, Paris 1885, 201). Übers. nach: Jean-Nicolas Grou, Handbüchlein für innerliche Seelen, übers. u. hg. v. Wilhelm Schamoni, Paderborn [5]1949, 147 f.

16 Grou, *Manuel* (Grou, Manuel 299).

17 Joseph de Maistre, *La franc-maçonnerie*. Kap. 7 (Joseph de Maistre, La franc-maçonnerie. Mémoire inédite au Duc de Brunswick, hg. v. Émile Dermeghem, Paris 1980, 105. Übers nach: Joseph de Maistre, Die Freimaurerei. Denkschrift an den Herzog Ferdinand von Braunschweig-Lüneburg 1782, Wien [2]1995, 46.

18 Theodor Lutterbeck, Erklärung und Nachricht, die Nonne zu Dülmen betref-

fend, in: Rheinisch-Westfälischer Anzeiger 1819, Nr. 53, 1043–1046, 1046. 1044 (unterzeichnet am 15. Mai 1819).

19 Theodor Lutterbeck, Berichtigung, in: Rheinisch-Westfälischer Anzeiger 1819, Nr. 61, 1193.

20 Clemens von Bönninghausen, Geschichte und vorläufige Resultate der Untersuchung über die Erscheinungen an der ehemaligen Nonne A. C. Emmerick zu Dülmen, Hamm 1819, 42.

21 Bönninghausen, Geschichte und Resultate, 20.

22 Blumhardt, *Blätter aus Bad Boll 5* (1877) 46; 56 (Johann Christoph Blumhardt, Gesammelte Werke. Schriften, Verkündigung, Briefe, hg. v. Joachim Scharfenberg i. Paul Ernst. II /4, Göttingen 1994).

23 Blumhardt, *Blätter aus Bad Boll 5* (1877) 56 (Blumhardt, Werke II/4).

24 S. vor allem Elaine A. Heath, Naked Faith. The Mystical Theology of Phoebe Palmer, Eugene 2009.

25 Fjodor M. Dostojewskij, Die Brüder Karamasow. Übers. v. Swetlana Geier, Zürich 2003, 48.

26 S. hierzu Michael Hagemeister, Eine Apokalypse unserer Zeit. Die Prophezeiungen des heiligen Serafim von Sarov über das Kommen des Antichrist und das Ende der Welt, in: Joachim Hösler / Wolfgang Kessler (Hg.), Finis Mundi – Endzeiten und Weltenden im östlichen Europa. FS Hans Lemberg, Stuttgart 1998, 41–60, 41–44.

27 Vladimir Lossky, Essai sur la Théologie Mystique de L'Église d'Orient, Paris 1944, 7. Übers nach: Vladimir Lossky, Die mystische Theologie der morgenländischen Kirche, Graz u. a. 1961, 13.

16.
Über alle Grenzen hinaus

1 Rilke, *Duineser Elegie* 1 (Rainer Maria Rilke, Duineser Elegien. Die Sonette an Orpheus, Frankfurt/M. 1974, 11).

2 Rilke, *Duineser Elegie* 7 (Rilke, Duineser Elegien 33).

3 Ernst Barlach, *Aus einem Taschenbuch* (Ernst Barlach, Prosa aus vier Jahrzehnten, hg. v. Elmar Jansen, Berlin 1964, 326).

4 Martin Heidegger an Karl Jaspers, 12.8.1949 (Martin Heidegger / Karl Jaspers, Briefwechsel 1920–1963, hg. v. Karl Biemel und Hans Saner, Frankfurt / München / Zürich 1990, 181 f.).

5 Heidegger, *Der Satz vom Grund*, Frankfurt/M. 1997 (Martin Heidegger, Gesamtausgabe I/10), 56.

6 Heidegger, Erläuterungen zu Hölderlins Dichtung, Frankfurt/M. 1981 (Martin Heidegger, Gesamtausgabe I/4), 18.

7 Stein, *Psychische Kausalität* (Edith-Stein-Gesamtausgabe. Bd. 6, Freiburg u. a. 2010), 73.

8 Stein, *Testament* (Edith-Stein-Gesamtausgabe. Bd. 1, Freiburg u. a. 2002), 375.

9 Pierre Teilhard de Chardin, Écrits du temps de la guerre. 1916–1919, Paris 1965, 186 f. Übers. nach Pierre Teilhard de Chardin, Frühe Schriften, Freiburg / München 1968, 172.

10 Emil Brunner, Die Mystik und das Wort. Der Gegensatz zwischen moderner Religionsauffassung und christlichem Glauben dargestellt an der Theologie Schleiermachers, Tübingen 1924, 2.

11 Karl Barth, Die Kirchliche Dogmatik. I/1, Zürich ^{8}1964, 251.

12 Karl Barth, Die Kirchliche Dogmatik. I/2, Zürich ^{5}1964, 344.

13 S. dazu Volker Leppin, Karl Barth, die Mystik und das Wort, in: Werner Thiede (Hg.), Karl Barths Theologie der Krise heute. Transfer-Versuche zum 50. Todestag, Leipzig 2018, 103–117.

14 Alfred Rosenberg, Der Mythus des 20. Jahrhunderts. Eine Wertung der seelisch-geistigen Gestaltenkämpfe unserer Zeit, München $^{91-94}$1936, 217.

15 Rosenberg, Mythus 239.

16 Rosenberg, Mythus 258.

17 Eckhart, *Predigt 109* (Meister Eckhart, Die deutschen Werke. Bd. 4/2: Predigten, hg. v. Georg Steer. 1.–2. Lieferung, Stuttgart 2003, 761,6 f.)

18 Paul Tillich, Der Mut zum Sein, Berlin u. a. ^{2}2015, 109.

19 Albert Schweitzer, Die Entstehung der Lehre der Ehrfurcht vor dem Leben (Albert Schweitzer, Gesammelte Werke. Bd. 5, München 1974, 181).

20 Hammarskjöld, Brief an Leif Belfrage (Dag Hammarskjöld, Vägmärken, Stockholm 1963, 7): «förhandlingar med mig själv – och Gud». Übers. nach Dag Hammarskjöld, Zeichen am Weg. Übertr. v. Anton Graf Knyphausen, München 1965, 21.

21 Hammarskjöld, Eintrag vom 10.4.1958 (Hammarskjöld, Vägmärken, 131): «är Guds förening med själen»; Übers. nach Hammarskjöld, Zeichen am Weg 144.

22 Manuel Fröhlich, Political Ethics and the United Nations. Dag Hammarskjöld und die Vereinten Nationen. Die politische Ethik des UNO-Generalsekretärs, Paderborn u. a. 2002, 150.

23 Hammarskjöld, Eintrag vom 25.12.1955 (Hammarskjöld, Vägmärken, 97). Übers. nach Hammarskjöld, Zeichen am Weg 108.

24 Gustavo Gutiérrez, Beber en su propio pozo. En el itinerario espiritual de un pueblo, Lima 1983, 150. Übers. nach: Gustavo Gutiérrez, Aus der eigenen Quelle trinken. Spiritualität der Befreiung, München 1986, 122.

Epilog:
Was bleibt

1 Karl Rahner, Frömmigkeit früher und heute, in: Ders., Schriften zur Theologie. Bd. 7, Einsiedeln 1966, 22 f.

LITERATUR

Achtner, Wolfgang (Hg.), Mystik als Kern der Weltreligionen? Eine protestantische Perspektive, Fribourg 2017.

Alfejev, Ilarion, Le Nom grand et Glorieux. La veneration du Nom de Dieu et la prière de Jésus dans la tradition orthodoxe, Paris 2007.

Anrich, Gustav, Das antike Mysterienwesen in seinem Einfluß auf das Christentum, Göttingen 1894.

Bancroft, Anne, Mystiker. Wegweiser für die Zukunft, Olten / Freiburg 1992.

Behrens, Mathias, Analogie und Mystik. Ein philosophisch-theologisches Gespräch mit dem heiligen Johannes vom Kreuz, St. Ottilien 2000.

Bejas, Andrés, Edith Stein – Von der Phänomenologie zur Mystik. Eine Biographie der Gnade, Frankfurt a. M. u. a. 1987.

Benediscioli, Mario, Der Quietismus zwischen Häresie und Orthodoxie, Wiesbaden 1964.

Berger, Kurt, Die Ausdrücke der Unio mystica im Mittelhochdeutschen, Berlin 1935.

Bernhart, Joseph, Die philosophische Mystik des Mittelalters von ihren antiken Ursprüngen bis zur Renaissance. Mit Schriften und Beiträgen zum Thema aus den Jahren 1912–1969, hg. von Manfred Weitlauff, Weissenhorn 2000.

Bernhart, Joseph, Gestalten christlicher Mystik und Spiritualität. Mit einem Anhang – Schriften und Beiträge zur christlichen Spiritualität aus den Jahren 1908–1954, hg. von Manfred Weitlauff, Weissenhorn 2004.

Beyer, Rolf, Die andere Offenbarung. Mystikerinnen des Mittelalters, Bergisch Gladbach 1989 / Wiesbaden 1996.

Blum, Georg Günter, Byzantinische Mystik. Ihre Praxis und Theologie vom 7. Jahrhundert bis zum Beginn der Turkokratie, ihre Fortdauer in der Neuzeit, Berlin / Münster 2009.

Blum, Georg Günter, Die Geschichte der Begegnung christlich-orientalischer Mystik mit der Mystik des Islams, Wiesbaden 2014.

Bockmuehl, Markus N. A., Revelation and Mystery in Ancient Judaism and Pauline Christianity, Tübingen 1990.

Boldt, Johannes, Troubadoure Gottes. Eine Einführung in die spanische Mystik des goldenen Zeitalters, Innsbruck / Wien 1992.

Bonaccorso, Giorgio, Mistica e ritualità. Mondi inconciliabili?, Padova 1999.

Bradford, David T., The Spiritual Tradition in Eastern Christianity. Ascetic Psychology, Mystical Experience and Physical Practices, Leuven / Paris / Bristol, 2016.

Bumaznov, Dmitrij, *Visio mystica* im Spannungsfeld frühchristlicher Überlieferungen, Tübingen 2009.

Bürkle, Susanne, Literatur im Kloster. Historische Funktion und rhetorische Legitimation frauenmystischer Texte des 14. Jahrhunderts, Tübingen 1999.

Camelot, Pierre Thomas, Foi et Gnose. Introduction à l'étude de la connaissance mystique chez Clément d'Alexandrie, Paris 1945.

Cognet, Louis, Introduction aux mystiques rhéno-flamands, Paris 1968.

Countryman, Louis William, The Mystical Way in the Fourth Gospel. Crossing over into God, Philadelphia 1994.

Cupitt, Don, Mysticism after Modernity, Oxford 1998.

Daiker, Angelika, Kontemplativ mitten in der Welt. Die Kleinen Schwestern Jesu. Frauen im Spannungsfeld von Mystik und Politik, Freiburg u. a. 1992.

Davies, Oliver, God Within. The Mystical Tradition of Northern Europe, London 1988.

Davies, Oliver, Meister Eckhart. Mystical Theologian, London 1991.

Davy, Marie-Madeleine, Théologie et mystique de Guillaume de Saint-Thierry, Paris 1954.

De Certeau, Michel, Mystische Fabel. 16. bis 17. Jahrhundert. Aus dem Französischen von Michael Lauble. Mit einem Nachwort von Daniel Bogner, Frankfurt a. M. 2010.

De Conick, April D., Voices of the Mystics. Early Christian Discourse in the Gospels of John and Thomas and Other Ancient Christian Literature, Sheffield 2001.

Delgado, Mariano / Fuchs, Gotthard (Hg.), Die Kirchenkritik der Mystiker. 3 Bde., Fribourg / Stuttgart 2004–2005.

Delgado, Mariano / Leppin, Volker (Hg.), «Dir hat vor den Frauen nicht gegraut». Mystikerinnen und Theologinnen in der Christentumsgeschichte, Fribourg / Stuttgart 2015.

Delgado, Mariano, Das zarte Pfeifen des Hirten. Der mystische Weg der Teresa von Avila, Kevelaer 2017.

Dicken, Eric W. T., The Crucible of Love. A study of the Mysticism of St. Teresa of Jesus and St. John of the Cross, London 1963.

Diers, Michaela, Das lächelnde Lebendige. Frauen, Vision und Mystik. Von Hildegard von Bingen bis zu Christa Wolfs «Kassandra», Innsbruck 1998.

Dinzelbacher, Peter, Mittelalterliche Frauenmystik, Paderborn u. a. 1993.

Dinzelbacher, Peter, Christliche Mystik im Abendland. Ihre Geschichte von den Anfängen bis zum Ende des Mittelalters, Paderborn 1994.

Dinzelbacher, Peter (Hg.), Wörterbuch der Mystik, Stuttgart ²1998.

Dinzelbacher, Peter, Mystik und Natur. Zur Geschichte ihres Verhältnisses vom Altertum bis zur Gegenwart, Berlin / New York 2009.

Dinzelbacher, Peter, Deutsche und niederländische Mystik des Mittelalters. Ein Studienbuch, Berlin u. a. 2012.

Döbler, Marvin, Die Mystik und die Sinne. Eine religionshistorische Untersuchung am Beispiel Bernhards von Clairvaux, Göttingen u. a. 2013.

Dörries, Hermann, Zur Geschichte der Mystik. Eriugena und der Neuplatonismus, Tübingen 1925.

Egenter, Richard, Gottesfreundschaft. Die Lehre von der Gottesfreundschaft in der Scholastik und Mystik des 12. und 13. Jahrhunderts, Augsburg 1928.

Egerding, Michael, Die Metaphorik der spätmittelalterlichen Mystik, 2 Bde., Paderborn 1997.

Enders, Markus, Das mystische Wissen bei Heinrich Seuse, Paderborn u. a. 1993.

Eskola, Timo, Messiah and the Throne. Jewish Merkabah Mysticism and Early Christian Exaltation Discourse, Tübingen 2001.

Fanous, Samuel / Gillespie, Vincent (Hg.), The Cambridge Companion to Medieval English Mysticism, Cambridge 2011.

Feneberg, Wolfgang, Mystik und Politik Jesu. Ein Kommentar zu Johannes 1–12 im Gespräch der Religionen, Stuttgart 2004.

Flasch, Kurt, Die Intention Meister Eckharts, in: Sprache und Begriff. FS Bruno Liebrucks, hg. von Heinz Röttges, Meisenheim am Glan 1974, 292–318.

Flasch, Kurt, Meister Eckhart. Die Geburt der «Deutschen Mystik» aus dem Geist der arabischen Philosophie, München ³2013.

Frenken, Ralph, Kindheit und Mystik im Mittelalter, Frankfurt a. M. u. a. 2002.

Gaudreau, Marie M., Mysticism and Image in St. John of the Cross, Bern u. a. 1976.

Gilson, Etienne, Die Mystik des heiligen Bernhard von Clairvaux, Wittlich 1936.

Gnädinger, Louise, Johannes Tauler. Lebenswelt und mystische Lehre, München 1993.

Górecka, Marzena, Das Bild Mariens in der deutschen Mystik des Mittelalters, Bern u. a. 1999.

Görres, Joseph von, Mystik, Magie und Dämonie. Die christliche Mystik in Auswahl, hg. von Joseph Bernhart, München u. a. 1927.

Görres, Joseph von, Die christliche Mystik. 5 Bde., hg. von Uta Ranke-Heinemann, Frankfurt a. M. 1989.

Gouraud, Pierre, La gloire et la glorification de l'Univers chez Saint Jean de la Croix, Paris 1998.

Green, Deirdre, Gold in the Crucible. Teresa of Avila and the Western Mystical Tradition, Shaftesbury 1989.

Green, John D., A Strange Tongue. Tradition, Language and the Appropriation of Mystical Experience in late fourteenth-century England and sixteenth-century Spain, Leuven / Paris / Dudley 2002.

Greith, Carl, Die deutsche Mystik im Prediger-Orden (von 1250–1350), Freiburg 1861.

Greven, Joseph, Die Anfänge der Beginen. Ein Beitrag zur Geschichte der Volksfrömmigkeit und des Ordenswesens im Hochmittelalter, Münster 1912.

Grundmann, Herbert, Religiöse Bewegungen im Mittelalter. Untersuchungen über die geschichtlichen Zusammenhänge zwischen der Ketzerei, den Bettelorden und der religiösen Frauenbewegung im 12. und 13. Jahrhundert und über die geschichtlichen Grundlagen der deutschen Mystik, Darmstadt ⁴1970.

Haas, Alois Maria, Nim din selbes war. Studien zur Lehre von der Selbsterkenntnis bei Meister Eckhart, Johannes Tauler und Heinrich Seuse, Fribourg 1971.

Haas, Alois Maria, Sermo mysticus. Studien zu Theologie und Sprache der deutschen Mystik, Fribourg 1979.

Haas, Alois Maria, Gottleiden – Gottlieben. Zur volkssprachlichen Mystik im Mittelalter, Frankfurt a. M. 1989.

Haas, Alois Maria, Mystik im Kontext, München 2004.

Haas, Alois Maria, Mystik als Aussage. Erfahrungs-, Denk- und Redeformen christlicher Mystik, Frankfurt a. M. u. a. 2007.

Haas, Alois Maria, Mystische Denkbilder, Freiburg ²2017.

Hamburger, Jeffrey, The Rothschild Canticles. Art and Mysticism in Flanders and the Rhineland Circa 1300, New Haven 1990.

Hamilton, Alastair, Heresy and Mysticism in Sixteenth-Century Spain. The Alumbrados, Cambridge 1992.

Hamm, Berndt / Leppin, Volker (Hg.), Gottes Nähe unmittelbar erfahren. Mystik im Mittelalter und bei Martin Luther, Tübingen 2007 (Spätmittelalter und Reformation. Neue Reihe 36).

Haug, Walter, Die Wahrheit der Fiktion. Studien zur weltlichen und geistlichen Literatur des Mittelalters und der frühen Neuzeit, Tübingen 2003.

Heiler, Friedrich, Die Bedeutung der Mystik für die Weltreligionen, München 1919.

Heimbach-Steins, Marianne, «Der ungelehrte Mund» als Autorität. Mystische Erfahrung als Quelle kirchlich-prophetischer Rede im Werk Mechthilds von Magdeburg, Stuttgart-Bad Cannstatt 1989.

Hollywood, Amy M., Sensible Ecstasy. Mysticism, Sexual Difference, and the Demands of History, Chicago / London 2002.

Hollywood, Amy M. (Hg.), The Cambridge Companion to Christian Mysticism, Cambridge 2012.

Hörner, Petra, Dorothea von Montau. Überlieferung – Interpretation. Dorothea und die osteuropäische Mystik, Frankfurt a. M. u. a. 1993.

Howells, Edward, John of the Cross and Teresa of Avila. Mystical knowing and selfhood, New York 2002.

Howells, Edward / McIntosh, Mark A. (Hg.), The Oxford Handbook of Mystical Theology, Oxford 2019.

Hoye, William, Die mystische Theologie des Nicolaus Cusanus, Freiburg u. a. 2004.

Hülsbusch, Werner, Elemente einer Kreuzestheologie in den Spätschriften Bonaventuras, Düsseldorf 1968.

Jones, Rufus, The Flowering of Mysticism. The Friends of God in the Fourteenth Century, New York 1939.

Kanagaraj, Jeyaseelan Joseph, ‹Mysticism› in the Gospel of John. An Inquiry into its Background, Sheffield 1998.

Karrer, Otto, Der mystische Strom. Von Paulus bis Thomas von Aquin, München 1926.

Karrer, Otto, Die große Glut. Textgeschichte der Mystik im Mittelalter, München 1926.

Karrer, Otto, Gott in uns. Die Mystik der Neuzeit, München 1926.

Keuler, Dorothea, Beherzte Schwestern. Südwestdeutsche Klosterfrauen aus sechs Jahrhunderten, Tübingen 2016.

Knowles, David, The English Mystical Tradition, London 1961.

Köbele, Susanne, Bilder der unbegriffenen Wahrheit. Zur Struktur mystischer Rede im Spannungsfeld von Latein und Volkssprache, Tübingen u. a. 1993.

Köpf, Ulrich, Religiöse Erfahrung in der Theologie Bernhards von Clairvaux. Tübingen 1980.

Körner, Reinhard, Mystik – Quell der Vernunft. Die Ratio auf dem Weg der Vereinigung mit Gott bei Johannes vom Kreuz, Leipzig 1990.

Koslowski, Peter, Gnosis und Mystik in der Geschichte der Philosophie, Zürich / Darmstadt 1988.

Lang, Justin, Herzensanliegen. Die Mystik mittelalterlicher Christus-Johannes-Gruppen, Ostfildern 1994.

Langer, Otto, Mystische Erfahrung und spirituelle Theologie. Zu Meister Eckharts Auseinandersetzung mit der Frauenfrömmigkeit seiner Zeit, München u. a. 1987.

Langer, Otto, Christliche Mystik im Mittelalter. Mystik und Rationalisierung – Stationen eines Konflikts, Darmstadt 2004.

Lehmann, Edvard, Mystik in Heidentum und Christentum, Leipzig / Berlin [2]1918.

Leisegang, Hans, Pneuma hagion. Der Ursprung des Geistbegriffs der synoptischen Evangelien aus der griechischen Mystik, Leipzig 1922.

Leppin, Volker, Die christliche Mystik, München 2007.

Leppin, Volker, Die fremde Reformation. Luthers mystische Wurzeln, München 2016.

Leppin, Volker / Löser, Freimut (Hg.), Von Meister Eckhart bis Martin Luther, Stuttgart 2019.

Lerner, Robert E., The Heresy of the Free Spirit in the Later Middle Ages, Berkeley / Los Angeles 1972.

Lewy, Hans, Sobria Ebrietas. Untersuchungen zur Geschichte der antiken Mystik, Gießen 1929.

Lieske, Aloisius, Die Theologie der Logosmystik bei Origenes, Münster 1938.

Linhardt, Robert, Die Mystik des hl. Bernhard von Clairvaux, München 1923.

Löhr, Gebhard, Mystik in den Religionen. Überlegungen zu einer allgemein gültigen Definition des Mystikbegriffes, in: Glaube und Lernen 2 (2002), 151–164.

Lossky, Vladimir, Théologie négative et connaissance de Dieu chez Maître Eckhart, Paris 1960.

Lossky, Vladimir, Die mystische Theologie der morgenländischen Kirche, Graz / Wien / Köln 1961.

Lossky, Vladimir, Schau Gottes, Zürich 1964.

Louth, Andrew, The Origins of Christian Mystical Tradition. From Plato to Denys, Oxford u. a. [2]2007.

Lüers, Grete, Die Sprache der deutschen Mystik des Mittelalters im Werke der Mechthild von Magdeburg, München 1926.

Maaß, Fritz-Dieter, Mystik im Gespräch. Materialien zur Mystik-Diskussion in der katholischen und evangelischen Theologie Deutschlands nach dem Ersten Weltkrieg, Berlin 1981.

Margreiter, Reinhard, Erfahrung und Mystik. Grenzen der Symbolisierung, Berlin 1997.

Markschies, Christoph, Die Gnosis, München [4]2018.

McGinn, Bernard, Die Mystik im Abendland. Bislang Bd. 1–6/2., Freiburg 1994 ff.

McGinn, Bernhard, The Mystical Thought of Meister Eckhart. The man from whom God hid Nothing, New York 2001.

McGinn, Bernhard / Ferris McGinn, Patricia, Early Christian Mystics. The Divine Vision of the Spiritual Masters, New York 2003.

Meier, Erhard, Struktur und Wesen der Negation in den mystischen Schriften des Johannes vom Kreuz, Altenberge 1982.

Meier, Hans-Christoph, Mystik bei Paulus. Zur Phänomenologie religiöser Erfahrung im Neuen Testament, Tübingen / Basel 1998.

Merkur, Daniel, Gnosis. An Esoteric Tradition of Mystical Visions and Unions, Albany 1993.

Metz, Detlef, Gabriel Biel und die Mystik, Stuttgart 2001.

Metz, Johann Baptist, Zeit der Orden? Zur Mystik und Politik der Nachfolge, Freiburg / Basel / Wien 1977.

Mieth, Dietmar, Christus, das Soziale im Menschen. Texterschließungen zu Meister Eckhart, Düsseldorf 1972.

Mieth, Dietmar, Im Wirken schauen. Die Einheit von vita activa und vita contemplativa bei Meister Eckhart und Johannes Tauler, Darmstadt 2018.

Milner, Max, Poésie et mystique chez Saint Jean de la Croix, Paris 2010.

Müller, Andreas, Das Konzept des geistlichen Gehorsams bei Johannes Sinaites. Zur Entwicklungsgeschichte eines Elements orthodoxer Konfessionskultur, Tübingen 2006.

Muschg, Walter, Die Mystik in der Schweiz (1200–1500), Frauenfeld / Leipzig 1935.

Neuenschwander, Bernhard, Mystik im Johannesevangelium. Eine hermeneutische Untersuchung aufgrund der Auseinandersetzung mit Zen-Meister Hisamatsu Shin'ichi, Leiden / Boston / Köln 1998.

Neumann, Hanns-Peter, Natura sagax – Die geistige Natur. Zum Zusammenhang von Naturphilosophie und Mystik in der frühen Neuzeit am Beispiel Johann Arndts, Tübingen 2004.

Nikolaou, Theodoros, Askese, Mönchtum und Mystik in der Orthodoxen Kirche, St. Ottilien 1996.

Noack, Ludwig, Die christliche Mystik nach ihrem geschichtlichen Entwicklungsgange im Mittelalter und in der neueren Zeit. 2 Bde., Königsberg 1853.

Pelle-Douel, Yvonne, St Jean de la Croix et la nuit mystique, Paris 1977.

Peters, Ursula, Religiöse Erfahrung als literarisches Faktum. Zur Vorgeschichte und Genese frauenmystischer Texte des 13. und 14. Jahrhunderts, Tübingen 1988.

Petersdorff, Dirk von, Mysterienrede. Zum Selbstverständnis romantischer Intellektueller, Tübingen 1996.

Preger, Wilhelm, Geschichte der deutschen Mystik im Mittelalter. Nach den Quellen untersucht und dargestellt. 3 Bde., Leipzig 1874–1893.

Riedweg, Christoph, Mysterienterminologie bei Platon, Philon und Klemens von Alexandrien, Berlin u. a. 1987.

Riehle, Wolfgang, Englische Mystik des Mittelalters, München 2011.

Ringler, Siegfried, Viten- und Offenbarungsliteratur in Frauenklöstern des Mittelalters. Quellen und Studien, Zürich / München 1980.

Rinke, Stefanie, Das «Genießen Gottes». Medialität und Geschlechtercodierungen bei Bernhard von Clairvaux und Hildegard von Bingen, Freiburg / Berlin 2006.

Romankiewicz, Brigitte, Sophia kehrt zurück. Evangelische Mystik im Schatten Luthers, Freiburg / Basel / Wien 2016.

Rowland, Christopher / Morray-Jones, Christopher R. A., The Mystery of God. Early Jewish Mysticism and the New Testament, Leiden / Boston 2009.

Rudy, Gordon, Mystical Language of Sensation in the Later Middle Ages, New York / London 2002.

Ruh, Kurt (Hg.), Abendländische Mystik im Mittelalter. Symposium Kloster Engelberg 1984, Stuttgart 1986.

Ruh, Kurt, Geschichte der abendländischen Mystik. 4 Bde., München 1990–1999.

Ruh, Kurt, Meister Eckhart. Theologe, Prediger, Mystiker, München [3]2018.

Ruhbach, Gerhard / Sudbrack, Josef (Hg.), Große Mystiker. Leben und Wirken, München 1984.

Sancho Fermín, Francisco Javier, Loslassen – Edith Steins Weg von der Philosophie zur karmelitischen Mystik. Eine historische Untersuchung, Stuttgart 2007.

Schäufele, Wolf-Friedrich, Christliche Mystik, Göttingen 2017.

Schellenberger, Bernardin, Im Glanz des göttlichen Lichts. Orthodoxe Mystik. Geheimnis und Herausforderung, München 2014.

Schering, Ernst, Mystik und Tat. Therese von Jesu, Johannes vom Kreuz und die Selbstbehauptung der Mystik, München 1959.

Schirmer, Eva, Mystik und Minne. Frauen im Mittelalter, Berlin [2]1991.

Schiwy, Günther, Birgitta von Schweden. Mystikerin und Visionärin des späten Mittelalters. Eine Biographie, München 2003.

Schürmann, Reiner, Meister Eckhart. Mystic and Philosopher, Bloomington 1978.

Schuster, Susanne, «Mein Jesus ist mir alles in allen». Eine Untersuchung zur Frömmigkeit der Gräfin Aemilie Juliane von Schwarzburg-Rudolstadt und des Juristen Ahasver Fritsch, Leipzig 2005.

Schweitzer, Albert, Die Mystik des Apostels Paulus, Tübingen 1930.

Seesholtz, Anna Groh, Friends of God. Practical Mystics of the Fourteenth Century, New York 1934.

Sells, Michael A., Mystical Languages of Unsaying, Chicago u. a. 1996.

Smith, Ian K., Heavenly Perspective. A Study of the Apostle Paul's Response to a Jewish Mystical Movement at Colossae, London 2006.

Smith, Margaret, Studies in Early Mysticism in the Near and Middle East, London 1931.

Smith, Margaret, The Way of the Mystics. The Early Christian Mystics and the Rise of the Sūfīs, London 1976.

Smolitsch, Igor, Leben und Lehre der Starzen. Die spirituellen Meister der russisch-orthodoxen Kirche, Freiburg u. a. 2004.

Sölle, Dorothee, Mystik und Widerstand. «Du stilles Geschrei», Hamburg 1997.

Sommer, Hartmut, Die bedeutendsten Mystiker, Wiesbaden 2013.

Spanily, Claudia, Autorschaft und Geschlechterrolle. Möglichkeiten weiblichen Literatentums im Mittelalter, Frankfurt a. M. u. a. 2002.

Spitzlei, Sabine B., Erfahrungsraum Herz. Zur Mystik des Zisterzienserinnenklosters Helfta im 13. Jahrhundert, Stuttgart 1991.

Spörl, Uwe, Gottlose Mystik in der deutschen Literatur um die Jahrhundertwende, Paderborn u. a. 1997.

Stein, Edith, Gesamtausgabe. Bde. 17–20, Freiburg / Basel / Wien 2003–2009.

Steiner, Rudolf, Schriften über Mystik, Mysterienwesen und Religionsgeschichte, hg. und komm. von Christian Clement, Stuttgart 2013.

Stölting, Ulrike, Christliche Frauenmystik im Mittelalter. Historisch-theologische Analyse, Mainz 2005.

Stolz, Anselm, Theologie der Mystik, Regensburg 1936.

Störmer-Caysa, Uta, Einführung in die mittelalterliche Mystik, Stuttgart 2004.

Stroumsa, Guy Gedalyahu, Hidden Wisdom. Esoteric Traditions and the Roots of Christian Mysticism, Leiden u. a. 1996.

Sudbrack, Josef, Komm in den Garten meiner Seele. Einführung in die christliche Mystik, Gütersloh 1979.

Sudbrack, Josef, Mystik. Selbsterfahrung – kosmische Erfahrung – Gotteserfahrung, Mainz 1988.

Sudbrack, Josef, Das wahre Wort der Ewigkeit. Die Mystik Meister Eckharts, Kevelaer 2014.

Tepedino, Nelson, Dunkle Nacht. Mystik, negative Theologie und Philosophie. Eine philosophische Lektüre von San Juan de la Cruz, Frankfurt a. M. 1998.

Thiede, Werner, Mystik im Christentum. 30 Beispiele, wie Menschen Gott begegnet sind, Frankfurt a. M. 2009.

Thiede, Werner, Lust auf Gott. Einführung in die christliche Mystik, Münster / Berlin 2019.

Turner, Denys, The Darkness of God. Negativity in Christian Mysticism, Cambridge 1995.

Vanneste, Jean, Le mystère de Dieu. Essai sur la structure rationnelle de la doctrine mystique du Pseudo-Denys l'Aréopagite, Paris 1959.

Voigt, Ulrike (Hg.), Du rührst die Saiten meiner Seele. Die großen Mystikerinnen – vom Mittelalter bis heute, Hünfelden 2010.

Völker, Walther, Das Vollkommenheitsideal des Origenes. Eine Untersuchung zur Geschichte der Frömmigkeit und zu den Anfängen christlicher Mystik, Tübingen 1931.

Wagner-Egelhaaf, Martina, Mystik der Moderne. Die visionäre Ästhetik der deutschen Literatur im 20. Jahrhundert, Stuttgart 1989.

Weber, Hans Emil, «Eschatologie» und «Mystik» im Neuen Testament. Ein Versuch zum Verständnis des Glaubens, Gütersloh 1930.

Weber, Jörg, Ursprünge christlicher Mystik und die Genealogie der Neuzeit, Regensburg 1991.

Wehr, Gerhard, Deutsche Mystik. Gestalten und Zeugnisse religiöser Erfahrung von Meister Eckhart bis zur Reformationszeit, Gütersloh 1980.

Wehr, Gerhard, Die deutsche Mystik. Mystische Erfahrung und theosophische Weltsicht. Eine Einführung in Leben und Werk der großen deutschen Sucher nach Gott, München 1988.

Wehr, Gerhard, Europäische Mystik zur Einführung, Hamburg 1995.

Wehr, Gerhard, Mystik im Protestantismus. Von Luther bis zur Gegenwart, München 2000.

Wehr, Gerhard, Christliche Mystiker. Von Paulus und Johannes bis Simone Weil und Dag Hammarskjöld, Regensburg 2008.

Weilner, Ignaz, Johannes Taulers Bekehrungsweg. Die Erfahrungsgrundlagen seiner Mystik, Regensburg 1961.

Weiß, Bardo, Die deutschen Mystikerinnen und ihr Gottesbild. Das Gottesbild der deutschen Mystikerinnen auf dem Hintergrund der Mönchstheologie. 3 Bde., Paderborn 2004.

Weiß, Bardo, Ekstase und Liebe. Die unio mystica bei den deutschen Mystikerinnen des 12. und 13. Jahrhunderts, Paderborn ²2006.

Wendel, Saskia, Christliche Mystik. Eine Einführung, Kevelaer ²2011.

Wentzlaff-Eggebert, Friedrich-Wilhelm, Deutsche Mystik zwischen Mittelalter und Neuzeit. Einheit und Wandlung ihrer Erscheinungsformen, Berlin ³1969.

Werner, Martin, Mystik im Christentum und in außerchristlichen Religionen. Ein Überblick, hg. von Johann Zürcher, Tübingen 1989.

Wikenhauser, Alfred, Die Christusmystik des Apostels Paulus, Freiburg 1956.

Witte, Karl H., Der Meister des Lehrgesprächs und sein «In-principio-Dialog». Ein deutschsprachiger Theologe der Augustinerschule des 14. Jahrhunderts aus dem Kreise deutscher Mystik und Scholastik. Untersuchung und Edition, München 1989.

Woods, Richard, Mysticism and Prophecy. The Dominican Tradition, London 1998.

Zimmerling, Peter, Evangelische Mystik, Göttingen 2015.

Zingel, Marianne, Die Passion Christi in der Mystik des deutschen Mittelalters, Berlin 1957.

BILDNACHWEIS

Tafel I: © akg-images / Erich Lessing

Tafel II oben: © akg-images / Rabatti & Domingie

Tafel II unten: © akg-images

Tafel III: © akg-images / Maurice Babey

Tafel IV: © Heritage Images / Fine Art Images / akg-images

Tafel V: © Heritage Images / Fine Art Images / akg-images

Tafel VI: Foto: Pierre Poschadel (CC BY-SA 3.0), File: basilique Saint-Denis, abside 3.jpg – Wikimedia Commons

Tafel VII: © akg-images / Erich Lessing

Tafel VIII: © akg-images / Erich Lessing

Tafel IX: © akg-images

Tafel X: © akg-images / Erich Lessing

Tafel XI: © akg-images / Erich Lessing

Tafel XII: © akg-images

Tafel XIII: © Thüringer Landesmuseum Heidecksburg Rudolstadt

Tafel XIV: © Erzbischöfliches Ordinariat München, Hauptabteilung Kunst, Foto: Wolf-Christian von der Mülbe

Tafel XV: © akg-images / Rabatti & Domingie

Tafel XVI: © akg-images

PERSONENREGISTER

Kursive Seitenzahlen verweisen auf die Anmerkungen.

AUS DEM VERLAGSPROGRAMM